## 权威·前沿·原创

皮书系列为
"十二五""十三五"国家重点图书出版规划项目

健康老龄化蓝皮书

BLUE BOOK OF HEALTHY AGEING

# 中国大中城市健康老龄化指数报告 （2019~2020）

REPORT ON INDEX OF HEALTHY AGEING IN URBAN CHINA
(2019-2020)

杨一帆　张雪永　陈　杰　钱　磊／著

社会科学文献出版社
SOCIAL SCIENCES ACADEMIC PRESS (CHINA)

图书在版编目（CIP）数据

中国大中城市健康老龄化指数报告.2019~2020／
杨一帆等著.--北京：社会科学文献出版社，2020.7
（健康老龄化蓝皮书）
ISBN 978-7-5201-6006-3

Ⅰ.①中… Ⅱ.①杨… Ⅲ.①城市人口-人口老龄化
-研究报告-中国-2019 Ⅳ.①C924.24

中国版本图书馆CIP数据核字（2020）第012210号

## 健康老龄化蓝皮书
## 中国大中城市健康老龄化指数报告（2019~2020）

著　　者／杨一帆　张雪永　陈　杰　钱　磊
出 版 人／谢寿光
组稿编辑／邓泳红　桂　芳
责任编辑／桂　芳
文稿编辑／贺拥军

出　　版／社会科学文献出版社·皮书出版分社（010）59367127
　　　　　地址：北京市北三环中路甲29号院华龙大厦　邮编：100029
　　　　　网址：www.ssap.com.cn
发　　行／市场营销中心（010）59367081　59367083
印　　装／天津千鹤文化传播有限公司

规　　格／开　本：787mm×1092mm　1/16
　　　　　印　张：22.75　字　数：339千字
版　　次／2020年7月第1版　2020年7月第1次印刷
书　　号／ISBN 978-7-5201-6006-3
定　　价／158.00元

本书如有印装质量问题，请与读者服务中心（010-59367028）联系

▲ 版权所有 翻印必究

## 健康老龄化蓝皮书编委会

吴　江　董克用　蓝志勇　何云庵　韩冬雪　王永杰
赵汝鹏　丁肇辰　John Beard（澳大利亚）
堀江正弘（日本）　崔兴硕（韩国）　言培文（丹麦）
Lichia Saner-Yiu（瑞士）　Raymond Saner（瑞士）

## 中国大中城市健康老龄化指数报告（2019～2020）课题组

**著　者**　杨一帆　张雪永　陈　杰　钱　磊
**其他成员**　（排名不分先后）
　　　　　　陈　璐　董　蕤　张田丰　王乙羽　刘鑫娟
　　　　　　吴　昊　陈镒丹　陈　鑫　谢　菲　罗　忠
　　　　　　曾嘉懿　叶彩旭　谢琴彦　潘君豪

# 主要编撰者简介

**杨一帆** 经济学博士,西南交通大学公共管理与政法学院教授,国际老龄科学研究院/国际康养学院(全国老龄委国家老龄科学研究基地)副院长,四川省哲学社会科学重点研究基地"老龄事业与产业研究中心"办公室主任、研究员。研究领域为养老金融、健康老龄化、康养产业发展。曾荣获"全国实施妇女儿童发展纲要先进个人"(国务院妇女儿童工作委员会,2016年)、"四川省推进男女平等基本国策20周年特别贡献奖"(四川省政府妇女儿童工作委员会,2016年)等称号或奖项。2018年5月获批入选"第十二批四川省学术和技术带头人后备人选"。

已在 Public Administration and Development(SSCI)、The Chinese Economy(ESCI)、Journal of Chinese Studies(KCI)、《中国管理科学》、《经济社会体制比较》、《财经科学》、《保险研究》、《人口与经济》、《老龄科学研究》、《社会保障研究》等国内外核心期刊发表中英文学术论文40余篇,其中SSCI收录1篇、CSSCI及北大核心收录15篇,并主持多个专栏。曾获国家人力资源和社会保障部优秀成果三等奖1项,中国社会保障学会2016年度优秀论文奖1项。主持国家社会科学基金项目"全球应对老龄化治理与构建年龄友好城市研究"、国家自然科学基金项目"城镇化、劳动力市场变迁及养老保险制度优化"、教育部人文社科研究项目"基于OLG-CGE模型的养老保险体系优化:理论分析与政策模拟"。主持省部级哲学社会科学规划项目和软科学项目5项、中央高校基本业务经费科研项目4项。策划编纂全国第一本反映大中城市居民退休生活质量和健康老龄化进程的蓝皮书,该系列已在社会科学文献出版社连续出版三年。

**张雪永** 博士，教授，硕士生导师，西南交通大学文科建设处处长，国际老龄科学研究院/国际康养学院（全国老龄委国家老龄科学研究基地）院长。主要研究中国特色社会主义理论及重大实践，近年重点研究习近平应对人口老龄化新理念新思想新战略，先后主持或主研国家、省部级项目近10项；在CSSCI等核心期刊发表论文20余篇，多篇论文被《中国社会科学文摘》《人大复印报刊资料》全文转载；出版著作十余部，获四川省哲学社会科学优秀成果奖三等奖1项，四川省教学成果奖二等奖1项。近年先后主持"十三五"老龄事业发展规划课题、全国老龄办理论研究课题各1项，主研"马工程"重大项目1项，撰写完成《"十三五"时期进一步调动社会资本和力量参与老龄事业和老龄产业发展的政策举措研究》等研究报告，产生了一定的学术和社会影响。

先后承担"马克思主义经典作家论近代中国""中国近现代史纲要""走进交大校史文化"等研究生和本科生课程教学，效果良好。

**陈　杰** 法学博士，信阳师范学院马克思主义学院讲师，主要从事马克思主义中国化与老龄化治理研究，是全国"马工程"重大项目——"习近平总书记关于有效应对我国人口老龄化新理念新思想新战略研究"主研人员之一，主持完成省部级项目2项，参与国家级项目6项、省厅级项目10余项，获省厅级奖项20余项，参编教材1部，在《马克思主义研究》《思想理论教育导刊》《毛泽东思想研究》等期刊发表文章20余篇。

**钱　磊** 西南交通大学公共管理与政法学院硕士研究生，国际老龄科学研究院/国际康养学院（全国老龄委国家老龄科学研究基地）科研助理，参与国家社会科学基金项目"全球应对老龄化治理与构建年龄友好城市研究"，参与省级项目8项，参与编写健康老龄化蓝皮书：《中国大中城市健康老龄化指数报告（2017~2018）》，曾在国际行政科学学会、联合国社会发展研究所、国际减贫与发展韩国国家研究中心、联合国经社理事会等国际组织会议上发表文章。

# 西南交通大学国际老龄科学研究院

——国内首个"国家老龄科学研究基地"

西南交通大学国际老龄科学研究院（以下简称交大老龄研究院）于2015年5月15日正式从全国老龄工作委员会获批，成为全国第一批四所"国家老龄科学研究基地"之一。作为学校二级实体教育科研机构，交大老龄研究院的成立旨在发挥西南交通大学在老龄科学交叉研究领域的优势，建设具有国际影响力的一流师资团队，培养拥有国际视野的一流人才，开辟学科改革与发展的实验田。其发展目标是"国内一流，国际知名"，发展原则是"高起点、跨学科、国际化"。

**交大老龄研究院深刻体会认识：其一，人口老龄化问题已经成为世界各国共同面对的全球性难题。**

未来40年内，中国面临着人类历史上前所未有的人口老龄化规模、速度和程度。预计到2050年左右，60岁及以上老年人口占比将超过我国人口总数的1/3，绝对数超过全部发达国家60岁及以上人口总数。规模越来越大、程度越来越深、速度越来越快的人口老龄化形势给中国经济和社会发展带来了空前的考验和挑战。社会各界逐渐认识到，"老龄问题是关系国计民生、民族兴衰和国家长治久安的重大课题"。中国在经济并不发达的背景之下逐渐进入老龄化社会，一方面，具有老年人口基数巨大、老龄化发展速度极快、人口结构波动剧烈等显著特点；另一方面，作为后发型现代化国家，"二元"社会结构长期存在，应对人口老龄化的经济社会发展基础差异巨大。因此，发达国家应对人口老龄化的经验在很大程度上难以为我国借鉴，世界迫切需要中国提出在复杂条件下应对人口老龄化的办法。我国已经作出"积极应对人口老龄化"的战略部署，未来"积极应对人口老龄化"有望上

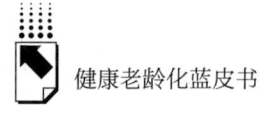

升为基本国策。

**其二，老龄问题研究需要学科交叉融合。**老龄产业链条长，包括生产、经营和服务等方面，从理念的提出到服务成果的产出要求多学科综合能力的配合。一项优质的养老服务的产出，不仅需要公共管理的政策需求分析，也需要医学、生物学等学科专业技术和金融经济学的融资方案分析等等，这对其综合性和科学性提出了要求。站在成果转化的角度来看，我们需灵活合理地运用各个学科的专业知识，以提供全方位的养老服务。单一的学科弊端和壁垒容易造成养老服务提供链条的断裂。

更进一步来看，人口老龄化带来的挑战不仅是日渐严峻的养老问题，还将使整个社会在经济结构、政治态度、价值取向等各个方面发生根本性的变化。从国内外关于老龄化问题的研究趋势来看，涉及方方面面，任何单一学科都无法解决。因此，有必要联合自然科学、工程技术、社会科学等不同学科门类协同创新，发挥各个学科的综合优势，共同开展综合型的大规模研究，涵盖老龄化的基本规律、本质特征，人口老龄化给经济社会发展带来的宽领域、深层次、长周期的影响以及立足中国国情的人口老龄化应对策略等等。

老龄化不仅是人口现象，也涉及社会、经济、文化等各方面，更是世界深刻转型的重要动因。各国应对老龄化问题的高级人才寥寥无几，然而医学、健康管理、社会服务、政策、商业和市场营销、法律、建筑和城市规划、娱乐和广告策划等方面的组织机构需要大量老龄科学领域的专业人才。这种现实与理想之间的巨大差距同现有学科体系的固有缺陷密切相关。

既有的老龄学以及其他学科的"老龄分支"过分强调本学科的重要性，从而选择使用"单线式因果关系"思维方式进行研究，这种模式实际上构筑了学科壁垒，忽视了老龄生命多元后果之间的网状互动性。我们应以创新的视角重构专门研究人类老龄化发展趋势和人类老龄化基本规律的老龄科学。这门学科不仅研究自然规律，也研究社会发展规律，所以实质上是一门解决人口老龄化问题、社会科学和自然科学融合应用的交叉学科。而要实现这一目标，就需要打破各个学科之间存在的"老龄分支"的学科壁垒，将学科进行整合,开发一种"跨学科"的研究探索模式,并且促进政策和实践深入发展。

我们认为,老龄科学的外延应该至少包括老龄生命的存续及其规律、老龄生命的质量及其规律、老龄生命的社会关系及其规律、老龄生命的价值及其规律等四个部分。老龄科学是从"生命运行及其相关关系"的视角来破解老龄问题的。研究如何延长老龄生命的"长度"、加大老龄生命的"厚度"、拓展老龄生命的"宽度",还要增加老龄生命的"重量",使老龄生命的内容更加精彩辉煌,更加绚丽多姿,以此创新性地解决老龄问题,为构建和谐可持续发展的社会而努力。在此基础上,逐步形成具有独特研究范式的老龄科学学科体系。

**交大老龄研究院的五个重点研究领域包括:**
- 老龄社会保障与经济金融
- 老龄医疗保健与健康管理
- 老龄建筑交通与城市发展
- 老龄人因工程与适老设计
- 老龄信息化与大数据

交大老龄研究院是顺应老龄社会发展趋势而建立的新型研究与教学组织,研究院性质为学校二级实体教育科研机构,同时按照去行政化的改革要求,创新组织模式,采用虚实结合方式运行。它将在新体制下汇聚国际师资,借鉴国外研究与教学模式,实现"放眼国际、立足本土"的办学特色,努力成为西南交通大学汇聚交叉领域高端学术人才与培养高端创新人才的高地。(联系人:副院长杨一帆,yfyang@swjtu.cn)

# 前　言

如何确保城市的可持续发展，是联合国2030年可持续发展议程（SDGs 2030）的重点。其中，可持续发展目标11（SDG 11）是"使城市和人类住区具有包容性、安全、有弹性和可持续"。该议程不仅需要各成员国在国家层面订立发展战略，更需要地方政府改革创新。地方政府所提供的社会保障、社会救助、卫生保健、医疗、养老、教育等公共服务与每个公民所期望的幸福感、生活质量和尊严密切相关。

在新时代、新理念、新矛盾面前，城市治理既要以高品质的可持续发展为目标，紧紧围绕满足人民对美好生活的需要这一核心任务，做出新的制度安排、政策创新和技术应用，不论城乡、性别、年龄差别，全面提升人民福祉，不让一个社会成员掉队，更要以习近平总书记提出的"市民是城市建设、城市发展的主体。要尊重市民对城市发展决策的知情权、参与权、监督权，鼓励企业和市民通过各种方式参与城市建设、管理。在共建共享过程中，城市政府应该从'划桨人'转变为'掌舵人'，同市场、企业、市民一起管理城市事务、承担社会责任"为根本依循，着力破解不平衡不充分的矛盾，创建更加整洁、安全、包容、有序、公正的城市环境。

在此背景下，为突出国家积极应对人口老龄化行动和"健康中国2030"战略的宏观导向，响应党的十九大关于老龄工作体制的变化和调整，西南交通大学国际老龄科学研究院决定在继续沿用《中国城市居民退休生活质量指数报告（2016~2017）》及《中国大中城市健康老龄化指数报告（2017~2018）》核心理念和分析框架的基础上，研创《中国大中城市健康老龄化指数报告（2019）》，立足于国际视野，跟踪全球老龄化治理前沿动态，将"健康老龄化"概念植入城市治理与可持续发展议题中，力求初步阐述人口老龄化与城市治理的关系。

本报告是国际老龄科学研究院围绕健康老龄化开展国际学术交流活动的成果产出。相关合作机构包括但不限于：联合国欧洲经济委员会（UNECE）、日内瓦社会经济研究中心（CSEND）、国际行政科学学会（IIAS）"Productive Ageing"全球研究组、瑞士日内瓦大学、意大利威尼斯大学、日本明治大学、韩国高丽大学、韩国延世大学、北京服装学院、信阳师范学院等。同时，本报告也是2019年中央高校基本业务费重点团队项目和国家社会科学基金项目"全球应对老龄化治理与构建年龄友好城市研究（项目批准号：18BZZ044）"的阶段性成果。创作团队对上述机构和合作伙伴在资金、知识、技术和案例等方面给予研究院的支持和启发表示诚挚感谢。当然，一切文责自负。

国际老龄科学研究院　杨一帆

# 摘　要

《中国大中城市健康老龄化指数报告（2019~2020）》是"健康老龄化"蓝皮书系列的第三部成果。西南交通大学国际老龄科学研究院响应党的十九大关于老龄工作体制的变化和调整，进一步突出国家积极应对人口老龄化行动和"健康中国2030"战略的宏观导向，立足于国际视野，跟踪全球治理前沿动态，将"健康老龄化"概念植入大中城市治理与发展之中，力求深刻阐述人口老龄化与健康导向的城市治理之间的关系。

本报告强调健康老龄化是全球应对老龄化问题的重要战略对策，是我国积极、科学、综合应对人口老龄化长期挑战的坚实基础，是发展同经济社会发展水平相适应的银发新经济的主要动力。本报告提出的有中国特色的积极老龄化建设，是我国经济社会发展与人口老龄化进程相适应的目标，只有实施积极的"健康老龄化"，才谈得上抢抓"人口老龄化带来的机遇"，才能实现"两个一百年"的奋斗目标。可以预见，中国的健康老龄化社会，一定是新时代中国特色社会主义共建共治共享的理想社会形态，也必将成为人类社会可持续发展的典范。

本报告以联合国倡导的健康老龄化为主线，以我国38个大中城市作为研究考察对象，基于层次分析法构建了具有中国特色的城市健康老龄化指数评估体系，深刻剖析"健康医疗""人居环境""交通出行""社会公平与社会参与"和"经济金融"五大维度，并利用公开数据对我国38个大中城市健康老龄化发展水平进行系统分析。报告通过对比2015年、2017年、2019年的排名变化，针对典型城市进行客观公正的评价，并在对其中的突出问题或现象进行全面剖析后，提出具有针对性的政策建议，以全面掌握我国各大中城市人口老龄化发展情况与城市化进程，主动研判当前和今后面临的机遇和挑战,深刻分析健康老龄化的意义与要求,针对各大中城市提出实现健康老龄化的策略措施。

**关键词:** 健康老龄化 城市治理 可持续发展

# 目 录

## Ⅰ 总报告

**B.1** 中国大中城市健康老龄化指数报告（2019~2020）
　　………………………………… 杨一帆　陈　杰　钱　磊 / 001
　一　中国人口老龄化形势研判及其影响 …………………… / 002
　二　中国大中城市健康老龄化评估体系与构建原则 ………… / 008
　三　中国大中城市健康老龄化评估总排名及综合分析 ……… / 029
　四　新时代中国大中城市加快推进健康老龄化
　　　行动策略 …………………………………………………… / 046

## Ⅱ 分报告

**B.2** 中国大中城市老年人健康医疗发展报告 ……… 刘鑫娟　谢　菲 / 052
**B.3** 中国大中城市老年人人居环境发展报告
　　…………………………………… 王乙羽　谢琴彦　潘君豪 / 105
**B.4** 中国大中城市老年人交通出行发展报告
　　……………………………………… 陈　鑫　叶彩旭　张田丰 / 163

001

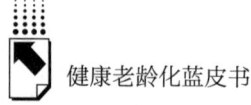

B.5 中国大中城市老年人社会公平与社会参与发展报告
　　……………………… 陈　璐　曾嘉懿　罗　忠　吴　昊 / 210
B.6 中国大中城市老年人经济金融发展报告……… 董　蕤　陈镒丹 / 270

Abstract ……………………………………………………………… / 332
Contents ……………………………………………………………… / 334

# 总报告

## General Report

## B.1 中国大中城市健康老龄化指数报告（2019~2020）

杨一帆 陈杰 钱磊*

**摘　要：** 本报告立足新时代，以健康老龄化为主线，基于层次分析法，将我国38个大中城市作为研究对象，构建了具有中国特色的城市健康老龄化指数评估体系，深度剖析"健康医疗""人居环境""交通出行""社会公平与社会参与""经济金融"五大维度与"健康老龄化"之间的关系，并利用公开数据对城市健康老龄化发展水平进行系统分析。本报告通过对比2015年、2017年、

---

\* 杨一帆，经济学博士，西南交通大学公共管理与政法学院教授，国际老龄科学研究院副院长，四川省哲学社会科学重点研究基地"老龄事业与产业发展研究中心"办公室主任、研究员，研究领域：养老金融、健康老龄化、康养产业发展；陈杰，法学博士，信阳师范学院马克思主义学院讲师，研究领域：马克思主义中国化与老龄化治理研究；钱磊，西南交通大学公共管理与政法学院硕士研究生，国际老龄科学研究院科研助理，研究领域：社会保障与公共政策。

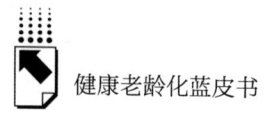

2019年的排名变化，针对典型城市进行客观公正的评价，对其中的突出问题或现象进行全面剖析后，就新时代中国特色社会主义健康老龄化工作提出"构建中国特色健康老龄化政策体系和治理体系""提供全生命周期的卫生与健康服务""为老年人提供安全便捷舒适的生活环境""拓宽和支持多元养老模式"等具有针对性的政策建议，以全面把握我国各大中城市人口老龄化发展情况，主动研判当前和今后面临的机遇和挑战。

**关键词：** 健康医疗　医疗卫生支出　老龄化

目前，我国人口老龄化形势不容乐观。21世纪上半叶，是实现中华民族伟大复兴的重要时期，也是我国人口老龄化快速发展、老龄问题日益凸显的关键时期。老龄化将成为我国社会主义现代化建设始终面临的一个基本国情，同全球化、城镇化、工业化一道将成为重塑世界发展格局的基础性力量。总体来看，快速发展的人口老龄化与经济社会转型、文化观念转变、利益结构调整交汇叠加，给我国经济社会发展带来的影响全面、持久而深刻。

党的十九大报告提出："促进生育政策和相关经济社会政策配套衔接，加强人口发展战略研究。积极应对人口老龄化，构建养老、孝老、敬老政策体系和社会环境，推进医养结合，加快老龄事业和产业发展。"习近平总书记的系列重要论述，系统阐述了我国积极应对人口老龄化挑战的新理念、新战略，展示了积极应对人口老龄化的国家治理方略。

# 一　中国人口老龄化形势研判及其影响

## （一）中国人口老龄化进程

### 1. 中国人口老龄化现状

20世纪90年代以来，我国的人口老龄化进程加快。如图1所示，全国总人口从2012年的13.54亿增长到2017年的13.9亿,但60岁及以上和65岁及以上老年人口则呈现更快增长趋势,占总人口的比重不断攀升。其中,2017年60岁及以上老年人数达到2.41亿,占全国总人口的比重达到17.33%;65岁及以上老年人数达到1.58亿,占全国总人口的比重达到11.39%。

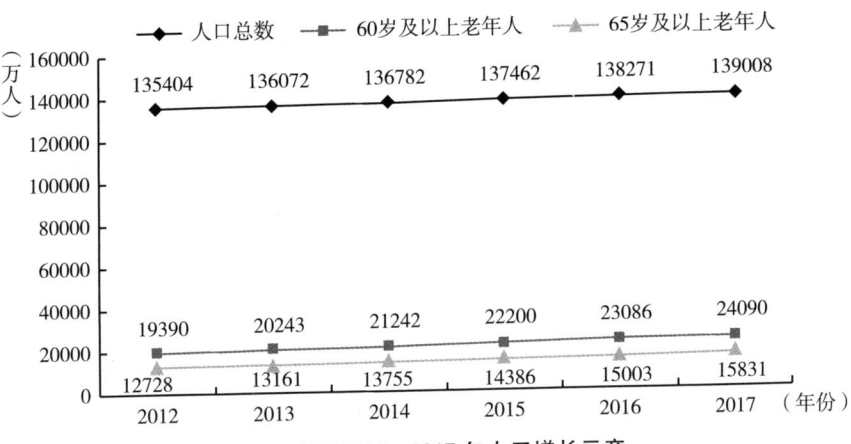

图1 我国2012~2017年人口增长示意

2. 中国人口老龄化结构趋势

未来人口变化趋势一方面涉及人口政策走向,另一方面也关系到经济社会发展目标的制定。目前,学者们预测未来我国人口数量与结构的总体发展趋势大体一致,学者们预测人口峰值将在21世纪30~40年代出现,而且老龄化速度将在未来30~40年明显加快,特别是到2040年前后,我国65岁及以上老年人占总人口的比重将超过20%,到2050年这一比重将继续加大(见表1)。

表1 不同学者、机构对中国人口年龄结构的预测

单位:亿人,分

| 年份 | 曾毅 | | 郭志刚等 | | 杜鹏等 | | 李建新 | | 联合国 | |
| --- | --- | --- | --- | --- | --- | --- | --- | --- | --- | --- |
| | 总人口 | 65+占比 | 总人口 | 65+占比 | 总人口 | 65+占比 | 总人口 | 65+占比 | 总人口 | 65+占比 |
| 2000 | 12.71 | 6.8 | 12.69 | 7.1 | 12.74 | 6.9 | 12.88 | 7.0 | 12.70 | 6.8 |
| 2010 | 13.56 | 8.4 | 13.35 | 8.4 | 13.61 | 8.5 | 13.76 | 8.4 | 13.52 | 8.4 |

续表

| 年份 | 曾毅 | | 郭志刚等 | | 杜鹏等 | | 李建新 | | 联合国 | |
|---|---|---|---|---|---|---|---|---|---|---|
| | 总人口 | 65+占比 | 总人口 | 65+占比 | 总人口 | 65+占比 | 总人口 | 65+占比 | 总人口 | 65+占比 |
| 2020 | 14.40 | 12.9 | 14.33 | 11.6 | 14.33 | 11.9 | 14.50 | 11.9 | 14.21 | 11.9 |
| 2030 | 14.77 | 16.4 | 14.66 | 15.6 | 14.44 | 16.3 | 14.86 | 16.1 | 14.59 | 16.2 |
| 2040 | 14.81 | 22.4 | 14.62 | 20.4 | 14.29 | 21.9 | 14.70 | 22.0 | 14.48 | 22.2 |
| 2050 | 14.60 | 24.1 | 14.45 | 20.6 | 13.38 | 23.2 | 14.27 | 23.8 | 14.09 | 23.7 |

资料来源：李建新：《中国人口结构问题》，社会科学文献出版社，2009，第33页。

根据联合国《世界人口展望2015》的预测数据来看，中国总人口将在2030年前后达到最高峰，随后总人口数量将开始逐步下降，而65岁及以上老年人口数量将进一步增加，并在2060年前后达到最高峰，之后数量会有所下降，但其占比依然会在相当长一个时期内保持在相对的高位（33%左右），由于人口老龄化是以老年人口占总人口的比重为衡量标准，所以，有学者认为21世纪中叶前后不是中国人口老龄化的高峰，而是进入老龄化高原的起始时期①。

3. 中国人口老龄化的阶段特征

习近平总书记在讲话中将人口老龄化国情高度概括为"三最"，即"数量最多、速度最快、应对任务最重"。具体而言，今后我国人口老龄化发展将经历"四个阶段"，呈现"四大特征"。

第一阶段，老龄化快速发展阶段（2000~2022年）。这一阶段内老年人口由1.31亿增加到2.68亿，老龄化水平从10.31%提高到18.5%。这一阶段的典型特点是"底部老龄化"显著，儿童人口数量和比例不断减少，劳动力资源供给充足，社会抚养负担相对较轻。

第二阶段，老龄化急速发展阶段（2022~2036年）。老年人口的数量

---

① 董克用、张栋：《高峰还是高原？——中国人口老龄化形态及其对养老金体系影响的再思考》，《人口与经济》2017年第4期。

将从2.68亿增加到4.23亿，老龄化程度将从18.5%提升到29.1%。这一阶段的典型特点是，随着生育率的不断走低，我国总人口规模将达到峰值，随即进入负增长，但是老年人口数将急剧增长，人口老龄化问题将井喷式显现。

第三阶段，老龄化深度发展阶段（2036~2053年）。老年人口规模从4.23亿增加到4.87亿，人口老龄化程度将从29.1%提高到34.8%。这一阶段的典型特点是，人口总数一直呈现负增长且速度在加快，人口老龄化越发显著且呈现高龄化的现象，社会抚养比将达到最大值（103%）。

第四阶段，老龄化均衡发展阶段（2053~2100年）。老年人口的增长将结束，老年人口数由4.87亿减少到3.83亿，此阶段儿童人口数、青年人口数和老年人口数将共同减少，且比例相对稳定，处于重度老龄化阶段。

与先期进入人口老龄化社会的发达国家相比，我国人口老龄化具有明显的中国特色：一是规模巨大。根据相关测算，到2025年我国老年人口将超过3亿，到2033年则会超过4亿，2053年将达到人口老龄化的最高峰，老年人口达到4.87亿，将占到届时全球老年人口总数的四分之一。二是速度快。2000~2050年我国人口老龄化水平将从10%提升到34%，比世界平均速度快一倍多。这个速度在除日本外的人口大国发展史上前所未有。三是差异大。我国人口老龄化与城镇化进程相伴随，农村老龄化程度深，超前于城镇。我国最早进入人口老龄化社会的上海和最迟进入人口老龄化社会的西藏，两者进入老龄化的时间间隔了40多年，我国人口老龄化的发展速度明显呈现东部放缓、中西部不断加快的态势。四是任务重。我国社会抚养压力也持续增大，到2053年前后我国老年人口规模（4.87亿）和比重（34.8%）、老年抚养比（70.8%）和社会抚养比（103%）相继达到峰值，[①] 加之我国老年人口健康水平普遍较低，这意味着100个劳动年龄人口要承担扶（抚）养71个老人和32个少年儿童的沉重压力。总之，

---

[①] 邹波：《中国老龄化的现状与积极应对》，《中国民政》2017年第20期。

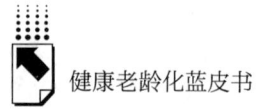

人口老龄化将在我国短时期内集中爆发，呈现压缩型、复合型、共振型特点，这种形势不容乐观、态势不可逆转，这是必须始终把握的新的基本国情。

### （二）人口老龄化带来的持续深刻影响

人口老龄化既对国家发展带来诸多挑战，也蕴含着巨大的增长动力，一句话，"危"与"机"并存。只要我们应对得力，可以在最大限度上实现转"危"为"机"。

1. 人口老龄化对我国社会发展的挑战

第一，影响社会经济发展。在人口老龄化进程不断加快的同时，劳动年龄人口比重不断下降，劳动力资源不断减少，社会经济财富的增速将会放缓，而用于老年人口的养老支出则会显著增加，从长期来看，人口老龄化将会逐步加重我国的经济社会负担。

第二，公共服务和产品供给任务更为繁重。随着老年人口数量和比重的不断增加，其对养老服务、产品的数量、质量的要求也会提高，在社会财富分布格局相对平稳的条件下，老年群体日益增长的需求可能极大地超过社会利益分配格局所能够提供的份额，从而引起社会利益分配格局的系列变化，助推社会矛盾的产生。

第三，健康医疗管理任务艰巨。与人口的快速老龄化相伴的还有疾病谱的转变，随着人均期望寿命的不断延长，我国的医疗疾病谱也从"急性病、传染病"为主向"慢性病"为主转变，这样的转变与人口老龄化发展的步伐几乎是一致的。但是我国现行的医疗卫生服务体系仍然是"重医疗、轻防御"，且疾病预防资源普遍不足，老年病治疗、老年护理、临终关怀等机构普遍不足。另外，人口老龄化也给我国现阶段医疗保障制度的可持续发展带来了巨大的压力，随着人口老龄化的加速，缴费人群规模缩小，而享受保险人群规模相对扩大，现行的现收现付的医疗保险制度将面临保险基金收不抵支的巨大风险，医疗保障制度的可持续发展面临着巨大压力。

第四,现行老龄社会保障制度面临挑战。我国现行的基本养老保险制度的可持续发展也面临巨大考验,伴随着老年人口数量与比重的不断加大,以及低生育率带来的劳动年龄人口数量和比重的逐渐下降,参保人员的负担系数将持续增加。在不考虑其他因素的条件下,我国城镇基本养老保险的缴费率必须持续上涨,才有可能保证现行的基本养老保险制度可持续运行。但事实上,我国养老保险缴费率已经明显偏高,若上调缴费率,可能引起社会震动。

2. 人口老龄化带给我国社会发展的机遇

在积极应对人口老龄化带来的挑战的同时,我们应该深刻地认识到人口老龄化中所蕴含的巨大增长动力。

一是人口老龄化有利于缓解就业压力,促进产业结构升级。随着劳动力老龄化和新增劳动力数量的减少,短期内就业压力将有所释放。而且,劳动力短缺和老龄化带来的劳动力成本上升,必然迫使企业寻求资本和技术对劳动力的替代,促进产业结构的优化升级。

二是有利于老龄产业发展。老年人消费需求的快速增长,为老年产业特别是满足老年人服务需求的生活服务业的发展提供了广阔的市场空间。

三是有利于资本市场的改革和发展。社会养老保险基金、企业年金基金、商业人寿保险基金等金融养老资产的增加,为资本市场提供了充足的长期资金供给,有利于资本市场的发展壮大。目前,大量剩余的养老保险基金和积累的社会保障基金将投入市场,这将催生许多新的金融工具,激发资本市场的活力。同时,商业养老保险、健康保险、护理保险等保险业务也将诞生。

四是有利于老年人力资源开发利用。我国数量庞大的老年人中不少人具有知识、经验、技能优势,养育子女负担轻,他们科学文化素质高,而且愿意继续为社会经济的发展做出贡献,是可大力开发利用的潜在人力资源。

五是有利于促进社会稳定。"老人安则家庭安","家庭安则社会安"。

未来10年的老年人大多数是新中国成立以后成长起来的,他们深受社会主义和集体主义的教育,对党有着深厚的感情,是党的思想、路线、方针、政策的坚定拥护者、实践者和倡导者,是保持社会稳定的重要基石。

3. 健康老龄化:实现人口老龄化转危为机的前提条件

没有高水平的健康,就没有高质量的小康。健康是促进人全面发展的先决条件,是"两高"建设的基础条件,必须坚持把人民健康放在优先发展的战略地位,把健康融入所有政策。简单应对"老龄化"、被动适应"老龄化",不足以解决目前和将来的养老问题,只有"健康老龄化",才是通往"全民健康""全面健康""全域健康"的有效路径。基于对人口分类的理解,健康老龄化指的不仅是老年人口或者老年期的生理和精神健康,更是立足于全部人口的"全民健康"。从生命周期的观点看,中年、青年时期能实现全面健康才能为老年期的健康生活奠定基础,因此健康老龄化也应是每个人在中青年时期的重要考量。

2018年4月,习近平主席在参加博鳌论坛时提出了"要坚持以人民为中心的发展思想,经济要发展,健康要上去,人民的获得感、幸福感、安全感都离不开健康,要大力发展健康事业,要做身体健康的民族"的方针。2019年政府工作报告中16次提及养老,2019年7月健康中国行动推进委员会成立等重大事件更标志着"健康老龄化"在我国宏观战略布局中的地位得到进一步提升。在保障老年人生命质量的同时延长其生命长度,为全国老龄人口提供全方位、全周期健康服务,实现健康老龄化,是应对老龄化高速发展态势的必由之路。

## 二 中国大中城市健康老龄化评估体系与构建原则

### (一)健康老龄化的多维度评价

1. 社会环境维度

对人与环境关系的探讨一直是城市研究、社会学研究关注的问题。近年来,有越来越多的证据显示,现代城市生活节奏加快、社会竞争压力加大,特别是城市生态环境的逐年恶化成为引发人们身体健康问题的重要原因,在城市化不断快速发展中出现的环境污染、生态破坏等各种问题已经严重威胁到人们的身体健康。谭少华等在研究城市规划时认为,人居环境对城市居民健康状态存在主动式干预,这种干预为人们参与体能锻炼和社会交往创造便利与条件[1]。Giles-Corti B. 等探讨了一些中低收入国家建设的环境特征以及一些城市规划策略对居民健康的影响效应,通过多项研究论证了一些城市规划设计干预影响下的健康风险,最后指出交通方式是造成城市内部和城市之间健康不平等现象存在、持续甚至扩大化的决定性因素[2]。

2. 养老保障维度

已有许多研究开始思考在健康老龄化视角下,老年保障系统的未来走向问题,特别是基于我国经济发展不平衡、健康养老服务水平参差不齐的现实,思考如何实现健康老龄化,确保老年保障体系的建设与社会经济的可持续发展相结合,以便有效克服长期养老问题[3]。研究者在分析了老年健康保障筹资体系、老年健康保障组织体系的现状后,认为中国未来30年老年健康保障体系建设的目标应该是为全体老年人提供基本的健康服务和经济保障,尽最大可能延缓老年疾病的发生,并使得每一位老年人能够病有所医、病有所护[4]。因此,应该借鉴发达国家经验,构建广覆盖、多层次的老年健康筹资体系和多方参与、可负担的老年健康服务组织体系[5]。此外,应当把"预防为主"提到制定健康老龄战略的高度上来,明确健康老龄化的意义,并应将国家卫生管理体制、行政职能和卫生资源的使用由单纯重视急性传

---

[1] 谭少华、郭剑锋、江毅:《人居环境对健康的主动式干预:城市规划学科新趋势》,《城市规划学刊》2010年第4期。

[2] Giles-Corti B., Vernez-Moudon A., Reis R., et al. (2016). City Planning and Population Health: A Global Challenge. *Lancet*, 388 (10062), 2912.

[3] 王建民:《健康老龄化与老年健康保障体系化》,《南方人口》1999年第1期。

[4] 耿爱生、杨文娴:《我国老年保障研究中的"健康老龄化"研究趋向及其价值》,《社会保障研究》2014年第2期。

[5] 胡琳琳、胡鞍钢:《中国如何构建老年健康保障体系》,《中国经济转型与发展研究》2008年第6期。

染病的防疫向传染病和非传染慢性疾病"两者并重"的综合防治转移；老年医学研究由主要依靠医疗卫生科技部门向多学科、全社会转移；老年保健服务由以单个患者或少数城市为中心向社会、农村等广大群体转移；老年病防治由以被动地治疗疾病为主向主动地改善生存环境、预防疾病和促进健康转移①。除此之外，社会保障的相关研究还广泛出现在与健康老龄化一脉相承的积极老龄化研究中。尹豪明确指出实现积极老龄化的核心就是要建立健全符合我国国情的、促进老年人身心健康的老年社会保障制度②。林义、张海川认为，改革和完善我国的养老保险制度和养老保险长效机制是一项极其复杂的涉及法律制度和技术改革的社会系统工程，要精心策划、长远规划、科学决策，确立符合我国老年人长远利益的改革思路③。

3. 社会参与维度

"参与"是在健康、就业、教育等政策支持下充分参与社会经济、文化和精神生活。于老年人而言就是指能按照自己的基本权利、能力、爱好和需要，通过公益和非公益等方式发挥余热，实现自身价值。在老年教育方面，Gillian等人的研究表明老年人有着强烈的求知欲望，老年人愿意通过学习不断活跃思维，进而丰富他们的生活，而且学习能使老年人生活独立，从而减轻社会负担④。也有人认为，随着时代的进步，任何事物都是处在迅速发展变化中的。老年人要想能够与时俱进、跟上社会发展的趋势，就必须通过学习来充实、丰富自己的文化生活。⑤ 个人的学习能力不会随着年龄的增长而消失，老年人其实具备继续接受教育的能力，因此老年教育非常重要。这为老年教育继续发展提供了理论依据。有人认为，老年教育发展前途无限，因

---

① 何耀：《我国的人口老龄化与健康老龄化策略》，《中国慢性病预防与控制》2012年第5期。
② 尹豪：《东北亚区域人口老龄化与老年人社会保障》，《东北亚论坛》2000年第1期。
③ 林义、张海川：《构建养老保险长效机制的8点政策建议》，《中国社会保障》2004年第8期。
④ Gillian M., Boulton-Lewis, Laurie Buys, Jan Lovie-Kitchin. (2006). Learning and Active Aging. *Educational Gerontology*, 32 (4), 271–282.
⑤ Alamutka K., Malanowski N., Punie Y. (2008) Active Ageing and the Potential of ICT for Learning. European Commission.

为老年人的教学内容是无限制的，各方面的内容都可以，要以新的知识、技术来充实老年人的生活。另外，在老年人再就业方面，研究者倡导老年人继续工作，他们认为当老年人在其能力范围内保持着继续工作的状态时，其生活质量也能得到明显的提升，并且他们提出促进老年人继续工作的关键是让老年人在较好的工作环境中做自己感兴趣的事情[1]。

4. 城市规划维度

城市的规划和设计是否对城市居民的健康产生影响？对此向来研究不多，因为这些影响是长期的、复杂的、相互作用的，并且与动态的环境、技术和人口有关。但部分学者得出了一些有益的成果。如有学者探讨了中低收入国家一些城市规划策略对居民健康的影响效应，指出一些城市规划设计带来了各种健康风险，以及交通方式是造成城市内部和城市之间健康不平等现象存在、持续甚至扩大化的决定性因素。还有研究者通过健康影响评价，定量评估了城市的土地利用模式和交通政策对居民健康产生的影响，使用"紧凑城市模型"对当前的土地利用模式及交通政策的优化情境加以模拟，最终得出了城市紧凑化发展及鼓励步行与公共交通会提升居民健康与寿命的科学结论[2]。张旭依托"增长阻力"模型对中国的数据进行了实证分析，指出通过更加快速的城镇化，无法实现老龄化背景下经济稳增长的目标。城镇化必须进入以提升质量为主的转型发展新阶段，即为化解人口红利衰减对于经济增长的负面影响，加快推进新型城镇化。James F. Sallis 在介绍一些概念模型和应用于城市规划和设计的研究成果转化的基础上，着重指出公共政策制定对于促进城市健康可持续发展的意义[3]。张妍分析了欧美等不同城市在应对城市化和人口老龄化方面采取的计划，指出采取积极的老龄化政策、营造老年友好型的城市环境是实现城市经济和人口结构变化的有效途径[4]。

---

[1] Hartlapp M., Schmid G. (2008). Labour Market Policy for "Active Ageing" in Europe: Expanding the Options for Retirement Transitions. *Journal of Social Policy*, 37 (3), 409-431.

[2] Giles-Corti B., Vernez-Moudon A., Reis R., et al. (2016). City Planning and Population Health: A Global Challenge. *Lancet*, 388 (10062), 2912.

[3] 张旭：《人口老龄化背景下城镇化问题研究》，东北财经大学，2014年硕士学位论文。

[4] 张妍：《城市化视角下的人口老龄化》，《老龄科学研究》2013年第4期。

Kresl 和 Ietri 在《人口老龄化与城市竞争力》一书中阐述了终身净贡献周期理论（the lifelong net contribution cycle），展示了采取积极老龄化政策前后一个人从出生到死亡对社会的贡献情况。①

5. 经济发展维度

人是影响经济发展最本质的因素，是社会发展的主体，人口因素发生变化会影响整个经济系统的运行，合适的人口数量、合理的人口结构和较高的人口质量有利于经济发展。在生产生活中，人既是生产者也是消费者，不同年龄的个体具有不同的经济行为，人口结构与经济发展存在着最复杂的关系。实现积极老龄化、健康老龄化需要从经济和服务两个方面给老年人提供保障。在各国已建立的社会保障制度中，养老金和商业养老保险正在或已经成为老年群体的重要经济支撑，老龄问题的实质从一定意义上说就是经济金融问题。经济金融既是城市发展的重要维度，也是老龄产业的核心因素之一。人口老龄化带来人口红利的减少，对社会经济发展方式也提出了新的挑战，也是重塑整个产业结构的重要力量。一方面，人口老龄化导致养老成本加大，增大了财政支出，地区对产业发展的金融支撑需求也在增大；另一方面，劳动力供给的减少促使企业转型升级，对金融发展水平提出了更高要求。发展好老龄经济、金融产业，对于积极应对人口老龄化带来的挑战、实现健康老龄化具有重要的意义。

## （二）健康老龄化的城市治理分析框架：老年友好城市

健康老龄化将老年人的社会参与扩展到各个方面，并要求政府和社会为老年人的参与提供帮助和支持。从学业水平到政策设计水平，具体的衡量指标正在不断提高，要采取具体措施，使不同的老年人能够根据自身情况更好地保持健康并更好地参与社会，更好地获得权利保护和照顾。

1. 健康老龄化的理论发展

亚当·斯密认为：一国繁荣最明确的标识，就是居民人数的增加。但是

---

① Kresl. P. K. 81 Letri, D. (2010). The Aging Population and the Competitiveness of Cities. Edward Elgar Publishing Limited.

历史上对人口的关注，大多是因为大量的人口在城市发展中所创造的财富和经济价值，被重视和重用的是具有创造劳动价值的年轻人，而老年人则被看作负担，这也就是"消极的老龄化"时代。但是随着社会的发展进步和人们对年龄认知的变化，社会上的老年观正从消极走向积极。

1987年，约翰和卡恩在《科学》杂志上发表文章——《人的老龄化：普遍与成功》，他们最先提出了"成功老龄化"的概念，并在学界被广泛使用，他们认为应当认识到老年人群的异质性情况，在"正常老龄化"的研究中加上对"成功老龄化"的研究，而不是像过去一样只关注受损和正常这两种类型的老龄化。这个时候的"成功老龄化"研究主要是针对老年人的生理健康进行的。但是由于"成功"一词具有主观想法的意味，在实际生活中，许多老人认为身上只有一点伤痛或者没有伤痛，那么自己的老年生活便是完整的。1987年，世界卫生大会在瑞士日内瓦召开，会上提出了"健康老龄化"概念，倡导人们把对人口老龄化的目标和结果研究转移到过程研究，即把研究的关注点放在老年健康的影响因素上。综上所述，"健康老龄化"是老年科学研究的基本理论框架，而且积极的健康老龄化应当成为当下应对人口老龄化的一项重要发展战略。

2. 健康老龄化的政策框架

Walker和Maltby（2012）指出欧盟委员会为促进老有所为作出努力，并建立了一个框架，在这个框架内，支持老有所为的各级，包括成员国、区域、地方、社会伙伴、民间社会等，老有所为的新倡议和伙伴关系都可以得到保障并得到宣传。

Boudiny（2013）在研究中考虑了先前的疏漏，提出了一项全面的战略。鉴于早期的政策倾向于将体弱的老年人排除在外，他提出的这一战略特别注意将积极老龄化概念进行转变，其核心是三项关键原则：促进适应性，支持维持感情上的亲密关系以及消除与年龄或依赖有关的结构性障碍。在单项途径方面，他指出原本的一些办法仅仅侧重于通过诸如养恤金的办法进行调整，如提高退休年龄和终止提前退出办法，以此来促进更长的工作寿命，因此他强调在雇用中反对年龄歧视的重要性，并增加老年工人的吸引力。在多层次途径方面，他认为一些人设想的积极老龄化——即指老年人在生活的几个领域中持续参与——并不全面，应该对此进行更详细的区分。在超越行为标准方面，Boudiny认为到目前为止所讨论的积极老龄化都是强调行为的，而一些作者取代的仅仅是行为方面的内容，包括健康和经济情况等方面，然而实现积极老龄化需要注重老有所为的三个组成部分：经济情况、社会支助、保健和社会服务的获得和使用。

Moulaert和Biggs批判性地研究了在人口变化的背景下与工作和退休相关的主题，重点讨论了国际和欧洲的社会政策，探讨了主导话语的出现及其对老龄问题政策理解的影响，确定了老龄主体性的新正统观念，解决限制老年人对工作和类似工作的活动的社会贡献的问题。

Beard等人在《老龄与健康问题世界报告：促进健康老龄化的政策框架》中提出要想实现积极老龄化，现在迫切需要做的是在多个部门和利益攸关方之间作出连贯一致、重点突出的公共卫生反应；结合世界卫生组织发表的《关于老龄与健康的世界报告》，作者审查了目前的知识和差距，并提供了一个公共健康行动框架，框架的核心是个人的内在能力的组合、相关的环境特征以及个人与这些特征之间的相互作用。他们认为，可以通过两种方式实现积极老龄化的目标，分别是建立和保持内在能力、使具有一定内在能力的人能够从事对他们有意义的事情。在此过程中，作者强调，不仅要考虑能够减轻与老年人相关的损失的方法，而且要考虑能够加强复原力和加快心理社会成长的方法。在人口方面他们还强调，需要制定既能提高总体能力，又能通过提高底层能力来缩小能力差距的战略。

3. 健康老龄化发展指标体系比较

为衡量国家和地区健康老龄化程度以及各年龄层人群的福祉，各国际组织、国家部门以及科研机构均提出了具有前瞻性的指标体系。本文从各类指标体系中选取了8个具有代表性的指标体系，将其划分为国际体系和国家体系，分别对这些不同指标体系的共通性和差异性进行对比分析，了解每一个指标体系重点关注的目标是什么，以期了解各个国家、组织等在不同国情、不同条件下是如何积极应对人口老龄化这一全球性问题的。这8个指标体系详见表2。

表2 国际健康老龄化发展相关指标体系一览

| 机构 | 指标体系 | 发布方 | 发布时间 | 理论出发点 | 维度 |
|---|---|---|---|---|---|
| 国际组织 | Age-Friendly Cities and Communities | 世界卫生组织 | 2007 | 让城市和农村社区实现积极老龄化 | 建筑环境,交通,住房,社会参与,尊重和社会包容,公众参与和就业,交流与信息,社会支持和卫生服务 |
| | Wellbeing | 经济合作与发展组织 | 2009 | 衡量社会福祉和进步 | 物质条件,生活质量,可持续性 |
| | Active Ageing Index | 联合国欧洲经济委员会 | 2012 | 衡量各国积极老龄化的未开发潜力 | 工作,社会参与,独立、健康和安全的生活,建设积极老龄化环境的能力 |
| 国家机构 | 中国大中城市健康老龄化评估体系(2017~2018) | 国际老龄科学研究院 | 2018 | 以健康老龄化为导向,最终构建年龄友好城市 | 健康医疗,人居环境,交通出行,社会公平,经济金融 |
| | 全国健康城市评价指标体系(2018) | 全国爱国卫生运动委员会 | 2018 | 引导各城市改进自然环境、社会环境和健康服务,实现城市建设与人的健康协调发展 | 健康环境,健康社会,健康服务,健康人群,健康文化 |
| | 老年友好城市纽约计划 | 纽约医学科学院 | 2008 | 把纽约市打造为现代都市应对老龄问题的模式典范 | 社区与公众参与,住房,公共空间与交通,健康与社会服务 |
| | 健康老龄化最佳城市指数 | 米尔肯研究所 | 2017 | 强调美国城市适合老年人和年轻人的特点。将世代联系起来,建立人们可以有尊严地生活和成长的社区 | 宜居性,医疗保健,健康,金融安全,教育,交通便利,就业,生活安排,社区参与 |

续表

| 机构 | 指标体系 | 发布方 | 发布时间 | 理论出发点 | 维度 |
|---|---|---|---|---|---|
| 国家机构 | 老年社区评估指南指标体系* | 加拿大公共卫生署 | 2015 | 向社区提供关于如何使用指标衡量进展和评估其老年友好倡议的实际信息 | 室外空间和建筑物,交通,住房,社会参与,尊重和社会包容,公民参与和就业,沟通与信息,社区支持和卫生服务,老人健康和社会成果 |

\* https://www.canada.ca/en/public-health/services/health-promotion/aging-seniors/friendly-communities-evaluation-guide-using-indicators-measure-progress.html.

资料来源：根据相关资料整理。

研究选取的具有代表性的8个指标体系分为国际体系和国家体系。国际体系包括世界卫生组织发布的"Age-friendly Cities and Communities"、经济合作与发展组织发布的"Wellbeing"以及联合国欧洲经济委员会发布的"Active Ageing Index"。国家体系分别从中国和美国各选择了两个具有本国代表性的指标体系，从中国选取了西南交通大学国际老龄科学研究院（NIIA）发布的"中国大中城市健康老龄化评估体系（2017~2018）"和全国爱国卫生运动委员会发布的"全国健康城市评价指标体系"，从美国选取了纽约医学科学院发布的"老年友好城市纽约计划"以及米尔肯研究所发布的"健康老龄化最佳城市指数"，此外还参考了加拿大公共卫生署发布的"老年社区评估指南指标体系"。

以上8个指标体系均是各个相关机构，在应对具有国际特征或本国特色的人口老龄化条件下制定的或具有普适性或具有指定性的指标体系，以下对这几类体系进行分类、比较，分析各指标体系是否有共同关注的核心指标。

（1）评价方式、类型等方面的比较

①所有的指标体系按照其性质可分为"目标适切型"和"基于标准型"，且大多数采取调查评测或评估/评鉴的方式，着重考察城市积极老龄化发展的符合度和达成度情况。

②几乎所有的指标体系都未对城市进行分类,但除国际指标体系外,国家间的指标体系基本只适用于本国。

③针对本国或本地区的"基于标准型"指标体系都按照自身指数对部分城市进行了评测及排名,而"目标适切型"指标体系则是给出积极老龄化城市治理的发展方向和目标,未作出测评和排名。

表3 八种健康老龄化城市治理指标体系的评价方式、类型等方面的比较

| 评价活动 | Age-Friendly Cities and Communities | Wellbeing | Active Ageing Index | 中国大中城市健康老龄化评估体系(2017~2018) |
|---|---|---|---|---|
| 评价方式 | 评估/评鉴 | 调查评测 | 调查评测 | 调查评测 |
| 评价类型 | 目标适切型 | 基于标准型 | 基于标准型 | 基于标准型 |
| 适用对象 | 全球老龄化城市 | 全球大多数城市 | 欧盟27个国家 | 中国38个城市 |
| 是否分类 | 否 | 否 | 否 | 否 |
| 是否进校 | 否 | 是 | 是 | 是 |
| 评价活动 | 全国健康城市评价指标体系(2018) | 老年友好城市纽约计划 | 健康老龄化最佳城市指数 | 老年社区评估指南指标体系 |
| 评价方式 | 审查评测 | 评估/评鉴 | 调查评测 | 评估/评鉴 |
| 评价类型 | 基于标准型 | 目标适切型 | 基于标准型 | 目标适切型 |
| 适用对象 | 中国所有城市 | 纽约大都市区 | 美国所有城市 | 加拿大老年社区 |
| 是否分类 | 否 | 否 | 否 | 否 |
| 是否进校 | 是 | 否 | 是 | 否 |

资料来源:根据相关资料整理。

(2)评价指标构成、特性等方面的比较

将国内外八种"健康老龄化城市"指标体系的构成情况与基本性质进行归纳和比较后,我们发现:首先,各类指标体系在名称上呈现明显的多样性,但是其核心都是围绕"健康"及"老龄化"进行指标构建。其次,每个指标体系大多分为两级,最高不超过三级,且一级指标普遍不超过10项,但二级指标最少为15项,最多有83项。这与其体系适用对象有明显关系,适用对象广泛的指标体系,其二级指标普遍较多;反之,则二级指标数较少。另外,八种指标体系在其性质方面主要以定量为主,少数是定量与定性

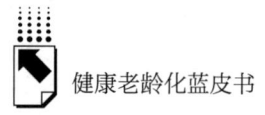

相结合，这便于对各城市进行分类比较。

具体比较情况见表4。

表4 八种健康老龄化城市治理指标体系构成、特性等方面的比较

| 评价活动 | Age-Friendly Cities and Communities | Wellbeing | Active Ageing Index | 中国大中城市健康老龄化评估体系（2017~2018） |
|---|---|---|---|---|
| 指标名称 | 指南 | 指标 | 指标 | 指标 |
| 指标级数 | 2级 | 2级 | 2级 | 2级 |
| 指标数量 | 8项一级<br>83项二级 | 3项一级<br>15项二级 | 4项一级<br>20项二级 | 5项一级<br>45项二级 |
| 指标性质 | 定量与定性结合 | 定量与定性结合 | 定量 | 定量 |
| 评价活动 | 全国健康城市评价指标体系（2018） | 老年友好城市纽约计划 | 健康老龄化最佳城市指数 | 老年社区评估指南指标体系 |
| 指标名称 | 指标 | 指南 | 指标 | 指南 |
| 指标级数 | 3级 | 2级 | 2级 | 2级 |
| 指标数量 | 5项一级<br>20项二级<br>42项三级 | 4项一级<br>15项二级 | 9项一级<br>83项二级 | 9项一级<br>47项二级 |
| 指标性质 | 定量 | 定性 | 定量 | 定量与定性结合 |

资料来源：根据相关资料整理。

(3) 核心指标选择方面

表5对八种指标体系进行归纳与整理，可以看出它们在一些核心指标（主要指一级指标，也包括某些独立性强且较为重要的二级指标）的选择上具有一定程度的相似性，总的来说都涵盖了"衣""食""住""行"等几大方面；具体而言在"人居环境""交通出行""住房保障""健康医疗""社会包容""经济金融""工作就业""社会参与和交流""教育培训"以及"社会安全"等十个方面的指标共性较强。此外，虽然经济合作与发展组织在"Wellbeing"指标体系中单独将"可持续性"作为一级指标列出，其他体系虽

然没有明确地将"可持续性"作为一级指标，但都在其二级指标中凸显或提到"可持续性发展"，这说明无论是哪个国家或哪个组织都将"可持续性"视为城市在健康老龄化治理环节中不可缺失的一点。

表5 八种健康老龄化城市治理指标体系构成、特性等方面的比较

| 项目名称<br>核心指标 | Age-Friendly Cities and Communities | Wellbeing | Active Ageing Index | 中国大中城市健康老龄化评估体系 | 全国健康城市评价指标体系（2017~2018） | 老年友好城市纽约计划 | 健康老龄化最佳城市指数 | 老年社区评估指南指标体系 |
|---|---|---|---|---|---|---|---|---|
| 人居环境 | ★ | ★ | ★ | ★ | ★ | ★ | ★ | ★ |
| 交通出行 | ★ |   |   | ★ |   | ★ | ★ | ★ |
| 住房保障 | ★ | ★ | ★ | ★ |   | ★ |   | ★ |
| 健康医疗 | ★ |   |   |   | ★ |   |   |   |
| 社会包容 | ★ |   |   |   |   | ★ |   |   |
| 经济金融 |   | ★ | ★ | ★ |   |   | ★ | ★ |
| 工作就业 | ★ | ★ | ★ |   |   |   | ★ |   |
| 社会参与和交流 | ★ | ★ | ★ |   |   | ★ | ★ | ★ |
| 教育培训 |   | ★ | ★ | ★ | ★ |   | ★ |   |
| 社会安全 | ★ | ★ | ★ | ★ | ★ |   |   |   |

资料来源：根据相关资料整理。

4. 健康老龄化治理指标体系的评价

国际、国内指标各有千秋。在国际机构的研究成果中，世界卫生组织从健康衰老的概念和理论体系构建的角度研究了健康衰老的定义、理论和测量步骤，值得借鉴。从指标体系构建的角度来看，世界卫生组织的"Age-Friendly Cities and Communities"指标体系最为客观、全面，尤其是在内容覆盖方面，世界卫生组织几乎对健康老龄化治理、老年友好城市创建的方方面面都做到了指标划分。从指数设计的科学性和延续性角度看，"Wellbeing"指标体系是经济合作与发展组织基于其对经济绩效和社会进步的衡量标准于

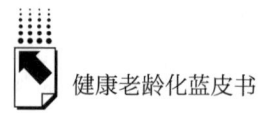

2009年提出的。它反映了经合组织早期的工作以及该领域的各种国家举措。联合国欧洲经济委员会构建的"Active Ageing Index"指标体系中,每一个指标都能准确反映健康老龄化治理的情况,它适用于绝大多数国家和地区。

相较于国际指标体系,我国现有的指标体系具有非常鲜明的特点:首先是时间的新。国内近两年发布健康老龄化治理指标,既表明了不同机构、企业和地区对中国健康老龄化治理重要性的认识和快速反应,也表明了中国城市在应对健康老龄化方面起步较晚。其次是测量方法相似。国内机构和组织的计量方法较为保守,调查的内容都是数字经济的基础应用和影响。

如今,老年人的需求已经从生存需要转为发展需求。健康老龄化概念的提出,凸显了老龄化研究的新视角,它为城市积极应对人口老龄化提供了新思路、新途径,不仅潜移默化地改变着人们对老龄群体的歧视和刻板印象,也影响着老龄人群自身的想法和态度。通过以上分析,我们可以得出以下结论。

第一,在构建健康老龄化发展评价体系时,各个国家都要结合本国城市化和老龄化发展的国情,参考已有评估体系进行评估。应以打造适宜各年龄段人群居住的城市为出发点,采用具体化且适用性强的指标,对现有城市进行全方位、多维度的发展评价。这个体系应该有一个灵活的框架,该框架可灵活运用于我国的不同地区,甚至适用于其他国家。

第二,传统对待老年人的观念已经不能适应现代社会,不同国家和地区面临的人口老龄化所带来的问题也不相同。发达国家所面临的是,人口老龄化所导致的劳动力供给严重不足,以及社会养老保障的财政负担等问题;而发展中国家虽然人口数量不断增加,维持了世界人口规模的扩大,但也面临着向年轻人提供学习、就业机会的压力。同时,由于社会经济发展水平较低,"未富先老、未备已老"所带来的诸如经济领域和社会层面的影响,成为绝大多数发展中国家面临的社会压力。因此,老龄化治理需要转变模式。健康老龄化正是要从生理、心理、政策、社会环境等多方面,为破解这些难题提供普遍有效的途径。

### (三)健康老龄化的城市治理评估体系构建

1. 评估过程

要从分配老龄社会资源、规范老龄社会行为、解决老龄社会问题、促进老龄社会发展等维度,对样本城市开展综合研究。

从系统观点出发,研究样本城市治理系统构成,主要是研究城市治理的主体、客体、环境、各子系统及其相互关系,以及系统运行各环节的作用发挥问题。

2. 评估方法

本报告认为,对城市健康老龄化水平进行评估应当遵循系统评估的理念,即城市的发展是经济系统、文化系统、社会公平系统、生态系统、交通系统等多领域系统建设的综合体,而对这种系统建设的评价分析刚好符合层次分析法的基本逻辑,因此本报告决定采用层次分析法(AHP)作为评价城市健康老龄化水平的主要方法。层次分析法是一种基于层次权重的决策分析方法,其基本原理是将所研究的问题看作一个整体的目标系统,然后根据问题的性质和一般目标的设定,将复杂问题划分为若干不同的要素,并根据要素之间的相互影响和隶属关系,构建层次结构模型,再对各要素进行比较,并按照层次结构模型进行排序,使各因素的重要性得到证实,确定各因素对总目标的重要性顺序。其基本步骤可总结如下。

——建立层次结构模型,包括目标层、准则层和方案层三个方面。

——构造判断矩阵。

——进行分级单次排序和一致性检查。分级单次排序是指将同一级别的元素相对重要性与上一级别的元素相对重要性进行比较而得到的排序权重。

——进行层次总排序,即对指标进行总体的一致性检验。

最后,代入数据进行分析,从而得到结论,这些结论就是之后政策建议的基础。

3. 指标选取原则

城市健康老龄化涵盖了社会发展的许多方面，在构建评估体系时，要保证选取的指标可以全面、系统地评估城市健康老龄化指数，因此所选指标遵循以下五大原则。

（1）指标系统性

当建立好城市健康老龄化指标体系后，应当根据各维度的情况选择指标，以确保评价指标能够形成全面、系统的体系，而不只是单一的评价指标。只有这些指标能够构成一个完整体系之后，才能全面、合理地反映城市的健康老龄化情况。因此，我们构建健康老龄化指标体系的时候应当依据系统性这一基本原则。

（2）指标可行性

城市健康老龄化指标评估要反映健康老龄化城市治理五个维度中某一维度的某方面情况，这种反映要求能够用数字或者具体的语言表述，因此在进行指标选取时，要求指标是可行的，即在选取指标时，要求指标是可以量化的；对于不能量化但又很重要的指标，要求这类指标能够用定性的语言进行表述。总的来说，定性、定量指标相结合可使得指标具有可测量性和可行性。遵从指标可行性原则，可为以后的数据分析和城市健康老龄化指标的最终量化表示提供依据。

（3）指标科学性

在选择评价指标时，应该注意指标的相互独立性，因为每个维度下的评价指标都可能存在因果关系或相互关系，所以在进行评价指标的选择时应尽量避免这种情况的出现。同时，在选择城市健康老龄化指标时，应注意相应指标的评价维度。例如人居环境下的指标不能放在交通出行的维度下，应遵循指标的科学分类原则，以确保指标体系的科学性。

（4）指标一致性

指标的一致性有两层含义：一是指标目标的一致性，即所有指标的选取都是为了同一个目的，且只有这一个目的。因此，在选择指标时，必须保证所选指标与本目标一致。二是指标数据来源口径的一致性。在选择指标时，必须确保指标的数据来源口径是一致的，同一个指标下的数据不能来自多个不同的数据库。只有保证了指标数据的一致性，才能保证结果的权威性和整齐性。

（5）指标客观性

在选择指标时，还应该注意到指标应具有客观性，也就是指标能真实客观地衡量评价对象的情况和性质。在城市健康老龄化指标评价中，我们沿用2016年城镇居民退休生活质量划分的五个维度，而选取的指标也应该在这五个维度上，从实际出发来衡量城市健康老龄化的发展情况。所以，在对指标进行选择时，应明确指标的属性和含义，保证指标的客观性，以确保评价体系的有效性和公平性。

4. 评估指标体系

根据上述理论和原则，在2016年城镇居民退休生活质量评价框架的基础上，我们构建了基于层次分析法的城市健康老龄化指标评价体系。从目标层、准则层、方案层三个部分进行梳理：城市健康老龄化水平指标是整个评价体系的总目标层，医疗、人居、交通、社会公平与社会参与、经济金融是整个评价体系的评价标准层，选择的指标集是城市健康老龄化指标评价体系的指标层。三级结构构成了城市健康老龄化指标评价体系。将数据纳入评价体系，可以全面、系统、科学地反映城市健康老龄化建设水平。

为保证在对城市健康老龄化的五大维度进行量化排名时的全面性、系统性和准确性，我们在构建指标层时，共选取了45项指标，其中健康医疗维度8项、人居环境9项、交通出行维度7项、社会公平与社会参与维度11项、经济金融维度10项。且所选择的所有指标均符合上述五大选取原则，我们认为该指标层能够较为全面、系统地反映我国大中城市居民的生活情况和健康老龄化城市的发展情况。

完整的城市健康老龄化指标评估体系如表6所示，（+）意为该项指标为正向指标，即数值越高则现实情况越好，相应得分也会越高；（-）意为该项指标为负向指标，即数值越高表示现实情况反而越坏，相应得分也就越低。

表6 城市健康老龄化指标评估体系

| 目标层 | 评价维度 | 一级指标 |
| --- | --- | --- |
| 城市健康老龄化水平 | 健康医疗 | 人均医疗卫生支出(+) |
| | | 医疗卫生支出占GDP的比重(+) |
| | | 城镇家庭人均医疗保健支出占家庭消费支出的比重(-) |
| | | 每万人拥有医院数(+) |
| | | 每千人拥有医生数(+) |
| | | 每千人拥有床位数(+) |
| | | 每千人拥有养老机构床位数(+) |
| | | 人口平均预期寿命(+) |
| | 人居环境 | 空气优良率(-) |
| | | 每万人拥有绿地面积(+) |
| | | 人均公园绿地面积(+) |
| | | 人均公园数(+) |
| | | 建成区绿化覆盖率(+) |
| | | 道路交通等效声级(-) |
| | | 城市区环境噪声等级(-) |
| | | 生活垃圾无害化处理率(+) |
| | | 废水处理厂集中处理率(+) |
| | 交通出行 | 平均旅行速度(+) |
| | | 人均年末实有出租车数(+) |
| | | 人均城市道路面积(+) |
| | | 建成区路网密度(+) |
| | | 人均拥有公交车数(+) |
| | | 每小时拥堵时间(-) |
| | | 年人均拥堵成本(-) |
| | 社会公平与社会参与 | 第三产业从业人口占总从业人口比重(+) |
| | | 每万人拥有卫生、社会保障和社会福利从业人数(+) |
| | | 每万人拥有群众文艺馆(+) |
| | | 公共安全支出占公共预算财政支出的比重(+) |
| | | 人均居住支出构成(-) |
| | | 人均住房建筑面积(+) |
| | | CPI 5年算术平均(-) |
| | | 每万人在校大学生人数(+) |
| | | 互联网宽带接入用户数占总人口的比例(+) |
| | | 娱乐教育文化服务占总消费支出的比例(+) |
| | | 人均教育支出(+) |

续表

| 目标层 | 评价维度 | 一级指标 |
| --- | --- | --- |
| 城市健康老龄化水平 | 经济金融 | 城镇基础养老金占人均可支配收入的比例(+) |
| | | 城市居民家庭消费支出(+) |
| | | 人均民生预算投入(+) |
| | | 城市居民最低生活保障金与人均可支配收入比(+) |
| | | 月人均城镇职工基本养老保险金(+) |
| | | 城镇单位在岗职工平均工资(+) |
| | | 城镇居民人均可支配收入(+) |
| | | 人均城乡居民储蓄存款(+) |
| | | 商业保险深度(+) |
| | | 商业保险密度(+) |

在选择指标时，我们严格地遵守以上五大原则，但因为部分指标数据难以获取，且部分指标数据在数据一致性方面表现不佳，在确定城市健康老龄化的最终评价指标时，我们做了一些妥协。在不破坏整体、系统、科学性和综合性的前提下，我们将较难获取的某些维度的指标进行了削减，最终确定以这45个指标构成指标层。

本报告认为，五大维度在城市健康老龄化建设中的重要性是一样的，因此将各维度权重均等化设置为20%，本报告还认为同一维度下的各指标权重相同，因此在计算时，每个维度的评价指标因个数不同而有不同的权重。但同一维度的下级指标权重相同。

5.指标解释

（1）健康医疗维度

A. 人均医疗卫生支出：根据地方财政支出中的医疗卫生支出除以当地常住居民人口数。

B. 医疗卫生支出占GDP的比重：医疗卫生支出占当年GDP的比值乘以100%。

C. 城镇家庭人均医疗保健支出占家庭消费支出的比重：城镇家庭人均医疗保健支出与家庭消费支出之比。

D. 每万人拥有医院数：当地医院数（含卫生院数）乘以一万除以当地常住人口数，得到每一万人口拥有的当地医院数，其中医院、卫生院数指卫生部门、工业及其他部门（如农业、铁道、邮电、公安、文教、民政、社团等）、集体所有制单位、私人、以各种合作方式（全民与集体或个体合办、集体与个体合办、中外合资）等举办的医院和卫生院数（包括县及县以上医院数、城市街道卫生院、农村卫生院及其他医院数）。

E. 每千人拥有医生数：医生（执业医师+执业助理医师）数除以城市常住人口千人数。

F. 每千人拥有床位数：医院、卫生院床位数除以常住人口千人数。

G. 每千人拥有养老机构床位数：养老机构床位数除以城市常住人口千人数。

H. 人口平均预期寿命：不同的社会因为处于不同的发展阶段，有不同的社会条件、不同的健康医疗保障环境，因此人们的人均预期寿命也不一样。人口平均预期寿命是在一定死亡水平之下，通过计算社会出生人口平均可存活的年数，预期在这个社会出生的人如果没有意外一生可以活多长。

（2）人居环境维度

A. 空气优良率：就是指空气的质量，因为质量受到各种污染程度的影响，而可吸入颗粒物和飘尘与居民死亡率之间呈现正比例关系。空气污染严重会给市民健康带来相应的不良效应。

B. 每万人拥有绿地面积：绿地面积指用作绿化的各种土地面积，包括公园绿地、单位附属绿地、居住区绿地和风景林地的总面积。由城市总绿地面积除以常住居民人口万人数得出人均绿地面积。

C. 人均公园绿地面积：城市总的公园绿地面积与城市总人口数量之比。公园绿地面向公众开放，能够起到优化城市生态环境、美化城市景色的作用，能够为城市居民提供较大的、舒适的公共区域。

D. 人均公园数：一般是指人均拥有的政府修建并经营的自然观赏区和供公众休息游玩的公共区域。由城市公园数量除以常住人口数得出。

E. 建成区绿化覆盖率：通过城市建成区绿化面积除以建成区面积得

出。需要指出的是，绿化覆盖面积即树木、草坪等绿化植被的垂直投影面积。

F. 道路交通等效声级：反映城市道路噪声监测情况，数据来自中国城市统计年鉴。

G. 城市区环境噪声等级：指城区环境噪声等级。

H. 生活垃圾无害化处理率：生活垃圾无害化处理率是指无害化处理的城市市区垃圾数量占市区生活垃圾产生总量的百分比，一般要求生活垃圾无害化处理率≥85%。

I. 废水处理厂集中处理率：指城市市区经过城市污水处理场二级或二级以上处理且达到排放标准的污水量占城市生活污水排放总量的百分比。

（3）交通出行维度

健康而有活力的老龄城市离不开安全、顺畅、无障碍的交通环境。然而，当我们基于这一视角对城市进行考察时发现，城市设计往往注重功能设计而忽略了从"人"这一主体进行考量，"适老交通"无论是从设计本身看，还是在城市管理的资料获取方面都显得极为匮乏，考虑到老龄人口出行与劳动人口出行在时间、目的等方面并不能够严格区分，因此这部分指标采用了衡量城市公共交通状况的一般数据。

A. 平均旅行速度。

B. 人均年末实有出租车数。

C. 人均城市道路面积，指的是城市中每一位居民占有的道路面积。

D. 建成区路网密度。

E. 人均拥有公交车数，指的是城市中每一位居民拥有的公交车数量。

F. 每小时拥堵时间。

G. 年人均拥堵成本：因交通拥堵所产生的年人均成本（选择通勤距离和通勤成本的目的在于反映城市交通便利、顺畅的基本状况）。

（4）社会公平与社会参与维度

A. 第三产业从业人口占总从业人口比重：城市中从事第三产业的人数占总从业人数的比重。

B. 每万人拥有卫生、社会保障和社会福利从业人数。

C. 每万人拥有群众文艺馆：城市拥有的群众文艺馆数量除以常住人口万人数。

D. 公共安全支出占公共预算财政支出的比重：等于公共安全支出总额除以公共预算财政支出总额。

E. 人均居住支出构成：由城市人均居住支出额除以城市居民家庭消费支出额得出。

F. 人均住房建筑面积：城市住房建筑面积除以人口数（各城市统计年鉴有统计）。

G. CPI 5 年算术平均：居民消费价格指数 5 年算术平均。

H. 每万人在校大学生人数：城市在校大学生数量除以城市常住人口万人数，反映城市整体高层次的教育文化氛围。

I. 互联网宽带接入用户数占总人口的比例：反映城市积极参与现代社会生活的人口比重以及未来发展智慧养老的社会条件。

J. 娱乐教育文化服务占总消费支出的比例：娱乐教育文化服务支出总额除以居民消费支出总额。

K. 人均教育支出：城市教育支出除以居民常住人口数。

（5）经济金融维度

A. 城镇基础养老金占人均可支配收入的比例：城镇基础养老金总额除以城镇居民可支配收入总额。

B. 城市居民家庭消费支出：数据来自统计年鉴，包括个人和家庭用于生活消费和个人消费的全部支出总额。

C. 人均民生预算投入：由民生预算投入除以常住人口数得出。

D. 城市居民最低生活保障金与人均可支配收入比：城镇居民最低生活保障金除以人均可支配收入。

E. 月人均城镇职工基本养老保险金。

F. 城镇单位在岗职工平均工资。

G. 城镇居民人均可支配收入：当年城市居民可支配收入除以常住人口

数得出。

H. 人均城乡居民储蓄存款：由年末城乡居民存款余额除以常住人口得出。

I. 商业保险深度：城市中保险费用收入总额占城市GDP之比重。

J. 商业保险密度：城市中保险费用收入总额占城市常住人口比。

## 三 中国大中城市健康老龄化评估总排名及综合分析

### （一）2018~2019年城市健康老龄化总排名

1. 城市选取和数据来源

在建立了城市健康老龄化指标评估体系后，本报告搜集了我国38个大中城市的数据并将其输入评估体系，进行量化，以此对我国大中城市健康老龄化的水平进行分析。这38个大中城市在地域上分布均匀，城市发展具有代表性，能较好地反映我国大中城市健康老龄化的发展水平，同时还有利于分析城市健康老龄化水平发展的区域间差异，以及深刻思考产生这种差异的原因，从而有针对性地提出提高我国城市健康老龄化建设水平的对策建议。

本报告所有主要数据，均来自38个大中城市的2018年统计年鉴和统计公报，同时还有部分指标的数据采用了国家统计局的公开数据以及《中国城市统计年鉴》的数据，以此确保指标数据的可靠性、一致性以及权威性。

2. 数据处理

城市健康老龄化指标评估体系中45个指标的计量单位并不统一，为使得数据能得到统一分析和计算，本报告将所有选取好的数据进行了无量纲化处理。主要步骤如下。

——观察指标属于正向指标还是负向指标，正指标表示数据数值越大，表现越好，得分越高；负指标则表示数据数值越大，表现越差，得分越低。

——同一指标下的数据，选取出表现值位于两端的城市数据，为最差的城市赋值为0,为表现最好的城市赋值100%,对其他城市按照相应表现在0~100%区间内赋值。

——按照以上步骤分别对所有数据进行无量纲化处理。

需要指出的是,一般来说,数据无量纲化处理之后,数值表现应当在0~1间,也就是数据呈现形式大部分为小数形式,为了更好地读数比较,本报告将小数形式转化为百分数形式,最终以得分展示,如数值表现为1,转换为100%,则最终得分是100分,表示城市得分最高,数据表现最好。若数值表现为0.5,转换为50%,则最终得分为50分,依此类推。

搜集数据之后可得到38个城市健康老龄化水平数据矩阵:

$$[x_{ij}](i=1,2,\ldots,38;j=1,2,\ldots,45)$$

需要指出的是,$i$表示城市数量,$j$表示指标数量。这是最初的数据,然后我们对数据进行无量纲化处理,对于任意第$j$($j=1,2,\ldots,45$)项指标的数据,记为:

$$m=\min\{x_{ij}\}, M=\max\{x_{ij}\}, R=M-m, i=1,2,\ldots,38$$

然后所有原始数据可根据无量纲化处理步骤进行变化,其公式变化如下。

①当数据为正指标,即数据越大、表现越好时,对其做如下处理:

$$y_{ij}=(x_{ij}-m)/R$$

②当数据为负指标,即数据越大、表现越差时,对其做如下处理:

$$y_{ij}=(M-x_{ij})/R$$

通过无量纲化处理我们可以得到新的数据矩阵:

$$[y_{ij}](i=1,2,\ldots,38;j=1,2,\ldots,45)$$

通过如上计算得出所有城市指标数据得分,通过指标数据得分计算出城市各维度得分,然后根据各维度权重加总得到城市健康老龄化水平,即:

$$D_i=\sum_{i=1}^{45}(y_{ij}+w_j)$$

$D$ 代表城市健康老龄化水平。

3. 总体情况

本报告分别将搜集到的 38 个城市的五个维度数据按照上述处理方法进行统一处理,并得到了各城市健康老龄化水平的总排名。如表 7 所示,珠海、北京、南京、深圳和上海的健康老龄化水平位于全国前五位,但总分并不算很高,而合肥、兰州、长春、石家庄以及哈尔滨得分均低于 35 分,其健康老龄化水平在全国大中城市中排名末五位,这也进一步凸显了我国健康老龄化建设方面存在的一些问题。

一是总体建设水平偏低,本次报告统计的全国 38 个大中城市的平均得分仅有 42.59 分,且仅珠海的得分超过了及格线,得分为 61.49 分,排在全国第一位。总得分超过 50 分的也仅有珠海、北京、南京 3 个城市,其余 35 个城市得分均在 50 分以下,城市健康老龄化建设,是在人口老龄化背景下城市化不断推进的进程中面临的一项新课题,即城市的建设与发展需要与人口老龄化发展相适应。但现阶段,我国的城市健康老龄化建设严重滞后于城市化进程,绝大多数城市基础公共设施所服务的对象是健康人群,而没有考虑到老年、残障等特殊群体的需求。如果不进行长远的、重大的城市战略性调整,那日后的城市改造与建设所需要的投入会越发巨大。

二是区域间发展不均衡。从得分排名来看,我国城市健康老龄化水平呈现明显的"南高北低,东高西低"现象。排名前五的珠海、北京、南京、深圳和上海,基本上都是沿海城市,而排名在后五位的城市全是内陆城市。究其原因,与城市经济发展水平有一定关系,经济发展水平较高的城市相对而言进入老龄化社会早且程度高,所以有较为长远的眼光、充足准备和较强经济能力来应对人口老龄化的到来,其健康医疗、经济金融等维度得分较高,如今东部大城市优势越来越大,"不平衡,不充分"的区域发展,不仅仅体现在东西部的经济差距上,也反映在资源分配和城市建设等工作中。

表7 城市健康老龄化水平总得分及排名情况（2019年）

单位：分

| 城市 | 城市健康老龄化水平 排名 | 城市健康老龄化水平 得分 | 健康医疗 | 人居环境 | 交通出行 | 社会公平与社会参与 | 经济金融 |
|---|---|---|---|---|---|---|---|
| 珠海 | 1 | 61.49 | 10.19 | 17.53 | 11.44 | 11.67 | 10.67 |
| 北京 | 2 | 56.96 | 14.12 | 11.67 | 5.26 | 9.70 | 16.21 |
| 南京 | 3 | 50.80 | 10.38 | 11.71 | 9.24 | 10.31 | 9.16 |
| 深圳 | 4 | 49.91 | 7.84 | 14.02 | 7.88 | 6.15 | 14.03 |
| 上海 | 5 | 49.19 | 10.54 | 9.96 | 5.95 | 6.76 | 15.97 |
| 广州 | 6 | 48.57 | 9.66 | 10.66 | 8.72 | 8.96 | 10.57 |
| 苏州 | 7 | 48.00 | 10.37 | 13.81 | 5.38 | 8.33 | 10.11 |
| 杭州 | 8 | 47.44 | 12.54 | 10.46 | 5.96 | 9.52 | 8.97 |
| 太原 | 9 | 47.08 | 10.11 | 11.32 | 9.63 | 9.85 | 6.16 |
| 昆明 | 10 | 45.78 | 8.56 | 12.13 | 7.99 | 7.00 | 10.10 |
| 厦门 | 11 | 45.63 | 7.53 | 11.49 | 12.93 | 9.11 | 4.58 |
| 成都 | 12 | 45.21 | 11.59 | 12.03 | 6.00 | 10.51 | 5.09 |
| 乌鲁木齐 | 13 | 44.74 | 12.90 | 10.62 | 8.13 | 7.54 | 5.55 |
| 无锡 | 14 | 44.65 | 11.52 | 9.21 | 6.56 | 9.35 | 8.02 |
| 海口 | 15 | 44.21 | 7.80 | 9.63 | 10.30 | 7.93 | 8.55 |
| 天津 | 16 | 42.96 | 9.89 | 8.80 | 6.95 | 8.54 | 8.79 |
| 宁波 | 17 | 42.58 | 9.33 | 8.99 | 9.03 | 5.57 | 9.66 |
| 武汉 | 18 | 41.99 | 12.15 | 9.48 | 7.66 | 8.10 | 4.60 |
| 沈阳 | 19 | 41.77 | 9.62 | 9.61 | 6.84 | 9.90 | 5.79 |
| 长沙 | 20 | 41.62 | 10.34 | 9.53 | 6.41 | 9.24 | 6.11 |
| 青岛 | 21 | 41.08 | 10.36 | 10.06 | 7.02 | 6.71 | 6.93 |
| 济南 | 22 | 40.26 | 10.68 | 9.92 | 5.02 | 8.77 | 5.88 |
| 西安 | 23 | 40.09 | 8.33 | 8.39 | 7.18 | 9.19 | 6.99 |
| 大连 | 24 | 39.55 | 8.58 | 10.44 | 6.31 | 7.11 | 7.11 |
| 重庆 | 25 | 39.55 | 7.70 | 11.45 | 8.27 | 6.62 | 5.50 |
| 贵阳 | 26 | 39.43 | 5.81 | 11.28 | 8.76 | 8.14 | 5.44 |
| 郑州 | 27 | 38.99 | 9.04 | 8.64 | 5.56 | 9.82 | 5.93 |

续表

| 城市 | 城市健康老龄化水平 排名 | 城市健康老龄化水平 得分 | 健康医疗 | 人居环境 | 交通出行 | 社会公平与社会参与 | 经济金融 |
|---|---|---|---|---|---|---|---|
| 南昌 | 28 | 38.78 | 9.24 | 8.84 | 6.21 | 7.64 | 6.85 |
| 呼和浩特 | 29 | 38.70 | 11.41 | 11.14 | 3.80 | 6.53 | 5.83 |
| 银川 | 30 | 38.65 | 8.91 | 11.16 | 6.13 | 7.73 | 4.71 |
| 南宁 | 31 | 38.09 | 9.62 | 8.20 | 7.29 | 7.85 | 5.13 |
| 西宁 | 32 | 37.56 | 8.11 | 10.41 | 5.27 | 8.96 | 4.81 |
| 福州 | 33 | 36.67 | 8.42 | 8.53 | 6.36 | 7.14 | 6.22 |
| 合肥 | 34 | 34.95 | 7.45 | 6.03 | 6.85 | 9.05 | 5.58 |
| 兰州 | 35 | 34.76 | 7.82 | 6.03 | 5.65 | 6.08 | 4.95 |
| 长春 | 36 | 34.24 | 7.68 | 8.46 | 7.71 | 5.36 | 5.03 |
| 石家庄 | 37 | 33.94 | 5.59 | 9.99 | 6.58 | 7.41 | 4.36 |
| 哈尔滨 | 38 | 32.37 | 7.72 | 5.89 | 5.26 | 7.25 | 6.24 |

4. 典型城市分析——排名前五的城市

（1）珠海市

在城市健康老龄化水平综合得分上，珠海市以总分61.49分的成绩再一次领跑全国各大中城市，较38个大中城市的得分均值42.59分高出了18.9分，而且是唯一一个得分在60分以上的城市，但得分并不算高，这说明我国各大中城市在健康老龄化发展层面仍需进一步加强建设。具体来看，"健康医疗""人居环境""交通出行""社会公平与社会参与""经济金融"这五大维度得分分别是10.19分、17.53分、11.44分、11.67分以及10.67分，五大维度得分均高于相应的平均得分，尤其是人居环境、社会公平与社会参与两个维度在38个大中城市中均位列第一，交通出行得分排名第二、经济金融得分排名第四，充分说明珠海市健康老龄化发展总体情况十分稳定、均衡（见表8、图2）。

珠海作为我国最早实行对外开放政策的地区之一，具有生态环境优美、城市规划与建设优势明显、基础设施建设完备等得天独厚的优势，所以珠海已经率先在全国打出了"宜居城市"的响亮名片。尤其是在中国社会科学院发布的《宜居城市竞争力报告》中,珠海连续3年位居第一。从《珠海市智慧城市建设总体规划(2013~2020年)》来看,珠海未来的城市总体规划着眼点将是智慧服务,形成珠海市"以人为本、智慧服务"的城市发展新格局。并且未来的珠海将积极推动智慧养老产业发展,拓展互联网及数字信息技术在养老领域的应用,筹备建设全市性"智慧养老"综合服务平台,实现养老事业、养老产业的信息共享和资源整合,推动城市健康老龄化建设更快发展。

表8 珠海市健康老龄化建设发展各指标得分情况

单位:分

| 排名 | 城市 | 健康医疗 | 人居环境 | 交通出行 | 社会公平与社会参与 | 经济金融 | 总分 |
|---|---|---|---|---|---|---|---|
| 1 | 珠海 | 10.19 | 17.53 | 11.44 | 11.67 | 10.67 | 61.49 |
|   | 均值 | 9.46 | 10.31 | 7.20 | 8.20 | 7.43 | 42.59 |

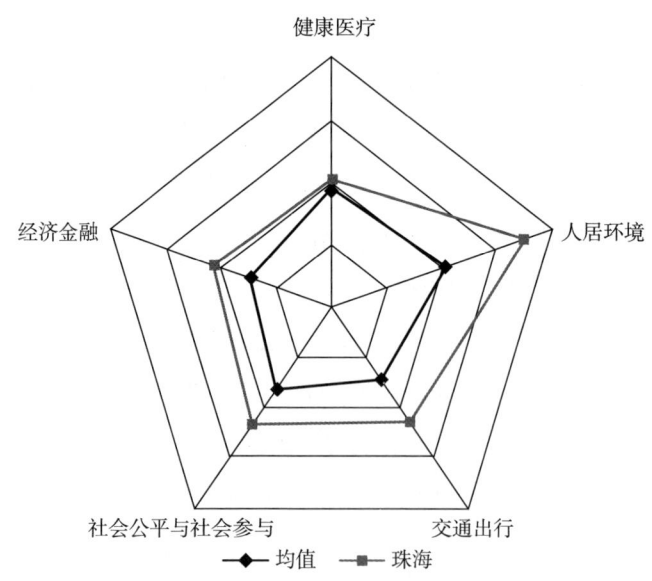

图2 珠海市健康老龄化指数雷达图

## (2) 北京市

北京市2019年城市健康老龄化水平综合得分为56.96分,得分高出均值14.37分,在全国38个大中城中排名第二。在五大维度中,除了交通出行外,其他维度得分均高于城市均值。健康医疗维度和经济金融维度得分分别为14.12分和16.21分,分别高出城市均值4.66分和8.78分,在38个大中城市中均排在第一位。而交通出行维度北京市的得分仅有5.26分,相较于平均分7.2分,低了1.94分,排名在全国38个大中城市中居倒数第三(见表9、图3)。

表9 北京市健康老龄化建设各指标得分情况

单位：分

| 排名 | 城市 | 健康医疗 | 人居环境 | 交通出行 | 社会公平与社会参与 | 经济金融 | 总分 |
|---|---|---|---|---|---|---|---|
| 2 | 北京 | 14.12 | 11.67 | 5.26 | 9.70 | 16.21 | 56.96 |
|   | 均值 | 9.46 | 10.31 | 7.20 | 8.20 | 7.43 | 42.59 |

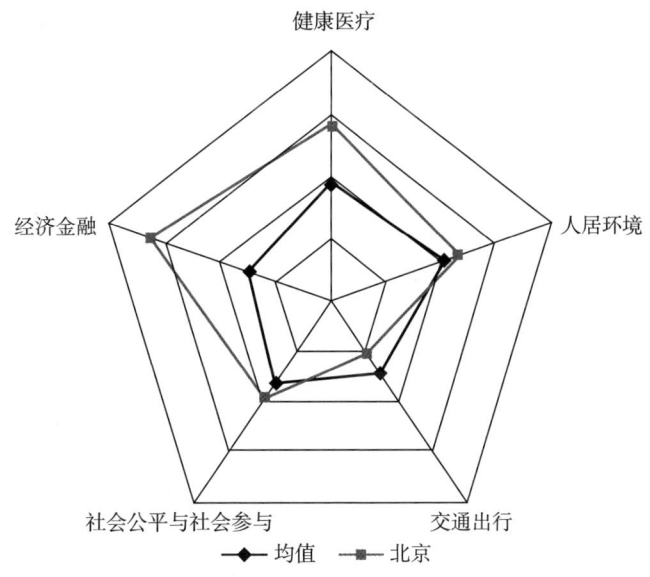

图3 北京市健康老龄化指数雷达图

北京市的老年人增长速度极快，据公开数据显示，从2012年到2017年，北京市60岁以上户籍老年人口从262.9万快速增加到333.3万，同时，北京市户籍人口老龄化程度居全国第二位，成为中度老龄化城市。虽然相对于其他城市而言，北京市的老年人口可获得的医疗资源更为丰富，经济成果的共享程度也更高，但是在交通出行维度方面，北京市的得分仅有5.26分，排名在全国38个大中城市中居倒数第三，所以北京在当下，应当把解决交通出行拥堵问题摆在城市发展的重要位置上，这不仅是为了应对城市人口老龄化，也是北京作为首都向国际展现城市面貌的重要举措。北京市应当突破现有的交通资源分配机制，积极协调统筹与老龄化社会发展相适应的、安全的、便捷的、高效的、绿色的综合交通体系，进一步提升公共交通服务水平。

（3）南京市

从2015年至今，南京市的健康老龄化水平排名每年都在上升。2019年南京市以总分50.8分位居全国第三，说明其城市健康老龄化建设正在不断发展完善。从五大维度来看，健康医疗、人居环境、交通出行、社会公平与社会参与以及经济金融得分分别是10.38分、11.71分、9.24分、10.31分以及9.16分，五大维度得分均高于平均得分，尤其以社会公平与社会参与、交通出行两个维度表现突出，在38个大中城市中分别位列第三和第五，其余三大维度排名也均位于前列。总体而言，南京市健康老龄化建设发展十分均衡，且进步明显（见表10、图4）。

"六朝古都"南京和罗马并称为"世界古典文明的两大中心"，以南京为代表的南朝文化，在人类历史上产生了极其深远的影响。近年来，南京在政治、经济、社会、文化以及生态文明建设方面做出了巨大的努力，多次获得"中国最具幸福感城市""联合国人居奖""国际和平城市"等称号。南京市政府更是在《南京市"十三五"人口发展规划》中明确提出要持续改善公共服务，要求进一步提升城乡养老、社会保障等基本公共服务均等化水平。此外，南京在五大维度上得分较为均衡，但仍然存在较大的提升空间。因此，南京应该在现有基础上持续发力，为全面建设成为老年友好、绿色、便捷的宜居城市做好充分的准备。

表10　南京市健康老龄化建设发展各指标得分情况

单位：分

| 排名 | 城市 | 健康医疗 | 人居环境 | 交通出行 | 社会公平与社会参与 | 经济金融 | 总分 |
|---|---|---|---|---|---|---|---|
| 3 | 南京 | 10.38 | 11.71 | 9.24 | 10.31 | 9.16 | 50.80 |
|   | 均值 | 9.46 | 10.31 | 7.20 | 8.20 | 7.43 | 42.59 |

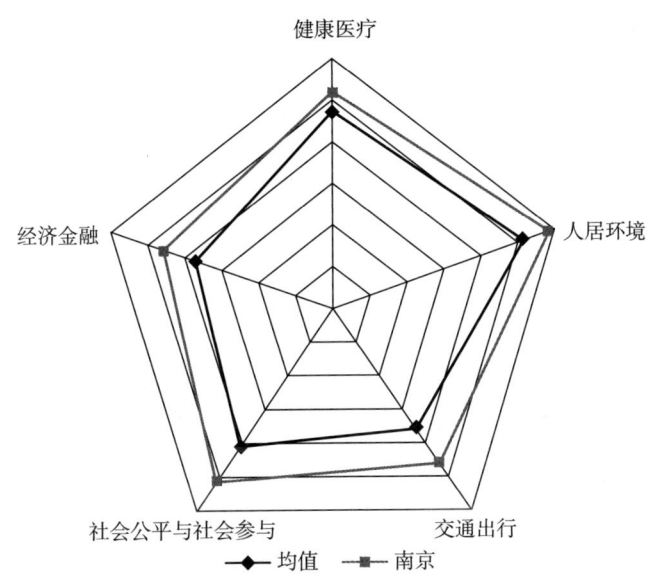

图4　南京市健康老龄化指数雷达图

（4）深圳市

在健康老龄化水平综合得分方面，深圳2019年排名第四，相较前几年名次有小幅度下滑，得分为49.91分，较38个大中城市的得分均值42.59分仅高出了7.32分。具体来看，人居环境、交通出行和经济金融维度的得分分别为14.02分、7.88分和14.03分，分别高出城市均值3.71分、0.68分和6.6分，并且人居环境和经济金融得分在全国38个大中城市中分别位于第二和第三，说明深圳在城市环境和经济发展方面取得的成果较为突出。

而健康医疗和社会公平与社会参与得分分别为7.84分和6.15分，低于城市均值，较其他三个指标而言，深圳在健康老龄化城市建设方面呈现发展不均衡的特点（见表11、图5）。

表11 深圳市健康老龄化建设各指标得分情况

单位：分

| 排名 | 城市 | 健康医疗 | 人居环境 | 交通出行 | 社会公平与社会参与 | 经济金融 | 总分 |
|---|---|---|---|---|---|---|---|
| 4 | 深圳 | 7.84 | 14.02 | 7.88 | 6.15 | 14.03 | 49.91 |
| | 均值 | 9.46 | 10.31 | 7.20 | 8.20 | 7.43 | 42.59 |

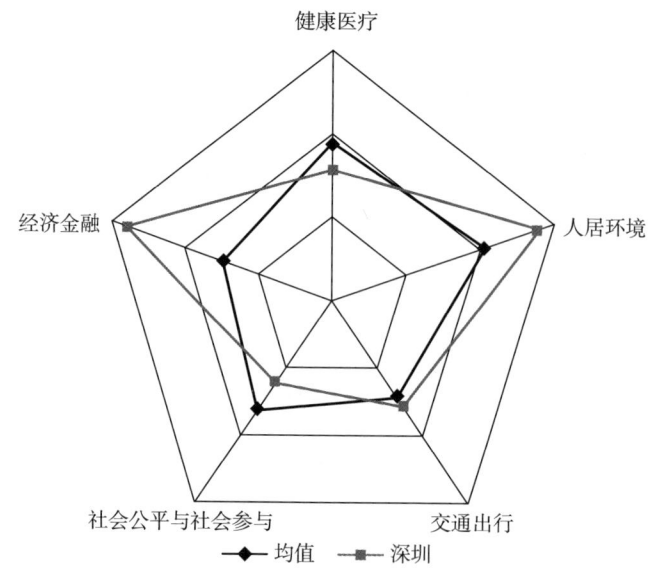

图5 深圳市健康老龄化指数雷达图

深圳的人口结构相对年轻，随着深圳经济社会的不断发展，就业机会增加，人口持续涌入，最先一批来到深圳创业的"深一代"集中退休，导致其人口老龄化的问题也日益突出。根据《关于深圳经济特区养老服务条例（送审稿）的说明》，截至2017年底，深圳全市老年人的常住人口数高达 90 万,再加上随迁老人等,实际老年人口数已超过 120 万,预计深圳将在 2023 年进入老龄化社会。《粤港澳大湾区发展规划纲要》的印发,引起了深圳养老行业的高度关注。大湾区规划明确指出要打造健康湾区,深化养老服务合作,规划还明确支持港澳投资者在珠三角兴办养老等社会服务机构,推进医养结合,在大湾区建设一批区域性健康养老示范基地。

在这样的机会和挑战下,深圳应该着眼于长期可持续的均衡发展,关注老年人口的社会需求,加大民生预算投入,进一步加强健康、交通和社会公平层面的建设推进工作,补齐短板,稳固优势。

(5) 上海市

上海是我国老龄化社会发展极具代表性的城市,其 2019 年城市健康老龄化水平综合得分排名第五,总分为 49.19 分,较 38 个大中城市的得分均值仅高出 6.6 分。在五大维度中,仅有健康医疗与经济金融维度得分高于城市均值,得分分别为 10.54 分和 15.97 分,分别高出城市均值 1.08 分和 8.54 分,其中经济金融维度在 38 个大中城市中排第二位。而人居环境、交通出行以及社会公平与社会参与三个维度得分均低于平均值,尤其是交通出行和社会公平与社会参与均排在后列(见表12、图6)。

表 12 上海市健康老龄化建设各指标得分情况

单位:分

| 排名 | 城市 | 健康医疗 | 人居环境 | 交通出行 | 社会公平与社会参与 | 经济金融 | 总分 |
|---|---|---|---|---|---|---|---|
| 5 | 上海 | 10.54 | 9.96 | 5.95 | 6.76 | 15.97 | 49.19 |
| | 均值 | 9.46 | 10.31 | 7.20 | 8.20 | 7.43 | 42.59 |

作为一个流动性较高的开放性城市,上海常住人口老龄化受户籍常住人口和外来常住人口的双重影响。而且上海因为其人口结构转变历程短、进入老龄化社会时间早,且在生育政策的调整上具有滞后性,所以上海的健康老龄化发展更应该从多维度共同发力。尤其在得分不理想的社会公平与社会参

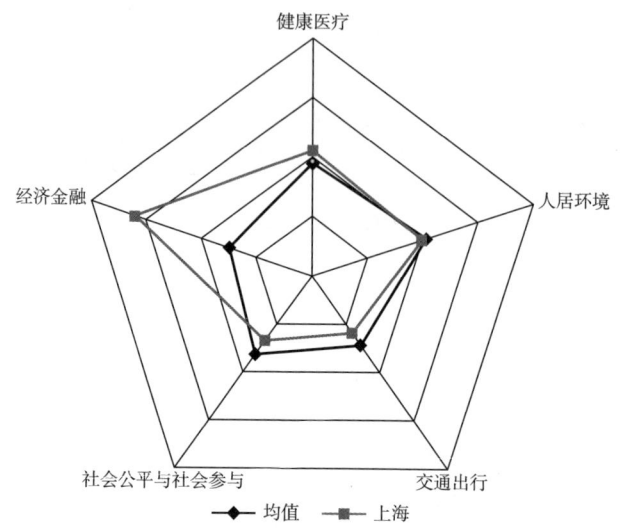

**图6 上海市健康老龄化指数雷达图**

与方面应当深化城乡社会保障体制改革，缩小不同人群待遇差距，提高政策制定的公平性。另外，综合运用行政、市场、科技等多元化手段，逐步形成规模适度、结构优化、分布合理的交通出行格局，为上海老人打造一个安全便捷的生活圈，真正做到"共建、共融、共享"。

5. 典型城市分析——排名末五的城市

（1）合肥市

合肥市2019年城市健康老龄化水平综合得分排名在末五位，总得分为34.95分，较均值低了7.64分。仅有社会公平与社会参与维度得分略高于平均值，其他四个维度得分均低于平均值，尤其是人居环境和健康医疗两大维度得分最为不理想，单项排名分别在倒数第二和倒数第三（见表13、图7）。

合肥市主要受其地理环境所限，植被覆盖率低，生态脆弱，加之经济的发展使得人口和产业用地紧张，公共绿地面积无法满足生态人居环境的正常标准，合肥的产业结构以重工业为主，主要产业有石油化工、有色金属冶炼和煤炭工业。所以，合肥的人居环境排名较为靠后。而在健康医疗方面,虽然政府对健康医疗有一定的重视,但是因为人均医疗保健支出占家庭消费支出比和平均预期寿命方面存在明显不足,影响了整体得分。因此,合肥市在深入推进"健康合肥"建设的同时,应当加快推进全国居家和社区养老服务改革试点、医养结合试点,积极打造"幸福合肥—为老驿站"养老服务品牌。同时亟待转变当前经济发展模式,构建生态效益与经济效益相结合的环境保护型经济发展模式,为推动健康老龄化的发展做好准备。

表13 合肥市健康老龄化建设各指标得分情况

单位:分

| 排名 | 城市 | 健康医疗 | 人居环境 | 交通出行 | 社会公平与社会参与 | 经济金融 | 总分 |
|---|---|---|---|---|---|---|---|
| 34 | 合肥 | 7.45 | 6.03 | 6.85 | 9.05 | 5.58 | 34.95 |
|  | 均值 | 9.46 | 10.31 | 7.20 | 8.20 | 7.43 | 42.59 |

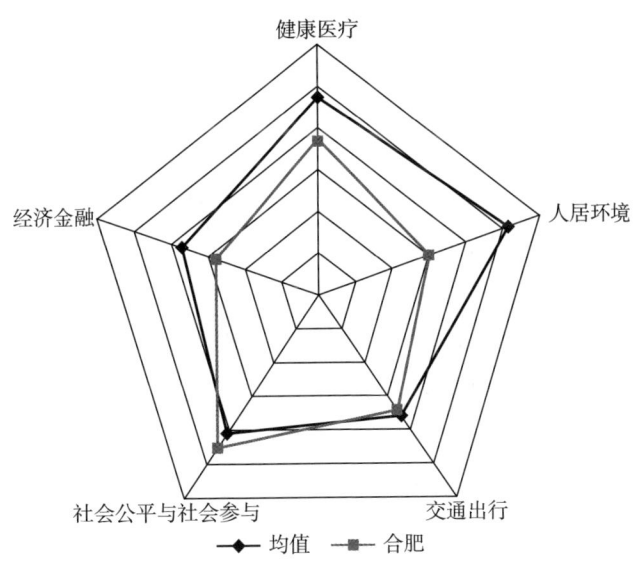

图7 合肥市健康老龄化指数雷达图

### （2）兰州市

兰州市2019年城市健康老龄化水平综合得分排名倒数第四位，总得分为34.76分，较总得分均值低了7.83分。五大维度得分均低于平均值，其中社会公平与社会参与得分排名仅排在38个城市的倒数第三位（见表14、图8）。

表14 兰州市健康老龄化建设各指标得分情况

单位：分

| 排名 | 城市 | 健康医疗 | 人居环境 | 交通出行 | 社会公平与社会参与 | 经济金融 | 总分 |
|---|---|---|---|---|---|---|---|
| 35 | 兰州 | 7.82 | 10.25 | 5.65 | 6.08 | 4.95 | 34.76 |
|  | 均值 | 9.46 | 10.31 | 7.20 | 8.20 | 7.43 | 42.59 |

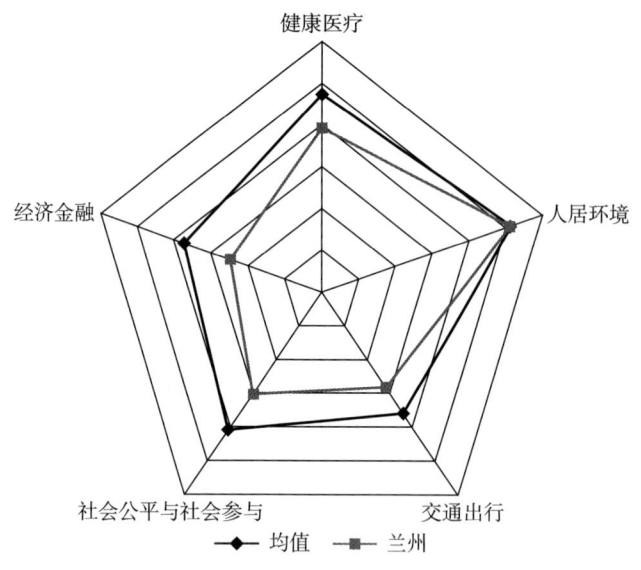

图8 兰州市健康老龄化指数雷达图

### （3）长春市

长春市在2019年城市健康老龄化水平综合得分方面排名倒数第三位，总得分为34.24分，较均值低了8.35分。五大维度中，仅有交通出行维度得分与平均值勉强持平,其余维度得分均低于平均值,在社会公平与社会参与维度得分排在 38 个城市中的最后一名(见表 15、图 9)。

长春作为吉林省省会,全省的政治、经济、文化和交通中心,直接引导并影响吉林省内其他市级和市级以下地区的经济发展和城市建设。而目前,长春的经济结构单一,完全依赖重工业和农业。政府应该从宏观层面对本市的产业发展和城市建设进行调控和指导,扩大经济总量、转变经济发展方式,重视健康医疗、人居环境、交通出行以及社会公平与社会参与维度的建设和发展。同时,作为典型的东北城市,还应该重点对人才、科技进行培育创新,提升城市综合实力,努力建设具有北方特色的老龄健康宜居城市。

表 15　长春市健康老龄化建设各指标得分情况

单位:分

| 排名 | 城市 | 健康医疗 | 人居环境 | 交通出行 | 社会公平与社会参与 | 经济金融 | 总分 |
|---|---|---|---|---|---|---|---|
| 36 | 长春 | 7.68 | 8.46 | 7.71 | 5.36 | 5.03 | 34.24 |
|  | 均值 | 9.46 | 10.31 | 7.20 | 8.20 | 7.43 | 42.59 |

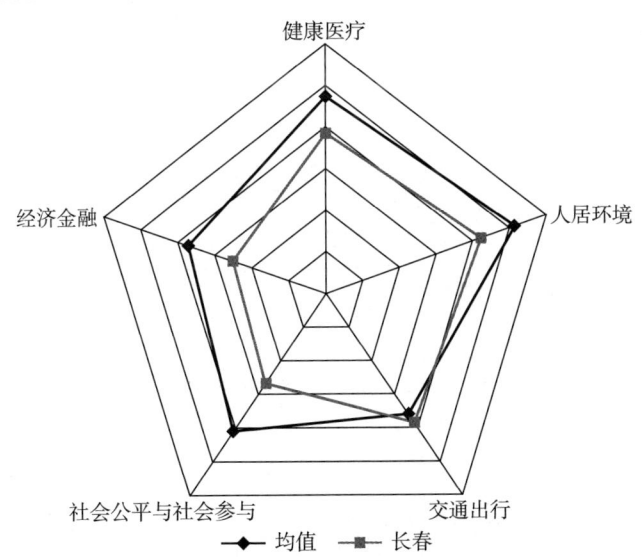

图 9　长春市健康老龄化指数雷达图

### （4）石家庄市

石家庄市在2019年城市健康老龄化水平综合得分方面排名在倒数第二位，总得分为33.94分，较均值低了8.65分。五大维度得分均低于平均值，尤其是健康医疗和经济金融得分最为不理想，排名均排在38个城市的末位（见表16、图10）。

表16 石家庄市健康老龄化建设各指标得分情况

单位：分

| 排名 | 城市 | 健康医疗 | 人居环境 | 交通出行 | 社会公平与社会参与 | 经济金融 | 总分 |
|---|---|---|---|---|---|---|---|
| 37 | 石家庄 | 5.59 | 9.99 | 6.58 | 7.41 | 4.36 | 33.94 |
|  | 均值 | 9.46 | 10.31 | 7.20 | 8.20 | 7.43 | 42.59 |

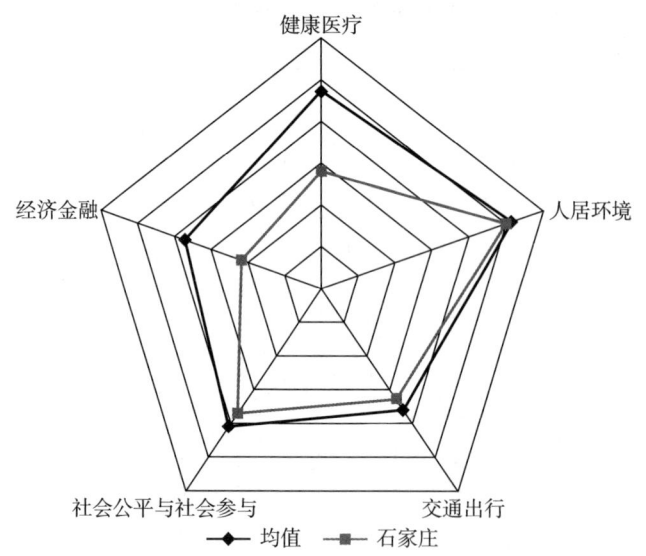

图10 石家庄市健康老龄化指数雷达图

石家庄是个"火车拉来的城市"，铁路交通，四通八达，但是作为京津冀地区的重要城市，石家庄一直扮演着"管家"的角色，全心全意为"主人"服务，而自身的经济实力受到本身产业结构所限，一直无法得到充分发展，加之其重污染行业众多，这些行业一度成为城市发展的经济支柱时，环境问题也日益突出,甚至在2016年石家庄获得了国际雾霾指数第一名的"桂冠"。随着雄安新区的逐渐建成,石家庄会出现人口逐渐流失的现象,老龄化会比北京、天津更为严重,因此石家庄在健康老龄化城市建设方面面临着诸多困难与挑战。据悉,石家庄未来的核心建设将集中在两个方面:一是打造新产业高度聚集区,主要发展智慧型产业;二是打造低碳生态示范区,建设滨水生态宜居新城。这无疑是打破现有城市发展僵局、扭转城市发展局面的重要举措。

(5) 哈尔滨市

哈尔滨市在2019年城市健康老龄化水平综合得分方面排名在最后一位,总得分为32.37分,较均值低了10.22分。五大维度得分均低于平均值,其中人居环境维度得分最为不理想,得分为5.89分,比平均值10.31分低了4.42分,排在38个城市的末位(见表17、图11)。

哈尔滨早在1997年就进入了人口老龄化社会,这不仅是对哈尔滨社会保障体系建设的考验,也给经济社会发展带来了严峻的挑战。在新中国成立初期,随着城市大规模发展经济,人口大量流入,以及当时的人口政策导致人口数量激增,增加的这部分人口绝大部分在20世纪90年代步入老龄人口行列,这使得哈尔滨提前进入人口老龄化社会。而且"未富先老"的现实也给家庭和社会造成了巨大的压力。因此,哈尔滨现阶段应当利用自身的土地资源优势,提高劳动生产率,大力发展经济,增强经济的承受能力,同时把发展老龄产业作为新的经济增长点,不断满足老年人对物质生活和精神文化生活的追求,提高老年人生活质量。

表17 哈尔滨市健康老龄化建设各指标得分情况

单位:分

| 排名 | 城市 | 健康医疗 | 人居环境 | 交通出行 | 社会公平与社会参与 | 经济金融 | 总分 |
|---|---|---|---|---|---|---|---|
| 38 | 哈尔滨 | 7.72 | 5.89 | 5.26 | 7.25 | 6.24 | 32.37 |
|  | 均值 | 9.46 | 10.31 | 7.20 | 8.20 | 7.43 | 42.59 |

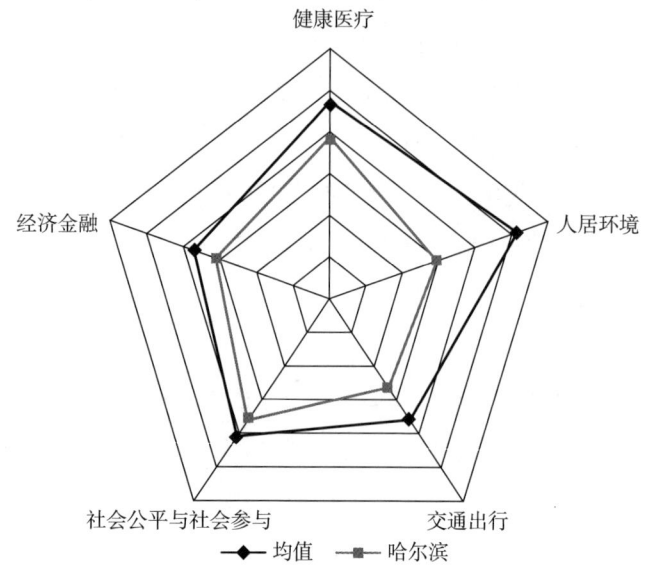

图11　哈尔滨市健康老龄化指数雷达图

## 四　新时代中国大中城市加快推进健康老龄化行动策略

党的十九大以来，习近平总书记在许多重要会议和地方视察调研中都明确提出了加强老龄工作的要求，形成了思想深邃、全面系统、内涵丰富、要求明确、具有新时代色彩的中国特色社会主义老龄工作观。伴随着中国特色社会主义进入新时代，我国的老龄社会也已进入新时代，呈现许多新的矛盾，即"城市发展建设中老龄化治理不充分不平衡"、"经济建设中老龄产业作用不充分不平衡"、"增权赋能中老龄参与不充分不平衡"、"老龄政策制定与实施之间不充分不平衡"，等等。本报告初步构建了一个具有中国特色的、体现可持续发展的、共建共治共享的年龄友好城市治理及绩效分析评估框架——城市健康老龄化指数，并就新时代中国特色社会主义健康老龄化工作开展、建设目标提出以下政策建议。

## (一)优化政策设计,构建中国特色健康老龄化政策体系和治理体系

当前,虽然各省份均已新组建了卫生健康委员会,划转了老龄工作委员会,但从各职能工作开展的总体情况看,仍存在四个方面的不足:一是对生命全周期的视角和立足全人群的理念关注不够,如果仅从政策方面将"健康老龄化"简单地理解为提高老年人身体健康水平的话,这很明显具有局限性;二是基本概念不清晰,如"健康产业""医养结合""老年长期照护"等基本概念界定不清晰,这势必导致各政府部门,甚至社会各界的理解和执行标准参差不齐;三是忽视老年人的主体性发挥,仅关注老年人身体健康水平的提升,政府部门和社会各界都缺乏对老年人价值创造能力的重视;四是实施健康老龄化建设的资源短板比较明显,最突出的问题就在于老年群体健康服务机会不均等,面临城乡差异、地区差异和阶层差异,如何统筹资源、加大基本公共服务的投入力度,仍是一个非常棘手的社会难题。

习近平总书记强调:"要统筹好生育、就业、退休、养老等政策","要加强全生命周期养老准备"。这也就指明了政府在制定政策时,应当从全生命周期的视角来认识老龄问题。人口老龄化发展实质上也是一种动态发展的过程,不论是"生养问题",还是"就业问题",随着时间的推移,最终都会演变成为"养老问题",因此,老龄政策的制定应当坚持治理关口前移、进行源头管控,不应该局限在关注老年人的全面发展,更要关注人在全生命周期各个阶段的全面发展。

完善以健康老龄化为代表的健康养老服务体系、提升服务质量将是任何致力于高品质发展和人民幸福福祉的城市必须坚持的长期的基本任务。由于城乡之间、大中小城市之间基础设施和教育、医疗、养老等基本公共服务存在差异,在当前和可预见的未来,大城市,尤其是国家中心城市本域老年人口数量将快速增加,外域老年人口向本域转移的趋势将更加明显。这就要求把养老服务体系优化不仅作为针对特定人群的特定工作,而是作为一项事关

全局的持久的战略任务来抓,要抓早抓好,化消极为积极,化问题为资源,化挑战为机遇,把老龄化社会建设成为活力社会、和谐社会。

**(二)深刻把握实施"健康中国"战略,提供全生命周期的卫生与健康服务**

当今,我国人口平均预期寿命已达到77岁,预计到2050年将达到80岁。然而,我国老年人口出现"长寿不健康"的现象。老年人的发病率、致残率和死亡率都很高。病后治疗、残疾后护理和临终关怀的费用都很大。老年人人均医疗费用是全国平均医疗费用的2~3倍。相关测算表明,在老龄化高峰期,残疾和半残疾老年人口将接近1亿,老年照护的压力将越来越大。虽然各省份大多已经出台《慢性病防治中长期规划(2017~2025年)》等一系列重要文件,但全社会对慢性病所带来的危害性缺乏足够的认识,同时,政府主导、多部门协同、全社会参与的工作机制尚未完全建立。大部分医疗机构只注重"病人治疗",却忽视"轻高危人群干预和管理"的现象普遍存在。慢性病防治还没有引起多数地方党委、政府和全社会的足够重视,各地在财政投入、人员配备、专业力量等方面距人民群众不断扩大的健康需求还有较大差距。

整合型医疗卫生服务模式的起步和发展工作面临多种挑战。就医养结合模式而言,因为其服务主体即各级各类医院或护理院面临诸如体制、资金以及机制等多方面的束缚,普遍缺乏参与服务业态转型的动机。此外,我国长期照护制度在现阶段仍处于未完善、未进行专项规划的尴尬地位,且政策开展也仅仅停留在绝少部分的自愿试点阶段。医疗保险同试点地区的长期护理保险的关系含混不清,缺位与越位并存,基金的风险管理存在极大隐患。商业性长期护理保险项目发展极为缓慢,总量小、范围窄、受益人群少。同时,作为健康老龄化最大威胁之一的认知症,尚未进入各级卫生健康工作的决策视野,有限的民间志愿帮扶资源远远不能满足社会的巨大需求。而且现在社会对认知症普遍存在盲区、误区,甚至是歧视。

实施"健康中国"战略,完善健康支持体系,不仅是延长人民预期寿命、提升人民生活质量的重要举措，更是以较低成本积极应对我国人口老龄化快速发展与健康医疗制度不适应的优先考量。以提升国民健康水平为核心，立足健康影响因素的普遍性，改变健康发展方式，加快推进基本医疗卫生和健康促进立法进程，把提高国民健康水平纳入各项政策，大力推广健康生活方式，营造健康生活环境，发展健康产业，实现全生命周期的健康服务。

### （三）推动老龄友好环境的地方治理，为老年人提供安全便捷舒适的生活环境

健康老龄化是涉及老年人身心灵、食住行的系统工程，当前各地方对健康老龄化进行衡量的评估体系和分析方法存在两个方面的不足：首先，在主体样本上缺乏针对性。现有的绝大多数评估体系基本上是基于社会整体人群进行分析计算，在主体样本上就缺乏相应的代表性，比如血压血糖等方面老年人的健康标准仍主要沿用成年人的国家标准，缺乏老年人的健康标准、生理标准的研究、制定。其次，体系缺乏统筹性，应当针对各个地域、各个部门、各个口径的数据进行统筹整合，制定明确的评价方法，但这些在现有的体系中都没有得到体现。此外，目前社会环境对于健康老龄化政策的支撑明显不足，比如老年歧视在就业和人力资源领域依然十分普遍，老年教育供给严重不足的状况也一直没有得到根本性改变，无障碍环境建设、老旧小区加装电梯等工作进展明显滞后于社会需求，年龄友好特别是老年友好社会的建设总体上滞后于人口老龄化发展，无法有效回应大众关切和社会诉求。

对于老龄社会的地方治理和新时期的老龄工作，习近平总书记指出，要实现党委统一领导、政府依法行政、部门密切配合、群团组织积极参与、上下左右协同联动的老龄工作机制，形成老龄工作大格局。[①] 这就要求我们，在城市健康老龄化建设过程中，当前城市大量基础设施的适老化改造和新区

---

① 《习近平在中共中央政治局第三十二次集体学习时强调　党委领导政府主导社会参与全民行动　推动老龄事业全面可协调可持续发展》[EB/OL]，http://www.cncaprc.gov.cn/contents/2/174584.html，2016-05-28。

城市化基础设施的适老化设计任务十分艰巨，要把积极老龄化视为国家发展、地方治理的全局性问题和治理体系的系统性问题。应当在充分协调多方主体的前提下，协同共进，多主体共同助力城市发展，最终将城市建设成"爱老医护、适老居住、悦老休闲、便老配套、亲老服务"的综合标准的老年宜居城市。各个城市在制定城市发展规划时可参考世卫组织《老年友好型城市建设指南》和《关于老龄化和健康的全球报告》，通过多种途径，倾听社会各主体对于健康保健、学习教育、志愿服务、劳动就业、住房、交通、公共场所、社会包容、老年津贴、护理照料、对特殊困难老年人的保护等方面政策及措施的意见、建议。老龄社会的城市规划与城市治理应该深刻把握我国人口老龄化的具体过程，充分考虑老年群体的需求，借鉴欧美和亚洲一些先老龄化国家应对人口老龄化的经验和教训，构建立足于中国国情、富有中国特色、充分体现可持续发展理念和包容性发展原则的年龄友好城市。

### （四）拓展和支持多元养老模式，繁荣健康养老产业

"积极老龄化"的核心内涵在于"健康、参与和保障"，主要的考量目标是发挥老年人积极能动的社会作用，增加老年人参与社会的途径和方式，使其成为应对人口老龄化的主体。也就是我们应该转变"老而无用"这样消极的观念，应当相信老年人不仅有能力通过自身技能获取生活所需，而且有意愿、有能力推动社会的进步与发展。所以，我们应该在现阶段就考虑将老年人口红利作为今后社会发展一大重要推力。第一，积极老龄化将促进经济发展方式的转变和产业结构调整升级。同时，人口老龄化意味着老年人群的消费占比将会提高，促进经济发展从投资依赖型和出口依赖型向内需拉动型转变，长期护理和老年健康服务领域提高了就业量，也将促进老年用品、养老金融保险、医养结合产业等新型业态相互影响，实现繁荣发展，继而带动创造亿万元级产值的新兴产业的出现。第二，应当在全社会弘扬积极有为的老龄观，在劳动就业领域消除对老年人的年龄歧视，让老人充分地参与到社会治理与发展中。大力支持老年志愿服务，在老年人的经济贡献之外，还

应重视老年人的非经济贡献,为老年志愿队伍提供更多机会、渠道和平台,使其能够参与到社会公益活动中。积极提供让老年人群学习教育的机会,各地大学应敞开大门,让想学习的老年人都可以进入课堂,进一步加强学习和提升自我。

要抵制年龄歧视,倡导"老有所学""老有所用",切实发展终身教育,在继续办好现有老年大学的基础上,鼓励中职和高等院校探索"第三年龄大学""短期大学"等新学制,扩大老年教育供给。结合自身禀赋资源,全力优化社会资源配置。发展普惠型健康养老服务业,在微利的基础上探索健康养老的各项标准、业务路径和经营模式。要统筹人口、科教和先进制造业、现代服务业的发展规划,注重"军民融合""工医结合""以工助养"新型养老模式探索,在智慧健康养老、智慧服务方面要有超前思维和周密的产业布局,大力发展智慧健康养老企业和服务机器人等产品的研发技术。

通过对上述薄弱环节的分析可以看出,在大力推进健康养老产业发展上,存在着诸多现实发展中的不足,同时也有政府政策的不完善,所以,以"健康老龄化"的内涵为重点,科学看待人口老龄化发展的过程,就成为解决这一系列问题的必要手段。同时,及时完善核心指标体系,着眼于老年友好社会建设,全面建立、完善有利于老龄事业和产业健康发展的政策体系,以"组合拳式"的行动方案,切实推进老年健康服务均等化、开发老年人力资本、促进医养资源在业态上和效益上的深度交融、扩大长期照护保险试点和构建连续整合服务体系等核心战略工作的布局。另外,积极应对人口老龄化带来的挑战,更要抢抓人口老龄化给经济社会发展带来的机遇,确保所有人能够生活得更长久、更健康、更有尊严;更要强化为老年人解决实际问题的具体措施,切实增强全体老年人和千万家庭的获得感、幸福感、安全感,努力实现人口老龄化背景下经济社会的可持续发展。

总之,城市健康老龄化行动是一项长期的系统工程,需要久久为功,需要党委、政府、社会、家庭和个人携手努力。

# 分 报 告

Sub Reports

## B.2 中国大中城市老年人健康医疗发展报告

刘鑫娟 谢菲*

**摘 要：** 在人口老龄化的发展背景下，健康医疗作为实现健康老龄化的核心要素，应当被摆在优先发展的战略地位。本报告从健康医疗的视角出发，通过文献梳理和分析，在沿用和修改历年观测指标的基础上，以人均医疗卫生支出、医疗卫生支出占GDP的比重、城镇家庭人均医疗保健支出占家庭消费支出的比重、每万人拥有医院数、每千人拥有医生数、每千人拥有床位数、每千人拥有养老机构床位数和人口平均预期寿命这8个一级指标和综合排名指标来分析各城市的健康医疗状况。通过对国内38个大中城市进行单项指标分析和城市间的横向分析，并进一步分析这些城市在2015年、2017年、2019

---

\* 刘鑫娟，西南交通大学公共管理与政法学院研究生，研究领域为老龄产业和养老服务；谢菲，西南交通大学公共管理与政法学院本科生。

年的健康医疗维度指标变化情况，深入探究影响不同区域健康医疗发展状况的重要因素，最终提出引导老年人树立正确的健康观念以积极应对老龄化，并通过提高医疗资源的使用率、完善医疗服务支撑体系来实现不同区域、人群间的协调均衡发展。

**关键词：** 健康医疗　医疗卫生支出　协调发展

## 一　发展现状及研究综述

健康医疗作为基本公共服务项目，在调结构、惠民生、促发展方面具有重要作用，是建成健康中国的坚实基础。国务院印发的《"十三五"卫生与健康规划》中，明确提到要"把人民健康放在优先发展的战略地位"，这一指导思想进一步明确了健康医疗卫生的战略地位。政府通过改革创新来激发动力，在转变模式和强化基层方面重点发力，推动健康医疗的发展理念和发展方式由以治病为中心向以健康为中心转变，引导公民通过树立预防为主的健康理念来促进身心健康，从而实现工作重心的下移和资源下沉，进而提高发展质量和发展效率。同时，在国务院下发的《"健康中国2030"规划纲要》（以下称《纲要》）中设置了"健康优先"的基本原则，并进一步在健康水平、健康服务能力、健康产业规模和促进健康的制度体系方面提出了具体的目标要求。此外，《纲要》还重点展示了对促进健康老龄化的重视度，主要涉及以下几方面：一是在建立健全老年医疗卫生服务体系方面，提出要不断推动医疗卫生服务延伸至社区、家庭。二是在完善医疗卫生机构与养老机构合作机制方面，强调以医养结合为核心，深入推进中医药与养老融合发展，并不断鼓励和支持社会力量兴办医养结合机构。三是在健康管理方面，提出要加强对老年常见病、慢性病的健康指导和综合干预，积极开展老年心理健康与关怀服务活动。四是在居家老人长期照护服务方面，要为经济困难

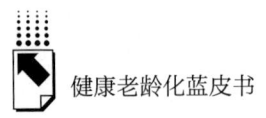

的高龄、失能老人建立补贴制度。为实现《纲要》确定的目标和任务，国务院进一步出台了《国民营养计划（2017~2030年）》，强调全社会在政府主导下开展共建共享的老年人群营养改善行动，以此推动健康管理照护制度的建立，并依托大数据平台，充分掌握老年人的营养状况，满足其多样化的营养需求。在此基础上，健全中国老年人营养筛查与评价制度，为其编制营养健康状况评价指南。

与此同时，国内外学者基于老龄化加速发展的背景，在处理老年人日益增加的医疗需求与长期低质、少量的资源供给之间的矛盾方面，做出了大量具有参考意义的研究。

### （一）人口老龄化刺激医疗卫生服务的消费

社会经济和科学技术的飞速发展，提高了人口寿命大幅度增长的可能性，加之生活理念等因素导致人口生育率不断降低，因此，在多重因素的压力作用下，人口老龄化成为21世纪的世界性难题。根据1956年联合国《人口老龄化及其社会经济后果》确定的划分标准得知，当一个国家或地区65岁及以上老年人口数量占总人口的比例超过7%时，或者60岁及以上老年人口占总人口的比例超过10%时，则表示着这个国家或地区进入老龄化社会。据我国2017年人口数据统计得知，60岁及以上人口占总人口的17.3%，65岁及以上人口占总人口的11.4%，由此可知，我国早已进入老龄化社会，并且将在2035年进入超级老龄化社会。同时，我国人均寿命也得到了延长，据2015年全国普查数据可知，我国人均平均寿命高达76.6岁，与2010年的普查数据相比，该指标增长了1.8岁。作为世界上人口规模最大的老龄化发展中国家，我国老龄化呈现速度快、来势猛和未富先老的特征，这为我国经济社会的发展带来了严峻的挑战。

同时，我们也注意到伴随着人口老龄化的发展，医疗卫生服务的需求也呈现日益增长的趋势。Michael等人关于美国医疗花费的长期调查研究发现，在美国个人医疗开支中，占比最大的是针对老年痴呆等慢性病的开支。此外，由于保险公司和政府在健康医疗项目中的负担过重，加上覆盖人群偏少，大多数人面临着巨大风险[1]。Joseph 等人（2017）在对 184 个国家进行横向对比自付和政府补助医疗支出的研究中发现，在年度医疗支出中，增长最快的为中上层人士，增长率超过 5%。2014 年，中低收入国家的政府只承担了 59.2% 的医疗支出，而 35.7% 为居民自己承担，3% 为发展补助[2]。李乐乐和杨燕绥利用北京市 2008~2014 年的数据分析了老龄化对医疗支出的影响，发现老龄化与人均医疗费用呈现正相关关系，同时指出了医疗技术设备质量的提高，会带来对医疗价格的刺激，提高人均医疗消费支出[3]。詹国辉和张新文利用全国省级面板数据，从宏观视角探究医疗消费迅速增长的影响因素。通过对各省份的人均门诊费用和人均住院费用的实证检验，指出经济发展会对医疗费用增长发挥关键性作用[4]。封进和余央央等采用 1991~2011 年的数据考察了城乡居民在医疗支出上的变化，指出：年龄高的群体多集中在城市，医疗支出呈现明显的增长态势；乡村老年人与城市老年人相比，其健康状况较差，但医疗支出更少[5]。综上所述，近年国内外研究中认为医疗费用支出的增长与老龄化带来的影响有一定相关性。

### （二）关于健康医疗指标的选取

关于健康医疗的评价指标，不同学者从不同的角度出发，做出了不同视角下的选择。世界卫生组织选择每十万孕妇死亡率、每千个婴儿死亡率、每千人拥有医生及医院床位数、人口平均预期寿命这五项指标来衡定一个国

---

[1] Péter Hudomiet, Michael D. Hurd, Susann Rohwedder, "The Relationship between Lifetime Out-of-pocket Medical Expenditures, Dementia, and Socioeconomic Status in the U. S", *The Journal of the Economics of Ageing*, 2018.
[2] Joseph Dieleman, Madeline Campbell, Abigail Chapin, Erika Eldrenkamp, "Evolution and Patterns of Global Health Financing 1995 - 2014: Development Assistance for Health, and Government, Prepaid Private, and Out-of-pocket Health Spending in 184 Countries", *The Lancet* (389): 1981 - 2004.
[3] 李乐乐、杨燕绥：《人口老龄化对医疗费用的影响研究——基于北京市的实证分析》，《社会保障研究》2017 年第 3 期。
[4] 詹国辉、张新文：《人口老龄化与基本医疗费用支出的关联效应测度——基于全国省级数据的实证考察》，《上海行政学院学报》2017 年第 18 期。
[5] 封进、余央央、楼平易：《医疗需求与中国医疗费用增长——基于城乡老年医疗支出差异的视角》，《中国社会科学》2015 年第 3 期。

家、地区或城市的卫生预防及医疗保健水平。沈洪认为健康医疗水平评价指标体系的内涵和结构应该是多层次的,可以分为综合指标和专项指标[1]。尹德卢等人在基层医疗卫生改革与发展的研究中,选用三力模型作为逻辑框架及评价指标的指导模型,主要是指工作、机构、服务能力,分别涵盖工作范围下的卫生室数量、居民拥有家庭医生数、基层信息化水平;机构领域内的基层卫生财政支出占医疗卫生支出比,医生日均诊疗人数,卫生机构独立自主权等;及服务能力范围内的就诊次数、就诊覆盖率等,共计20个指标[2]。许建强等人在城乡居民卫生服务需求与利用的研究中,选择门诊率、两周住院率这两个指标进行城乡之间的对比分析,以此深入探讨医疗公平性与城乡居民之间健康状况的关系,从中发现农村门诊率低和两周住院率低是由于低收入者放弃医疗就诊,从而在一定程度上导致农村居民健康状况差[3]。张晓溪、宗莲等在对于城市卫生体系绩效评价框架的构建探索中,在卫生体系四级指标中使用了每千人执业医师数量、人口平均期望寿命、每千人口中床位数、医院数量、卫生总费用占国内总产值的比例[4]。裴丽昆在研究澳大利亚卫生系统的绩效时,选取人口平均期望寿命、人均卫生费用、每周平均收入、医疗卫生能力等指标作为健康状况评估指标,以此期望达到绩效评估的有效性、可及性等目标[5]。

### (三)供需主体的自我发展推动健康医疗服务的升级

因老龄化而增加的医疗需求,在为医疗服务带来新的发展机遇的同时,也为其供给带来了重重压力。为了推动医疗服务的升级发展,一方面

---

[1] 沈洪:《健康水平评价指标体系应是多层次的》,《中国卫生统计》1988年第2期。
[2] 尹德卢、殷涛、辛倩倩、杨慧敏、王利红、陈博文:《基层医疗卫生改革与发展逻辑框架及评价指标》,《中国初级卫生保健》2017年第31期。
[3] 许建强、郑娟、李佳佳、徐凌忠:《全民健康覆盖内涵下城乡居民卫生服务需要和利用现状及其公平性差异研究》,《中国全科医学》2018年第21期。
[4] 张晓溪、宗莲、王海银、金春林:《超大城市卫生体系绩效评价框架构建》,《中国卫生资源》2018年第21期。
[5] 裴丽昆:《澳大利亚卫生系统绩效评价框架》,《中华医院管理杂志》2004年第8期。

需依托新型的科学技术成果,从质量与覆盖范围两方面来共同增强医疗供给服务能力,进而消除各城市的供需矛盾,满足人们全生命周期的健康需求。国务院办公厅 2018 年下发的《关于促进"互联网+健康医疗"发展的意见》指出,为更好满足人民的医疗需求,应该合理配置医疗资源,不断创新服务方式,加快建立数字化智慧医院医疗系统,从而提高服务效率。为此,该意见提出,一是要健全"互联网+健康医疗"系统,鼓励医疗机构应用医疗联合体等信息技术拓展自身的服务空间与内容,实现信息的沟通互联。并且,在公共卫生服务领域,要推动居民建立和使用电子健康档案,以此加强对资源信息的整合能力,实现对疾病的实时监测。二是要加快打造信息互通数据平台,构建健全的标准体系,明确相关法律法规的标准,从而提升基础设施能力。三是还应加强行业监管保障,强化监管,保证数据安全。目前,高端医疗技术的产物如机器人医生、智能穿戴器械设备等,将更加多维立体地丰富医疗技术手段,这将对提供高质量的医疗服务、缓解就医难等起到重大作用,从而进一步提高就医效率,促进医学发展。

另一方面,伴随着医疗水平的提高和医疗手段的更新,现代就医方式对消费者的要求也将更高。截至 2017 年底,我国网民规模达到 7.24 亿人,中老年网民占网民总数的 10.4%,并呈现不断上涨的趋势。因此,需要借用互联网的手段和方式,引导从小到老等全体国民养成终身学习的习惯,从而提高其使用现代医疗技术成果的能力,实现医疗资源在覆盖范围和使用程度方面的最大化普及。

## 二 健康医疗指标说明及数据计算

### (一)指标选取及说明

在我国人口老龄化形势日益严峻的背景下,人们越来越多地探讨健康老龄化这一理念,健康医疗则是健康老龄化理念当中不可或缺的一部分。健康

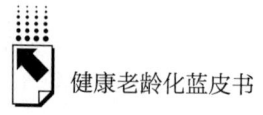

医疗可以具体体现为资源和服务内容的可及和覆盖程度,因此,在健康医疗这一维度中,如何优化可及的高覆盖的"以人为中心"的健康医疗服务、提高服务价值是目前需要探索的重要命题之一。

本报告旨在对中国大中城市健康医疗基本现状进行分析和梳理。健康老龄化指数是总报告的目标层,而健康医疗维度则是衡量和评价健康老龄化的维度之一。而在本报告中,衡量健康医疗维度的一级指标有八个,八个指标分别是:人均医疗卫生支出、医疗卫生支出占GDP的比重、城镇家庭人均医疗保健支出占家庭消费支出的比重、每万人拥有医院数、每千人拥有医生数、每千人拥有床位数、人口平均预期寿命、每千人拥有养老机构床位数。本报告对各个一级指标做了如下说明。

(1) 人均医疗卫生支出:地方财政支出当中的医疗卫生支出除以该地区常住居民人口数后得到的值。以反映人均医疗卫生支出水平。

(2) 医疗卫生支出占GDP的比重:医疗卫生支出占当年GDP的比值乘以100%。

(3) 城镇家庭人均医疗保健支出占家庭消费支出的比重:城镇家庭人均医疗保健支出占家庭消费支出的比值乘以100%,反映城市居民对医疗保健的重视度。

(4) 每万人拥有医院数:当地医院数(含卫生院数)乘以一万除以当地常住人口数量,得到每一万人口拥有的当地医院数。该指标用来反映人均占有医疗机构资源的水平。

(5) 每千人拥有医生数:医生(执业医师+执业助理医师)数除以城市常住人口千人数。

(6) 每千人拥有床位数:医院、卫生院床位数除以常住人口千人数。

(7) 每千人拥有养老机构床位数:养老机构床位数除以城市常住人口千人数。

(8) 人口平均预期寿命:根据婴儿和各年龄段人口死亡的情况计算后得出的,指的是在现阶段每个人若无意外事故,能够活到这个年龄。该指标用来反映该城市人口的基本健康状态。

## (二)数据计算及权重设计

在健康老龄化指数的五个评价维度(健康医疗、人居环境、交通出行、社会公平与社会参与、经济金融)中,健康医疗与其他四个维度一样,被赋予了20%的权重。根据健康医疗这一维度所包含的八个一级指标,赋予各一级指标相对于健康老龄化指数的权重。

数据无量纲化中,健康医疗这一维度下的八个一级指标中,数据表现最好的城市为100分,表现最差的城市得分为0,对其余城市在0~100区间赋予相应的得分。若得分100则代表该指标在整个排名中居首位,是当前的最理想标准;而得分为0,则表示该指标在38个城市中排名末尾,是当前最差的得分。这种做法是根据数据无量纲化的思想,将所有原始数据的量纲剔除后,所有数据在0~100分的区间内进行分布。

经过测量,本报告最终得到样本数据矩阵:

$$[x_{ij}](i=1,2,\ldots,38; j=1,2,\ldots,8)$$

上式,$i$为样本数量,$j$为指标数量。鉴于各指标数值的量纲不同,并且有些指标的判断方向不一致,因此有必要采取无量纲正向处理,具体处理方法如下。

对于任意第$j(j=1,2,\ldots,8)$项指标的数据,记:

$$m=\min\{x_{ij}\}, M=\max\{x_{ij}\}, R=M-m, i=1,2,\ldots,8$$

则样本数据可根据如下公式进行变化:
(1) 当第$j$项指标越大反映越好的表现时,变换为公式:

$$y_{ij}=(x_{ij}-m)/R$$

当第$j$项指标越小反映越差的表现时,变换为公式:

$$y_{ij}=(M-x_{ij})/R$$

经过上述处理,将最终的数据矩阵记为:

$$[y_{ij}](i=1,2,\cdots,38; j=1,2,\cdots,8)$$

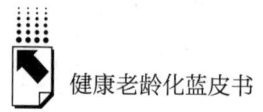

## 三 健康医疗各指标排名情况分析

### （一）人均医疗卫生支出

人均医疗卫生支出是指一个国家的公共和私营卫生支出之和与总人口的比率，这些支出包括了医疗卫生服务（预防和治疗）、计划生育、营养项目、紧急医疗救助等，但不包括提供饮用水和卫生设施。

如表1所示，经过对数据的归一化处理后，本报告对中国38个城市人均医疗卫生支出得分进行分析。北京市人均医疗卫生支出得分最高，为12.5，乌鲁木齐人均医疗卫生支出得分最低，指标得分为0。人均医疗卫生支出得分排名前五的城市分别为北京、深圳、上海、珠海和天津，得分分别为12.50、11.17、10.17、7.81、7.51。人均医疗卫生支出得分居后五位的城市分别为石家庄、沈阳、合肥、哈尔滨、乌鲁木齐，其归一化数据分别为1.61、1.59、1.52、1.50、0。

表1 人均医疗卫生支出得分与排名

单位：分

| 城市 | 人均医疗卫生支出得分 | 排名 | 城市 | 人均医疗卫生支出得分 | 排名 |
| --- | --- | --- | --- | --- | --- |
| 北京 | 12.50 | 1 | 杭州 | 5.21 | 13 |
| 深圳 | 11.17 | 2 | 兰州 | 4.71 | 14 |
| 上海 | 10.17 | 3 | 青岛 | 4.36 | 15 |
| 珠海 | 7.81 | 4 | 大连 | 4.29 | 16 |
| 天津 | 7.51 | 5 | 南京 | 3.84 | 17 |
| 厦门 | 7.21 | 6 | 长春 | 3.71 | 18 |
| 武汉 | 6.99 | 7 | 济南 | 3.68 | 19 |
| 广州 | 6.92 | 8 | 郑州 | 3.65 | 20 |
| 宁波 | 5.88 | 9 | 苏州 | 3.55 | 21 |
| 南昌 | 5.58 | 10 | 银川 | 3.19 | 22 |
| 重庆 | 5.50 | 11 | 贵阳 | 3.16 | 23 |
| 西宁 | 5.26 | 12 | 西安 | 3.10 | 24 |

续表

| 城市 | 人均医疗卫生支出得分 | 排名 | 城市 | 人均医疗卫生支出得分 | 排名 |
|---|---|---|---|---|---|
| 南宁 | 2.99 | 25 | 成都 | 2.00 | 32 |
| 福州 | 2.99 | 26 | 昆明 | 1.84 | 33 |
| 海口 | 2.82 | 27 | 石家庄 | 1.61 | 34 |
| 呼和浩特 | 2.64 | 28 | 沈阳 | 1.59 | 35 |
| 无锡 | 2.55 | 29 | 合肥 | 1.52 | 36 |
| 太原 | 2.39 | 30 | 哈尔滨 | 1.50 | 37 |
| 长沙 | 2.11 | 31 | 乌鲁木齐 | 0 | 38 |

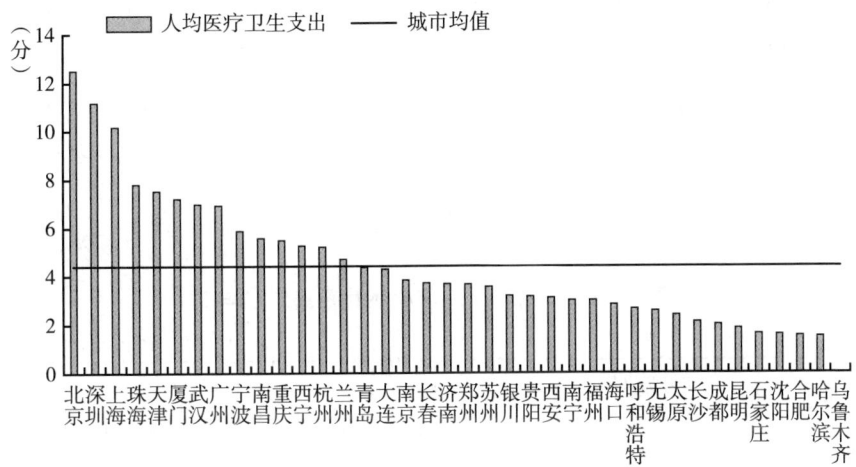

图1 人均医疗卫生支出得分排名情况

从图1的得分排名情况可以看出，人均医疗卫生支出得分较高的城市大多为东部经济较发达地区，而得分较低的城市则多为中西部经济欠发展地区及东三省的部分地区。这说明：①人均医疗卫生支出可以在一定程度上反映各城市的经济发展水平，经济发达的城市其人均医疗卫生支出普遍高于经济欠发达的城市；②东部地区由于经济发展水平较高，相比中西部等地区，其人均收入和人均卫生经费也较高。

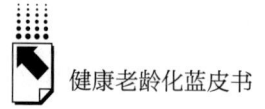

## （二）医疗卫生支出占 GDP 的比重

医疗卫生支出占 GDP 的比重反映出，一个城市在一定时期内用于医疗卫生服务的公共资源与该城市社会经济产出之间的关系，从侧面反映了城市政府对该城市医疗卫生服务的重视程度。医疗卫生支出占 GDP 的比重越高，则说明政府财政对医疗卫生事业的投入越多。值得注意的是，虽然有时候 GDP 与医疗卫生支出同时在增长，但两者的增长速度不同，其所带来的社会福利效应也明显不同。

如表 2 所示，通过分析归一化数据得知，在 38 个样本城市中，医疗卫生支出占 GDP 的比重得分最高的城市是西宁，得分为 12.50；得分最低的是无锡，得分为 0。医疗卫生支出占 GDP 的比重得分前五位城市分别为西宁、重庆、兰州、南宁和北京，得分分别为 12.50、11.64、9.51、8.83 和 8.72。医疗卫生支出占 GDP 的比重得分居末五位的城市分别是乌鲁木齐、南京、苏州、长沙和无锡，得分分别为 1.48、1.47、0.50、0.39、0。

表 2 医疗卫生支出占 GDP 的比重得分与排名

单位：分

| 城市 | 医疗卫生支出占 GDP 比重得分 | 排名 | 城市 | 医疗卫生支出占 GDP 比重得分 | 排名 |
|---|---|---|---|---|---|
| 西宁 | 12.50 | 1 | 银川 | 5.14 | 13 |
| 重庆 | 11.64 | 2 | 天津 | 5.12 | 14 |
| 兰州 | 9.51 | 3 | 长春 | 5.05 | 15 |
| 南宁 | 8.83 | 4 | 武汉 | 5.02 | 16 |
| 北京 | 8.72 | 5 | 太原 | 4.90 | 17 |
| 海口 | 7.69 | 6 | 昆明 | 4.73 | 18 |
| 上海 | 7.06 | 7 | 郑州 | 4.51 | 19 |
| 南昌 | 6.86 | 8 | 哈尔滨 | 4.30 | 20 |
| 厦门 | 6.67 | 9 | 深圳 | 4.22 | 21 |
| 贵阳 | 6.07 | 10 | 宁波 | 4.12 | 22 |
| 石家庄 | 5.88 | 11 | 珠海 | 3.95 | 23 |
| 西安 | 5.40 | 12 | 沈阳 | 3.95 | 24 |

续表

| 城市 | 医疗卫生支出占GDP比重得分 | 排名 | 城市 | 医疗卫生支出占GDP比重得分 | 排名 |
|---|---|---|---|---|---|
| 福州 | 3.94 | 25 | 合肥 | 2.47 | 32 |
| 济南 | 3.83 | 26 | 呼和浩特 | 1.86 | 33 |
| 成都 | 3.37 | 27 | 乌鲁木齐 | 1.48 | 34 |
| 广州 | 2.97 | 28 | 南京 | 1.47 | 35 |
| 青岛 | 2.96 | 29 | 苏州 | 0.50 | 36 |
| 杭州 | 2.70 | 30 | 长沙 | 0.39 | 37 |
| 大连 | 2.52 | 31 | 无锡 | 0 | 38 |

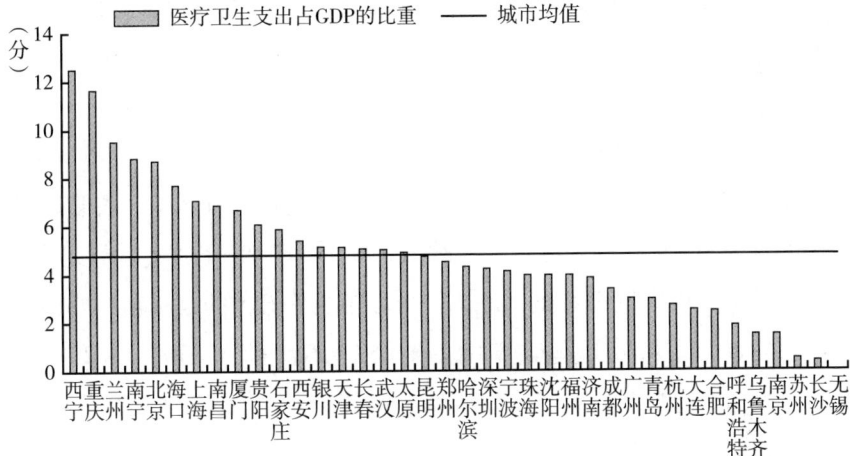

图 2 医疗卫生支出占 GDP 比重得分排名情况

根据以上数据,难以得出医疗卫生支出占 GDP 比重与城市地理位置及经济发展程度的关系。正如图 2 所示,在排名靠前的城市中,既有西部欠发达地区,又有经济发达的直辖市;在得分低的城市中,城市分布也并无规律可循。但这并不意味着以上的数据分析没有价值,而值得注意的是,要结合当地城市的实际情况来具体分析。

**(三)城镇家庭人均医疗保健支出占家庭消费支出的比重**

根据凯恩斯的收入消费理论得知,城镇家庭人均医疗保健支出占家庭消费支出的比重与居民的可支配收入、消费习惯、家庭成员健康状况、消费环境等因素有关。一方面，随着中国经济的飞速发展，居民可支配收入不断增长，居民消费习惯与以前相比也有了较大改变，居民对医疗保健的重视程度也在不断提高。另一方面，随着医疗保健制度的完善，城镇居民的就医环境也在逐步得到改善，进一步带动了医疗保健消费的快速增长。总体来说，该指标不仅反映了居民整体的健康意识，更反映出家庭医疗保健费用方面的负担。

在原数据中，城镇家庭人均医疗保健支出占家庭消费支出比与居民健康老龄化指标得分呈负相关关系，即该比重越高，其健康医疗的得分越低。但对数据进行归一化处理后，该指标与其他指标一样，都与健康老龄化呈正相关关系。

如表3所示，通过分析归一化后的数据得知，在全国38个样本城市中，城镇家庭人均医疗保健支出占家庭消费支出的比重得分排名中，占第一的城市是深圳，为12.50；得分最后一位的城市是兰州，得分是0。城镇家庭人均医疗保健支出占家庭消费支出的比重得分排名前五位的是深圳、厦门、福州、广州和苏州，得分分别是12.50、11.57、11.39、11.36、11.20；得分后五位的城市分别是太原、呼和浩特、银川、长春和兰州，得分分别为3.70、3.40、3.38、2.31、0。

表3 城镇家庭人均医疗保健支出占家庭消费支出的比重得分与排名

单位：分

| 城市 | 城镇家庭人均医疗保健支出占家庭消费支出的比重得分 | 排名 | 城市 | 城镇家庭人均医疗保健支出占家庭消费支出的比重得分 | 排名 |
| --- | --- | --- | --- | --- | --- |
| 深圳 | 12.50 | 1 | 南昌 | 10.32 | 8 |
| 厦门 | 11.57 | 2 | 合肥 | 10.13 | 9 |
| 福州 | 11.39 | 3 | 珠海 | 9.97 | 10 |
| 广州 | 11.36 | 4 | 贵阳 | 9.69 | 11 |
| 苏州 | 11.20 | 5 | 青岛 | 9.62 | 12 |
| 宁波 | 11.07 | 6 | 成都 | 9.47 | 13 |
| 沈阳 | 10.58 | 7 | 海口 | 9.16 | 14 |

续表

| 城市 | 城镇家庭人均医疗保健支出占家庭消费支出的比重得分 | 排名 | 城市 | 城镇家庭人均医疗保健支出占家庭消费支出的比重得分 | 排名 |
|---|---|---|---|---|---|
| 南宁 | 9.05 | 15 | 上海 | 6.78 | 27 |
| 南京 | 8.77 | 16 | 天津 | 5.96 | 28 |
| 武汉 | 8.72 | 17 | 重庆 | 5.13 | 29 |
| 无锡 | 8.50 | 18 | 哈尔滨 | 4.73 | 30 |
| 济南 | 8.50 | 19 | 西安 | 4.58 | 31 |
| 杭州 | 8.49 | 20 | 乌鲁木齐 | 4.04 | 32 |
| 郑州 | 8.39 | 21 | 大连 | 3.78 | 33 |
| 长沙 | 8.14 | 22 | 太原 | 3.70 | 34 |
| 石家庄 | 7.58 | 23 | 呼和浩特 | 3.40 | 35 |
| 昆明 | 7.58 | 24 | 银川 | 3.38 | 36 |
| 北京 | 7.16 | 25 | 长春 | 2.31 | 37 |
| 西宁 | 7.01 | 26 | 兰州 | 0 | 38 |

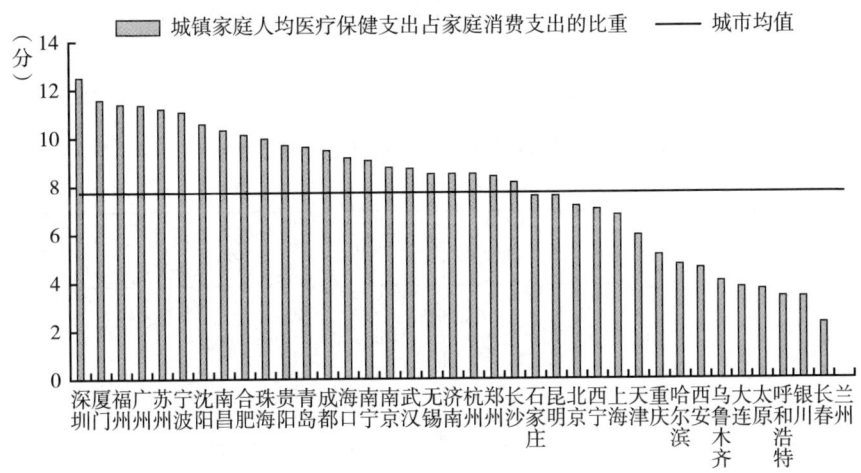

图 3 城镇家庭人均医疗保健支出占家庭消费支出比重的得分排名情况

如图 3 所示,排名较为靠前的多为东部经济发达区,而靠后的多是中西部欠发达地区,这表明政府对医疗卫生事业的扶持应采取区域差异化策略。对于经济发展水平低、医疗卫生服务事业落后、基础卫生设施不完善的地

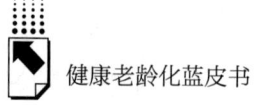

## （四）每万人拥有医院数

随着经济发展和时代进步，中国已建立起覆盖城乡的医疗卫生服务体系。但是，随着城市化进程的加快、老龄化程度的加深和生育政策的调整等，医疗卫生资源的供需矛盾更加突出，迫切需要研究如何制定出覆盖全生命周期的医疗服务体系。

每万人拥有医院数是对一个城市经济发展状况、人口增长情况、医疗制度完善情况和居民健康情况的侧面反映。如表4所示，对原始数据进行归一化处理后发现，在全国38个样本城市中，得分最高的城市是成都，为12.50；得分最低是深圳，为0。其中，每万人拥有医院数得分前五位城市分别为成都、重庆、海口、昆明和太原，得分分别为12.50、12.00、11.19、9.96、9.08；得分末五位的城市分别为广州、南宁、上海、厦门、深圳，得分分别为1.75、0.97、0.92、0.21、0。

表4　每万人拥有医院数得分与排名

单位：分

| 城市 | 每万人拥有医院数得分 | 排名 | 城市 | 每万人拥有医院数得分 | 排名 |
| --- | --- | --- | --- | --- | --- |
| 成都 | 12.50 | 1 | 青岛 | 6.88 | 13 |
| 重庆 | 12.00 | 2 | 呼和浩特 | 6.59 | 14 |
| 海口 | 11.19 | 3 | 西安 | 6.32 | 15 |
| 昆明 | 9.96 | 4 | 北京 | 6.30 | 16 |
| 太原 | 9.08 | 5 | 沈阳 | 6.10 | 17 |
| 长春 | 8.16 | 6 | 合肥 | 5.94 | 18 |
| 贵阳 | 7.97 | 7 | 福州 | 5.54 | 19 |
| 无锡 | 7.74 | 8 | 杭州 | 5.47 | 20 |
| 长沙 | 7.58 | 9 | 银川 | 5.33 | 21 |
| 济南 | 7.55 | 10 | 西宁 | 5.31 | 22 |
| 天津 | 7.33 | 11 | 武汉 | 5.27 | 23 |
| 乌鲁木齐 | 7.03 | 12 | 哈尔滨 | 5.23 | 24 |

续表

| 城市 | 每万人拥有医院数得分 | 排名 | 城市 | 每万人拥有医院数得分 | 排名 |
|---|---|---|---|---|---|
| 兰州 | 4.95 | 25 | 南昌 | 2.24 | 32 |
| 苏州 | 4.44 | 26 | 宁波 | 2.00 | 33 |
| 南京 | 4.06 | 27 | 广州 | 1.75 | 34 |
| 珠海 | 3.83 | 28 | 南宁 | 0.97 | 35 |
| 大连 | 3.60 | 29 | 上海 | 0.92 | 36 |
| 郑州 | 3.24 | 30 | 厦门 | 0.21 | 37 |
| 石家庄 | 2.25 | 31 | 深圳 | 0 | 38 |

如图4所示，每万人拥有医院数指标得分较高的城市多分布在中西部，而得分较低的城市多为东部沿海城市。这可能是因为人口的省际迁移，具体表现为中西部人口大量向东部经济发达地区迁移，导致东部地区医疗资源压力增大，加剧了床位供给与需求之间的矛盾，因此每万人拥有医院数的得分就相对较低。而中西部由于人口外流以致常住人口减少，所以每万人拥有医院数指标得分相对较高。

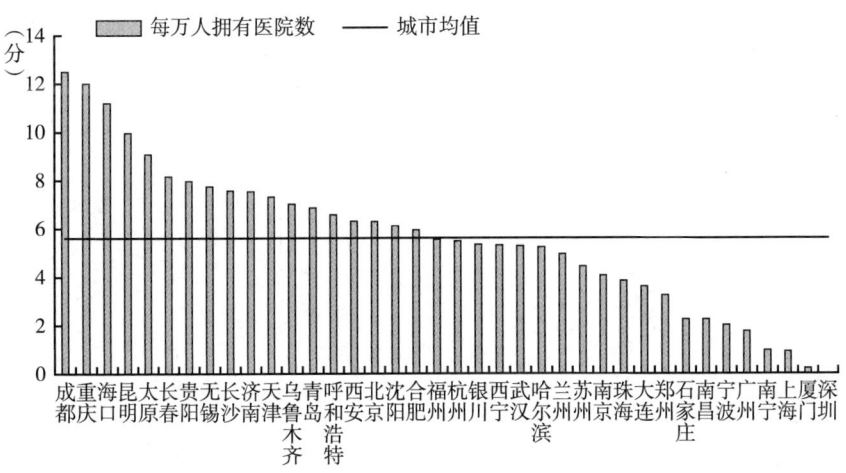

图4 每万人拥有医院数得分排名情况

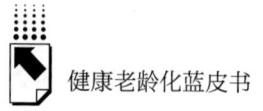

## （五）每千人拥有医生数

世界卫生组织在2000年提出实现世界每千人拥有1名医生的目标。美国社会学家英克斯尔（Yikesier）认为当今社会每千人拥有医生数量为1.25人是社会健康医疗的现代化标准。因此，每千人拥有医生数作为衡量健康医疗的指标之一，具有重要的指导意义。值得注意的是，该指标的得分不仅与当地常住人口有关，还与当地医生数有关。

如表5所示，在研究的中国38个大中城市中，每千人拥有医生数指标得分最高的城市是太原，得分为12.50，每千人拥有医生数指标得分最低的城市为重庆，为0。每千人拥有医生数指标得分排名前五的城市为太

表5 每千人拥有医生数得分与排名

单位：分

| 城市 | 每千人拥有医生数得分 | 排名 | 城市 | 每千人拥有医生数得分 | 排名 |
| --- | --- | --- | --- | --- | --- |
| 太原 | 12.50 | 1 | 沈阳 | 5.02 | 20 |
| 海口 | 11.97 | 2 | 西安 | 4.83 | 21 |
| 北京 | 11.78 | 3 | 南宁 | 4.58 | 22 |
| 杭州 | 9.50 | 4 | 南京 | 4.36 | 23 |
| 乌鲁木齐 | 9.22 | 5 | 青岛 | 4.14 | 24 |
| 昆明 | 8.21 | 6 | 石家庄 | 3.85 | 25 |
| 银川 | 7.80 | 7 | 宁波 | 3.70 | 26 |
| 济南 | 7.70 | 8 | 厦门 | 3.34 | 27 |
| 长沙 | 6.75 | 9 | 无锡 | 3.04 | 28 |
| 兰州 | 6.64 | 10 | 长春 | 2.84 | 29 |
| 珠海 | 6.28 | 11 | 上海 | 2.74 | 30 |
| 成都 | 6.15 | 12 | 苏州 | 2.23 | 31 |
| 郑州 | 6.06 | 13 | 深圳 | 2.07 | 32 |
| 贵阳 | 5.84 | 14 | 福州 | 1.71 | 33 |
| 呼和浩特 | 5.82 | 15 | 哈尔滨 | 1.65 | 34 |
| 西宁 | 5.79 | 16 | 合肥 | 1.54 | 35 |
| 广州 | 5.66 | 17 | 南昌 | 1.51 | 36 |
| 大连 | 5.37 | 18 | 天津 | 1.39 | 37 |
| 武汉 | 5.16 | 19 | 重庆 | 0 | 38 |

原、海口、北京、杭州、乌鲁木齐，得分分别为12.50、11.97、11.78、9.50、9.22；每千人拥有医生数指标得分排名后五的城市为哈尔滨、合肥、南昌、天津、重庆，得分分别为1.65、1.54、1.51、1.39、0。

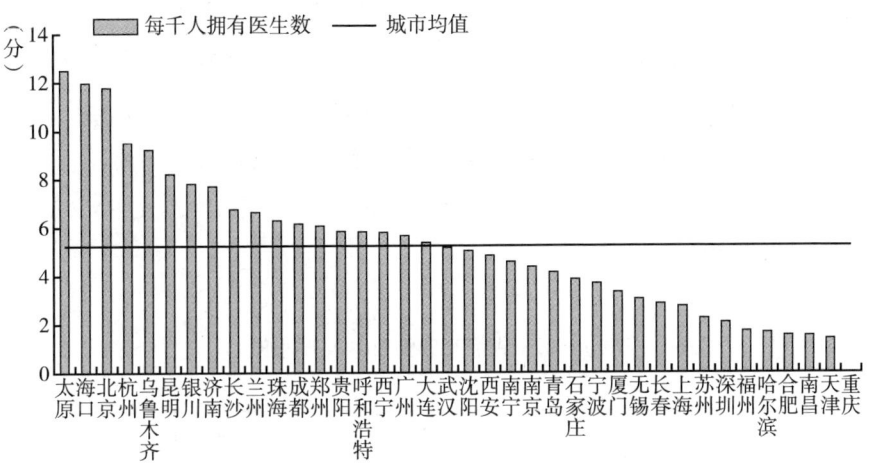

图5　每千人拥有医生数得分排名情况

图5显示，在得分排名较高的城市中，北京、杭州等一线城市，尽管常住人口数量大，但其高度发达的经济状况和相对优厚的薪酬福利待遇吸引了很多医疗服务人才，因此该指标得名排名较高。而西宁、海口等城市则是由于常住人口数量相对较少以致每千人拥有医生数指标得分较高。

### （六）每千人拥有床位数

每千人拥有床位数指标涉及医疗卫生机构的床位配置，关系到医疗卫生资源的合理配置，是衡量一个城市医疗服务发展水平的重要指标。总体而言，每千人拥有床位数指标得分较高的城市普遍拥有较为完善的医疗卫生服务体系。《关于加快推进健康与养老服务工程建设的通知》中提出，计划到2020年，医疗卫生机构每千人口病床数量达到6张，非公立医疗机构床位数的占比达到25%，形成以非营利性医疗机构为主体、营利性医疗机构为补充，公立医疗机构为主导、非公立医疗机构共同发展的多元办医格局。

如表6所示，在研究选定的中国38个大中城市中，每千人拥有床位数指标得分最高的城市是长沙，得分为12.50；每千人拥有床位数指标得分最低的城市是深圳，得分为0。每千人拥有床位数指标得分排名前五的城市为长沙、昆明、郑州、太原、乌鲁木齐，得分分别为12.50、12.48、11.44、11.20、10.41；每千人拥有床位数指标得分排名后五的城市为宁波、天津、厦门、福州和深圳，得分依次为1.94、1.56、0.70、0.33、0。

表6 每千人拥有床位数得分与排名

单位：分

| 城市 | 每千人拥有床位数得分 | 排名 | 城市 | 每千人拥有床位数得分 | 排名 |
| --- | --- | --- | --- | --- | --- |
| 长沙 | 12.50 | 1 | 广州 | 5.94 | 20 |
| 昆明 | 12.48 | 2 | 重庆 | 5.93 | 21 |
| 郑州 | 11.44 | 3 | 南宁 | 5.59 | 22 |
| 太原 | 11.20 | 4 | 无锡 | 5.56 | 23 |
| 乌鲁木齐 | 10.41 | 5 | 呼和浩特 | 5.54 | 24 |
| 武汉 | 9.91 | 6 | 南京 | 5.44 | 25 |
| 成都 | 9.75 | 7 | 苏州 | 5.25 | 26 |
| 西宁 | 9.17 | 8 | 合肥 | 4.87 | 27 |
| 沈阳 | 9.03 | 9 | 南昌 | 4.78 | 28 |
| 杭州 | 8.71 | 10 | 青岛 | 4.31 | 29 |
| 哈尔滨 | 8.37 | 11 | 北京 | 4.06 | 30 |
| 大连 | 8.10 | 12 | 上海 | 3.96 | 31 |
| 济南 | 7.98 | 13 | 珠海 | 3.79 | 32 |
| 兰州 | 7.86 | 14 | 石家庄 | 3.13 | 33 |
| 银川 | 7.67 | 15 | 宁波 | 1.94 | 34 |
| 海口 | 7.56 | 16 | 天津 | 1.56 | 35 |
| 贵阳 | 7.54 | 17 | 厦门 | 0.70 | 36 |
| 西安 | 6.19 | 18 | 福州 | 0.33 | 37 |
| 长春 | 5.98 | 19 | 深圳 | 0 | 38 |

每千人拥有床位数不仅体现出医疗机构床位的分布情况,也反映出各地区医疗服务的可及性。显而易见,该指标会在不同地区之间存在差异,差异性不仅体现在东部、中部和西部地区之间,城乡之间也会有所体现。

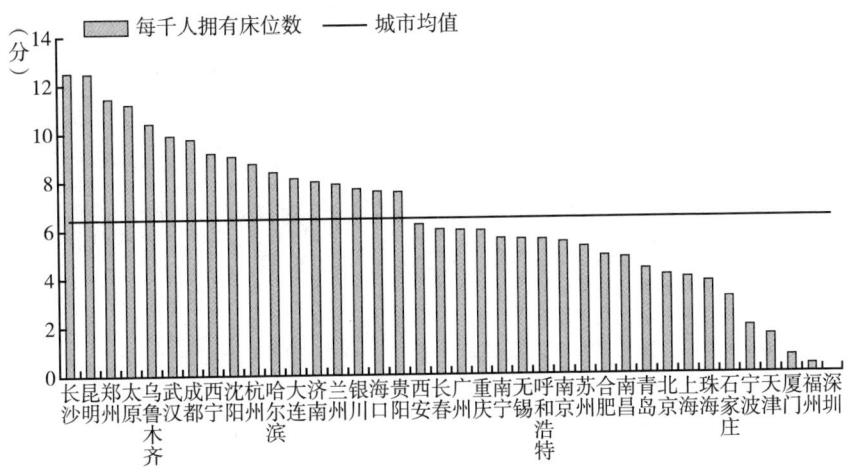

图6 每千人拥有床位数得分排名情况

如图6所示,从地域差异来看,每千人拥有床位数得分排名靠前的城市多为中西部城市,而排名靠后的城市则多为东部城市。究其原因,一方面可能是人口的省际迁移导致大量中西部人口向东部流动,从而造成中西部常住人口减少,东部常住人口增加。另一方面,中西部地区的医疗卫生资源多集中在大中型城市,虽然得分偏高,但也反映出了区域资源配置不合理的问题,而东部地区的医疗服务覆盖范围较广,从而使其大中城市的得分偏低。

(七)每千人拥有养老机构床位数

因为养老机构的建设具有长期性,并非随着需求的增加即刻发生变化,所以应当立足于整体规划来设置养老机构床位数,兼顾眼前和未来的需求。因此,每千人拥有养老机构床位数指标,不仅与所在区域老年人有关,更应与当地常住人口挂钩。按照"十三五"时期每千人拥有养老床位35~40张的规划，据不完全统计，本文所选取的38个城市均值约为4张，距规划的目标仍有不小差距。

如表7所示，通过归一化数据分析得知，在研究所选定的38个大中城市中，每千人拥有养老机构床位数指标得分最高的城市是南京，得分为12.50；每千人拥有养老机构床位数指标得分最低的城市是石家庄，得分为0。每千人拥有养老机构床位数指标得分排名前五的城市为南京、杭州、重庆、宁波和武汉，得分分别为12.50、11.47、10.89、10.55、10.12；每千人拥有养老机构床位数指标得分排名后五的城市为深圳、无锡、太原、呼和浩特、石家庄，得分分别为1.10、0.26、0.19、0.01、0。

表7 每千人拥有养老机构床位数得分与排名

单位：分

| 城市 | 每千人拥有养老机构床位数得分 | 排名 | 城市 | 每千人拥有养老机构床位数得分 | 排名 |
| --- | --- | --- | --- | --- | --- |
| 南京 | 12.50 | 1 | 广州 | 6.57 | 20 |
| 杭州 | 11.47 | 2 | 昆明 | 6.45 | 21 |
| 重庆 | 10.89 | 3 | 大连 | 5.78 | 22 |
| 宁波 | 10.55 | 4 | 海口 | 5.62 | 23 |
| 武汉 | 10.12 | 5 | 长沙 | 5.34 | 24 |
| 青岛 | 9.87 | 6 | 银川 | 4.18 | 25 |
| 苏州 | 9.81 | 7 | 厦门 | 4.05 | 26 |
| 福州 | 9.48 | 8 | 南宁 | 3.77 | 27 |
| 北京 | 9.08 | 9 | 兰州 | 3.55 | 28 |
| 上海 | 8.59 | 10 | 珠海 | 3.32 | 29 |
| 合肥 | 8.48 | 11 | 贵阳 | 2.92 | 30 |
| 济南 | 7.79 | 12 | 郑州 | 2.42 | 31 |
| 西安 | 7.45 | 13 | 乌鲁木齐 | 2.24 | 32 |
| 南昌 | 7.29 | 14 | 西宁 | 1.34 | 33 |
| 沈阳 | 7.18 | 15 | 深圳 | 1.10 | 34 |
| 天津 | 6.96 | 16 | 无锡 | 0.26 | 35 |
| 成都 | 6.69 | 17 | 太原 | 0.19 | 36 |
| 长春 | 6.66 | 18 | 呼和浩特 | 0.01 | 37 |
| 哈尔滨 | 6.59 | 19 | 石家庄 | 0 | 38 |

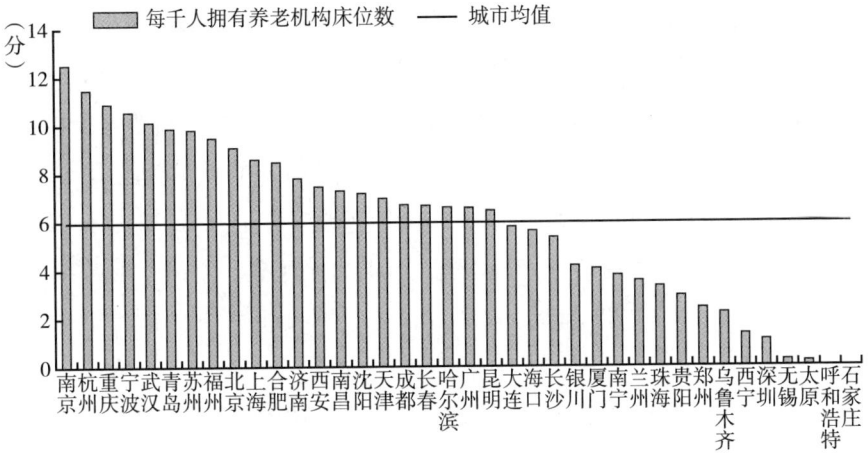

图7 每千人拥有养老机构床位数得分排名情况

如图7所示,每千人拥有养老机构床位数的指标在地区分布上,总体上会有一些规律可循,与不同地区的养老资源密切联系。得分较低者多为中西部发展缓慢地区,受其自然地理条件限制,不具备发展康养产业的充分条件。因此,在相关福利事业供需不平衡的前提下,市场也未能发挥良好作用。而每千人养老机构床位数得分较高的城市多集中于江浙地带,这可能因为在经济发达地区,收入水平较高,相比之下,社区养老、机构养老等费用负担较小,同时,也养成了相应的消费习惯。其中南京为得分最高的城市,这与其之前出台的政策有关。从《南京市关于加快发展养老服务业的实施意见》可知,从2015年开始,南京市将养老基础设施建设纳入南京市国民经济和社会发展规划中,并对11个区、37个市级涉老部门进行绩效考核。同时,也明确提出,"因公共利益需要拆迁搬离的养老机构应提供相近建筑面积就近帮助其继续经营,以确保全南京市有足够的养老机构床位为老人提供养老服务"。这一系列举措为南京市在养老机构床位的建设方面,提供了政策引导和实际支持。

### (八)人口平均预期寿命

人口平均预期寿命指标是对一个城市生活质量、医疗卫生服务水平及经济发展水平的反映,它也从侧面反映出该地区健康老龄化的水平。因为良好的医疗保健条件、完善的养老护理等服务会对人类的寿命和晚年生活起到积极的作用。正如表8所示，在研究选取的中国38个大中城市中，上海市人口平均预期寿命指标得分最高，为12.50；兰州市人口平均预期寿命指标得分最低，为0。人口平均预期寿命指标得分排名前五的城市为上海、珠海、南京、无锡、苏州，得分分别为12.50、12.00、11.44、11.32、11.32；得分排名后五的城市为乌鲁木齐、贵阳、银川、西宁、兰州，得分分别为3.21、2.03、1.80、1.72和0。

表8 人口平均预期寿命得分与排名

单位：分

| 城市 | 人口平均预期寿命得分 | 排名 | 城市 | 人口平均预期寿命得分 | 排名 |
| --- | --- | --- | --- | --- | --- |
| 上海 | 12.50 | 1 | 昆明 | 6.68 | 20 |
| 珠海 | 12.00 | 2 | 太原 | 6.61 | 21 |
| 南京 | 11.44 | 3 | 郑州 | 6.48 | 22 |
| 无锡 | 11.32 | 4 | 济南 | 6.36 | 23 |
| 苏州 | 11.32 | 5 | 哈尔滨 | 6.24 | 24 |
| 杭州 | 11.12 | 6 | 南昌 | 5.98 | 25 |
| 北京 | 11.05 | 7 | 重庆 | 5.94 | 26 |
| 天津 | 10.81 | 8 | 长沙 | 5.29 | 27 |
| 广州 | 10.66 | 9 | 南宁 | 4.63 | 28 |
| 宁波 | 10.18 | 10 | 合肥 | 4.17 | 29 |
| 青岛 | 9.66 | 11 | 西安 | 3.80 | 30 |
| 武汉 | 9.55 | 12 | 长春 | 3.69 | 31 |
| 大连 | 9.45 | 13 | 石家庄 | 3.68 | 32 |
| 厦门 | 9.06 | 14 | 呼和浩特 | 3.21 | 33 |
| 海口 | 8.50 | 15 | 乌鲁木齐 | 3.21 | 34 |
| 沈阳 | 8.23 | 16 | 贵阳 | 2.03 | 35 |
| 深圳 | 8.12 | 17 | 银川 | 1.80 | 36 |
| 成都 | 7.65 | 18 | 西宁 | 1.72 | 37 |
| 福州 | 6.70 | 19 | 兰州 | 0 | 38 |

如图8所示，人口平均预期寿命指标得分较高的城市多为经济较发达城市，而得分较低的城市则恰好相反。因此，有把握得出人口平均预期寿命与

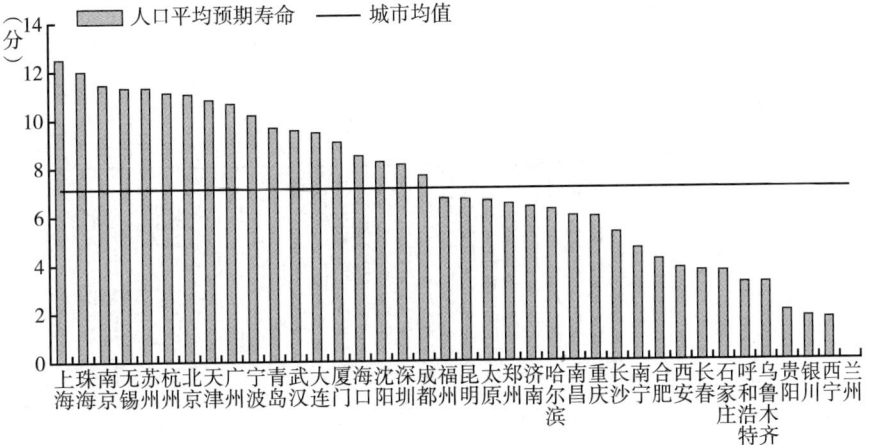

图8 人口平均预期寿命得分排名情况

城市经济发展水平、人民生活水平有关的结论：经济发展水平越高的城市，人口平均预期寿命越高；反之亦然。由于我国东部城市普遍较中西部城市发达，人口平均预期寿命也呈现自东向西递减趋势。

## 四 各城市健康医疗指标排名

通过加总健康医疗维度内八个指标的得分，最后获得的排名情况如图9所示。本部分将主要对其中健康医疗总分排名前五和后五的城市进行分析。排名前五的城市分别为北京、海口、杭州、武汉、昆明，总得分均在57分以上。而排名后五的城市分别为长春、乌鲁木齐、兰州、呼和浩特和石家庄，总得分均在39分以下。

如表9所示，在健康医疗维度总得分的比较上，位居第一的北京市比居最后一名的石家庄市高出42.69分，逼近城市均值47.29分。在推动全国健康老龄化的进程中，区域之间由于自然资源、地理位置的不同，存在差异是正常的，但是差异过大就需要引起重视。为了平衡区域之间的发展，本报告将进一步聚焦于具体城市的实际情况来分析，从而实现不同城市之间的协同化发展。

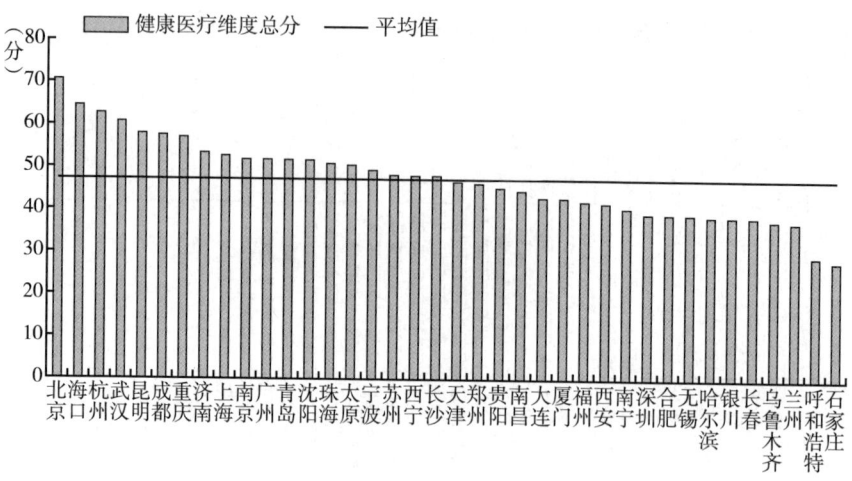

**图 9　各城市健康医疗总得分与排名情况**

表 9　各城市健康医疗总得分与排名

单位：分

| 城市 | 健康医疗维度总得分 | 排名 | 城市 | 健康医疗维度总得分 | 排名 |
| --- | --- | --- | --- | --- | --- |
| 北京 | 70.66 | 1 | 天津 | 46.64 | 20 |
| 海口 | 64.50 | 2 | 郑州 | 46.21 | 21 |
| 杭州 | 62.68 | 3 | 贵阳 | 45.21 | 22 |
| 武汉 | 60.75 | 4 | 南昌 | 44.56 | 23 |
| 昆明 | 57.94 | 5 | 大连 | 42.90 | 24 |
| 成都 | 57.58 | 6 | 厦门 | 42.81 | 25 |
| 重庆 | 57.04 | 7 | 福州 | 42.08 | 26 |
| 济南 | 53.40 | 8 | 西安 | 41.66 | 27 |
| 上海 | 52.72 | 9 | 南宁 | 40.42 | 28 |
| 南京 | 51.88 | 10 | 深圳 | 39.18 | 29 |
| 广州 | 51.84 | 11 | 合肥 | 39.12 | 30 |
| 青岛 | 51.79 | 12 | 无锡 | 38.98 | 31 |
| 沈阳 | 51.68 | 13 | 哈尔滨 | 38.61 | 32 |
| 珠海 | 50.94 | 14 | 银川 | 38.49 | 33 |
| 太原 | 50.57 | 15 | 长春 | 38.41 | 34 |
| 宁波 | 49.44 | 16 | 乌鲁木齐 | 37.63 | 35 |
| 苏州 | 48.29 | 17 | 兰州 | 37.23 | 36 |
| 西宁 | 48.11 | 18 | 呼和浩特 | 29.07 | 37 |
| 长沙 | 48.10 | 19 | 石家庄 | 27.97 | 38 |

## (一)健康医疗指标排名前五的城市

### 1. 北京市

作为中国的首都,北京市历来坐拥丰富的政治、经济和文化资源,各种资源聚集与协作,为健康医疗事业的发展奠定了基础。北京市在健康医疗指标方面的总得分为70.66分,排名第一,相较于38个大中城市的平均得分47.29分高出了23.37分。在八个一级指标中,人均医疗卫生支出、医疗卫生支出占GDP比重、每万人拥有医院数、每千人拥有医生数、每千人拥有养老机构床位数和平均预期寿命这六个指标的得分分别高于城市均值8.09分、3.92分、0.7分、6.55分、3.12分和3.92分(见表10)。

表10 北京市健康医疗指标得分与城市均值

单位:分

| 健康指标<br>城市分值 | 人均医疗卫生支出 | 医疗卫生支出占GDP比重 | 城镇家庭人均医疗保健支出占家庭消费支出比 | 每万人拥有医院数 | 每千人拥有医生数 | 每千人拥有床位数 | 每千人拥有养老机构床位数 | 人口平均预期寿命 | 健康医疗总得分 |
|---|---|---|---|---|---|---|---|---|---|
| 北京得分 | 12.50 | 8.72 | 7.16 | 6.30 | 11.78 | 4.06 | 9.08 | 11.05 | 70.66 |
| 城市均值 | 4.41 | 4.80 | 7.73 | 5.60 | 5.23 | 6.43 | 5.96 | 7.13 | 47.29 |

如图10所示,北京市在健康医疗维度的总体表现良好。仅有两个指标低于城市均值,且差距较小。人均医疗卫生支出和每千人拥有医生数这两个指标的得分,明显高于城市均值。其优良表现得益于北京市特殊的城市地位便于全国顶尖医疗资源的集聚。同时,北京市为了进一步动员全市各方面力量共同推进健康北京建设,也陆续制定和出台了众多政策,如《北京市人民政府关于促进卫生与健康事业改革发展的意见》、《北京市"十三五"时期卫生计生事业发展规划》、《北京市"十三五"时期健康北京发展建设规划》和《"健康北京2030"规划纲要》。北京市委、市政府高度重视,加之相关政策的倾斜等众多因素,使得北京市在健康医疗方面表现优秀。

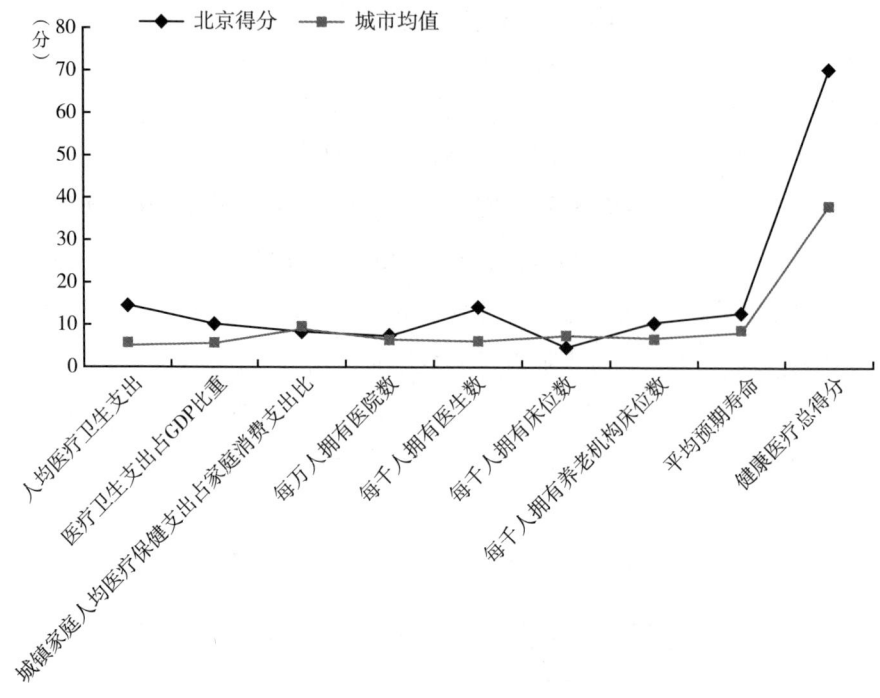

图10 北京市健康医疗得分与城市均值

2. 海口市

海口市是海南省的省会，其独特的地理位置使它成为国家"一带一路"建设的重要支点城市，同时也是我国热门的旅游度假城市。随着近些年候鸟式养老的兴起，海口市因其身处热带而颇具吸引力，所以该市更加注重健康医疗、养老服务方面的建设。如图11所示，海口市健康医疗得分高于城市均值的表现，是与该市的努力紧密相连的。

如表11所示，海口在健康医疗指标方面排名第二，总得分为64.50分，比38个大中城市的平均得分47.29分高出了17.21分。在八个一级指标中，只有人均医疗卫生支出指标和每千人拥有养老机构床位数的得分低于城市均值，但两者的差距并未超过2分。总体而言，海口市健康医疗事业的发展较为均衡。近些年，海口市不断增加医疗卫生投入，医疗卫生服务能力得到显著提升,并且持续深化医药卫生体制改革,有效控制医疗费用的不合理增长,加强了城乡居民医疗保障的抗风险能力。

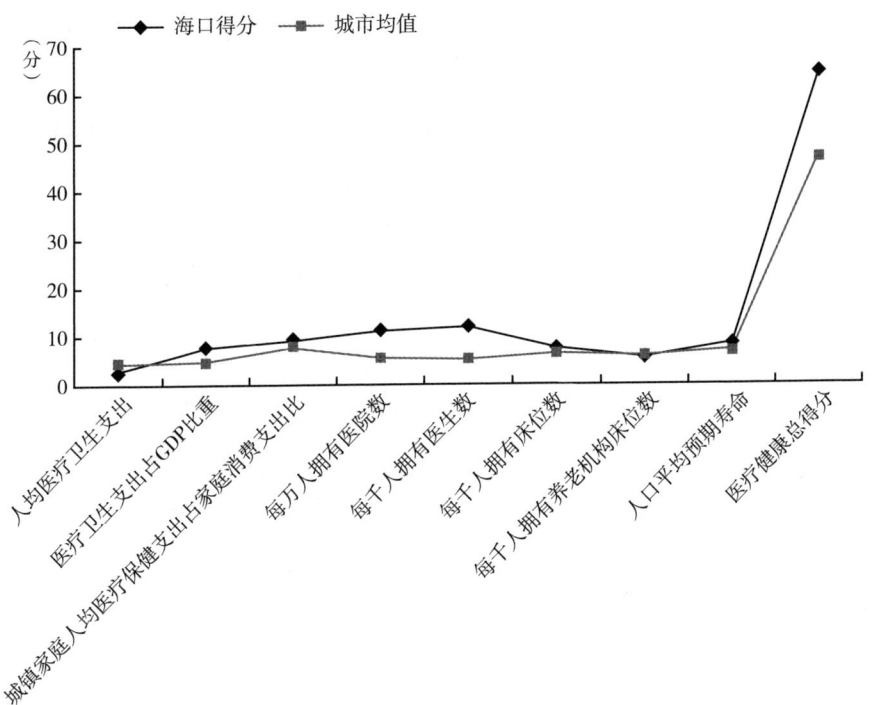

图11 海口市健康医疗得分与城市均值

表11 海口市健康医疗指标得分情况

单位:分

| 健康指标<br>城市分值 | 人均医疗卫生支出 | 医疗卫生支出占GDP比重 | 城镇家庭人均医疗保健支出占家庭消费支出比 | 每万人拥有医院数 | 每千人拥有医生数 | 每千人拥有床位数 | 每千人拥有养老机构床位数 | 人口平均预期寿命 | 健康医疗总得分 |
|---|---|---|---|---|---|---|---|---|---|
| 海口得分 | 2.82 | 7.69 | 9.16 | 11.19 | 11.97 | 7.56 | 5.62 | 8.50 | 64.50 |
| 城市均值 | 4.41 | 4.80 | 7.73 | 5.60 | 5.23 | 6.43 | 5.96 | 7.13 | 47.29 |

### 3. 杭州市

作为浙江省省会的杭州市，地理位置得天独厚，是长江三角洲重要的中心城市和中国东南部交通枢纽。近些年来，互联网经济已成为杭州新的经济增长点。与此同时，杭州市在健康医疗方面的表现也非常出色。如表12所示，在八个一级指标中，人均医疗卫生支出、城镇家庭人均医疗保健支出占家庭消费支出比、每千人拥有医生数、每千人拥有床位数、每千人拥有养老机构床位数和人口平均预期寿命这六个指标的得分分别高于城市均值0.80分、0.76分、4.27分、2.28分、5.51分和3.99分，只有医疗卫生支出占GDP比重和每万人拥有医院数这两个指标低于城市均值。总体而言，杭州市健康医疗事业的发展较为均衡，且健康医疗总分高于城市均值15.39分，在全国38个大中城市中位列第三。

表12　杭州市健康医疗指标得分情况

单位：分

| 健康指标<br>城市分值 | 人均医疗卫生支出 | 医疗卫生支出占GDP比重 | 城镇家庭人均医疗保健支出占家庭消费支出比 | 每万人拥有医院数 | 每千人拥有医生数 | 每千人拥有床位数 | 每千人拥有养老机构床位数 | 人口平均预期寿命 | 健康医疗总得分 |
|---|---|---|---|---|---|---|---|---|---|
| 杭州得分 | 5.21 | 2.70 | 8.49 | 5.47 | 9.50 | 8.71 | 11.47 | 11.12 | 62.68 |
| 城市均值 | 4.41 | 4.80 | 7.73 | 5.60 | 5.23 | 6.43 | 5.96 | 7.13 | 47.29 |

从图12可以看出，杭州市在健康医疗维度的后四项指标得分上，均明显超过城市均值。以上数据反映出，随着《杭州市医疗卫生服务领域深化"最多跑一次"改革实施方案》的推行，全市健康医疗服务流程得到不断优化，服务绩效也实现了进一步的提升，逐步形成了诊疗更加安全、就诊更加便利、沟通更加有效的新时代医疗卫生服务新模式。在杭州市委、市政府的带动下，该市不断加大对健康医疗服务的建设力度，争取实现协同发展，为积极应对人口老龄化夯实基础。

### 4. 武汉市

武汉市作为湖北省的省会，不仅是湖北经济发展的核心区域，也是中

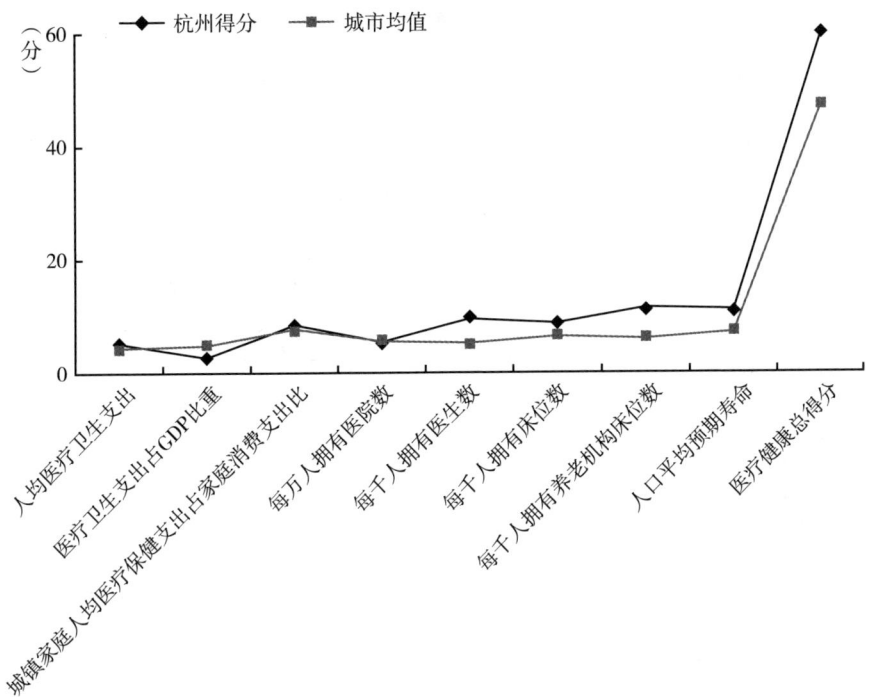

图 12 杭州市健康医疗得分与城市均值

部崛起的重要战略支点。作为继北京之后中国第二个可颁发国际认可的创伤急救资质证书的城市，武汉市内拥有武汉大学人民医院、华中科技大学同济医学院附属同济医院等多所专科医院，医疗资源较为集中和丰富。因此，如表13所示，在健康医疗维度下的八个一级指标中，人均医疗卫生支出、医疗卫生支出占GDP比重、城镇家庭人均医疗保健支出占家庭消费支出比、每千人拥有床位数、每千人拥有养老机构床位数和人口平均预期寿命这六个指标分别高于城市均值2.58分、0.22分、0.99分、3.48分、4.16分和2.42分。其中，只有每万人拥有医院数和每千人拥有医生数得分低于城市均值，但差距均未超过0.5分，与其他城市的差距较小，发展较为均衡。总体而言，武汉市健康医疗维度总体排名较为靠前，位居第四。

表 13 武汉市健康医疗指标得分情况

单位：分

| 健康指标<br>城市分值 | 人均医疗卫生支出 | 医疗卫生支出占GDP比重 | 城镇家庭人均医疗保健支出占家庭消费支出比 | 每万人拥有医院数 | 每千人拥有医生数 | 每千人拥有床位数 | 每千人拥有养老机构床位数 | 人口平均预期寿命 | 健康医疗总得分 |
|---|---|---|---|---|---|---|---|---|---|
| 武汉得分 | 6.99 | 5.02 | 8.72 | 5.27 | 5.16 | 9.91 | 10.12 | 9.55 | 60.75 |
| 城市均值 | 4.41 | 4.80 | 7.73 | 5.60 | 5.23 | 6.43 | 5.96 | 7.13 | 47.29 |

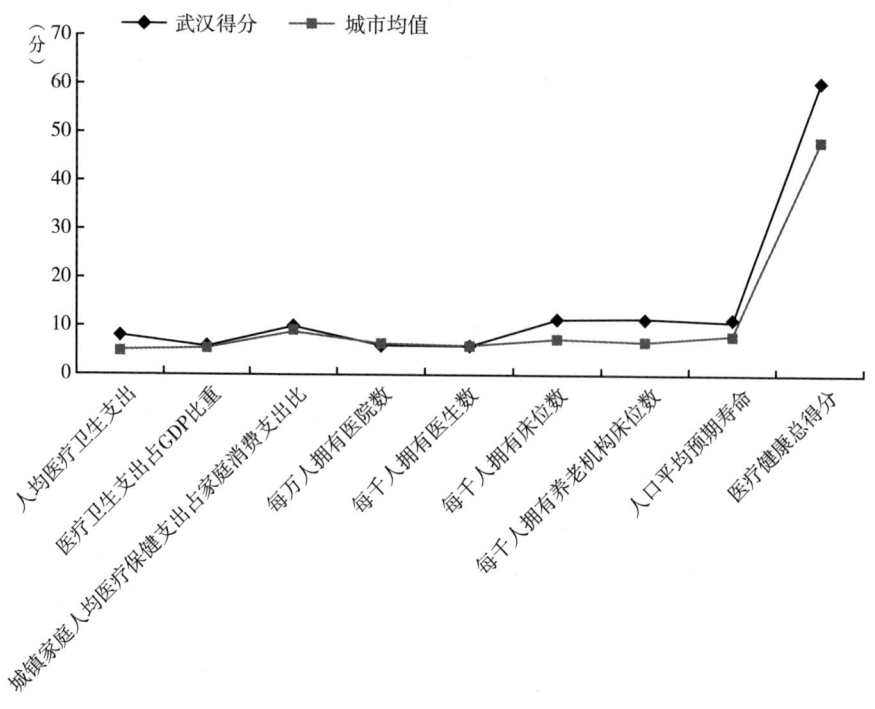

图 13 武汉市健康医疗得分与城市均值

如图 13 所示，武汉市在健康医疗维度的各指标得分较为均衡，这为其深入推进"健康武汉"建设奠定了基础。为了构建大健康格局，武汉市出台了《武汉市大健康产业发展规划（2019~2035年）》，不断推动健康融入所有政策，努力对接人民群众对健康美好生活的新需求，从而实现了该市在健康医疗方面的协同发展。并且，武汉市政府为了积极推进健康老龄化，深入开展了医疗护理康复养老一体化服务建设，力求提高健康医疗服务水平。

5. 昆明市

昆明市作为云南省的省会，不仅是我国重要的旅游商贸城市，也是我国面向东南亚、南亚开放的门户城市，历来享有"春城"的美誉。在2018年，昆明市被确认为国家卫生城市，该项成绩反映出其在健康医疗等方面的不懈努力受到了社会的认可。

如表14所示，昆明市的健康医疗维度得分为57.94分，比城市均值47.29分高出了10.65分。虽然有四个指标低于城市均值，但如图14所示，其中医疗卫生支出占GDP比重、城镇家庭人均医疗保健支出占家庭消费支出比重、人口平均预期寿命这三个指标与城市均值的差距均小于0.5分。总体而言，较小的差距并未影响昆明市在健康医疗维度的整体表现，它位居38个大中城市中的第五名。

表14 昆明市健康医疗指标得分情况

单位：分

| 城市分值\指标 | 人均医疗卫生支出 | 医疗卫生支出占GDP比重 | 城镇家庭人均医疗保健支出占家庭消费支出比重 | 每万人拥有医院数 | 每千人拥有医生数 | 每千人拥有床位数 | 每千人拥有养老机构床位数 | 人口平均预期寿命 | 健康医疗总得分 |
|---|---|---|---|---|---|---|---|---|---|
| 昆明得分 | 1.84 | 4.73 | 7.58 | 9.96 | 8.21 | 12.48 | 6.45 | 6.68 | 57.94 |
| 城市均值 | 4.41 | 4.80 | 7.73 | 5.60 | 5.23 | 6.43 | 5.96 | 7.13 | 47.29 |

昆明市目前所取得的健康医疗工作成绩，很大原因在于该市市委、市政府在2016年便以大健康作为昆明转型发展的战略抉择，出台了《昆明市大健康发展规划（2016~2025年）》，全力打造多方位、多区域联动发展的大健康总体空间格局。并且于2019年进一步落实《国务院办公厅关于促进和规范健康医疗大数据应用发展的指导意见》（国办发〔2016〕47号）相关

要求，推进昆明市健康医疗大数据试点工程建设，助力"数字云南"建设，促进昆明健康医疗与大数据的融合发展。

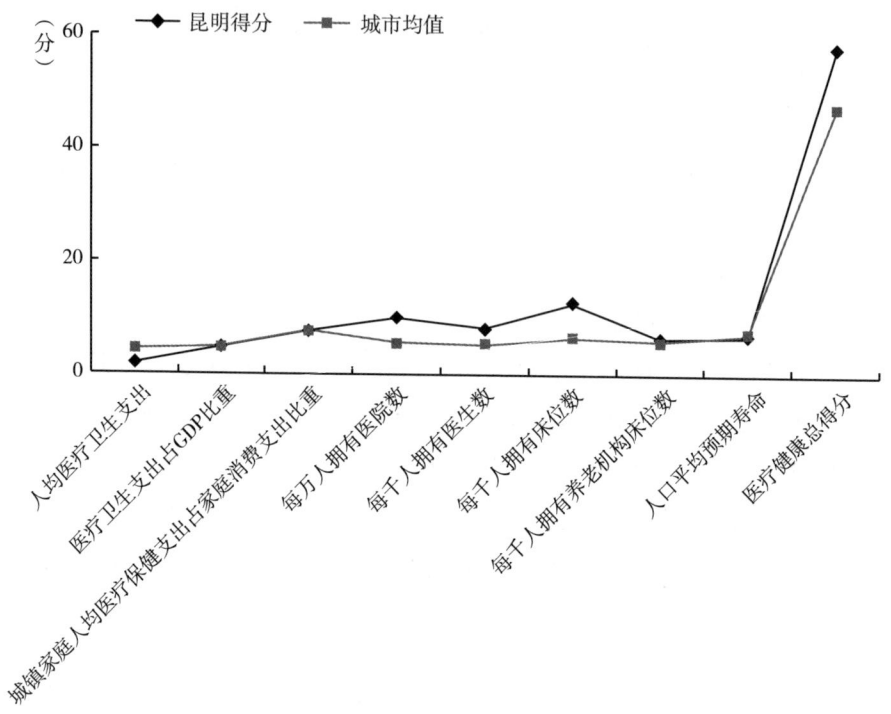

图14 昆明市健康医疗得分与城市均值

## （二）健康医疗指标排名末五的城市

### 1. 长春市

如表15所示，长春市在健康医疗维度的总得分为38.41分，位居倒数第五。作为东三省的代表城市，长春市人均医疗卫生支出、城镇家庭人均医疗保健支出占家庭消费支出比、每千人拥有医生数、每千人拥有床位数和人口平均预期寿命这五个指标的得分，分别比城市均值低了0.70分、5.42分、2.39分、0.45分和3.44分。仅有三个指标的得分高于城市均值，其中医疗卫生支出占GDP比重和每千人拥有养老机构床位数这两个指标的得分虽高于城市均值但都未超过1分（见图15）。

表 15　长春市健康医疗指标得分情况

单位：分

| 健康指标<br>城市　　分值 | 人均医疗卫生支出 | 医疗卫生支出占GDP比重 | 城镇家庭人均医疗保健支出占家庭消费支出比 | 每万人拥有医院数 | 每千人拥有医生数 | 每千人拥有床位数 | 每千人拥有养老机构床位数 | 人口平均预期寿命 | 健康医疗总得分 |
|---|---|---|---|---|---|---|---|---|---|
| 长春得分 | 3.71 | 5.05 | 2.31 | 8.16 | 2.84 | 5.98 | 6.66 | 3.69 | 38.41 |
| 城市均值 | 4.41 | 4.80 | 7.73 | 5.60 | 5.23 | 6.43 | 5.96 | 7.13 | 47.29 |

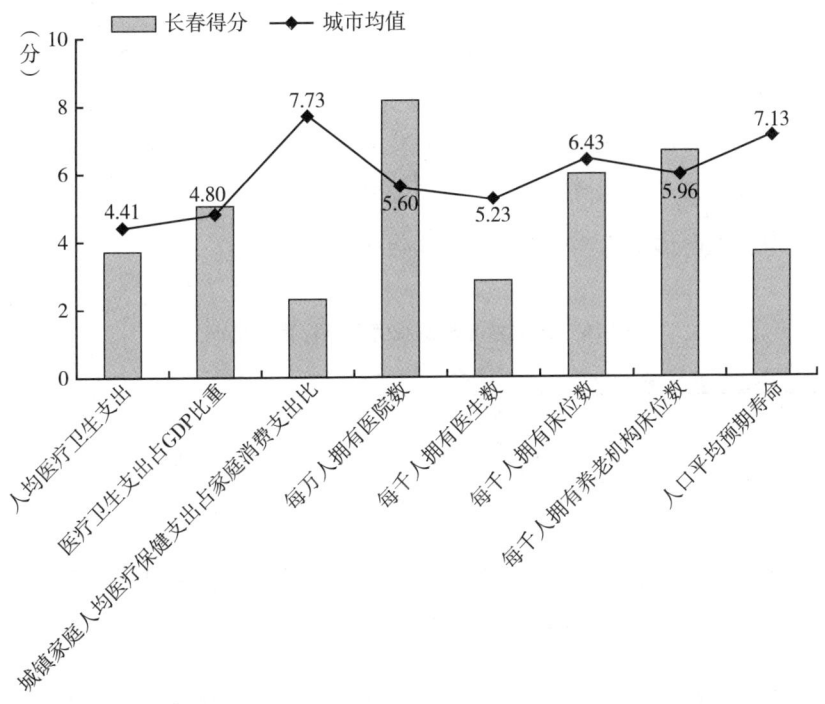

图 15　长春市健康医疗得分与城市均值

鉴于以上表现，长春市应紧抓发展机遇，在资源丰富的东三省地区，率先做出相应的调整和改变，避免后期与相邻省份的同质化竞争。吉林省发布了《长辽梅通白敦医药健康产业走廊发展规划（2018～2025年）》，长春市作为该产业走廊的中心，应合理利用自身资源，发挥示范带动效应，促进产业形成优势集群。在经济转型的过程中，长春市可以率先结合自身优势，巧妙融合当地特色，打造大健康产业的品牌，在助力当地GDP增长的同时，为健康医疗的建设提供物质基础。

**2. 乌鲁木齐市**

如表16所示，乌鲁木齐市在健康医疗维度的总得分为37.63分，比城市均值47.29分低了9.66分，居倒数第四位。其中，有五个一级指标都低于城市均值，差距都在4分左右。具体而言，人均医疗卫生支出、医疗卫生支出占GDP比重、城镇家庭人均医疗保健支出占家庭消费支出比、每千人拥有养老机构床位数和人口平均预期寿命这五个指标，分别比城市均值低了4.41分、3.32分、3.69分、3.72分和3.92分。如图16所示，乌鲁木齐市人均医疗卫生支出这一指标，在38个大中城市中排名倒数第一。但每万人拥有医院数、每千人拥有医生数和每千人拥有床位数这三个指标的得分，分别比城市均值高出了1.43分、3.99分和3.98分。

表16 乌鲁木齐市健康医疗指标得分情况

单位：分

| 健康指标<br>城市分值 | 人均医疗卫生支出 | 医疗卫生支出占GDP比重 | 城镇家庭人均医疗保健支出占家庭消费支出比 | 每万人拥有医院数 | 每千人拥有医生数 | 每千人拥有床位数 | 每千人拥有养老机构床位数 | 人口平均预期寿命 | 健康医疗总得分 |
|---|---|---|---|---|---|---|---|---|---|
| 乌鲁木齐得分 | 0 | 1.48 | 4.04 | 7.03 | 9.22 | 10.41 | 2.24 | 3.21 | 37.63 |
| 城市均值 | 4.41 | 4.80 | 7.73 | 5.60 | 5.23 | 6.43 | 5.96 | 7.13 | 47.29 |

乌鲁木齐作为"一带一路"沿线上的重要城市，应补齐自身发展的短板，实现健康医疗领域的均衡发展。目前，乌鲁木齐为了增强健康医疗服务供给能力，一方面对现有医疗机构基础设施进行升级改造，另一方面将持续推进丝绸之路经济带核心区医疗服务中心的建设活动，不断完善跨境远程医疗服务平台建设，推动其深入应用。

**3. 兰州市**

如表17所示，兰州市在健康医疗维度的总得分为37.23分，比城市均

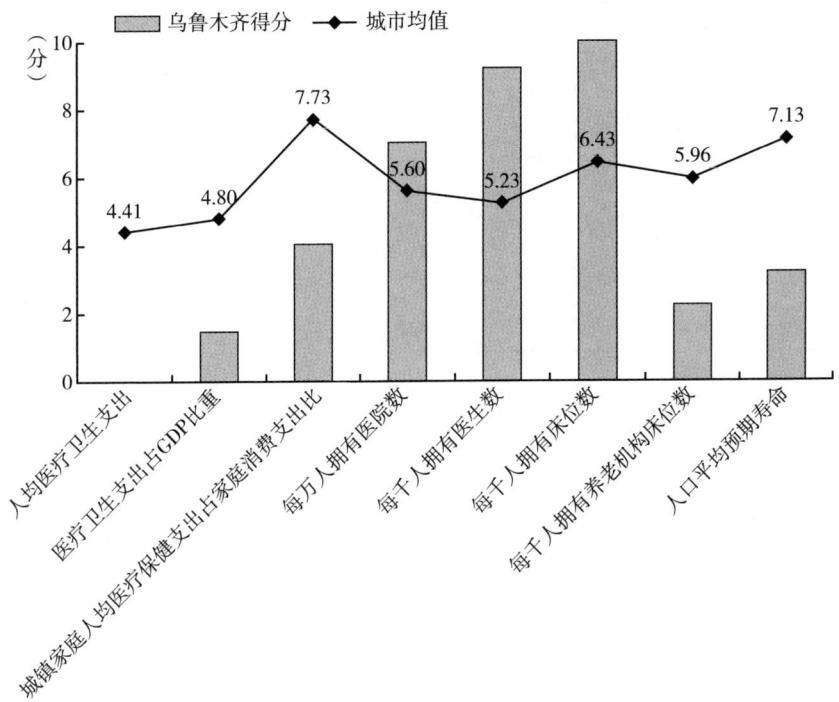

**图 16　乌鲁木齐市健康医疗得分与城市均值**

值低了 10.06 分，居倒数第三。仅从单项指标来看，在八个一级指标中，有 4 个指标得分低于城市均值，其中城镇家庭人均医疗保健支出占家庭消费支出比和人口平均预期寿命这两个指标的得分均居全国倒数第一，得分为 0。其余 4 个得分超过城市均值的指标中，医疗卫生支出占 GDP 比重的得分表现最好，高于城市均值 4.71 分。

可见，兰州市政府对健康医疗有一定程度的重视。但如图 17 所示，兰州市在健康医疗方面存在明显的短板，两项指标垫底，严重影响其整体发展。因此，兰州市应深入推进"健康兰州"建设，在推行分级诊疗、"一站式"即时结报等制度的同时，加快推进全国居家和社区养老服务改革试点、医养结合试点，积极打造"幸福兰州—为老驿站"养老服务品牌，为推动健康老龄化的发展做好准备。

表17 兰州市健康医疗指标得分情况

单位：分

| 健康指标<br>城市分值 | 人均医疗卫生支出 | 医疗卫生支出占GDP比重 | 城镇家庭人均医疗保健支出占家庭消费支出比 | 每万人拥有医院数 | 每千人拥有医生数 | 每千人拥有床位数 | 每千人拥有养老机构床位数 | 人口平均预期寿命 | 健康医疗总得分 |
|---|---|---|---|---|---|---|---|---|---|
| 兰州得分 | 4.71 | 9.51 | 0 | 4.95 | 6.64 | 7.86 | 3.55 | 0 | 37.23 |
| 城市均值 | 4.41 | 4.80 | 7.73 | 5.60 | 5.23 | 6.43 | 5.96 | 7.13 | 47.29 |

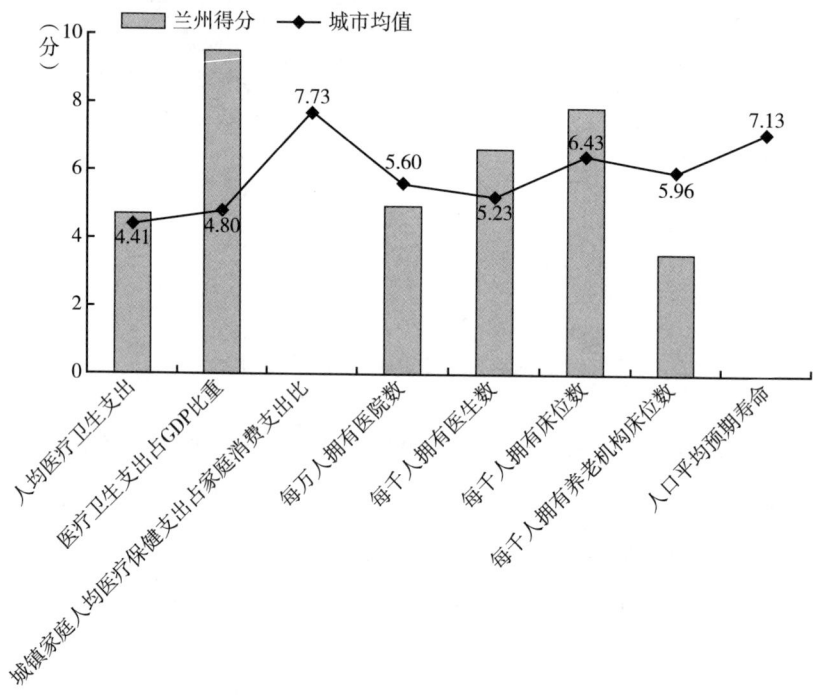

图17 兰州市健康医疗得分与城市均值

**4. 呼和浩特市**

如表18所示，呼和浩特市的健康医疗得分为29.07分，比城市均值低了18.22分，位居倒数第二。在健康医疗维度下的八个一级指标中，仅有每万人拥有医院数和每千人拥有医生数这两个指标高于城市均值，分别高出了0.99分和0.59分。如图18所示，其余6个指标都低于城市均值，得分最低的指标为每千人拥有养老机构床位数，仅得分0.01分，比城市均值低了5.95分。

表18 呼和浩特市健康医疗指标得分情况

单位：分

| 健康指标 城市得分值 | 人均医疗卫生支出 | 医疗卫生支出占GDP比重 | 城镇家庭人均医疗保健支出占家庭消费支出比 | 每万人拥有医院数 | 每千人拥有医生数 | 每千人拥有床位数 | 每千人拥有养老机构床位数 | 平均预期寿命 | 健康医疗总得分 |
|---|---|---|---|---|---|---|---|---|---|
| 呼和浩特得分 | 2.64 | 1.86 | 3.40 | 6.59 | 5.82 | 5.54 | 0.01 | 3.21 | 29.07 |
| 城市均值 | 4.41 | 4.80 | 7.73 | 5.60 | 5.23 | 6.43 | 5.96 | 7.13 | 47.29 |

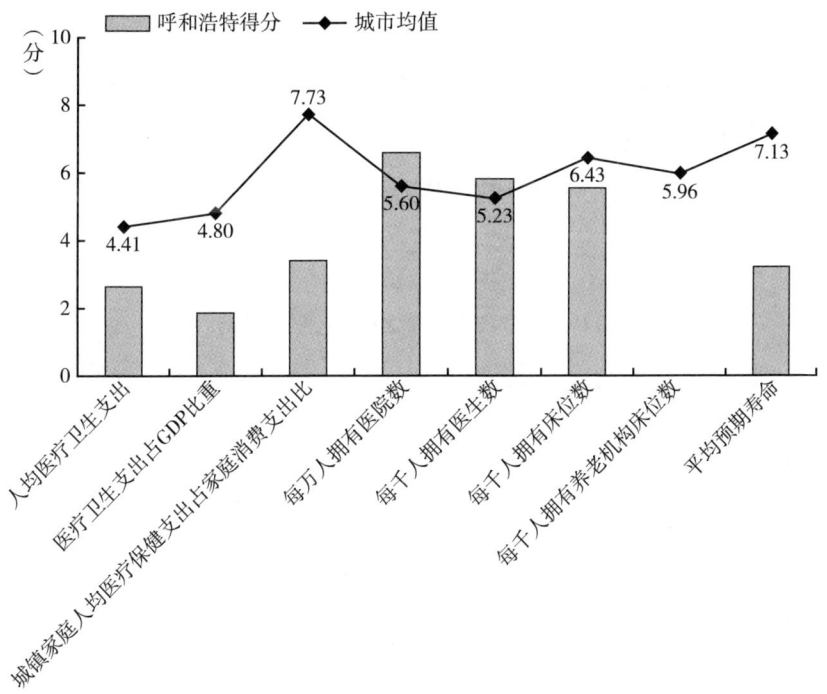

图18 呼和浩特市健康医疗得分与城市均值

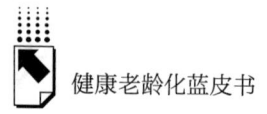

地处中国北部的呼和浩特，由于位于欧亚大陆内部，碍于地理位置、自然气候条件等限制，在发展健康医疗事业方面缺乏先天的基础，但是为了改善当地的医疗服务条件，呼和浩特市可以通过后天的努力来实现突破。2018年，呼和浩特市实施了"三规范一签约"的健康扶贫政策，在规范就医、规范诊疗和规范报销方面取得了一定的成绩，同时也在积极制定和实施家庭医生签约制度，为解决群众的健康难题做出了实际行动。目前，呼和浩特市在进一步推进健康信息化建设的同时，不断加强乡镇卫生院建设和医疗急救网络建设，试图推动本市与大数据时代的接轨。

5. 石家庄市

石家庄是河北省的省会，随着近年来国民经济的快速发展，城市规模不断扩大，城市面貌日新月异。但是由于石家庄市产业结构不合理，没有形成具有石家庄市特色的文化科技优势，城市环境也在发展过程中遭到了破坏，雾霾情况日趋严重，这对本市的健康医疗事业的建设极为不利。如表19所示，石家庄在健康医疗维度的总得分为27.97分，比城市均值47.29分低了19.32分，居全国末位。在八个一级指标中，仅有医疗卫生支出占GDP比重这一指标的得分高于城市均值，高出了1.08分。如图19所示，其余7个指标的得分全部低于城市均值，其中每千人拥有养老机构床位数的指标得分为0。

表19　石家庄市健康医疗指标得分情况

单位：分

| 健康指标<br>城市分值 | 人均医疗卫生支出 | 医疗卫生支出占GDP比重 | 城镇家庭人均医疗保健支出占家庭消费支出比 | 每万人拥有医院数 | 每千人拥有医生数 | 每千人拥有床位数 | 每千人拥有养老机构床位数 | 人口平均预期寿命 | 健康医疗总得分 |
|---|---|---|---|---|---|---|---|---|---|
| 石家庄得分 | 1.61 | 5.88 | 7.58 | 2.25 | 3.85 | 3.13 | 0 | 3.68 | 27.97 |
| 城市均值 | 4.41 | 4.80 | 7.73 | 5.60 | 5.23 | 6.43 | 5.96 | 7.13 | 47.29 |

因此，石家庄在合理调整产业结构的同时，应高度重视本市健康医疗工作的开展。在《国务院关于促进健康服务业发展的若干意见》《河北省"大

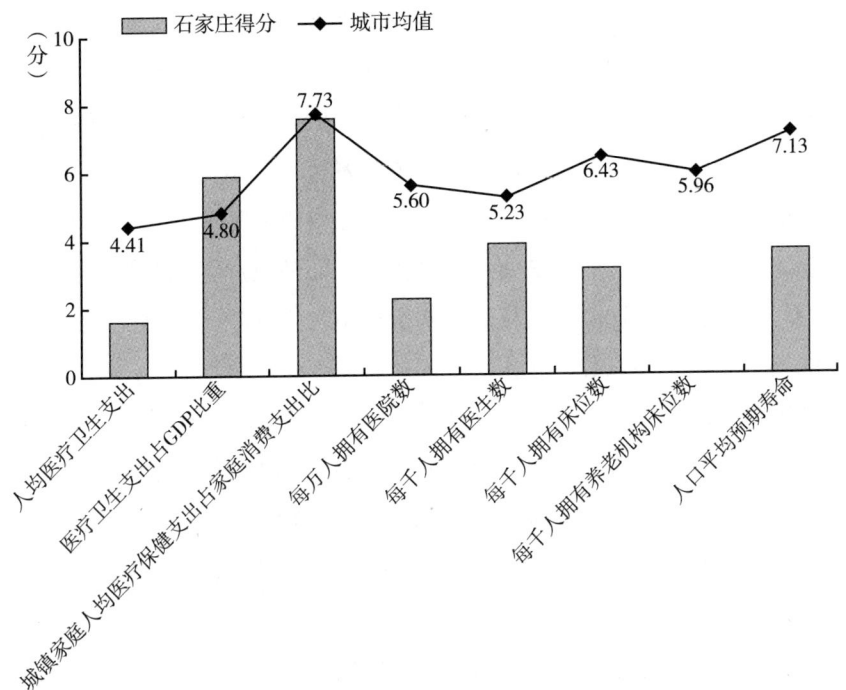

**图 19　石家庄市健康医疗得分与城市均值**

健康、新医疗"产业发展规划（2016～2020年）》等文件政策的引导下，加快完善健康医疗服务体系，推动中医医疗保健、健康旅游、体育健身等多样化服务的发展，提升预防、保健、医疗、康复、护理、养老、旅游等服务能力。此外，石家庄应助力社会资本兴办各类健康医疗机构，促进非公立医疗机构向高水平、规模化方向发展，努力形成多元化办医格局，从而实现健康医疗服务水平的提高。

## 五　2015～2019年各城市健康医疗指标变化情况及典型城市指标情况分析

由于我国国土面积辽阔，所以各城市在现代化发展路径的选择上，存在某种程度的相似性。然而由于地理环境、历史背景等因素不同，各地区在健康医疗发展水平方面，也存在不同程度的差异性。通过分析38个城市的健康医疗发展情况，我们为各城市提出了大致与其自身发展水平相适应的建议，引导各城市向表现优异的城市学习发展经验，从而促使各城市补齐自身的医疗服务短板，提高城市资源供给能力与效率。在本报告中，我们选取排名相对值作为比较数据，选取原因如下：一是城市服务能力优越与否属于相对概念，而非绝对概念；二是使用相对指标，能够更加客观地指出问题，找到差距；三是能够为发展模式相似的同级城市提供比较与学习目标，促进城市间的竞争，提升各自实力。

如图20和表20所示，本报告首先对38个城市的大致得分情况以及排名情况做如下汇总说明。图表中增长、稳健、下降的标准皆以2017年数据作为基年，选取隔年的数据，即2015年、2017年、2019年数据，拉长时间段，看城市总体变化情况。名次上升即为增长，名次下降即为倒退，名次不变即为稳健。据此，我们选取了总体为增长态势、稳步上升、提升效果明显的五个代表性城市，分别为海口市、武汉市、成都市、重庆市和西宁市。

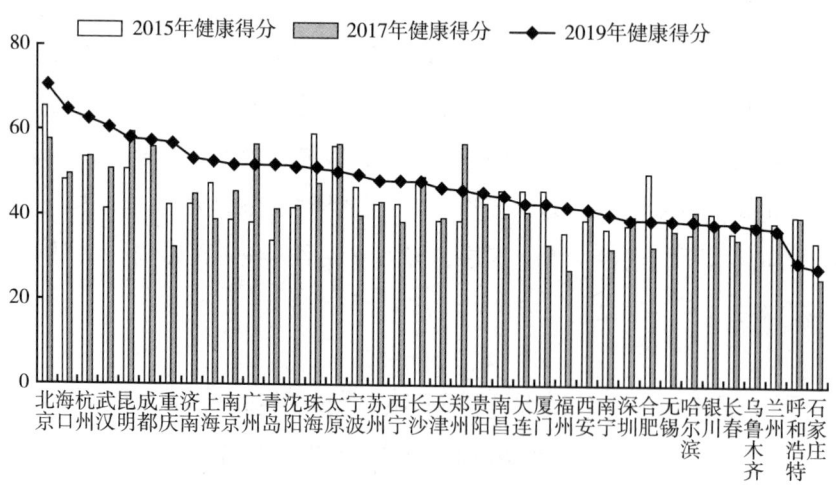

图20　2015～2019年各城市健康医疗总得分

表 20  2015～2019 年 38 个城市健康医疗得分排名变动

| 城市 | 2015 排名 | 2017 排名 | 2019 排名 | 趋势 |
|---|---|---|---|---|
| 北京 | 1 | 2 | 1 | → |
| 海口 | 8 | 9 | 2 | ↗ |
| 杭州 | 4 | 7 | 3 | ↗ |
| 武汉 | 19 | 8 | 4 | ↗ |
| 昆明 | 6 | 1 | 5 | ↗ |
| 成都 | 5 | 6 | 6 | → |
| 重庆 | 17 | 35 | 7 | ↗ |
| 济南 | 16 | 14 | 8 | ↗ |
| 上海 | 10 | 27 | 9 | ↗ |
| 南京 | 26 | 12 | 10 | ↗ |
| 广州 | 29 | 5 | 11 | ↗ |
| 青岛 | 38 | 18 | 12 | ↗ |
| 沈阳 | 18 | 17 | 13 | ↗ |
| 珠海 | 2 | 11 | 14 | ↘ |
| 太原 | 3 | 4 | 15 | ↘ |
| 宁波 | 11 | 25 | 16 | ↘ |
| 苏州 | 15 | 15 | 17 | ↘ |
| 西宁 | 14 | 28 | 18 | ↘ |
| 长沙 | 9 | 10 | 19 | ↘ |
| 天津 | 27 | 26 | 20 | ↗ |
| 郑州 | 22 | 3 | 21 | ↗ |
| 贵阳 | 12 | 16 | 22 | ↘ |
| 南昌 | 20 | 22 | 23 | ↘ |
| 大连 | 36 | 21 | 24 | ↗ |
| 厦门 | 35 | 33 | 25 | ↗ |
| 福州 | 33 | 37 | 26 | ↗ |

续表

| 城市 | 2015 排名 | 2017 排名 | 2019 排名 | 趋势 |
|---|---|---|---|---|
| 西安 | 25 | 20 | 27 | → |
| 南宁 | 31 | 36 | 28 | ↗ |
| 深圳 | 30 | 24 | 29 | → |
| 合肥 | 7 | 34 | 30 | ↘ |
| 无锡 | 24 | 30 | 31 | ↘ |
| 哈尔滨 | 34 | 19 | 32 | → |
| 银川 | 21 | 29 | 33 | ↘ |
| 长春 | 32 | 32 | 34 | → |
| 乌鲁木齐 | 13 | 13 | 35 | ↘ |
| 兰州 | 28 | 31 | 36 | ↘ |
| 呼和浩特 | 23 | 23 | 37 | ↘ |
| 石家庄 | 37 | 38 | 38 | → |

## （一）海口市

如表21所示，海口市2017年的健康医疗指标排名为第9位，2019年排名上升至第二位，增幅较为明显。从数据可以看到，得分上涨明显的主要是：城镇家庭人均医疗保健支出占家庭消费支出比得分，从3.78分上升到9.16分；每千人拥有医生数得分从6.27分上涨至11.97分；人口平均预期寿命得分从6.39分上升至8.50分。

表21 海口市健康医疗得分情况（2017年和2019年）

单位：分

| 年份 | 人均医疗卫生支出 | 医疗卫生支出占GDP的比重 | 城镇家庭人均医疗保健支出占家庭消费支出的比重 | 每万人拥有医院数 | 每千人拥有医生数 | 每千人拥有床位数 | 人口平均预期寿命 |
|---|---|---|---|---|---|---|---|
| 2017 | 4.01 | 10.51 | 3.78 | 11.28 | 6.27 | 7.37 | 6.39 |
| 2019 | 2.82 | 7.69 | 9.16 | 11.19 | 11.97 | 7.56 | 8.50 |

海口市快速平稳的增长主要得益于2018年习近平总书记海南视察后,各级政府提高了对健康医疗的重视,颁布了《健康海口"2030"行动计划文件》,其中包括要将人均预期寿命提高至82岁(目前为77.3岁),全面整合健康服务与保障,加强基础建设,统筹卫生资源配置,同时降低社会门槛,引入社会力量,健全服务供给链等内容。在老龄化趋势下,海口市政府将关怀老年人作为工作重点,落实兜底补助,打造一体化健康养老服务体系。在人均医疗支出占比上升的情况下,政府不断加强对药物器械耗材和医保基金的建设管理,切实保障低价药,加强药物供应商信用管理,同时提高医疗保费申报的便民性与合理性。另外,海口市政府从源头入手,对社会环境和自然环境等生活方方面面进行了有效改善,提出建设健康环境的口号,加强"爱卫生"健康健体运动的宣传,努力营造热爱健康的良好社会风气。此外,海口市政府还大力支持健康产业的发展,打造具有海南特色的健身运动产业。

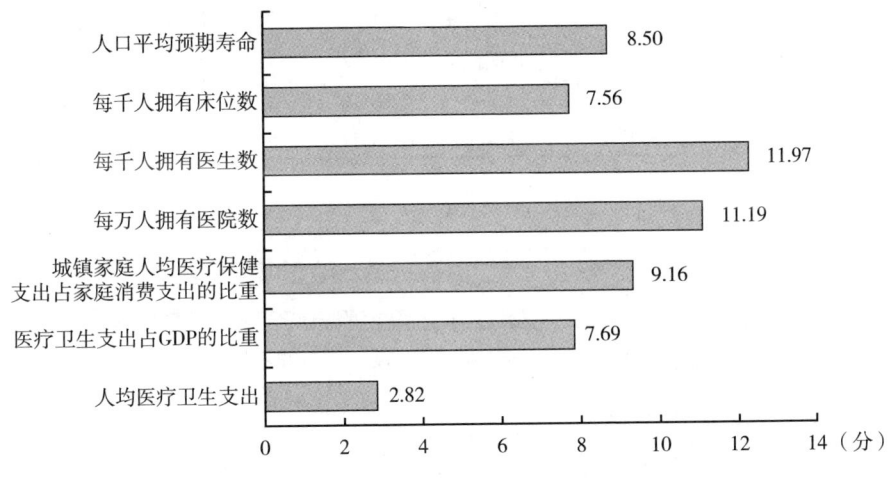

图21　海口市2019年健康医疗得分构成

如图21所示,海口市每千人拥有医生数得分较高。这与《健康海口"2030"行动计划文件》中明确人力资源建设的重要地位有极大关系。因此,海口市政府加大招收比例和培养力度,同时盘活现有医生资源,加强人才流动配置。并且,为了最大限度地提升医疗能力,大力推动健康科技创新,贯彻创新驱动发展战略,因地制宜地发展海南医学科技,例如结合海洋资源、自然资源、地理位置、黎族医药等优势,力求实现科创突破。

## (二)武汉市

武汉市 2019 年的健康医疗指标排名为第四位,相较 2017 年的第 8 名,有一定上升。对比各项指标得分,整体小幅增加。武汉市作为中部发展势头良好的城市之一,总体来说,医疗水平较高,位于中部第一,这与其经济发展水平、相关配套措施是密不可分的(见表 22、图 22)。首先,

表 22　武汉市健康医疗得分情况(2017 年与 2019 年)

单位:分

| 年份 | 人均医疗卫生支出 | 医疗卫生支出占GDP的比重 | 城镇家庭人均医疗保健支出占家庭消费支出的比重 | 每万人拥有医院数 | 每千人拥有医生数 | 每千人拥有床位数 | 人口平均预期寿命 |
|---|---|---|---|---|---|---|---|
| 2017 | 6.55 | 4.79 | 9.49 | 6.10 | 4.03 | 9.63 | 10.29 |
| 2019 | 6.99 | 5.02 | 8.72 | 5.27 | 5.16 | 9.91 | 9.55 |

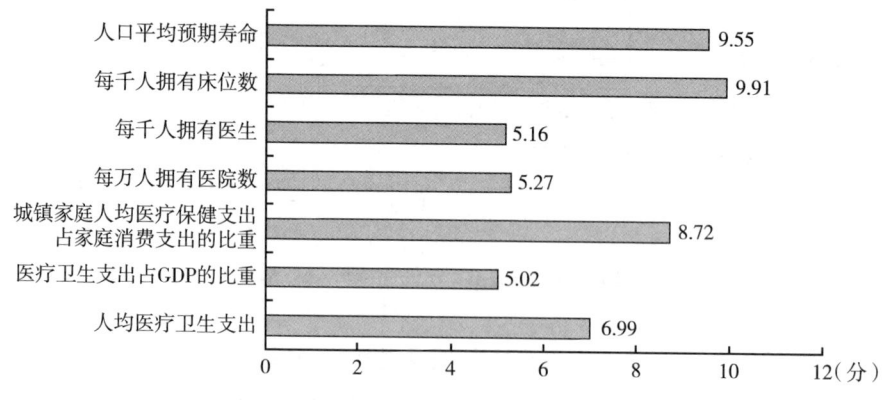

图 22　武汉市 2019 年健康医疗得分构成

其人均医疗卫生支出上涨,而医疗保健支出占家庭消费支出比重下降,这归因于随着武汉市GDP的增长,医疗服务系统建设的便民保障性也实现了相应的提高。2013年武汉市政府颁布了《武汉国家医疗卫生服务中心发展规划(2013~2020)》后,强调要统筹医疗资源,打造医疗高端品牌,推进基层卫生机构升级,加快建设智慧医疗系统,开展千亿元战略的健康产业建设,努力使武汉市成为国家示范区。同时,文件中也提到要加强人才引进培养工作,创新工作机制。为此,武汉市专门下发针对全科医生培养激励机制的实施方案,加强人才建设,破解人才流失困局。2019年4月,武汉市政府下发《武汉市大健康产业发展规划(2019~2035)》,指出要全力建设光谷生物城,聚焦高技术,培养具有武汉特色的大健康产业研发中心,综合提高武汉的医疗科技水平。这一系列相关政策的实施,不仅有利于改善武汉市健康医疗现状,还有助于将健康医疗的科技研发作为战略性发展的新方向,力求实现高质高量产出,推动成果向实物转化。

### (三)成都市

如表23所示,成都市健康医疗得分总排名从2017年的6名,稳定在2019年的第6名,排名靠前且在正常发展范围内持续平稳上升,数值在小范围内上下浮动。

表23 成都市健康医疗得分情况(2017年与2019年)

单位:分

| 年份 | 人均医疗卫生支出 | 医疗卫生支出占GDP的比重 | 城镇家庭人均医疗保健支出占家庭消费支出的比重 | 每万人拥有医院数 | 每千人拥有医生数 | 每千人拥有床位数 | 人口平均预期寿命 |
|---|---|---|---|---|---|---|---|
| 2017 | 1.78 | 3.51 | 10.77 | 14.29 | 5.15 | 12.32 | 8.21 |
| 2019 | 2.00 | 3.37 | 9.47 | 12.50 | 6.15 | 9.75 | 7.65 |

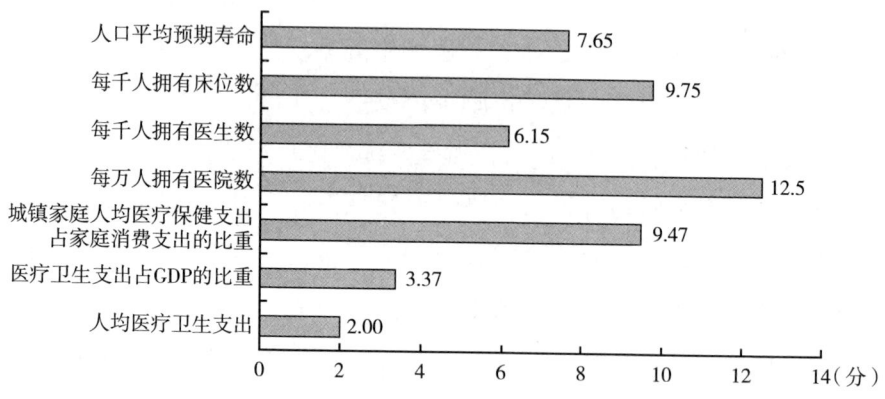

图23 成都市2019年健康医疗得分构成

成都作为西部发展中心，拥有良好的地理、历史和文化优势。位于四川盆地内，地势平坦，使得其建筑难度较小，基础设施建设开展顺利。同时坐拥全国知名的华西医院，保证了其具有较高的科研实践水平。2019年的数据显示，成都市民"每万人拥有医院数"这一数据，位居全国第一。查阅《成都市医疗卫生服务体系规划（2015~2020）》得知，文件中非常详细地将机构、医疗床位的硬性要求（分层、分类）做出了明文规定，用具体数值客观标明数量和规模的要求，使得在贯彻落实阶段行之有效，效果明显。但需要引起成都市注意的是，虽然床位基本建设数量达标，但入住率、使用率低下的问题，会拉低这一指标的实际价值。因此，要保证需求供给的真实对接，必须在补贴医院、养老院等社会机构时，将使用率纳入评判标准，从而切实有效提高成都市健康医疗服务水平。成都市曾颁布《健康成都——全民健身实施计划（2016~2020）》等系列文件，并采取相应的激励措施，从而在市民的健康管理方面产生了显著成效，如目前成都市的人均寿命已突破80岁。但从图23可以看出，成都市医疗卫生支出占GDP比重和人均医疗保健支出这两个指标的表现欠佳，仍需继续努力。尽管成都市已进行相应的政府补贴资助建设，但应在科学估算后，将具体占比写入文件中，切实保障财政对健康医疗服务的支持。

## （四）西宁市

**表24　西宁市健康医疗得分情况（2017年与2019年）**

单位：分

| 年份 | 人均医疗卫生支出 | 医疗卫生支出占GDP的比重 | 城镇家庭人均医疗保健支出占家庭消费支出的比重 | 每万人拥有医院数 | 每千人拥有医生数 | 每千人拥有床位数 | 人口平均预期寿命 |
|---|---|---|---|---|---|---|---|
| 2017 | 3.54 | 11.47 | 2.82 | 5.95 | 4.15 | 10.31 | 0.20 |
| 2019 | 5.26 | 12.50 | 7.01 | 5.31 | 5.79 | 9.17 | 1.72 |

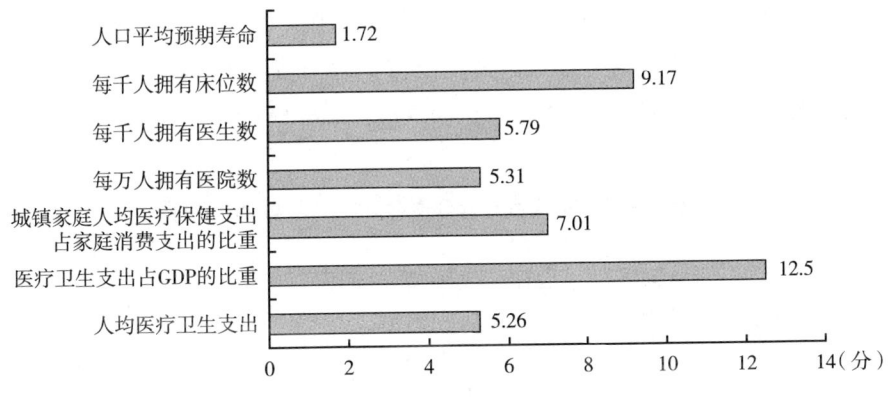

**图24　西宁市2019年健康医疗得分构成**

西宁市从排名来看，长期处于靠后的位置，但在2019年上升到了18位。相比2017年的28位，增幅明显（见表24）。西宁市在各项指标的表现上都有了明显的变化，人均医疗卫生支出、医疗卫生支出占GDP比重这两个指标的得分有小幅度上涨，城镇家庭人均医疗保健支出占家庭消费支出比重的得分增幅较大，这表明西宁市群众在医疗保健方面的意识有了显著提高。但不能忽视的是，西宁市资源总量不足，使得其医疗资源的表现也处于劣势，加之西部的地理背景导致人群分布范围较广，这进一步弱化了西宁市的资源配置能力。因此要注重提高西宁市的资源配置能力和效率，切实解决西部地区面临的人才引进困难、资金短缺等问题。但值得肯定的是,西宁市政府在医疗卫生服务领域的投入方面,力度很大,正如图24所示,西宁市医疗卫生支出占GDP比重的得分为12.50,位居全国第一。西宁市政府也在《西宁市医疗卫生服务体系规划(2016~2020年)》中明确提到要重视人口老龄化的问题,虽然西宁市在人口平均预期寿命这一指标的得分上不容乐观,但市政府已经开始对医疗功能进行定位与划分、对医疗机构进行分层调节,这将有助于改善西宁市健康医疗服务的现状。

## (五)重庆市

重庆市2015年、2017年、2019年的健康医疗指标排名分别为第17名、第35名和第7名。从整体来看,重庆市的健康医疗情况得到明显改善,如表25所示,城镇家庭人均医疗保健支出占家庭消费支出的比重、每万人拥有医院数,以及人口平均预期寿命指标出现大幅度增长。

表25 重庆市健康医疗得分情况(2017年与2019年)

单位:分

| 年份 | 人均医疗卫生支出 | 医疗卫生支出占GDP的比重 | 城镇家庭人均医疗保健支出占家庭消费支出的比重 | 每万人拥有医院数 | 每千人拥有医生数 | 每千人拥有床位数 | 人口平均预期寿命 |
|---|---|---|---|---|---|---|---|
| 2017 | 6.31 | 14.13 | 0.16 | 3.47 | 0 | 6.29 | 2.04 |
| 2019 | 5.50 | 11.64 | 5.13 | 12.00 | 0 | 5.93 | 5.94 |

重庆市政府曾出台《"互联网+健康医疗"发展行动计划(2018~2020年)》,文中指出要开展线上医学教育科普服务,实现良性互动。为此,重庆市政府打造了"科普文化重庆云"等公众服务平台来宣传健康知识,提高群众的健康医疗意识。同时,通过互联网等现代信息技术,在覆盖范围、技术水平、创新能力等方面推进医疗机构便民应用,加快对医疗卫生系统网点建设的完善,从而实现了2019年重庆市万人拥有医院数指标得分的增长,位居全国前列。此外,重庆市政府还起草了《重庆市三级公立医院绩效考

核实施方案》，将努力实现医院考核标准系统化，加大监管力度，切实提高民生满意度。并且将资源利用率以及费用控制两方面纳入考评系统，同时将降低民生医疗负担，推动医院长期可持续发展，实现重庆市健康医疗水平的整体提升（见图25）。

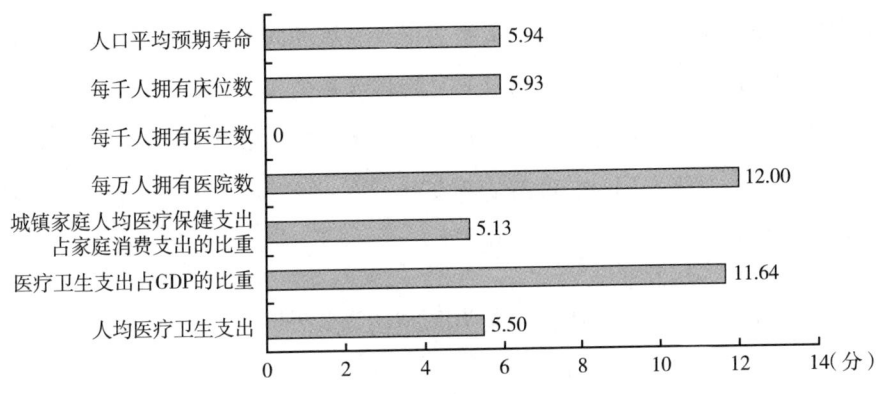

图25 重庆市2019年健康医疗得分构成

## 六 政策建议

### （一）采取配套措施来引导老年人树立正确的健康医疗观

从当前研究来看，我们发现，社会在医疗预防上的投入远少于对慢性疾病治疗的投入。随着老龄社会的到来，阿兹海默症、慢性肺病等慢性病发生率逐渐上升，治愈难度也在逐渐加大。治疗该类疾病，不仅经济投入巨大，而且也要消耗患者周围人不少的精力，因此要注意对这一类疾病的预防。所以，我们要丰富健康观念的内涵，不局限于治已病，还应更广泛地包含防未病。一方面引导群众在生命周期的前期阶段，鼓励老年人参加体育锻炼活动，提高身体素质，有效降低患病率；另一方面，在生命周期的晚期阶段，由于老年人的身体机能逐渐退化，因此要注重营养摄入的调整和改善。政府应在以下几方面做好准备：一是以健康老龄化为导向制定城市规划，完善相应的城市身体锻炼设备，并做好定期维修护理；二是实施营养师培养人才计划，为不同类型的老人制定出多样化组合的营养摄入建议；三是提供老年社会交友室、心理疏导室等，帮助老年人排解心理困扰，并且设立志愿者等公益项目，增强老年人融入社会感；四是加强老年人终身学习能力，将数字化平台作为学习工具，在促进老年人智力活动开展的同时，提高有关老年人信息数据的获取性，从而有效降低认知型慢性疾病的发生率。

技术是中性的，应正确利用医疗科学技术，延展资源深度和广度，提升中国健康医疗水平。同时，朝着老龄友好、多元可及的方向来丰富资源供给形式，实现真正意义的健康老龄化。

## （二）提高资源利用率，推动区域协调发展

### 1. 强化各级医院的协调互联，盘活社区医院

居家养老是解决我国养老问题的一个重要途径，社区医院的使用意义应被重视。从数据分析中可以得知，我国不论是医生数还是床位数，覆盖率都较低。其中，多数民众就医偏好为一级医院，因此一级医院资源紧缺，民众需求较为旺盛，供需矛盾突出。然而，相比之下，社区医疗资源的闲置率较高，因此需要引导群众养成小病社区治的观念。首先，社区医院内部缺乏优质医生、优质设备等，政府应在财政预算中适当加大对社区医院的投入，完善居民就近就医的条件，从而为三甲医院合理减负，实现资源利用最大化。其次，一方面，社区医院应主动上门，积极贯彻基层诊疗理念，提高门诊量，实行基层首诊负责制；另一方面，应加强与上级医院的联系，增加双向转诊数，唤醒与增强城市各级医院间的分工协作功能，实现相互依托式的整体发展。最后，三甲医院应注意与社区医院分享资源和技术，加强人才交流，将交流数与交流结果作为评定标准，促进多方共同发展。此外，应注意调整医疗报销单位的名单，将部分社区纳入报销点，从而引导居民养成社区看病的习惯。

2. 利用财政转移体系，实现公共医疗服务均等化

医疗作为基本公共服务产品，具有均等化的要求与属性，而我国医疗资源在不同等级医院间、城乡间、全国范围内都存在明显差异。通过床位数、人均医疗支出可以看到乡镇中的医疗卫生水平明显低于城市医疗水平。而南部的医疗得分在总体上高于北部得分，沿海高于内陆，如此巨大的差距，与均等化的目标背道而驰。因此，要注重财政资源的重新分配，加大中央政府对偏远落后地区医疗发展的扶持力度。与此同时，发达地区也应量力而行，进行适当的资源转移，实现先富带后富的发展。就居民的医疗保障而言，应该根据收入段建立数据库，分析具体的扶持比例，减轻居民就医压力，实现医疗服务的可及性和公平性。

## （三）完善医疗服务支撑体系，实现多方位保障

1. 法律制度保障

政府在医疗卫生领域的财政支出是促进地区医疗发展的重要因素，因此，要以法律法规的方式确定政府卫生支出，促进医疗资源分布的公平性。通过完善法律法规，规范市场行为，减少寻租、低质等不法行为的发生，并不断落实执法责任制和责任追究制等。此外，医疗服务价格在去除通货膨胀的因素后仍旧呈现上涨趋势，居民依然承受较大的医疗负担。因此，政府可效仿英国模式，采用法律手段提高其他税种的税率，从而降低医疗费用，例如征收烟草税，既有利于降低肺部慢性病的发生率，又有助于减轻就医群众的压力。

2. 质量监督控制

医疗服务作为基本公共服务领域的重点内容，是不可否认的。因此，要进一步明确主导部门责任，各司其职，建立监督体系，开展以结果和过程为导向的评价活动。同时，发挥行业组织的自律作用，促进各组织会员间的相互监督，制定更贴合行业内部现状的行业操作运营守则，方便行业内部的理解与实践。拓宽社会监督渠道，加强信息的透明化，保障社会居民监督权利，健全民情检测反馈机制，提高患者的满意度。

### 3. 推动医院的基础设施建设升级

首先，改善医院基础配套设施，优化现代化管理体系。加快引进先进医疗科学技术，例如智能 AI 医生、机器人医生等，有助于提高我国医疗诊治的准确性，减少人为误差。其次，推动医院建立数字化信息管理平台，包括一卡通病历、临床用药监控、远程挂号、治疗等服务内容，方便患者就医，实现最大化共享发展成果。最后，医院可以使用电子化区块链等技术来加强内部管理，减少人为改动，保证绩效评估，从根源上减少和避免非法行为。此外，应加大对医疗服务人员的人文关怀，激发其服务老龄群体的积极性，提升综合服务质量。

**参考文献**

吴江：《"在线健康医疗社区数据分析和用户行为研究"专题序》，《数据分析与知识发现》2019 年第 3 期。

周小菲、薛建礼、陈滔：《经济增长、社会医疗保险和国民健康的相互影响——基于 FAVAR 模型的实证研究》，《保险研究》2019 年第 2 期。

张文娟、王东京：《中国老年人口的健康状况及变化趋势》，《人口与经济》2018 年第 4 期。

邱杨：《我国人口老龄化对医疗支出的影响研究》，《人口与社会》2015 年第 31 期。

李静：《老龄化对居民医疗保健消费支出增长的影响》，《卫生经济研究》2016 年第 6 期。

熊忠东、贾春水：《我国城市社区医疗服务现状分析与思考》，《医学与法学》2016 年第 8 期。

李静：《老龄化对居民医疗保健消费支出增长的影响》，《卫生经济研究》2016 年第 6 期。

何克春、刘丹：《以优化服务供给为导向 促进城市医疗服务体系健康发展》，《卫生经济研究》2014 年第 8 期。

孟庆跃：《全民健康覆盖：从理念到行动》，《中国卫生政策研究》2014 年第 7 期。

刘燕、王心旺：《健康期望寿命作为评价人类发展水平指标的探索性研究》，《中国卫生统计》2013 年第 30 期。

徐蔚：《我国城市社区老年人健康状况评价及医疗服务需求调查》，《中国全科医学》2010 年第 13 期。

# B.3 中国大中城市老年人人居环境发展报告

王乙羽 谢琴彦 潘君豪*

**摘 要：** 城市人居环境是社会老龄化的重要载体，作为老年人生活居住、生产劳动、休息娱乐和社会交往的空间场所，人居环境质量事关健康老龄化、积极老龄化和生态文明建设目标的实现。本报告参考了大量中外文献和相关数据报告，选取全国38个大中城市为研究对象，对综合指标排名和9个一级指标（空气优良率、每万人拥有绿地面积、人均公园绿地面积、人均公园数、建成区绿化覆盖率、城市区环境噪声等级、道路交通等效声级、生活垃圾无害化处理率、废水处理厂集中处理率）的评分排序情况，以两年为一个跨度，综合2015年、2017年、2019年三年数据进行纵向对比，深度剖析了我国城市人居环境发展脉络和现状，进而提出了培育城市优质人居环境发展能力、完善以生态为导向的健康城市规划，创新技术，进行以老为核心的智慧城市建设，践行联合国可持续城市和人类社区的发展目标，由此实现城市人居环境的健康老龄化。

**关键词：** 健康老龄化 城市人居环境 评价指标 可持续发展

---

\* 王乙羽，西南交通大学公共管理与政法学院研究生，研究领域：社会保障与公共政策；谢琴彦，西南交通大学公共管理与政法学院本科生；潘君豪，西南交通大学公共管理与政法学院本科生。

## 一 人居环境研究

### （一）国外人居环境研究

人居环境思想的研究一直蕴藏在城市设计规划之中。最早的城市规划学派代表人物霍华德①（E. Howard）于1898年出版的《明天，通向真正改革的和平之路》（Tomorrow: A Peaceful Path to Real Reform）提出了"田园城市"（Garden City）的概念，其实质是在工业革命恶化生存环境的背景下，人们对于城乡结合宜居环境的追求与美好设想。而同一学派的盖迪斯②（P. Geddes）则基于生物学视角研究人类生态环境中各种构成要素的相互关系。二战后，欧洲大规模重建，人居环境研究开始走向高峰期。希腊学者道萨迪亚斯③（Doxiadis，1946）提出了"人居环境科学"一词，对人居环境的研究首次超出了传统建筑学和规划设计学的范畴，将宏观上的人类聚居的自然和人文环境纳入一个系统学科的考量。在此过程中，对城市人居环境的研究共经历了四个阶段：自然生态观阶段、功能结构研究阶段、以人为核心的发展观阶段、可持续发展观阶段④。

"二战"后的各国重建进程均受到了上述理论研究不同程度的影响。德国在确保"居者有其屋"的前提下，逐渐重视生态环境发展的可持续性。20世纪80年代，法国反思居民住宅选址不当、公共设施匮乏、功能单一和适老化不足等问题，对住房进行了大规模改造，并制定了区域性的绿色系统结构规划。俄罗斯颁布的"莫斯科生态综合规划"和日本相继出台的《国

---

① E. Howard. "Garden Cities of Tomorrow". Faber and Faber, London, 1946.
② P. Geddes. *Cities in Evolution: An Introduction to the Town Planning Movement and the Study of Civicism.* New York: Howard Ferug, 1915.
③ C. A. Doxiadis. Ekistics: *An Introduction to the Science of Human Settlements.* Athens Publishing Center, 1968.
④ 蔡敬敏：《石家庄城市人居环境质量评价与优化研究》，河北师范大学，硕士学位论文，2007。

土综合开发法》《森林法》等有关人居环境的行政命令、法律法规加强了对生态环境的保护。20世纪50年代美国的人居环境恶化,对市民的身心健康造成持续影响,由此掀起了新一轮的人居环境设计变革的高潮。1993年,美国制定的《可持续发展设计指导原则》(The Guiding Principles of Sustainable Design)中,就有关自然资源、文化资源、能源利用、建筑设计、供水及废物处理①等方面强调了可持续性发展。

第三届联合国住房与城市可持续发展大会上通过的《新城市议程》②,指出在未来全球城市化背景下,人居环境的发展宣言采取可持续、以人为本、顾及年龄和性别平等的综合方法,应致力于城市范式的转变,落实各级政策、战略、能力发展和行动。2015年,联合国可持续发展峰会在纽约总部召开,会上通过的17个可持续发展目标旨在用综合方式彻底解决经济、社会和环境问题,为人居环境的可持续发展确立了明确的路径和方向:不让一个人掉队,消除一切形式的贫困;确保城市空间与平等的机会权利和社会经济、多元文化的融合发展;保障城市公共安全与卫生,消除流行性传染疾病,为所有人创造安全健康的环境;确保城市经济与社会环境的可持续和包容性。

## (二)国内人居环境研究

中国本土人居环境学起源于夏周,在历史的发展过程中逐渐杂糅各地区、各民族的住宅设计理念和文化习俗,充分借鉴了不同国家的人居建筑风格特色并形成了中国特色的原创人居环境风格③。《周易》《归藏》是我国早期与人居环境相关的成文典籍。《考工记》《管子》《周礼》等著作进一步沿袭和发展了古代人居环境的理论成果。同时,在朴素自然观和儒家人伦天理学说的影响下,传统人居住宅在选址、建宅以及居住

---

① 吴国兵:《国外人居环境建设的实践和经验》,《城市开发》2000年第1期。
② 第三届联合国住房与城市可持续发展大会:《新城市议程》,人居Ⅲ秘书处,2017。
③ 蔡敬敏:《石家庄城市人居环境质量评价与优化研究》,河北师范大学硕士学位论文,2007。

环境营建方面更加注重"天人合一",形成了人与自然和谐共处的东方特色人居环境。

吴良镛院士[①]以"人类聚居学"开了新中国成立以来国内人居环境学研究的先河。其中以系统观念分解了人居环境的概念,形成了自然、社会、居住、支撑、人类五大系统。王兴中[②]从空间生态和人本需求角度出发,结合实证主义、人本主义和行为主义方法,在西安市完成了中国首次城市人居环境质量的评价。宁越敏等[③]选取了3个大类评价指标和19个单项指标完成了大城市人居环境评价指标体系的构建。李蕊等[④]着眼于中小城市的发展现状,构建了递阶式的城市人居环境评价指标体系,总结了7个方面的通用指标体系。李王鸣[⑤]等以城市人居环境的住宅、邻里、社区绿化等8个评价方面29项指标进一步完善了城市人居环境评价体系。叶长盛等[⑥]采用了4个大类24个单项指标评估了广州的城市人居环境质量发展。陈玲玲、查良松[⑦]对中国人居环境现状进行总结后提出将人居环境发展划分为三个阶段:人居硬环境时代—人居软环境时代—和谐人居时代,并指出中国目前正处于人居软环境时代,未来将实现和谐人居的目标。可见,在改革开放40余年以来的中国城市化进程中,学界对于传统城市人居环境的研究无论是指标评价体系的构建,还是理论广度和深度都在不断拓展。但是随着第四次工业革命和全球老龄化的到来,人居环境建设在新时期有了新的挑战和机遇。

---

① 吴良镛:《人居环境科学导论》,中国建筑工业出版社,2001。
② 王兴中:《中国城市社会空间结构研究》,科学出版社,2000。
③ 宁越敏、查志强:《大都市人居环境评价和优化研究——以上海市为例》,《城市规划》1999年第6期。
④ 李蕊、秦颖、侯研君:《我国中小城市人居环境评价指标构建研究》,《北京建筑大学学报》2016年第4期。
⑤ 李王鸣、叶信岳、孙平:《城市人居环境评价——以杭州城市为例》,《经济地理》1999年第2期。
⑥ 叶长盛、董玉祥:《广州市人居环境可持续发展水平综合评价》,《热带地理》2003年第1期。
⑦ 陈玲玲、查良松:《中国人居环境研究现状中存在的问题》,《广州环境科学》2010年第1期。

诺贝尔奖获得者斯蒂格利茨指出，最深刻地影响21世纪人类社会历史进程的有两件事情，其一是以美国为首的新技术革命，其二是中国的城市化。《纽约时报》在《技术展望启动整个城市》报道[1]中指出，集成电路设计师、社交网站工程师和创新者们应用同样的手段和技术改变着城市[2]。以信息化为基础构建的智慧城市正在给当下以及未来中国人居环境的发展带来更多的不确定性。目前，学界已经开始着眼理论创新和新的技术方法使用。龙瀛等[3]利用大数据和开放数据平台提出了城市和区域研究的"大模型"新范式，研究覆盖了微观层面基础数据构建、城市空间开发、城市空间结构、生态环境系统分析、城市规划及设计响应等方面。田深圳[4]采用网络数据与传统数据相结合、社会整体与居民个体相结合、城市"三态"与人居环境相结合的方法对城市现实与拟态人居环境时空演变进行了深入的研究。刘伟[5]系统地分析了城市人居环境亟待发展的老龄化大背景，通过对老年人居环境的现状和常见的养老模式进行比较，提出了发扬"孝道"文化、规范老年住宅建筑设计和老年住宅产业化等政策建议。胡海燕[6]将老龄社会新的需求以及问题置于城市宜居性的评价当中，以自然环境质量、经济发展水平、社会稳定与安全、基础设施建设和生活便捷程度等5个二级指标以及进一步细分的17个三级指标构建出老年人居环境指标体系。

综上所述，通过对大量中外人居环境研究成果的整理分析，可以直观

---

[1] Badger E-Tech Envisions the Ultimate Start-up: An Entire City [OL]. https://www.nytimes.com/2018/02/24/upshot/tech-envisions-the-ultimate-start-up-an-entire-city.html.
[2] 林晗、雪娅：《人居，人居环境和人的城市》，《科学通报》2018年第11期。
[3] 龙瀛、郎嵬：《新数据环境下的中国人居环境研究》，《城市与区域规划研究》2016年第8卷第1期。
[4] 田深圳：《城市现实与拟态人居环境时空演变研究：中国东北三省36市案例》，辽宁师范大学博士学位论文，2018。
[5] 刘伟：《人口老龄化背景下的城市老年人居环境研究》，西南财经大学硕士学位论文，2005。
[6] 胡海燕：《基于人口老龄化的成都市第二圈层城市宜居性评价研究》，四川农业大学硕士学位论文，2013。

地对比了解人居环境研究发展脉络、阶段性研究方向和研究的不足。从中可见学界对城市化进程中人居环境的理论分析与实证研究相对成熟，但至今未能构建统一的指标体系以及对标的历年人居环境基础数据。同时，在新科技和老龄化的冲击下，我们已有的研究面临着滞后的风险。对此，我们应重视基于大数据平台的研究方法创新，进行全国范围内数据成果的对比研究和成果积累，构建以健康老龄化为导向的城市人居环境设计与评价体系。

## 二 人居环境指标说明与数据计算

城市人居环境指标对于衡量城市人居环境质量具有重要的作用，特别是对于城市居民而言，良好的指标反映了城市人居环境的舒适度、健康度、可居住性；同时，也可为积极应对老龄化的城市人居环境提供至关重要的发展方向和目标。

本报告选择了国内38个城市的人居环境为研究对象，并沿用历年观测点指标，选取了空气优良率、每万人拥有绿地面积、人均公园绿地面积、人均公园数、建成区绿化覆盖率、城市区环境噪声等级、道路交通等效声级、生活垃圾无害化处理率、废水处理厂集中处理率共9个指标来测量各个城市的人居环境情况。各指标的相关说明如下。

一是空气优良率：是描述城市环境空气质量综合状况的无量纲指数，综合考虑了《环境空气质量指数（AQI）技术规定（试行）》（HJ633 – 2012）中规定的：二氧化硫（$SO_2$）、二氧化氮（$NO_2$）、可吸入颗粒物（PM10）、细颗粒物（PM2.5）、一氧化碳（CO）、臭氧（$O_3$）等六种污染物污染程度，空气优良率值越大表明综合污染程度越大。评价时段内，六项污染物浓度与对应的二级标准值之商的总和即该城市该时段的空气优良率，用于衡量城市环境空气质量。

二是每万人拥有绿地面积：每万人拥有绿地面积是指城市非农业人口每万人拥有城镇公共绿地面积，计算公式：每万人拥有绿地面积（公顷）= 城市公共绿地面积（公顷）/城市常住人口数（万人）。

三是人均公园绿地面积：人均公园绿地面积是指建成区内公园绿地面积的人均占有量，以平方米/人表示，其计算公式为：人均公园绿地面积＝建成区公园绿地总面积/建成区常住人口数量。其为展示城市整体环境水平和居民生活质量的一项重要指标。

四是人均公园数：公园是供公众游览、观赏、休憩及开展锻炼身体等活动，有较完善的设施和良好的绿化环境的公共绿地，具有改善城市生态、防火、避难等作用。人均公园数的原始数据依据当年各个城市统计年鉴的公园数量除以常住人口数计算得到。

五是建成区绿化覆盖率：根据《城市绿化条例》的规定，建成区绿化覆盖面积包括公共绿地、居住区绿地、单位附属绿地、防护绿地、生产绿地、风景林地六类绿化面积，指城市中的乔木、灌木、草坪等所有植被的垂直投影面积。城市的建成区绿化覆盖率是指城市建成区的绿化覆盖面积占建成区面积的百分比。计算公式为：建成区绿化覆盖率＝建成区绿化覆盖面积/建成区总面积×100%。

六是城市区环境噪声等级：城市区环境噪声是指城市五类区域的环境噪声最高限制。国务院为贯彻《中华人民共和国环境保护法》及《中华人民共和国环境噪声污染防治条例》文件精神，保障城市居民的生活声环境质量而制定了《中华人民共和国城市区域环境噪声标准》（以下简称《标准》）。同时，《标准》还规定了五类标准适用区域范围：0类标准适用于疗养区、高级别墅区、高级宾馆区等特别需要安静的区域，位于城郊和乡村的这一类区域分别按严于0类标准5分贝执行。1类标准适用于以居住、文教机关为主的区域。乡村居住环境可参照执行该类标准。2类标准适用于居住、商业、工业混杂区。3类标准适用于工业区。4类标准适用于城市中的道路交通干线两侧区域，穿越城区的内河航道两侧区域。穿越城区的铁路主、次干线两侧区域的背景噪声（指不通过列车时的噪声水平）限值也执行该类标准。

七是道路交通等效声级：道路交通噪声主要是指机动车辆在城市内交通

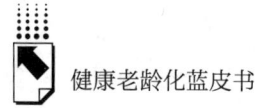

干线上行驶带来的噪音,对城市居民的生产生活、休息和健康活动等都会产生较大的生理和心理影响,因此,我们将道路交通噪声作为衡量人居环境的指标之一。道路交通等效声级主要涉及《声环境质量标准（GB3096－2008）》标准中的第4类声环境功能区——交通干线两侧一定距离之内,即需要防止交通噪声对周围环境产生严重影响的区域。

八是生活垃圾无害化处理率：生活垃圾无害化处理率是指统计周期内生活垃圾无害化处理量占生活垃圾产生量的比重,数据来源部门为住房和城乡建设（环境卫生）部门。指标计算模型：生活垃圾无害化处理率＝生活垃圾无害化处理量/生活垃圾产生量×100％,一般要求该指标高于85％。

九是废水处理厂集中处理率：废水处理厂集中处理率指统计周期内通过废水处理厂处理的废水量占废水排放总量的比重。指标计算模型：废水处理厂集中处理率＝通过废水处理厂处理的污水量/污水排放总量×100％。

## 三 各城市人居环境总体得分情况分析及各指标排名分析

### （一）我国各城市人居环境指标总得分排名情况

基于历年中国健康老龄化指数报告的评价体系,本报告沿用了人居环境维度的8个一级指标,同时另外增加1个一级指标,共计9个一级指标组成评价体系。具体包括空气优良率、每万人拥有绿地面积、人均公园绿地面积、人均公园数、建成区绿化覆盖率、城市区环境噪声等级、道路交通等效声级、生活垃圾无害化处理率和废水处理厂集中处理率。鉴于各城市数据的统一性,本报告采用2016年的数据,且均直接或间接来源于中国各城市统计年鉴和中国环境统计年鉴。原始数据经归一化处理后,得出38个城市在人居环境维度的得分排名情况,如表1所示。

表1 人居环境维度得分排名情况

单位：分

| 城市 | 人居环境维度得分情况 | 排名 | 城市 | 人居环境维度得分情况 | 排名 |
|---|---|---|---|---|---|
| 珠海 | 87.63 | 1 | 青岛 | 50.29 | 20 |
| 深圳 | 70.11 | 2 | 石家庄 | 49.96 | 21 |
| 广州 | 69.06 | 3 | 上海 | 49.81 | 22 |
| 厦门 | 60.65 | 4 | 济南 | 49.58 | 23 |
| 昆明 | 60.13 | 5 | 无锡 | 48.16 | 24 |
| 南京 | 58.56 | 6 | 长沙 | 48.06 | 25 |
| 北京 | 58.33 | 7 | 沈阳 | 47.63 | 26 |
| 乌鲁木齐 | 57.43 | 8 | 武汉 | 47.40 | 27 |
| 银川 | 57.25 | 9 | 成都 | 46.03 | 28 |
| 太原 | 56.61 | 10 | 天津 | 44.93 | 29 |
| 呼和浩特 | 56.39 | 11 | 郑州 | 44.18 | 30 |
| 南昌 | 55.82 | 12 | 宁波 | 43.98 | 31 |
| 重庆 | 55.71 | 13 | 贵阳 | 43.19 | 32 |
| 苏州 | 53.32 | 14 | 福州 | 42.64 | 33 |
| 海口 | 53.10 | 15 | 长春 | 42.29 | 34 |
| 杭州 | 52.28 | 16 | 西安 | 41.97 | 35 |
| 大连 | 52.22 | 17 | 西宁 | 40.99 | 36 |
| 南宁 | 52.07 | 18 | 兰州 | 30.15 | 37 |
| 合肥 | 51.23 | 19 | 哈尔滨 | 29.45 | 38 |

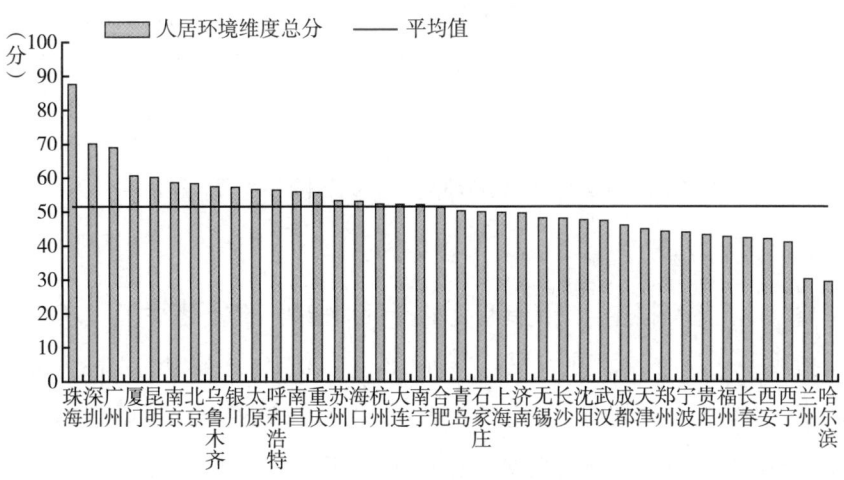

图1 人居环境维度得分排名情况

从表1和图1可以看到，在人居环境得分排名榜上，排名前十的城市分别是珠海（87.63分）、深圳（70.11分）、广州（69.06分）、厦门（60.65分）、昆明（60.13分）、南京（58.56分）、北京（58.33分）、乌鲁木齐（57.43分）、银川（57.25分）和太原（56.61分）。排名末五的城市分别是长春（42.29分）、西安（41.97分）、西宁（40.99分）、兰州（30.15分）、哈尔滨（29.45分）。38个城市的人均环境维度平均得分为51.54分。以平均分为标准，在城市人居环境这一发展维度中，可以看出排名靠前的城市优势非常明显，而排名靠后的城市则明显得分过低。排名靠前和排名靠后的城市差距很大，得分最高的珠海约为得分最低的哈尔滨的3倍。

从表1可较为直观地看出，人居环境维度得分受地理环境因素影响较大。得分较高的前几位城市基本都位于东部沿海地区。如珠海、深圳、广州和厦门等，这些城市位于沿海地区，地理位置较好，其气候湿润，植被条件好，另外，空气流动性较好，容易清除污染物。而得分较低的末五个城市均位于中国偏北方。这与我国北方地区多工业城市，并且很多城市采用燃煤供暖以及火力发电有关。这些影响了空气质量和城市绿化。同时多数内陆城市排名靠后，有济南、天津、郑州等城市，也有成都、宁波、贵阳等城市。除地理环境因素外，经济因素也影响较大。如北京、深圳以及部分东部城市等，这些城市的经济发展水平相对较高，城市在环境治理、绿化投入和人居环境质量优化上的公共财政投入力度更大，因此人居环境和绿化等总体水平也较高。

## （二）我国各城市人居环境维度一级指标排名及分析

### 1. 空气优良率

空气优良率是描述空气优良程度的无量纲指数，综合考虑了《环境空气质量指数（AQI）技术规定（试行）》（HJ633-2012）中规定的六种污染物污染程度。对数据逆向处理后，空气优良率值越大，表明综合污染程度越大。

本报告中空气优良率的数据主要来源于2016年中国环境状况公报。对数据进行归一化处理之后，按照得分进行排名，如表2所示。

表2 空气优良率得分及排名

单位：分

| 城市 | 空气优良率 | 排名 | 城市 | 空气优良率 | 排名 |
| --- | --- | --- | --- | --- | --- |
| 海口 | 11.11 | 1 | 苏州 | 6.55 | 20 |
| 厦门 | 9.89 | 2 | 合肥 | 6.16 | 21 |
| 福州 | 9.79 | 3 | 南京 | 6.12 | 22 |
| 深圳 | 9.65 | 4 | 呼和浩特 | 5.98 | 23 |
| 珠海 | 9.60 | 5 | 武汉 | 5.94 | 24 |
| 昆明 | 9.20 | 6 | 无锡 | 5.78 | 25 |
| 南宁 | 8.81 | 7 | 沈阳 | 5.28 | 26 |
| 贵阳 | 8.72 | 8 | 西宁 | 5.14 | 27 |
| 宁波 | 8.05 | 9 | 成都 | 4.81 | 28 |
| 广州 | 7.95 | 10 | 银川 | 4.40 | 29 |
| 大连 | 7.74 | 11 | 天津 | 4.36 | 30 |
| 南昌 | 7.57 | 12 | 兰州 | 4.13 | 31 |
| 上海 | 7.41 | 13 | 北京 | 4.10 | 32 |
| 长沙 | 6.98 | 14 | 乌鲁木齐 | 3.87 | 33 |
| 青岛 | 6.93 | 15 | 太原 | 2.70 | 34 |
| 长春 | 6.80 | 16 | 济南 | 2.52 | 35 |
| 哈尔滨 | 6.72 | 17 | 西安 | 2.44 | 36 |
| 杭州 | 6.68 | 18 | 郑州 | 2.21 | 37 |
| 重庆 | 6.68 | 19 | 石家庄 | 0 | 38 |

由表2可知，海口的空气优良率排名第一，得分为11.11；其中排名前五的城市为海口、厦门、福州、深圳、珠海，其得分分别为11.11、9.89、9.79、9.65、9.60。排名末五的城市为太原、济南、西安、郑州、石家庄，其得分分别为2.70、2.52、2.44、2.21、0。由图2可知，在空气优良率这一指标上，38个城市的平均得分是6.28。

排名前五的城市均位于我国沿海地区，这表明城市所处地理位置对空气优良率有密切关系。沿海城市受海风的作用，一般风都比较大，空气流通

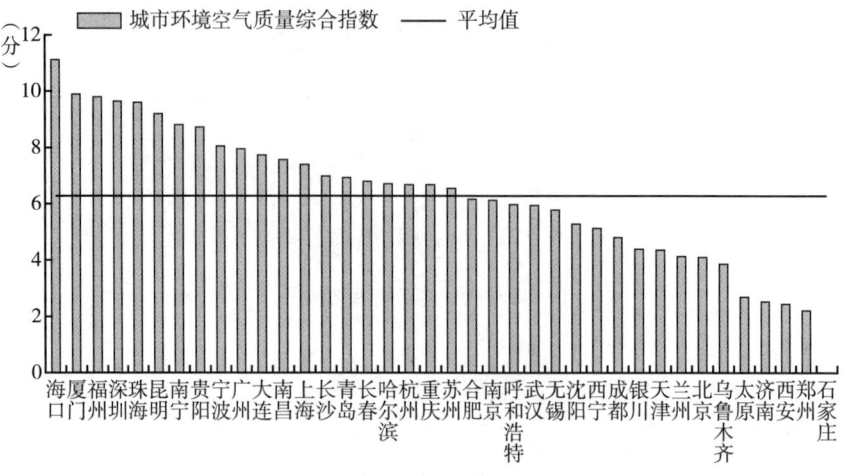

图 2　空气优良率得分排名情况

快。而风对空气净化有着重要的作用，容易吹散雾霾。由于靠近海，海水会吸附这些城市空气中一部分杂质，起到一定的净化空气的作用。并且沿海城市的植被一般都比内陆城市更茂盛一些。排名末五的城市均位于内陆地区，空气流通状况明显不如沿海城市，这影响了空气优良率。山东地区空气质量不好，如济南便排在末五位。但是青岛市在平均值之上，这和青岛位于沿海有关。

根据以上图表可以看出，排名靠后的城市大多位于中国北方地区，这表明南北城市之间存在差异。南方城市冬季相对于北方城市暖和，而北方城市在冬季燃煤取暖，灰尘多，多雾霾天气。其中燃煤对北方的空气质量产生很大影响。同时，我国很多工业城市分布在北方，工业的发展也对城市的空气治理有不好的影响。如图 2 所示，西安得分排名在倒数第三位，这就与西安地理位置有很大关系，西安地处内陆地区，地形不利于空气向外扩散。同时毗邻黄土高原，会受到沙尘的影响，并且有城市交通、汽车尾气排放、工业污染等其他因素。这些都影响西安的空气环境。相类似的城市还有银川、兰州等。

而内陆城市之间也存在明显差异，如昆明和成都。如图 2 所示，成都本项指标的得分位于均值之下，昆明排名却靠前。对于成都而言，地处四川盆地，空气不易流通，冬季多雾霾天气。同时成都作为新一线城市，尾气排放量很大，在全国都居于前列。而昆明位于云贵高原，空气流通条件好，四季如春，同时产业发展以旅游业为主，因此排名更为靠前。

2. 每万人拥有绿地面积

本报告中每万人拥有绿地面积是根据各城市2017年统计年鉴中的数据计算得到。得分排名情况见表3。

表3 每万人拥有绿地面积得分及排名

单位：分

| 城市 | 每万人拥有绿地面积得分 | 排名 | 城市 | 每万人拥有绿地面积得分 | 排名 |
| --- | --- | --- | --- | --- | --- |
| 南京 | 11.11 | 1 | 西安 | 1.28 | 20 |
| 广州 | 10.20 | 2 | 济南 | 1.24 | 21 |
| 深圳 | 7.81 | 3 | 贵阳 | 1.07 | 22 |
| 乌鲁木齐 | 7.59 | 4 | 昆明 | 1.07 | 23 |
| 珠海 | 6.28 | 5 | 南昌 | 0.98 | 24 |
| 南宁 | 4.82 | 6 | 长春 | 0.94 | 25 |
| 上海 | 4.61 | 7 | 合肥 | 0.94 | 26 |
| 厦门 | 4.26 | 8 | 海口 | 0.93 | 27 |
| 呼和浩特 | 3.72 | 9 | 重庆 | 0.84 | 28 |
| 银川 | 3.44 | 10 | 兰州 | 0.79 | 29 |
| 宁波 | 2.97 | 11 | 天津 | 0.79 | 30 |
| 青岛 | 2.71 | 12 | 成都 | 0.60 | 31 |
| 北京 | 2.70 | 13 | 武汉 | 0.49 | 32 |
| 杭州 | 2.64 | 14 | 郑州 | 0.44 | 33 |
| 沈阳 | 2.34 | 15 | 石家庄 | 0.33 | 34 |
| 大连 | 1.90 | 16 | 西宁 | 0.12 | 35 |
| 太原 | 1.70 | 17 | 福州 | 0.12 | 36 |
| 无锡 | 1.68 | 18 | 长沙 | 0.03 | 37 |
| 苏州 | 1.44 | 19 | 哈尔滨 | 0 | 38 |

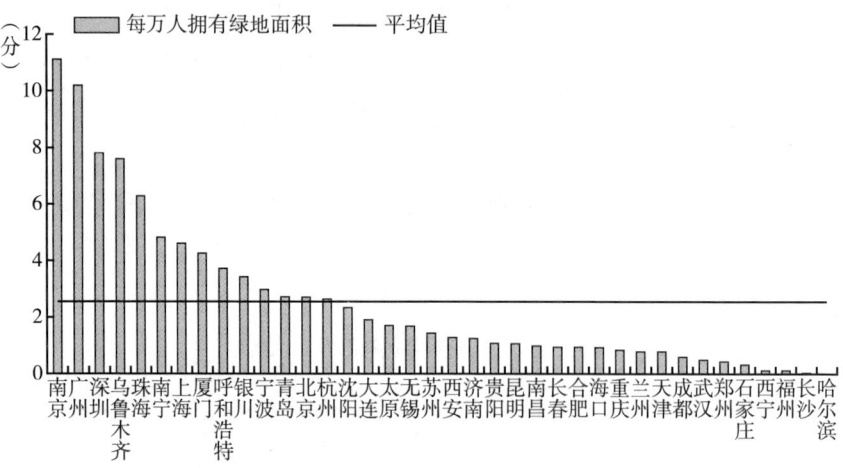

**图3　每万人拥有绿地面积得分排名情况**

对数据做归一化处理之后，可以看出南京得分11.11，排名榜首。哈尔滨排名最末。38个城市每万人拥有绿地面积得分的平均值为2.55分。据图3所知，只有14个城市达到均值以上。还有24个城市都位于均值以下。这表明城市之间每万人拥有绿地面积差异大，同时极端化表现较为明显。

排名前五的城市分别为南京、广州、深圳、乌鲁木齐、珠海，其得分分别为11.11、10.20、7.81、7.59、6.28。排名末五的城市为石家庄、西宁、福州、长沙、哈尔滨，其得分情况依次为0.33、0.12、0.12、0.03、0。排名第一的南京，其城市总绿地面积位居全国第一，城市绿化投入非常大。排名靠后的城市中，如西宁，其城市总绿地面积居全国末位，则人均拥有绿地面积自然排名相对靠后。

如图3所示，乌鲁木齐和苏州两个城市总绿地面积不相上下，但是苏州的人口规模更大，而乌鲁木齐的常住人口少，因此，乌鲁木齐的人均拥有绿地面积肯定位居前列。人口规模也在很大程度上影响了这一指标。但是也可以看出，排名靠前的城市中，也有人口规模较大的城市，例如广州、深圳、珠海、上海等城市。这些城市经济相对发达，因此城市的经济发展水平也一定程度上影响了当地绿化建设。经济水平较高的城市，更加注重并且更有能力绿化环境。

总之，每万人拥有的绿地面积和城市总绿地面积以及城市常住人口数量直接相关。同时受经济发展水平和社会基础设施建设情况的影响较大，在城市发展过程中，应将城市绿化以及生态建设放到重点位置。

3. 人均公园绿地面积

人均公园绿地面积是指建成区内公园绿地面积的人均占有量，以平方米/人表示，其计算公式为：人均公园绿地面积＝建成区公园绿地总面积/当年建成区常住人口数量。该指标通常被作为展示城市整体环境水平和居民生活质量的一项重要指标。本报告数据来源于2017年各城市统计年鉴。38个城市的得分及排名情况如表4所示。

表4 人均公园绿地面积得分及排名

单位：分

| 城市 | 人均公园绿地面积得分 | 排名 | 城市 | 人均公园绿地面积得分 | 排名 |
| --- | --- | --- | --- | --- | --- |
| 珠海 | 11.11 | 1 | 西宁 | 1.54 | 20 |
| 广州 | 10.77 | 2 | 合肥 | 1.50 | 21 |
| 深圳 | 7.82 | 3 | 贵阳 | 1.37 | 22 |
| 北京 | 6.12 | 4 | 苏州 | 1.36 | 23 |
| 呼和浩特 | 5.19 | 5 | 宁波 | 1.28 | 24 |
| 南京 | 4.69 | 6 | 西安 | 1.19 | 25 |
| 银川 | 4.02 | 7 | 成都 | 1.14 | 26 |
| 乌鲁木齐 | 3.68 | 8 | 天津 | 1.14 | 27 |
| 厦门 | 3.32 | 9 | 大连 | 1.13 | 28 |
| 太原 | 3.26 | 10 | 昆明 | 1.05 | 29 |
| 青岛 | 2.92 | 11 | 南昌 | 1.05 | 30 |
| 杭州 | 2.87 | 12 | 无锡 | 0.86 | 31 |
| 重庆 | 2.82 | 13 | 石家庄 | 0.70 | 32 |
| 海口 | 2.47 | 14 | 南宁 | 0.63 | 33 |
| 沈阳 | 2.41 | 15 | 郑州 | 0.49 | 34 |
| 上海 | 2.22 | 16 | 长沙 | 0.35 | 35 |
| 长春 | 2.09 | 17 | 福州 | 0.14 | 36 |
| 兰州 | 1.67 | 18 | 哈尔滨 | 0.12 | 37 |
| 武汉 | 1.56 | 19 | 济南 | 0 | 38 |

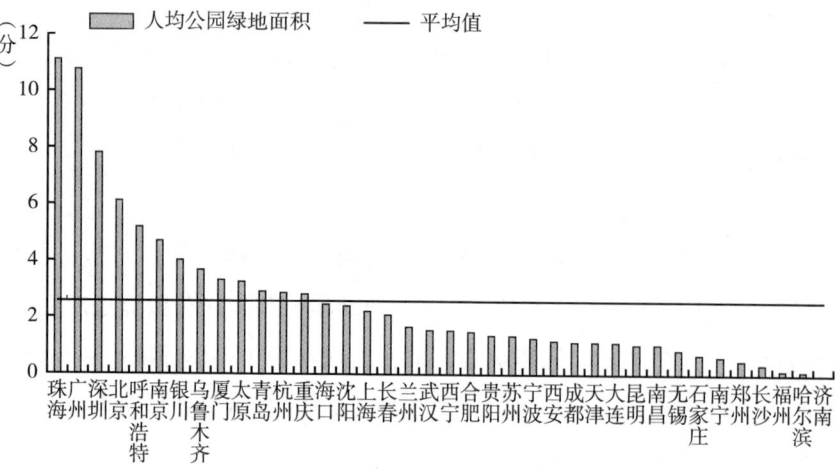

**图 4　人均公园绿地面积得分排名情况**

对数据做归一化处理之后,在这一指标中排名前五的城市为珠海、广州、深圳、北京、呼和浩特。其得分依次为 11.11、10.77、7.82、6.12、5.19。排名后五的城市为郑州、长沙、福州、哈尔滨、济南,其得分依次为 0.49、0.35、0.14、0.12、0。根据图 4,38 个城市人均公园绿地面积得分的平均值为 2.58 分。仅有 13 个城市达到均值以上,还有 25 个城市在平均值以下。

排名靠前的城市中,例如北京,作为中国首都同时也是历史文化名城,因其巨大的城市规模,其公园总绿地面积位居全国第一。排名最末的济南,其公园总绿地面积约为北京公园总绿地面积的十分之一。人均公园绿地面积受城市公园总绿地面积的影响较大。另外,在公园总绿地面积相差不多的情况下,例如呼和浩特和无锡,一个位居前列,一个比较靠后。综合考虑地理位置、经济因素和社会发展水平,明显位于东部地区的无锡的常住人口更多、密度更大,因此,人均公园绿地面积受人口规模和密度的影响也较大。

人均公园绿地面积排名靠前的城市多为历史文化底蕴深厚的城市,这类城市有更多的公园遗存。另外,经济相对发达的城市,对城市的规划更为完善，对公园绿地建设的投入更大。这类城市的排名普遍靠前，而人口规模较小的部分城市，如呼和浩特、银川、乌鲁木齐等，也排名在前列。

4. 人均公园数

公园是供公众游览、观赏、休憩、开展科学文化及锻炼身体等活动，有较完善的设施和良好的绿化环境的公共绿地。具有改善城市生态、防火、避难等作用。本报告人均公园数的原始数据依据当年各个城市统计年鉴的公园数量除以常住人口数计算得到。本报告数据来源于2017年各城市统计年鉴。38个城市该指标的得分及排名如表5所示。

表5 人均公园数得分及排名

单位：分

| 城市 | 人均公园数得分 | 排名 | 城市 | 人均公园数得分 | 排名 |
| --- | --- | --- | --- | --- | --- |
| 珠海 | 11.11 | 1 | 西安 | 0.64 | 20 |
| 深圳 | 6.39 | 2 | 郑州 | 0.54 | 21 |
| 昆明 | 5.66 | 3 | 哈尔滨 | 0.51 | 22 |
| 厦门 | 2.13 | 4 | 银川 | 0.49 | 23 |
| 杭州 | 1.79 | 5 | 上海 | 0.48 | 24 |
| 石家庄 | 1.38 | 6 | 海口 | 0.44 | 25 |
| 广州 | 1.23 | 7 | 无锡 | 0.42 | 26 |
| 南京 | 1.18 | 8 | 乌鲁木齐 | 0.42 | 27 |
| 宁波 | 1.17 | 9 | 沈阳 | 0.39 | 28 |
| 青岛 | 1.12 | 10 | 兰州 | 0.38 | 29 |
| 苏州 | 1.06 | 11 | 天津 | 0.34 | 30 |
| 大连 | 1.03 | 12 | 合肥 | 0.31 | 31 |
| 北京 | 0.89 | 13 | 武汉 | 0.31 | 32 |
| 呼和浩特 | 0.85 | 14 | 长春 | 0.29 | 33 |
| 重庆 | 0.83 | 15 | 成都 | 0.18 | 34 |
| 西宁 | 0.82 | 16 | 济南 | 0.17 | 35 |
| 福州 | 0.79 | 17 | 南宁 | 0.05 | 36 |
| 太原 | 0.78 | 18 | 长沙 | 0.04 | 37 |
| 南昌 | 0.67 | 19 | 贵阳 | 0 | 38 |

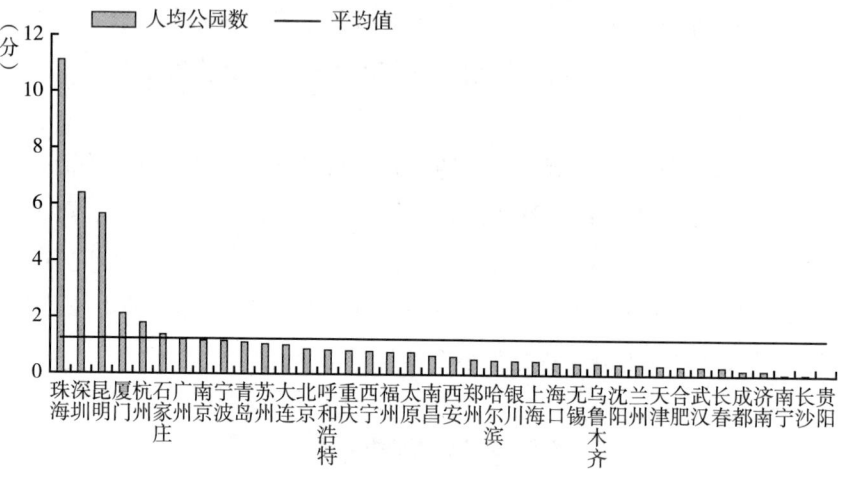

**图 5　人均公园数得分排名情况**

对数据进行归一化处理之后，人均公园数这一指标排名前五的是珠海、深圳、昆明、厦门、杭州，其得分依次为 11.11、6.39、5.66、2.13、1.79。排名后五的是成都、济南、南宁、长沙、贵阳，其得分依次为 0.18、0.17、0.05、0.04、0。根据图 5，38 个城市人均公园数得分的平均值为 1.24，达到均值以上的仅有 6 个城市，其余 32 个城市都在均值以下，极端化现象非常严重。

东部地区经济发展水平较高的城市人均公园数得分较高，例如珠海、深圳、厦门、杭州等城市。可看出广东省各城市因其优越的地理环境，气候自然状况，在建造公园方面处于优势。西部地区各城市公园数量明显偏少，和当地整体常住人口数量较少、现代化城市数量少和城镇化进程缓慢有关。

根据表 5，结合表 4 的人均公园绿地面积来看，人均公园数在一定程度上可以反映城市的公园分布形态。例如呼和浩特，在人均公园绿地面积得名上排名第 5，但在人均公园数得分上排名第 14。这就说明呼和浩特的公园规模相对比较大，但是数量不算多。类似的城市包括 银川、乌鲁木齐等。这些城市受人口规模和当地经济发展水平的局限，公园数量相对较少，人均公园数排名并不靠前。

相反，在人均公园绿地面积排名上相对靠后的城市，在人均公园数指标中排名靠前，例如昆明，在表4中排名第29位，但在表5中排名第3位。这就表明昆明的公园分布较为分散，公园数量较多，公园的类型较为丰富，大型小型、各式各样的公园都存在，类似的城市还有石家庄、宁波等。

5. 建成区绿化覆盖率

建成区绿化覆盖面积包括公共绿地、居住区绿地、单位附属绿地、防护绿地、生产绿地、风景林地六类绿化面积之和。城市的建成区绿化覆盖率是指城市建成区的绿化覆盖面积占建成区面积的百分比。

城市绿化与城市居民生活质量有很大关联，同时建成区是一个地区城市化的区域。因此衡量各城市绿化环境情况的指标可参考各城市的建成区绿化覆盖率。建成区绿化覆盖率越高，就代表该城市的绿化环境越好。本报告数据来源于2017年中国城市统计年鉴。38个城市的得分及排名情况如表6所示。

对数据进行归一化处理之后发现，在建成区绿化覆盖率这一指标排名前五的是北京、珠海、深圳、南京、石家庄，其得分依次为11.11、10.71、9.37、9.18、9.06。排名后五的是呼和浩特、天津、沈阳、哈尔滨、兰州，其得分依次为5.77、5.20、4.57、3.28、0。根据图6，38个城市的平均值为7.17分，有18个城市达到均值。

如图6所示，该指标得分排名最高的城市是北京。首先北京市政府非常重视城市绿化环境的建设，每年开展全民义务植树活动。同时，在不同区新建以及扩建多种类型的公园，对郊区植树造林。平原农田林网、浅山区经济林、深山区防护林三条绿色屏障正在建设，风、沙危害逐年减少。市区居民住宅区、新建住房和道路两旁的绿化逐渐配套，因此该指标位居第一。如图6中所示，排名前几位的城市，例如珠海、深圳、南京等，这几个城市的经济都相对发达。

而兰州，自然条件欠佳，并且经济落后，因此绿化覆盖率就低。就建成区绿化覆盖率排名靠前的城市中的郑州来看，其人均公园绿地面积和人均公园数排名靠后，可见郑州的人口密度对其影响较大，类似的城市还有西安等。

表6 建成区绿化覆盖率得分及排名

单位：分

| 城市 | 建成区绿化覆盖率得分 | 排名 | 城市 | 建成区绿化覆盖率得分 | 排名 |
|---|---|---|---|---|---|
| 北京 | 11.11 | 1 | 太原 | 7.12 | 20 |
| 珠海 | 10.71 | 2 | 南昌 | 7.11 | 21 |
| 深圳 | 9.37 | 3 | 重庆 | 7.07 | 22 |
| 南京 | 9.18 | 4 | 贵阳 | 7.06 | 23 |
| 石家庄 | 9.06 | 5 | 杭州 | 7.04 | 24 |
| 福州 | 8.72 | 6 | 西宁 | 6.97 | 25 |
| 郑州 | 8.59 | 7 | 济南 | 6.83 | 26 |
| 西安 | 8.33 | 8 | 海口 | 6.82 | 27 |
| 大连 | 8.33 | 9 | 长沙 | 6.70 | 28 |
| 无锡 | 8.24 | 10 | 宁波 | 6.56 | 29 |
| 厦门 | 8.22 | 11 | 武汉 | 6.48 | 30 |
| 南宁 | 7.79 | 12 | 上海 | 5.93 | 31 |
| 苏州 | 7.72 | 13 | 青岛 | 5.91 | 32 |
| 昆明 | 7.66 | 14 | 长春 | 5.89 | 33 |
| 广州 | 7.62 | 15 | 呼和浩特 | 5.77 | 34 |
| 合肥 | 7.61 | 16 | 天津 | 5.20 | 35 |
| 银川 | 7.47 | 17 | 沈阳 | 4.57 | 36 |
| 成都 | 7.40 | 18 | 哈尔滨 | 3.28 | 37 |
| 乌鲁木齐 | 7.14 | 19 | 兰州 | 0 | 38 |

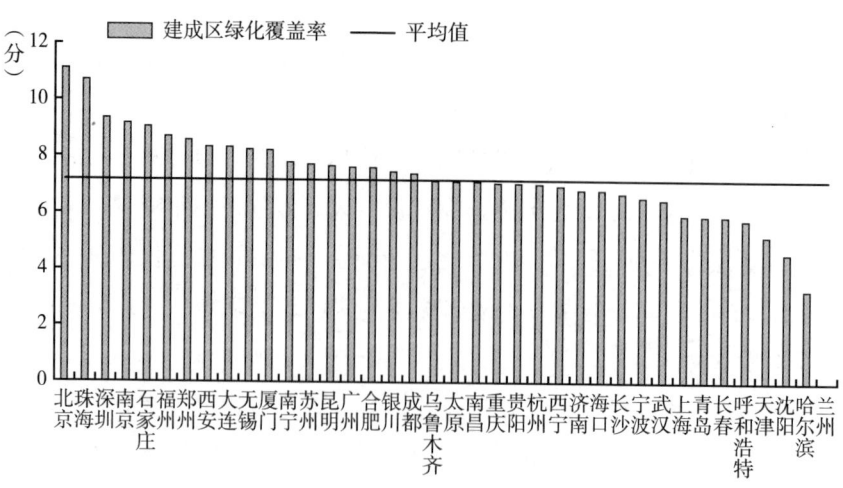

图6 建成区绿化覆盖率得分排名情况

总体而言：第一，地理环境好的区域更有利于绿化建设，因为城市本身自然条件好，其天然植被就多，并且人工植被易于培育。如图6所示，排名末位的三个城市——兰州、哈尔滨、沈阳，其自然条件较恶劣。例如兰州位于半干旱地区，全年降水量较低，自然植被较稀疏，人工植被也不易于培育，因此城市绿化建设就不如自然条件好的区域。第二，各城市的经济发展水平和社会重视程度等，也会影响城市的绿化建设。如排名前三的城市——北京、珠海、深圳，都是经济发达并且城市规划理念较为先进的城市。

6. 城市区环境噪声等级

城市区环境噪声是指城市五类区域的环境噪声最高限制。《中华人民共和国城市区域环境噪声标准》规定了五类标准适用区域范围，本报告数据来源于2017年中国环境统计年鉴。38个城市的本指标得分及排名情况如表7所示。

表7 城市区环境噪声等级得分及排名

单位：分

| 城市 | 城市区环境噪声等级得分 | 排名 | 城市 | 城市区环境噪声等级得分 | 排名 |
|---|---|---|---|---|---|
| 太原 | 11.11 | 1 | 成都 | 8.93 | 13 |
| 银川 | 10.93 | 2 | 苏州 | 8.93 | 14 |
| 济南 | 10.75 | 3 | 南宁 | 8.74 | 15 |
| 珠海 | 10.56 | 4 | 北京 | 8.56 | 16 |
| 重庆 | 10.38 | 5 | 合肥 | 8.56 | 17 |
| 乌鲁木齐 | 10.38 | 6 | 兰州 | 8.56 | 18 |
| 西宁 | 10.20 | 7 | 石家庄 | 8.38 | 19 |
| 昆明 | 10.02 | 8 | 长沙 | 8.20 | 20 |
| 南昌 | 9.84 | 9 | 沈阳 | 7.83 | 21 |
| 呼和浩特 | 9.47 | 10 | 大连 | 7.83 | 22 |
| 南京 | 9.11 | 11 | 广州 | 6.74 | 23 |
| 天津 | 8.93 | 12 | 厦门 | 6.38 | 24 |

续表

| 城市 | 城市区环境噪声等级得分 | 排名 | 城市 | 城市区环境噪声等级得分 | 排名 |
|---|---|---|---|---|---|
| 郑州 | 6.19 | 25 | 宁波 | 4.55 | 32 |
| 海口 | 6.01 | 26 | 福州 | 3.83 | 33 |
| 西安 | 6.01 | 27 | 青岛 | 3.83 | 34 |
| 武汉 | 5.65 | 28 | 深圳 | 3.83 | 35 |
| 长春 | 5.46 | 29 | 无锡 | 3.64 | 36 |
| 上海 | 5.10 | 30 | 哈尔滨 | 0.91 | 37 |
| 杭州 | 4.74 | 31 | 贵阳 | 0 | 38 |

对数据进行归一化处理后，城市区环境噪声监测等效声级排名前五的城市是太原、银川、济南、珠海、重庆，其得分依次为 11.11、10.93、10.75、10.56、10.38。排名后五的城市是青岛、深圳、无锡、哈尔滨、贵阳，其得分依次是 3.83、3.83、3.64、0.91、0。根据图 7，38 个城市这一指标的平均值为 7.34，有 22 个城市达到均值以上。

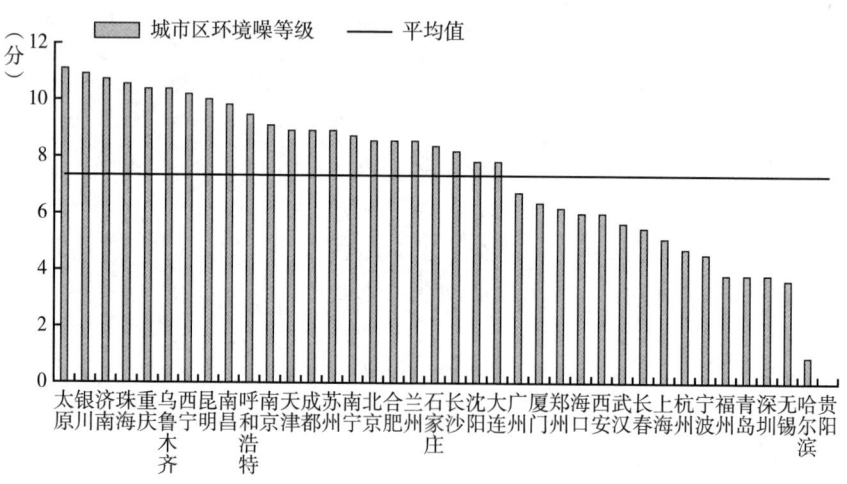

图 7 城市区环境噪声等级得分排名情况

总体来说，38个城市的环境噪声治理得都比较好。相对而言，排名越靠前说明这些城市的环境噪声较小，而排名靠后的城市的环境噪声较大。如图7所示，杭州、宁波、深圳、无锡得分均在平均值以下，银川、乌鲁木齐得分在平均值以上并且排在前列，这说明城市的繁华程度和交通流量对城市噪声污染有重要影响。

东部地区和沿海地区的城市，经济水平高，人流量大，环境噪声更大。而西北地区的城市，人口稀少，交通流量小，因此这些城市的环境噪声相对而言更小。另外，各城市政府对环境噪声污染防治工作的重视程度也对城市环境噪声高低有一定影响。各级政府制定并执行强制性的措施，保证控制城市噪声，提高城市的整体环境质量。可以利用广播电视等新闻媒介，发挥新闻媒体的舆论监督和导向作用，增强城市居民的环保意识。

还可结合城市绿化建设，来治理城市噪声污染。城市的树木可减轻噪声，树叶可以在一定程度上通过震动来减低噪声。如表7所示，珠海绿化覆盖率很高，其城市区域环境噪声监测等效声级排名也比较靠前。珠海树木发挥了降低噪声的作用。这就要求城市园林部门尽量选择枝叶茂盛的低矮乔木作为城市绿化的主要树种，稀疏排列种植树木。保证从控制声音传播途径角度对噪声污染实现控制。

7. 道路交通等效声级

道路交通噪声主要是指机动车辆在城市内交通干线上行驶带来的噪音，对城市居民的生产生活、休息和健康活动等都会产生较大的生理和心理影响。本报告数据来源于2017年中国环境统计年鉴，归一化处理之后，38个城市在此指标上的得分情况及排名如表8所示。

对数据进行归一化处理之后，道路交通等效声级指标中排名前五的是太原、石家庄、无锡、乌鲁木齐、珠海，其得分依次为11.11、8.03、7.70、7.59、7.37。排名后五的城市有上海、西宁（和上海并列）、成都、西安、哈尔滨，其得分依次为4.07、4.07、2.75、2.42、0。根据图8，38个城市道路交通等效声级得分的平均值为5.54。有20个城市达到平均值以上。

表8 道路交通等效声级得分及排名

单位：分

| 城市 | 道路交通等效声级得分 | 排名 | 城市 | 道路交通等效声级得分 | 排名 |
|---|---|---|---|---|---|
| 太原 | 11.11 | 1 | 青岛 | 5.72 | 20 |
| 石家庄 | 8.03 | 2 | 兰州 | 5.17 | 21 |
| 无锡 | 7.70 | 3 | 呼和浩特 | 4.95 | 22 |
| 乌鲁木齐 | 7.59 | 4 | 海口 | 4.95 | 23 |
| 珠海 | 7.37 | 5 | 广州 | 4.84 | 24 |
| 济南 | 7.04 | 6 | 沈阳 | 4.73 | 25 |
| 武汉 | 6.93 | 7 | 宁波 | 4.62 | 26 |
| 苏州 | 6.93 | 8 | 北京 | 4.51 | 27 |
| 重庆 | 6.82 | 9 | 福州 | 4.51 | 28 |
| 大连 | 6.60 | 10 | 长春 | 4.29 | 29 |
| 昆明 | 6.60 | 11 | 郑州 | 4.18 | 30 |
| 银川 | 6.49 | 12 | 长沙 | 4.18 | 31 |
| 南昌 | 6.38 | 13 | 深圳 | 4.18 | 32 |
| 合肥 | 6.16 | 14 | 贵阳 | 4.18 | 33 |
| 厦门 | 6.16 | 15 | 上海 | 4.07 | 34 |
| 天津 | 6.05 | 16 | 西宁 | 4.07 | 35 |
| 南京 | 6.05 | 17 | 成都 | 2.75 | 36 |
| 杭州 | 6.05 | 18 | 西安 | 2.42 | 37 |
| 南宁 | 5.94 | 19 | 哈尔滨 | 0 | 38 |

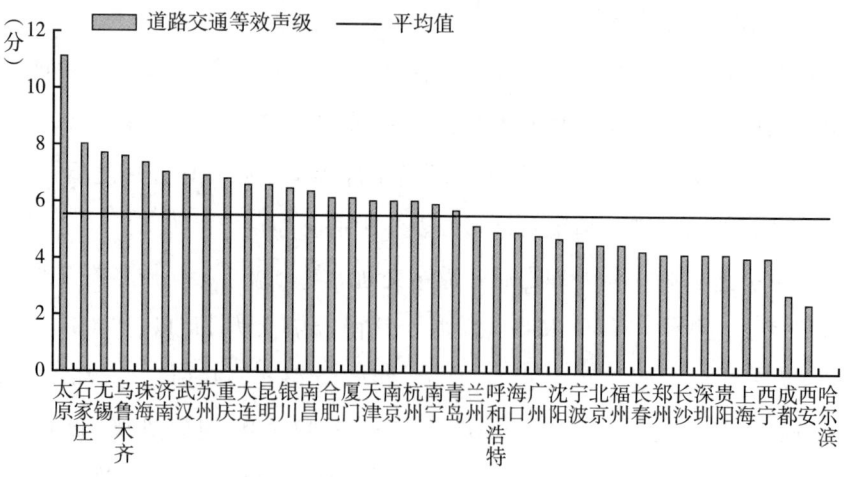

图8 道路交通等效声级得分排名情况

38个城市总体上差异不大，如图8所示，低于平均值的城市，比如广州、北京、深圳、上海等，均为经济相对发达的城市，这些城市正因为经济水平较高，人流量大，交通更为发达，因此更应该加强对道路交通噪声的治理。道路交通噪声污染的治理应遵循以下原则。先合理进行规划布局，后分层次进行控制。可从四个方面来加强对道路交通噪声污染的治理。第一，规划控制。交通规划应当与声环境保护规划相协调，明确间隔距离，避免其受到交通噪声的显著干扰。道路设计应尽可能进行多方案比选，优先选取噪声影响较小的方案实施。道路环境影响评价应对两侧建筑布局提出反馈意见。第二，噪声源控制。相关部门应制定强制性规定，优先从源头减小交通噪声的产生，优化道路管理。道路建设单位选用低噪路面。低噪路面的耐久性不易保证，但是可以从源头减小噪声。第三，噪声传播途径控制。通过设置声屏障和种植绿化达到更好的降噪效果。第四，噪声受体防护。在噪声源、噪声传播途径方面均难以采取有效措施以实现噪声防治目标的情况下，应对噪声受体进行被动防护。如设置隔声窗、环保搬迁等都是可以采用的方式。

8. 生活垃圾无害化处理率

生活垃圾无害化处理率是指统计周期内生活垃圾无害化处理量占生活垃圾产生量的比重，来源部门为住房城乡建设（环境卫生）部门。指标计算模型：生活垃圾无害化处理率＝生活垃圾无害化处理量/生活垃圾产生量×100%。本报告数据来源于2017年中国城市统计年鉴。对数据进行归一化处理后，得到38个城市生活垃圾无害化处理率的得分及排名情况，如表9所示。

对数据进行归一化处理之后，如表9，有22个城市（包括石家庄、呼和浩特、太原、珠海、南昌、重庆等）的得分均为11.11，这表明这22个城市的生活垃圾无害化处理率均为100%。同时有16个城市的生活垃圾无害化处理率并未达到100%。多数地区和城市的生活垃圾都进行了焚烧处理。如表9中所示，哈尔滨、兰州对生活垃圾无害化处理水平最低。

表9 生活垃圾无害化处理率得分及排名

单位：分

| 城市 | 生活垃圾无害化处理率得分 | 排名 | 城市 | 生活垃圾无害化处理率得分 | 排名 |
|---|---|---|---|---|---|
| 石家庄 | 11.11 | 1 | 珠海 | 11.11 | 1 |
| 太原 | 11.11 | 1 | 南昌 | 11.11 | 1 |
| 呼和浩特 | 11.11 | 1 | 重庆 | 11.11 | 1 |
| 大连 | 11.11 | 1 | 沈阳 | 11.10 | 23 |
| 上海 | 11.11 | 1 | 北京 | 11.08 | 24 |
| 南京 | 11.11 | 1 | 西安 | 11.06 | 25 |
| 杭州 | 11.11 | 1 | 南宁 | 10.95 | 26 |
| 宁波 | 11.11 | 1 | 福州 | 10.94 | 27 |
| 合肥 | 11.11 | 1 | 厦门 | 10.73 | 28 |
| 济南 | 11.11 | 1 | 银川 | 10.61 | 29 |
| 青岛 | 11.11 | 1 | 昆明 | 10.60 | 30 |
| 郑州 | 11.11 | 1 | 广州 | 10.46 | 31 |
| 武汉 | 11.11 | 1 | 贵阳 | 10.44 | 32 |
| 长沙 | 11.11 | 1 | 乌鲁木齐 | 10.39 | 33 |
| 深圳 | 11.11 | 1 | 西宁 | 10.33 | 34 |
| 海口 | 11.11 | 1 | 天津 | 10.13 | 35 |
| 成都 | 11.11 | 1 | 长春 | 9.48 | 36 |
| 无锡 | 11.11 | 1 | 哈尔滨 | 8.97 | 37 |
| 苏州 | 11.11 | 1 | 兰州 | 0 | 38 |

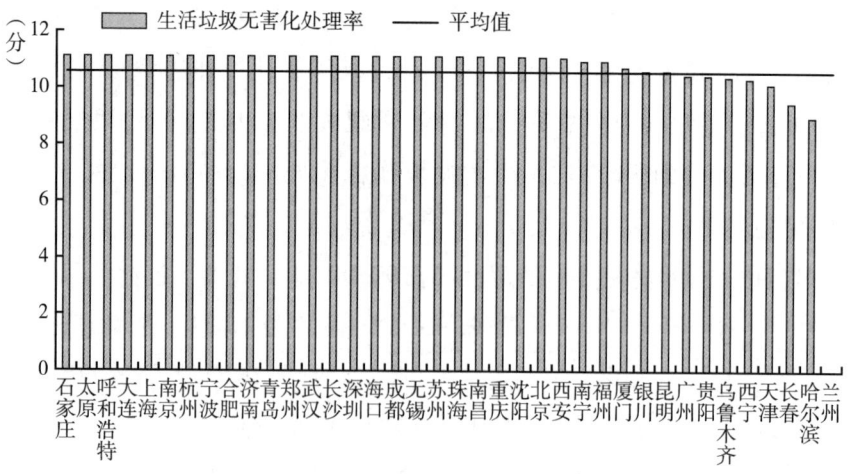

图9 生活垃圾无害化处理率得分排名情况

住房和城乡建设部在2019年6月表示，到2020年底，全国有46个重点城市要基本建成垃圾分类处理系统，到2022年，各地级城市至少有1个区实现生活垃圾分类全覆盖，2025年前，全国地级及以上城市要基本建成垃圾分类处理系统。如图9所示，上海、杭州均排列靠前，上海是比较早严格实行垃圾分类制度的。上海市政府于2019年7月1日正式实施《上海市生活垃圾管理条例》，其中将生活垃圾进行明确分类，主要分为四个种类。分别是"可回收物""有害垃圾""干垃圾""湿垃圾"。上海市民在该文件的指导下将生活垃圾进行分类，未按照此规定进行垃圾分类的居民，将会受到相应的处罚。文件中表明个人最高罚款200元，公司单位最高罚款5万元。由于垃圾分类的严格实行，生活垃圾无害化处理率会高。

总之，现在我国城市生活垃圾焚烧技术在资金、人才、技术等约束条件下发展得相对缓慢，在学习和借鉴外国生活垃圾处理技术的同时，结合我国自身情况，积极地研究适合我国实际情况的生活垃圾处理技术。垃圾分类便是一种有效并且可实施的方法。无论是从城市发展还是从市民生活需求来看，都需要加大力度对垃圾进行无害化处理，尽快提高生活垃圾无害化处理能力。

9. 废水处理厂集中处理率

废水处理厂集中处理率指统计周期内通过废水处理厂处理的废水量占污水排放总量的比重。本报告数据来源于2017年中国环境统计年鉴。对数据进行归一化处理之后，38个城市的废水处理厂集中处理率的得分及排名如表10所示。

对数据做归一化处理后，在废水处理厂集中处理率这一指标时，得分排名前五的城市是南昌、石家庄、长沙、郑州、贵阳，其得分依次为11.11、10.97、10.47、10.43、10.34。排名后五的城市是南宁、福州、宁波、西宁、南京，其得分依次是4.34、3.79、3.66、1.80、0。根据图10，38个城市的废水处理厂集中处理率的平均值为8.26。有27个城市的得分在平均值之上。

表10 废水处理厂集中处理率得分及排名

单位：分

| 城市 | 废水处理厂集中处理率得分 | 排名 | 城市 | 废水处理厂集中处理率得分 | 排名 |
|---|---|---|---|---|---|
| 南昌 | 11.11 | 1 | 沈阳 | 8.98 | 20 |
| 石家庄 | 10.97 | 2 | 哈尔滨 | 8.93 | 21 |
| 长沙 | 10.47 | 3 | 武汉 | 8.93 | 22 |
| 郑州 | 10.43 | 4 | 合肥 | 8.88 | 23 |
| 贵阳 | 10.34 | 5 | 上海 | 8.87 | 24 |
| 青岛 | 10.05 | 6 | 无锡 | 8.72 | 25 |
| 深圳 | 9.96 | 7 | 西安 | 8.60 | 26 |
| 济南 | 9.92 | 8 | 昆明 | 8.27 | 27 |
| 珠海 | 9.78 | 9 | 苏州 | 8.22 | 28 |
| 厦门 | 9.56 | 10 | 天津 | 8.00 | 29 |
| 兰州 | 9.45 | 11 | 太原 | 7.71 | 30 |
| 银川 | 9.40 | 12 | 长春 | 7.04 | 31 |
| 杭州 | 9.35 | 13 | 大连 | 6.55 | 32 |
| 呼和浩特 | 9.34 | 14 | 乌鲁木齐 | 6.37 | 33 |
| 广州 | 9.26 | 15 | 南宁 | 4.34 | 34 |
| 海口 | 9.26 | 16 | 福州 | 3.79 | 35 |
| 北京 | 9.25 | 17 | 宁波 | 3.66 | 36 |
| 重庆 | 9.15 | 18 | 西宁 | 1.80 | 37 |
| 成都 | 9.12 | 19 | 南京 | 0 | 38 |

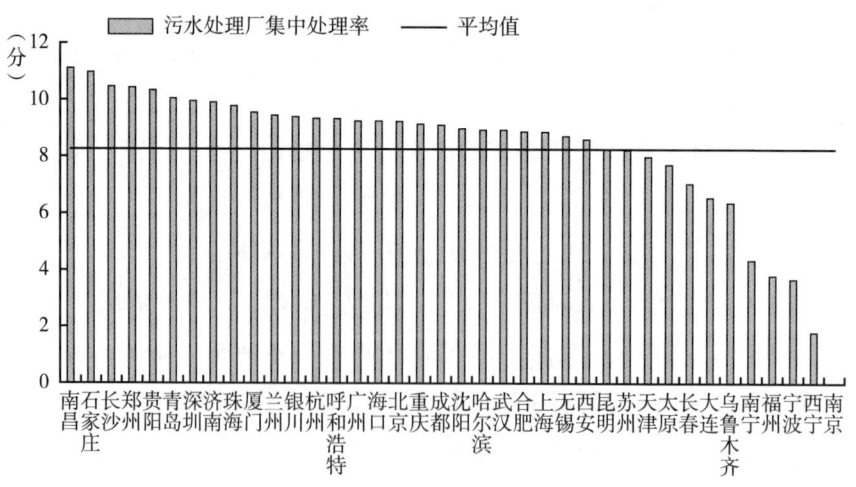

图10 污水处理厂集中处理率得分排名情况

如图 10 所示，目前我国各城市的废水处理能力已有较大提升，但是离全国水环境的彻底改善依旧有很大距离，还需要进一步完善。下面三个方面体现了现有问题。第一，废水处理设施仍存在缺口。虽然我国很多城市的废水处理做得已有成效，但是相比发达国家接近100%的废水处理率仍有提升空间。第二，已有设施难以满足。随着我国经济的不断发展，我国城市的废水排放量会一直保持增长状态，已有设施不能满足日益增长的废水排放量要求。第三，处理后利用水平较低。我国北方本就是缺水区域，但在对生活废水进行处理之后，很难达到高质量的饮用水级别。若加大水的利用率，也可一定程度上缓解缺水问题。

总之，现在我国各个城市的废水处理都已有一定成效，并在不断发展的过程中，政府部门应该重视地区的废水处理，要进一步提高废水处理设施，引进先进设备，学习国外先进技术，提高水资源的回收利用率。随着废水排放量的逐渐增大，实现全面废水集中处理将是一个长期过程。

## 四 人居环境维度典型城市分析

### （一）人居环境维度排名前五的城市

对城市人居环境维度的 9 项指标数据进行归一化处理之后，得到总分排名，其中排名前五的城市是珠海（87.63 分）、深圳（70.11 分）、广州（69.06 分）、厦门（60.65 分）、昆明（60.13 分）。具体得分如表 11 所示。

表 11 人居环境维度排名前五城市综合得分情况

单位：分

| 排名 | 城市 | 空气优良率 | 每万人拥有绿地面积 | 人均公园绿地面积 | 人均公园数 | 建成区绿化覆盖率 |
|---|---|---|---|---|---|---|
| 1 | 珠海 | 9.60 | 6.28 | 11.11 | 11.11 | 10.71 |
| 2 | 深圳 | 9.65 | 7.81 | 7.82 | 6.39 | 9.37 |
| 3 | 广州 | 7.95 | 10.20 | 10.77 | 1.23 | 7.62 |
| 4 | 厦门 | 9.89 | 4.26 | 3.32 | 2.13 | 8.22 |
| 5 | 昆明 | 9.20 | 1.07 | 1.05 | 5.66 | 7.66 |

续表

| 排名 | 城市 | 城市区域环境噪声声级 | 道路交通等效声级 | 生活垃圾无害化处理率 | 废水处理厂集中处理率 | 得分 |
|---|---|---|---|---|---|---|
| 1 | 珠海 | 10.56 | 7.37 | 11.11 | 9.78 | 87.63 |
| 2 | 深圳 | 3.83 | 4.18 | 11.11 | 9.96 | 70.11 |
| 3 | 广州 | 6.74 | 4.84 | 10.46 | 9.26 | 69.06 |
| 4 | 厦门 | 6.38 | 6.16 | 10.73 | 9.56 | 60.65 |
| 5 | 昆明 | 10.02 | 6.60 | 10.60 | 8.27 | 60.13 |

1. 珠海

如表11所示，珠海是我国38个城市中人居环境维度得分最高的城市。珠海位于我国沿海地区，是一座拥有美丽风景的旅游城市，一年四季，珠海的空气质量都排在全国前列。如表12所示，珠海以下两个指标都排名第一，分别是人均公园绿地面积和人均公园数，同时建成区绿化覆盖率这项指标排名第二。珠海作为花园城市，本身城市绿化建设就排在全国前列。珠海同时入选中国最宜居的城市，宜居城市作为一个综合性评价，对城市适宜居住的程度进行了反映。宜居城市涉及几个方面的内容，例如城市的环境舒适，适合居住，社会文明和谐，城市的经济水平达到小康，城市居民素质高等。如图11所示，珠海各指标贡献率差距并不大，基本都是同步发展。

珠海位于我国南部沿海地区，同时在珠三角城市中，也是拥有海洋面积最大的城市。珠海每年降水量非常丰富，丰富的降水量为珠海带来了一年四季宜人的空气环境，适宜的温度和降水有利于城市的树木及花草的生长，对绿化产生一定作用。珠海市政府一直注重城市环境的建设，在坚持国家政策指导的同时，积极探索适合珠海本地发展的环境规划。

表12 珠海人居环境各指标排名情况

| 指标 | 空气优良率 | 每万人拥有绿地面积 | 人均公园绿地面积 | 人均公园数 | 建成区绿化覆盖率 |
|---|---|---|---|---|---|
| 排名 | 5 | 5 | 1 | 1 | 2 |
| 指标 | 城市区域环境噪声声级 | 道路交通等效声级 | 生活垃圾无害化处理率 | 废水处理厂集中处理率 | |
| 排名 | 4 | 5 | 1 | 9 | |

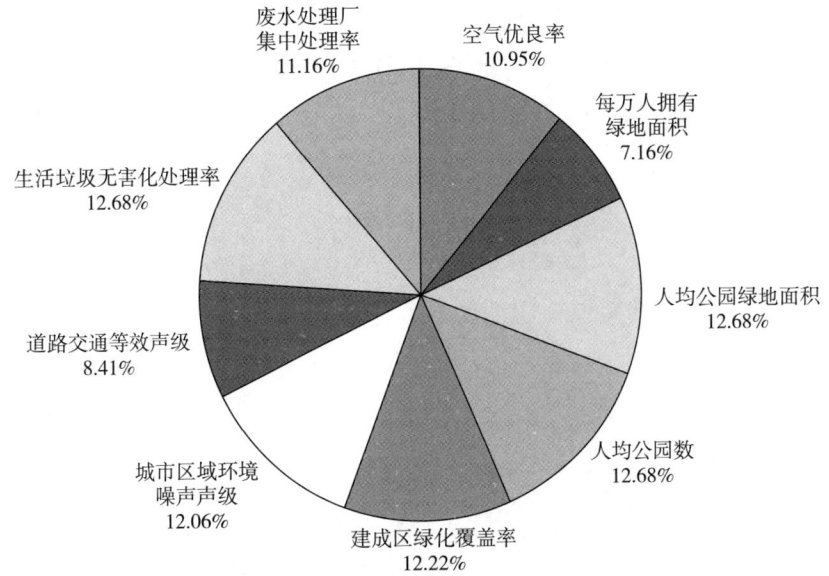

图11 珠海人居环境指标得分构成情况（各指标贡献率）

珠海作为沿海的四个经济特区之一，经济总量位居前列。珠海市利用自身的自然条件和环境优势，大力发展旅游业和高新科技产业，带动珠海经济发展。除了这两大主要行业之外，珠海在城市规划中很早就明确不引进高污染的低端制造业，基本没有工业聚集此地，因此当地环境并未被污染。这就保证了珠海当地的自然生态和绿化环境能够得到最大限度的保护。中国社会科学院每年会发布全国宜居城市竞争力报告，在此报告中，珠海也连续几年位居第一，珠海的人居环境得到广泛认可。

2. 深圳

首先从地理位置看，深圳位于我国沿海地区。气候温暖湿润，地理位置优越。人居环境得分排名第二。事实上，深圳市历届政府都十分重视园林绿化环境建设，始终坚持科学发展，坚持经济与环境的协调发展。目前，深圳基本建立了三级绿地系统。三级分别为区域绿地、城市绿地以及生态廊道体系。深圳出台了若干政策法规去规范深圳的园林绿化建设。深圳市政府曾出台《深圳经济特区城市绿化管理方法》，规定特区城市新建区的绿地面积

（含公共绿地和单位附属绿地）应不低于总面积的50%。由于这些举措的推动，如表13所示，深圳市如今绿化环境排名前列。生活垃圾无害化处理率、每万人拥有绿地面积、人均公园绿地面积、人均公园数、建成区绿化覆盖率这四项指标都排名前三（见图12）。

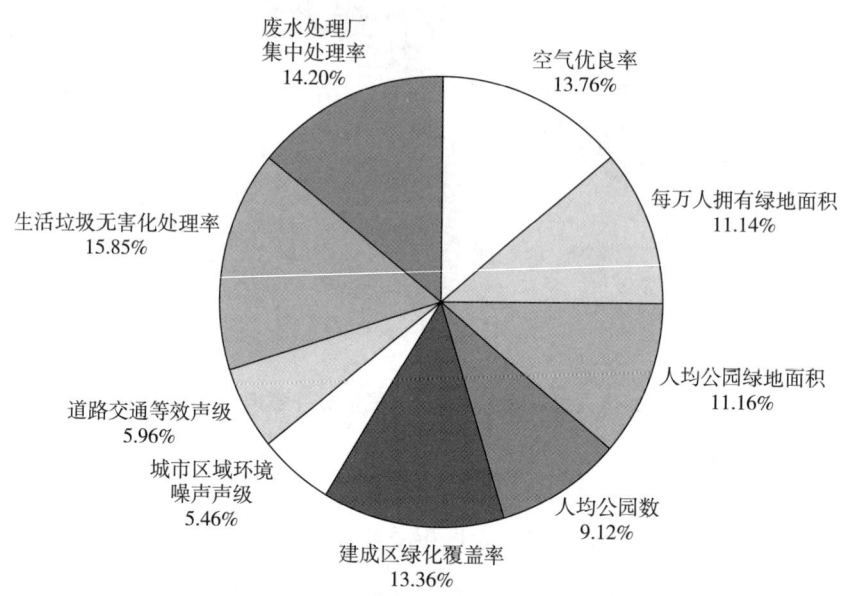

图12　深圳人居环境指标得分构成情况（各指标贡献率）

另外，深圳立体绿化建设已经走在全国前列。立体绿化是对传统地表绿化的良好补充，屋顶花园、绿墙，还有立交桥上的悬挂绿化，都属于立体绿化。立体绿化丰富了城市的绿化环境和立体景观艺术效果。并且能够让城市的绿化增量，同时，这样的绿化能够减少城市热岛效应，还能够减少噪声，缓解城市的排水压力。很大程度上完善城市的生态环境。深圳早在2000年前就开始了立体绿化相关的建设，首先是对桥梁进行立体绿化，立体绿化也运用在了高层的办公区域场所的外墙和栏杆的绿化带中，运用方式较成熟。为深圳的人居环境做出很大贡献。

深圳海陆交通便捷，对外贸易便利，是中国较早的对外开放的城市，经济发达。且深圳有优良的深水港，为经济的发展带来了交通的便利。正是由于经济发展水平较高,有更多的资金和财政投入来助力深圳城市环境的建设,促进深圳人居环境的优化。

表13 深圳人居环境各指标排名情况

| 指标 | 空气优良率 | 每万人拥有绿地面积 | 人均公园绿地面积 | 人均公园数 | 建成区绿化覆盖率 |
|---|---|---|---|---|---|
| 排名 | 4 | 3 | 3 | 2 | 3 |
| 指标 | 城市区域环境噪声声级 | 道路交通等效声级 | 生活垃圾无害化处理率 | 废水处理厂集中处理率 | |
| 排名 | 35 | 32 | 1 | 7 | |

3. 广州

广州市面临南海,位于珠江三角洲地区,海洋性气候特征明显。由于广州市地处南方区域的丰水区,所以境内河流水系较为发达,水域面积较为广阔。鉴于此,广州市不仅形成了独特的岭南水乡文化特色,在改善升级城市景观、维持城市生态系统的稳定方面也成绩突出。

此外,绿色亚运使广州城市绿化在以下几个方面取得了较大的成绩:让市民共享开放式绿地,按照绿道网来引领低碳化的新生活,构造以近自然植物群落为主的绿化基底,采用天桥绿化来柔软城市景观,构建以城郊森林为特色的城市绿色生态屏障。在新型城市化的推动下,广州市城市绿化将不断开展新的实践。广州市通过打造花城品牌来建设园林重点片区、擦亮岭南名园的品牌,进一步推进城乡一体化,实现让森林进城和公园下乡的目标。以守护城市生态安全为理念来发展森林碳汇,从而保护湿地生态体系,巩固绿化建设成果。

表14 广州人居环境各指标排名情况

| 指标 | 空气优良率 | 每万人拥有绿地面积 | 人均公园绿地面积 | 人均公园数 | 建成区绿化覆盖率 |
|---|---|---|---|---|---|
| 排名 | 10 | 2 | 2 | 7 | 15 |
| 指标 | 城市区域环境噪声声级 | 道路交通等效声级 | 生活垃圾无害化处理率 | 废水处理厂集中处理率 | |
| 排名 | 23 | 24 | 10 | 15 | |

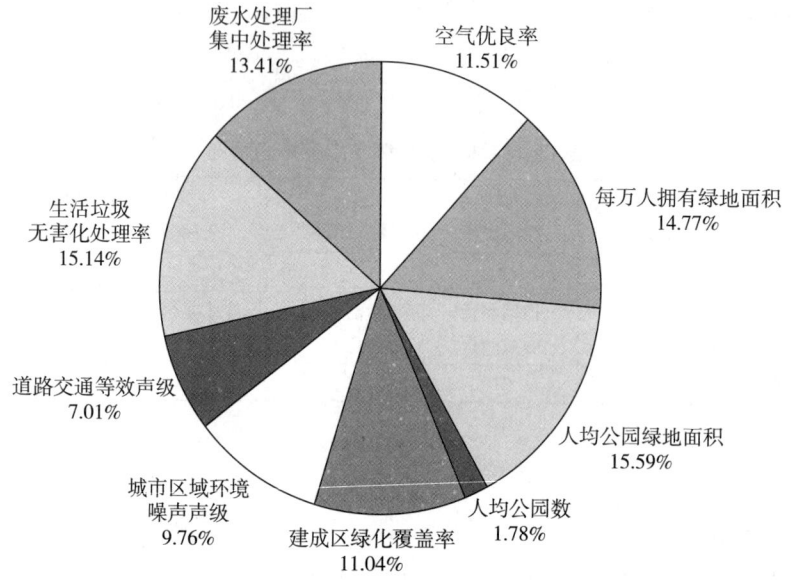

图13 广州人居环境指标得分构成情况（各指标贡献率）

近年来，广州市实施的"花园城市"和"森林围城、森林进城"两大城市战略为其带来了更良好的绿化环境。如表14所示，每万人拥有绿地面积和人均公园绿地面积这两项指标均排名第二。同时如图13所示，在各指标贡献率中，每万人拥有绿地面积和人均公园绿地面积的贡献率最大。另外，广州在绿化建设做得非常好的同时，空气质量名列前茅。广州的绿化指标一直位于国内城市前列，并且是唯一同时获得"国家园林城市"和"国家森林城市"这两大称号的特大城市，由此可见，广州绿化建设成效卓著。

广州市作为广东省省会，是全省的政治、经济、科技、教育和文化的中心，其雄厚的经济基础支持广州市人居环境的优化升级。但是广州的交通噪声污染是一大问题，如表14所示，城市区域环境噪声声级和道路交通等效声级都排名靠后，广州在未来应该注重环境噪声治理。

4. 厦门

厦门环境空气质量在全国排名第二（见表15），全市绿化、水系覆盖率极高。从地理环境上看,厦门岛四面环海,海平面没有挡风的物体,风可以把空气污染物吹散开来,而且是往岛外吹散。从气候来看,厦门属亚热带海洋性季风气候。气候温暖湿润,光照条件较好,全年降水量充足,夏季不热、冬季不寒。

厦门还有一大特点,就是公共空间很多,如表15所示,人均公园数位居第四。在厦门,公园类型多种多样,有为全市人民服务的,也有为片区居民服务的。由于厦门处于沿海地区,有著名的环岛路,沙滩以及绿地等大面积的公共空间很多,分布在环岛路附近。厦门拥有著名旅游景点——鼓浪屿,鼓浪屿的绿化环境也是厦门市重点打造的。在厦门,不管身处哪一片区域,都可以感受到满目葱翠和新鲜的空气,同时也可以拥有较大的公共活动空间。北京、上海等城市,虽然经济发达,公园也很多,公园的面积也很大,但是对居民来说,往往距离过远,远远没有厦门方便。

表15 厦门人居环境各指标排名情况

| 指标 | 空气优良率 | 每万人拥有绿地面积 | 人均公园绿地面积 | 人均公园数 | 建成区绿化覆盖率 |
| --- | --- | --- | --- | --- | --- |
| 排名 | 2 | 8 | 9 | 4 | 11 |
| 指标 | 城市区域环境噪声级 | 道路交通等效声级 | 生活垃圾无害化处理率 | 废水处理厂集中处理率 | |
| 排名 | 24 | 15 | 7 | 10 | |

厦门是我国经济特区之一,生产性服务业发展较为迅速,随着三大产业的加速融合,产业高端化发展趋势日益明显。旅游业作为厦门的名片,在发挥其强大渗透力的同时,也在推动旅游及其相关产业的跨界融合。为了培育或延伸产业链条,厦门市利用其自贸区的优势,发挥先行先试的政策优势和两岸三地紧密合作的区位优势来积极探索新方式,努力打造以跨境投资和财富管理为主题的新型旅游服务。以上种种措施都表明了厦门市对人居环境的重视,力求实现人与自然的可持续发展。此

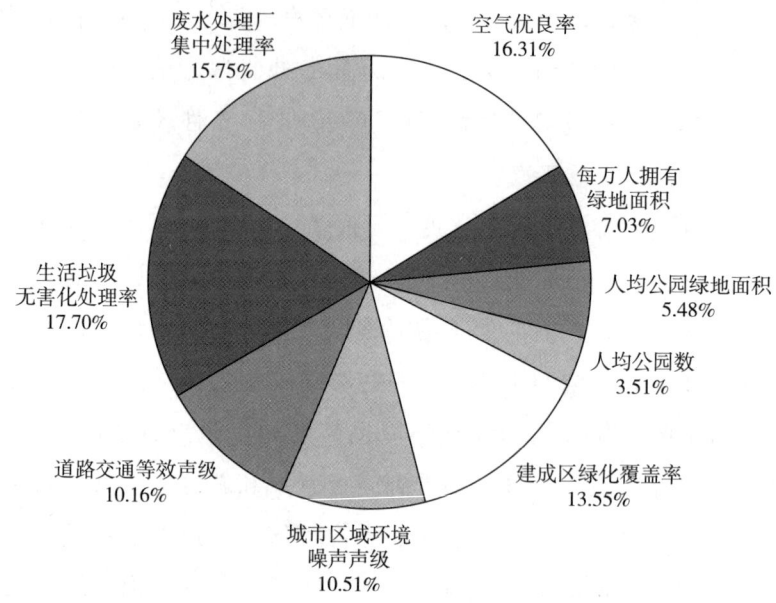

图14 厦门人居环境指标得分构成情况(各指标贡献率)

外,厦门市还多次荣获众多荣誉,如国家森林城市称号、国家环境保护模范城市称号、全国文明城市称号、全国十大低碳城市称号、国际花园城市称号等。随着厦门市环境保护和生态建设的不断加强,厦门正朝着独特的"城在海上、海在城中"的大山海城市方向迈进(见图14)。

5. 昆明

昆明地处云贵高原中部,三面环山,山水环绕。在印度洋西南暖湿气流的影响下,气候较为温和,四季如春,因而被称为"春城"(见图15)。气候宜人,温度适宜,鲜花满城,因此,昆明的环境和空气都非常好。如表16所示,昆明的空气质量排在全国前列。从表16中可以看到,昆明每万人拥有绿地面积和人均公园绿地面积得分都远远低于平均值且排名较靠后。为了加强绿化建设,昆明市园林绿化局制定并出台了"创文"工作实施方案,同时,与国家园林城市合作,在复查环节同安排、同落实、同检查,从细节入手,多项举措共同实施,全面加快昆明的园林绿化建设,努力将昆明打造成"世界春城花都"。

2019年，昆明市政府在文化和旅游工作会议上提出，将文旅融合作为基本路径，以改革创新为根本动力，以项目建设作为主要抓手，努力把文化旅游业打造成昆明的战略性支柱产业，形成发展的新优势。因为昆明市旅游业是促进消费、拉动昆明经济增长的重要力量，所以该市目前正按照"国际性、高端性、特色性、智慧性"的发展目标和全域旅游发展理念来发挥昆明的资源和区位优势，推进"旅游革命"，实现旅游产业转型升级。文化旅游业作为昆明的支柱产业，没有工业等产生的污染，昆明的环境治理会更全面。

表16 昆明人居环境各指标排名情况

| 指标 | 空气优良率 | 每万人拥有绿地面积 | 人均公园绿地面积 | 人均公园数 | 建成区绿化覆盖率 |
|---|---|---|---|---|---|
| 排名 | 6 | 23 | 29 | 3 | 14 |
| 指标 | 城市区域环境噪声声级 | 道路交通等效声级 | 生活垃圾无害化处理率 | 废水处理厂集中处理率 | |
| 排名 | 8 | 11 | 9 | 27 | |

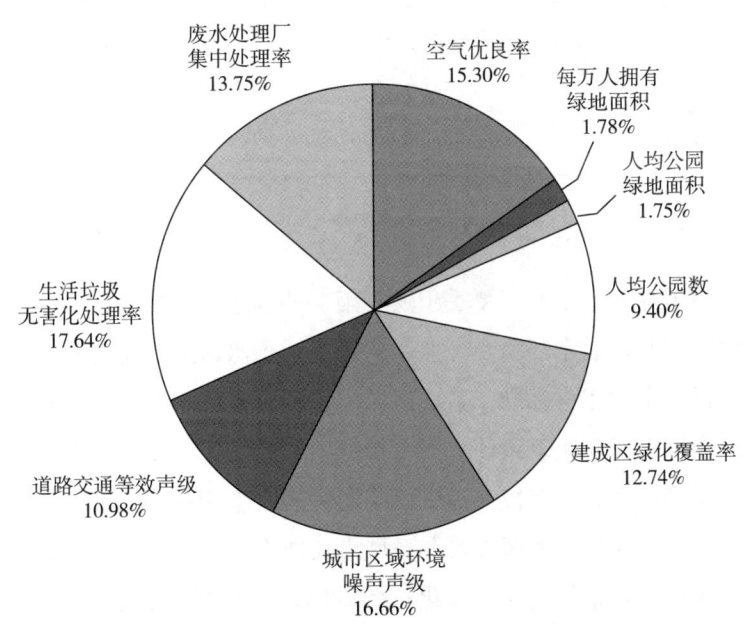

图15 昆明人居环境指标得分构成情况（各指标贡献率）

141

## （二）人居环境维度排名后五的城市

对人居环境维度的数据进行归一化处理之后，综合得分排名末五的城市是长春（42.29分）、西安（41.97分）、西宁（40.99分）、兰州（30.15分）、哈尔滨（29.45分）。其各指标具体得分如表17所示。

表17 人居环境维度排名末五城市综合得分情况

单位：分

| 排名 | 城市 | 空气优良率 | 每万人拥有绿地面积 | 人均公园绿地面积 | 人均公园数 | 建成区绿化覆盖率 |
|---|---|---|---|---|---|---|
| 1 | 长春 | 6.80 | 0.94 | 2.09 | 0.29 | 5.89 |
| 2 | 西安 | 2.44 | 1.28 | 1.19 | 0.64 | 8.33 |
| 3 | 西宁 | 5.14 | 0.12 | 1.54 | 0.82 | 6.97 |
| 4 | 兰州 | 4.13 | 0.79 | 1.67 | 0.38 | 0 |
| 5 | 哈尔滨 | 6.72 | 0 | 0.12 | 0.51 | 3.28 |

| 排名 | 城市 | 城市区域环境噪声级 | 道路交通等效声级 | 生活垃圾无害化处理率 | 废水处理厂集中处理率 | 得分 |
|---|---|---|---|---|---|---|
| 1 | 长春 | 5.46 | 4.29 | 9.48 | 7.04 | 42.29 |
| 2 | 西安 | 6.01 | 2.42 | 11.06 | 8.60 | 41.97 |
| 3 | 西宁 | 10.20 | 4.07 | 10.33 | 1.80 | 40.99 |
| 4 | 兰州 | 8.56 | 5.17 | 0 | 9.45 | 30.15 |
| 5 | 哈尔滨 | 0.91 | 0 | 8.97 | 8.93 | 29.45 |

### 1. 长春

长春市地处东北平原，夏季干燥少雨，冬季寒冷干燥。长春市一年四季降水稀少，同时地表水环境受工业和居民生活用水污染，而污水处理厂集中处理率却低于全国正常标准，造成区域内水资源进一步短缺。粗放垃圾处理手段和社会环保意识匮乏致使在所有指标中，生活垃圾无害化处理率得分最低，排名全国倒数第三，极大地威胁了居民健康生活和环境卫生。

由于位于东北老工业区以及冬季城市长期供暖需要，长春工业及生活能源以燃煤为主，城市供暖期间以化石燃料燃烧形成的能源型烟尘污染为主，非供暖时期建筑施工扬尘污染严重，空气污染季节性波动明显。全市户籍人口750余万,其中每万人拥有绿地面积、人均公园绿地面积及人均公园数均未达标,城乡之间绿化水平和区域差距明显。城市环境噪声问题严重。城区早期在发展规划中忽视环境保护的长远发展和人居环境的可持续性,时至今日城市人口和城镇化率的迅速增长,进一步限制了长春市城市人居环境的改造升级(见表18、图16)。

表18 长春人居环境各指标排名情况

| 指标 | 空气优良率 | 每万人拥有绿地面积 | 人均公园绿地面积 | 人均公园数 | 建成区绿化覆盖率 |
|---|---|---|---|---|---|
| 排名 | 16 | 25 | 17 | 33 | 33 |
| 指标 | 城市区域环境噪声声级 | 道路交通等效声级 | 生活垃圾无害化处理率 | 废水处理厂集中处理率 | |
| 排名 | 29 | 29 | 36 | 31 | |

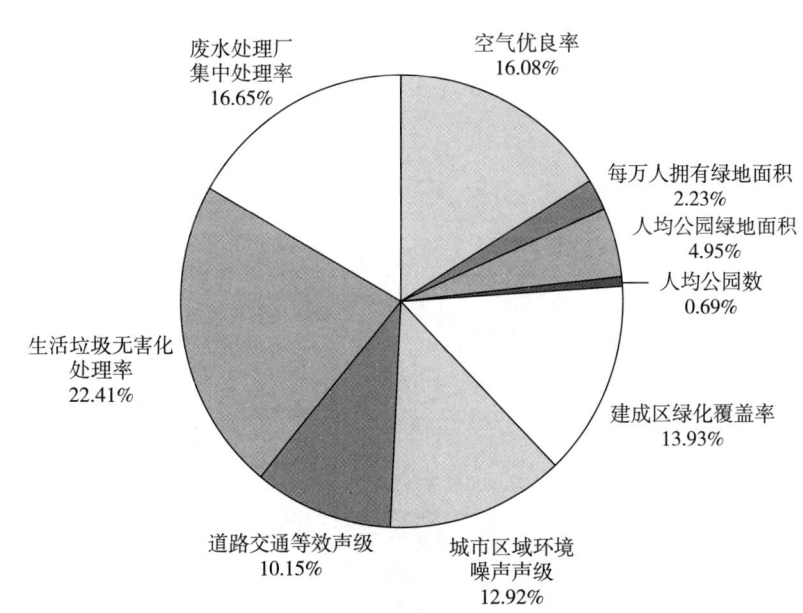

图16 长春人居环境指标得分构成情况(各指标贡献率)

## 2. 西安

西安位于渭河流域中部地区的关中盆地，河网密布，水资源却相对缺乏，属暖温带大陆性季风气候，四季冷暖干湿分明。西安是西北地区重要的中心城市，在近三年的指标排名中首次进入人居环境维度后五的城市。如表19所示，西安在人居环境维度得分41.97分，与全国均值51.54分相差9.57个百分点。在所有指标中，空气优良率和道路交通等效声级分别居于全国倒数第三、第二，成为西安此次排名末位的首要因素。

表19 西安人居环境各指标排名情况

| 指标 | 空气优良率 | 每万人拥有绿地面积 | 人均公园绿地面积 | 人均公园数 | 建成区绿化覆盖率 |
|---|---|---|---|---|---|
| 排名 | 36 | 20 | 25 | 20 | 8 |
| 指标 | 城市区域环境噪声声级 | 道路交通等效声级 | 生活垃圾无害化处理率 | 废水处理厂集中处理率 | |
| 排名 | 27 | 37 | 25 | 26 | |

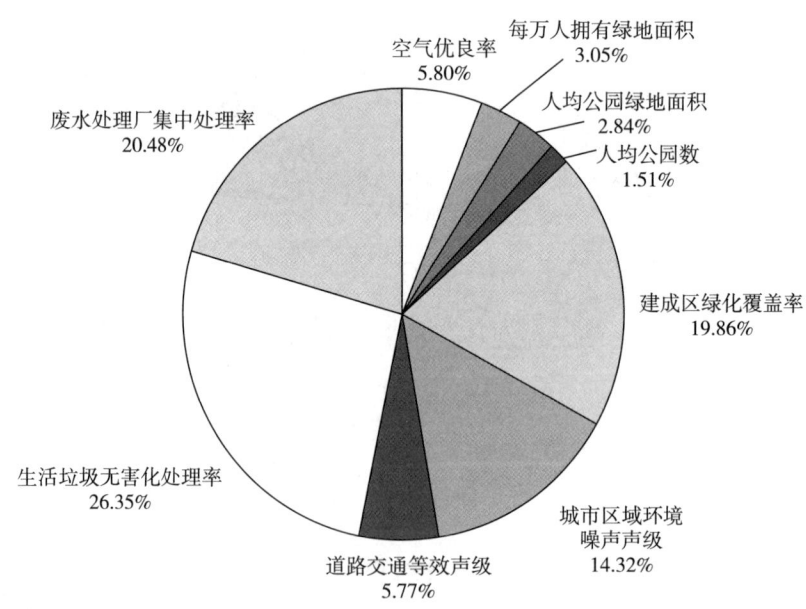

图17 西安人居环境指标得分构成情况（各指标贡献率）

由于自身地理位置的影响，西安全年雨量分布不均，气候干燥、湿度小，同时受到北部沙漠和所处黄土高原干扰，大气环境极其脆弱，空气中可吸入人体的颗粒物污染严重，而工业污染物等排放较少。同时由于人流量和汽车保有、出行量多，城市噪声污染影响范围持续扩大，道路交通噪声占主导地位。城市建成区绿化覆盖率全国排名第8，截至2018年末，全市常住人口达1000万，每万人拥有绿地面积、人均公园绿地面积以及人均公园数在人口超高速增长的压力下均低于全国平均水平（见图17）。其中新旧城区人口密度分布不均，城市环境保护和绿地建设呈现明显的地域差别。政府在追求短期经济增长的过程中疏于环境保护的立法和实施，生活垃圾以及污水处理存在明显的落后和不足，粗放的生产模式、缺乏先进的生产设备和科学的管理方式造成人居环境的恶化。作为有着千年文明历史的古城，西安市应重视代际发展公平和机会平等，加强生态环境保护，取缔落后产能，代之以清洁、可持续和科技为主导的高新工业体系。

3. 西宁

西宁市位于青海省东北部，青藏高原与黄土高原的接合地带，作为省会城市与西安同样是中国西北地区重要中心城市。西宁市呈东西条带状分布，四周群山环绕，属于大陆高原半干旱气候，全年降水稀少，气候条件恶劣，生态系统脆弱。在空气优良率上，受地理区位条件的影响，西宁市空气污染以城市建设和沙尘肆虐造成的固体颗粒污染为主。

2017年末全市常住人口约为235万人，如表20所示，城市建成区绿化覆盖率6.97分，全国排名第25。相较于其他大中城市，西宁人口增长压力不大，但城区绿化与自然环境保护相对滞后。其中每万人拥有绿地面积全国倒数第四，人均公园绿地面积低于全国平均水平。而西宁城市噪声污染影响轻微，但道路交通噪声污染严重，可能与城市狭长的地形密切相关，交通不便。在所有人均环境指数中，西宁市对于废水、固体废弃物的处理较为落后，指数排名分别位于全国倒数第二和第五，对于废弃物处理的"失能"是西宁在人居环境中排名落后的最大原因（见图18）。因此，加快对西宁市环境的综合整治，增加垃圾处理和再生利用设施，提升固废物无害化处理、循环利用能力以及加强水资源保护和污水处理对西宁市提升人居环境发展水平至关重要。

表20 西宁人居环境各指标排名情况

| 指标 | 空气优良率 | 每万人拥有绿地面积 | 人均公园绿地面积 | 人均公园数 | 建成区绿化覆盖率 |
|---|---|---|---|---|---|
| 排名 | 27 | 35 | 20 | 16 | 25 |
| 指标 | 城市区域环境噪声声级 | 道路交通等效声级 | 生活垃圾无害化处理率 | 废水处理厂集中处理率 | |
| 排名 | 7 | 35 | 34 | 37 | |

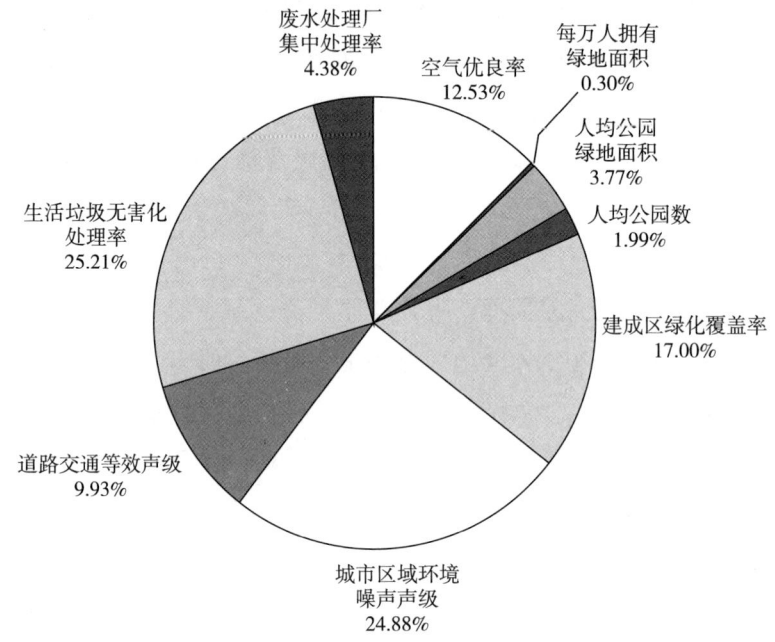

图18 西宁人居环境指标得分构成情况（各指标贡献率）

4. 兰州

兰州城区主要坐落于狭长地带，属于北温带大陆性季风气候，全年干旱少雨，气候干燥，植被覆盖率低，生态脆弱破坏严重。同时，兰州的产业结构以重工业为主，主要产业有石油化工、有色金属冶炼和煤炭工业。全年除了工业污染外，春秋两季沙尘暴等气象灾害频发，自然扬尘较为严重。且兰州城区受东风影响，高静风率和逆温现象导致污染不易扩散，致使兰州城市空气质量较差，如表21所示，兰州空气优良率得分4.13，低于全国均值2.15分。

受地峡区位因素影响，加之经济的发展使得人口和产业用地紧张，公共绿地面积无法达到生态人居环境的正常标准（见图19）。此外，兰州城市的基础设施建设同样落后于沿海及部分内陆经济发达城市，即便当前兰州正在努力投资垃圾焚烧发电项目，但是垃圾无害化处理率近两年仍然居于全国人居环境维度倒数第一。因此，兰州亟待转变当前经济发展模式，构建生态效益与经济效益相结合的环境保护型经济发展模式。

表21 兰州人居环境各指标排名情况

| 指标 | 空气优良率 | 每万人拥有绿地面积 | 人均公园绿地面积 | 人均公园数 | 建成区绿化覆盖率 |
|---|---|---|---|---|---|
| 排名 | 31 | 29 | 18 | 29 | 38 |
| 指标 | 城市区域环境噪声声级 | 道路交通等效声级 | 生活垃圾无害化处理率 | 废水处理厂集中处理率 | |
| 排名 | 18 | 21 | 38 | 11 | |

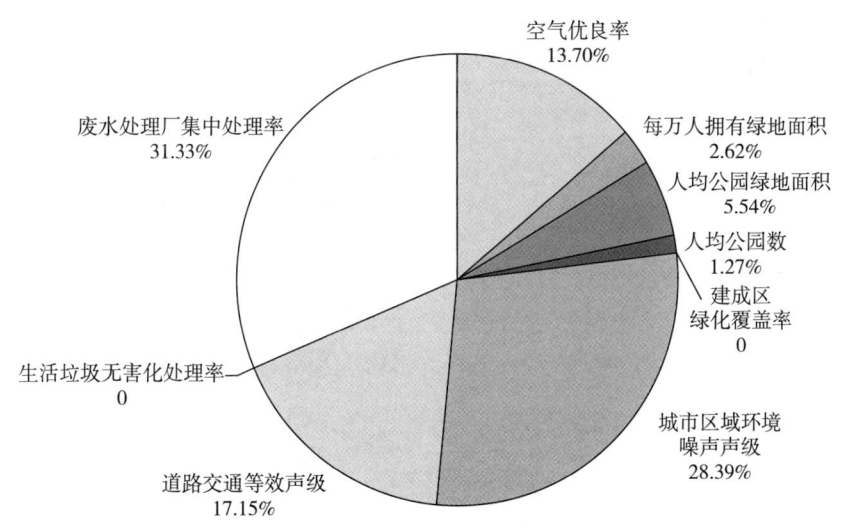

图19 兰州人居环境指标得分构成情况（各指标贡献率）

### 5. 哈尔滨

哈尔滨市地处中国东北平原的东北部地区，作为黑龙江省省会城市它是中国东北地区重要的中心城市。与长春市类似，哈尔滨市位于东北老工业基地，是一个典型的重工业城市。如表22所示，可以明显看出，哈尔滨市建成区绿化覆盖率排名全国倒数第2，每万人拥有绿地面积和人均公园绿地面积上同样远落后于平均水平，差距显著，这可能与哈尔滨市是"冰城"且有大范围的工业用地密切相关，气候和早期用地规划因素导致城市公共绿地面积偏少。其环境污染问题同样不可忽视，哈尔滨重工业工厂较多，产业结

表22 哈尔滨人居环境各指标排名情况

| 指标 | 空气优良率 | 每万人拥有绿地面积 | 人均公园绿地面积 | 人均公园数 | 建成区绿化覆盖率 |
|---|---|---|---|---|---|
| 排名 | 17 | 38 | 37 | 22 | 37 |
| 指标 | 城市区域环境噪声声级 | 道路交通等效声级 | 生活垃圾无害化处理率 | 废水处理厂集中处理率 | |
| 排名 | 37 | 38 | 37 | 21 | |

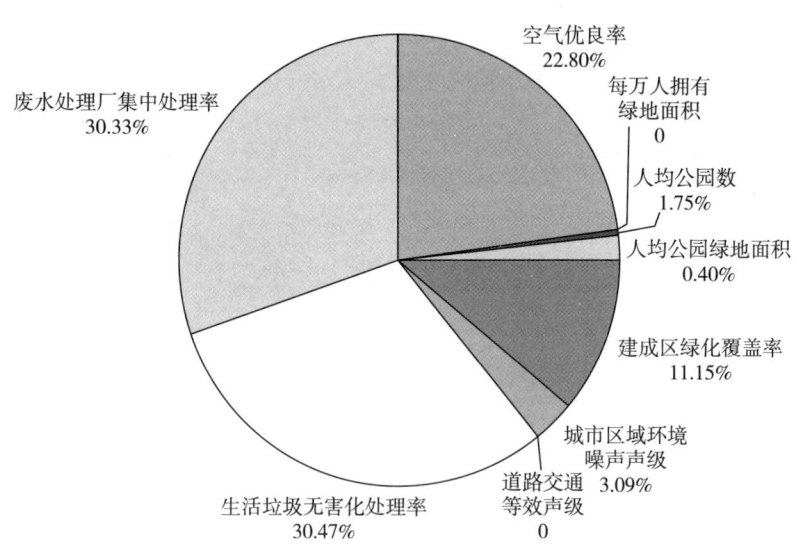

图20 哈尔滨人居环境指标得分构成情况（各指标贡献率）

构较为单一，生产过程中"三废"排放、冬季长时间的燃煤供暖导致大量的工业粉尘和颗粒物污染大气。近年来，在大力发展交通运输、物流产业过程中哈尔滨市环境噪声问题越发严重，成为影响城市人居环境的主要因素（见图20）。

2020年前后，全国各大中型城市将相继严格实施垃圾分类回收，哈尔滨市应重视生活垃圾的无害化处理，及时做好垃圾分类的宣传和教育工作。同时要加快转变经济增长方式，依托一流的科研团队和大学等高等教育机构，围绕高新关键技术打造全新的上下游产业、优化产业结构，以此积极构建健康、宜居的人居环境。

## 五 2015~2019年城市人居环境维度指标变化情况分析及典型城市分析

各城市人居环境维度指标得分排名情况的五年变化趋势见表23（趋势变化以2015年为基准），可以发现，绝大多数城市排名发生了相对变化。结合近年来国家、省市环保投入和中央环保督察来看，各个城市对城市人居环境质量建设十分重视。本报告主要侧重于横向比较，综合反映各个城市的相对排名。

表23 2015~2019年38个城市人居环境得分排名变动

| 城 市 | 排名 2015年 | 排名 2017年 | 排名 2019年 | 趋势 2015~2019年 |
|---|---|---|---|---|
| 珠 海 | 1 | 2 | 1 | — |
| 深 圳 | 3 | 1 | 2 | ↑ |
| 广 州 | 2 | 3 | 3 | ↓ |
| 厦 门 | 6 | 6 | 4 | ↑ |
| 昆 明 | 7 | 5 | 5 | ↑ |
| 南 京 | 4 | 4 | 6 | ↓ |
| 北 京 | 5 | 10 | 7 | ↓ |
| 乌鲁木齐 | 9 | 8 | 8 | ↑ |
| 银 川 | 15 | 9 | 9 | ↑ |
| 太 原 | 11 | 19 | 10 | ↑ |

续表

| 城　　市 | 排名<br>2015年 | 排名<br>2017年 | 排名<br>2019年 | 趋势<br>2015~2019年 |
|---|---|---|---|---|
| 呼和浩特 | 17 | 18 | 11 | ↑ |
| 南　　昌 | 16 | 13 | 12 | ↑ |
| 重　　庆 | 18 | 15 | 13 | ↑ |
| 苏　　州 | 19 | 14 | 14 | ↑ |
| 海　　口 | 10 | 7 | 15 | ↓ |
| 杭　　州 | 26 | 20 | 16 | ↑ |
| 大　　连 | 12 | 12 | 17 | ↓ |
| 南　　宁 | 8 | 11 | 18 | ↓ |
| 合　　肥 | 25 | 17 | 19 | ↑ |
| 青　　岛 | 21 | 27 | 20 | ↑ |
| 石 家 庄 | 22 | 24 | 21 | ↑ |
| 上　　海 | 14 | 26 | 22 | ↓ |
| 济　　南 | 20 | 36 | 23 | ↓ |
| 无　　锡 | 24 | 25 | 24 | — |
| 长　　沙 | 32 | 35 | 25 | ↑ |
| 沈　　阳 | 13 | 28 | 26 | ↓ |
| 武　　汉 | 28 | 33 | 27 | ↑ |
| 成　　都 | 33 | 31 | 28 | ↑ |
| 天　　津 | 30 | 16 | 29 | ↑ |
| 郑　　州 | 37 | 30 | 30 | ↑ |
| 宁　　波 | 36 | 32 | 31 | ↑ |
| 贵　　阳 | 27 | 23 | 32 | ↓ |
| 福　　州 | 29 | 21 | 33 | ↓ |
| 长　　春 | 31 | 34 | 34 | ↓ |
| 西　　安 | 35 | 29 | 35 | — |
| 西　　宁 | 23 | 22 | 36 | ↓ |
| 兰　　州 | 34 | 37 | 37 | ↓ |
| 哈 尔 滨 | 38 | 38 | 38 | — |

2019年38个城市人居环境得分及排名见表24，不难发现，人居环境得分排名前三的城市分别是珠海（87.63分）、深圳（70.11分）、广州（69.06分）；得分排名后三的城市分别是西宁（40.99分）、兰州（30.15分）、哈尔滨（29.45分）。

表24 2019年38所城市人居环境得分及排名

单位：分

| 城市 | 人居环境得分 | 排名 | 城市 | 人居环境得分 | 排名 |
|---|---|---|---|---|---|
| 珠海 | 87.63 | 1 | 青岛 | 50.29 | 20 |
| 深圳 | 70.11 | 2 | 石家庄 | 49.96 | 21 |
| 广州 | 69.06 | 3 | 上海 | 49.81 | 22 |
| 厦门 | 60.65 | 4 | 济南 | 49.58 | 23 |
| 昆明 | 60.13 | 5 | 无锡 | 48.16 | 24 |
| 南京 | 58.56 | 6 | 长沙 | 48.06 | 25 |
| 北京 | 58.33 | 7 | 沈阳 | 47.63 | 26 |
| 乌鲁木齐 | 57.43 | 8 | 武汉 | 47.40 | 27 |
| 银川 | 57.25 | 9 | 成都 | 46.03 | 28 |
| 太原 | 56.61 | 10 | 天津 | 44.93 | 29 |
| 呼和浩特 | 56.39 | 11 | 郑州 | 44.18 | 30 |
| 南昌 | 55.82 | 12 | 宁波 | 43.98 | 31 |
| 重庆 | 55.71 | 13 | 贵阳 | 43.19 | 32 |
| 苏州 | 53.32 | 14 | 福州 | 42.64 | 33 |
| 海口 | 53.10 | 15 | 长春 | 42.29 | 34 |
| 杭州 | 52.28 | 16 | 西安 | 41.97 | 35 |
| 大连 | 52.22 | 17 | 西宁 | 40.99 | 36 |
| 南宁 | 52.07 | 18 | 兰州 | 30.15 | 37 |
| 合肥 | 51.23 | 19 | 哈尔滨 | 29.45 | 38 |

在对比查看人居环境维度排名前三城市各具体指标情况后（见表25），可以发现，珠海市的人均公园数、城市区域环境噪声监测等效声级以及道路交通等效声级三个指标具有明显优势，但每万人拥有绿地面积指标存在不足；深圳市空气优良率具有优势，但在人均公园绿地面积、城市区域环境噪声监测等效声级及道路交通等效声级指标上明显不足；而广州市每万人拥有绿地面积优势明显，但人均公园数指标落后甚多。

通过比较2015年、2017年和2019年的各城市总排名，如表26所示，珠海（第一、第二、第一）、深圳（第三、第一、第二）、广州（第二、第三、第三）三年排名一直保持前四以内。从数据可直观发现，综合得分较高的城市主要位于珠江三角洲地区，属于沿海发达地区。除自身环境基础较

表25 人居环境维度排名前三城市综合得分情况

单位：分

| 排名 | 城市 | 空气优良率 | 每万人拥有绿地面积 | 人均公园绿地面积 | 人均公园数 | 建成区绿化覆盖率 |
|---|---|---|---|---|---|---|
| 1 | 珠海 | 9.60 | 6.28 | 11.11 | 11.11 | 10.71 |
| 2 | 深圳 | 9.65 | 7.81 | 7.82 | 6.39 | 9.37 |
| 3 | 广州 | 7.95 | 10.20 | 10.77 | 1.23 | 7.62 |

| 排名 | 城市 | 城市区域环境噪声声级 | 道路交通等效声级 | 生活垃圾无害化处理率 | 废水处理厂集中处理率 | 得分 |
|---|---|---|---|---|---|---|
| 1 | 珠海 | 10.56 | 7.37 | 11.11 | 9.78 | 87.63 |
| 2 | 深圳 | 3.83 | 4.18 | 11.11 | 9.96 | 70.11 |
| 3 | 广州 | 6.74 | 4.84 | 10.46 | 9.26 | 69.06 |

好外，这些城市经济发展水平较高，在城市整体环境治理优化上的财政投入、政策保障及社会关注较多，因此人居环境总体排名一直位居前列。

表26 2015~2019年城市人居环境指标总排名前三名变化情况

| 城市 | 排名 2019年 | 排名 2017年 | 排名 2015年 | 趋势 2015~2019年 |
|---|---|---|---|---|
| 珠海 | 1 | 2 | 1 | — |
| 深圳 | 2 | 1 | 3 | ↑ |
| 广州 | 3 | 3 | 2 | ↓ |

在对比查看人居环境维度排名末三城市各具体指标情况后（见表27），可以发现，这三个城市绿地面积、公园建设都存在明显不足。西宁虽然在建成区绿化覆盖率、城市区域环境噪声监测等效声级、生活垃圾无害化处理率指标上具有优势，但在每万人拥有绿地面积、废水处理厂集中处理率方面建设不足；兰州在废水处理厂集中处理率指标上表现较好，但建成区绿化覆盖率和生活垃圾无害化处理率指标为0；而哈尔滨在每万人拥有绿地面积、人均公园绿地面积、城市区域环境噪声监测等效声级以及道路交通等效声级指标方面都存在很大差距。

表27 人居环境维度排名末三城市综合得分情况

单位：分

| 排名 | 城市 | 空气优良率 | 每万人拥有绿地面积 | 人均公园绿地面积 | 人均公园数 | 建成区绿化覆盖率 |
|---|---|---|---|---|---|---|
| 36 | 西宁 | 5.14 | 0.12 | 1.54 | 0.82 | 6.97 |
| 37 | 兰州 | 4.13 | 0.79 | 1.67 | 0.38 | 0 |
| 38 | 哈尔滨 | 6.72 | 0 | 0.12 | 0.51 | 3.28 |

| 排名 | 城市 | 城市区域环境噪声监测等效声级 | 道路交通等效声级 | 生活垃圾无害化处理率 | 废水处理厂集中处理率 | 得分 |
|---|---|---|---|---|---|---|
| 36 | 西宁 | 10.20 | 4.07 | 10.33 | 1.80 | 40.99 |
| 37 | 兰州 | 8.56 | 5.17 | 0 | 9.45 | 30.15 |
| 38 | 哈尔滨 | 0.91 | 0 | 8.97 | 8.93 | 29.45 |

此外，如表28所示，2015~2019年西宁、兰州、哈尔滨在城市人居环境维度的排名都在20名之后。它们都为北方内陆城市，受到地理环境、气候条件、经济发展水平和产业结构等因素的影响，综合人居环境的改善难度较大，与其他城市相比，排名始终落后。

表28 2015~2019年城市人居环境指标总排名后三名变化情况

单位：分

| 城市 | 排名 2019年 | 排名 2017年 | 排名 2015年 | 趋势 2015~2019年 |
|---|---|---|---|---|
| 西宁 | 36 | 22 | 23 | ↓ |
| 兰州 | 37 | 37 | 34 | ↓ |
| 哈尔滨 | 38 | 38 | 38 | — |

而2015~2019年，排名提升幅度较大的城市有杭州（上升10名）、长沙（上升7名）、郑州（上升7名），综合三年分项指标变化情况以及近两年城市政策的出台来看，这些城市排名提升的影响因素各不相同（见表29）。

例如，杭州作为东部沿海城市，在"十二五"期间，河道整治力度较大，整治河道77条（段）97.9公里，新增绿化面积201万平方米。此外，杭州污水处理设施不断完善，"十二五"时期新建、扩建城镇污水处理厂15

表29 2015～2019年城市人居环境指标总排名提升幅度较大的三名情况

| 城市 | 2019年 | | 2017年 | |
|---|---|---|---|---|
| | 得分 | 排名 | 得分 | 排名 |
| 杭州 | 52.28 | 16 | 44.12 | 20 |
| 长沙 | 48.06 | 25 | 37.95 | 35 |
| 郑州 | 44.18 | 30 | 41.51 | 30 |

| 城市 | 2015年 | | 2015～2019年 |
|---|---|---|---|
| | 得分 | 排名 | 趋势 |
| 杭州 | 41.93 | 26 | ↑ |
| 长沙 | 40.40 | 32 | ↑ |
| 郑州 | 35.23 | 37 | ↑ |

座,新增规模12.95万吨/日。这些举措使得杭州的废水处理厂集中处理率、空气优良率、建成区绿化覆盖率明显提高。从图21我们可以发现,杭州市在废水处理、生活垃圾处理、空气净化以及道路交通噪声治理方面有了一定成效,这使得杭州在2015～2019年人居环境指标总排名迅速上升10名。

长沙市是长江中游地区重要的中心城市,近年来对人居环境建设越来越重视。在空气净化方面,2016年和2018年都颁布了年度大气污染防治方案,并且对大气污染物的排放标准进行了精确的规定;在生活垃圾和废水处理方面,长沙市生态环保局对各类垃圾废水的排放总量进行限制,减少了因废水处理和生活垃圾处理不当带来的环境污染;此外长沙市政府对噪声污染防治也投入较多的人力、物力、财力,使得其在环境噪声监测等效声级指标上表现较好。从图22我们可以看出,长沙市城市人居环境建设的重点应该往公园、绿地建设转移,以实现城市环境的进一步优化。

排名降低幅度较大的城市有西宁(下降13名)、沈阳(下降13名)、南宁(下降10名)(见表30)。结合三年分项指标变化情况以及政策发布情况,以西宁为例,我们发现当地自然环境和经济发展条件的限制影响了西宁排名的提升。

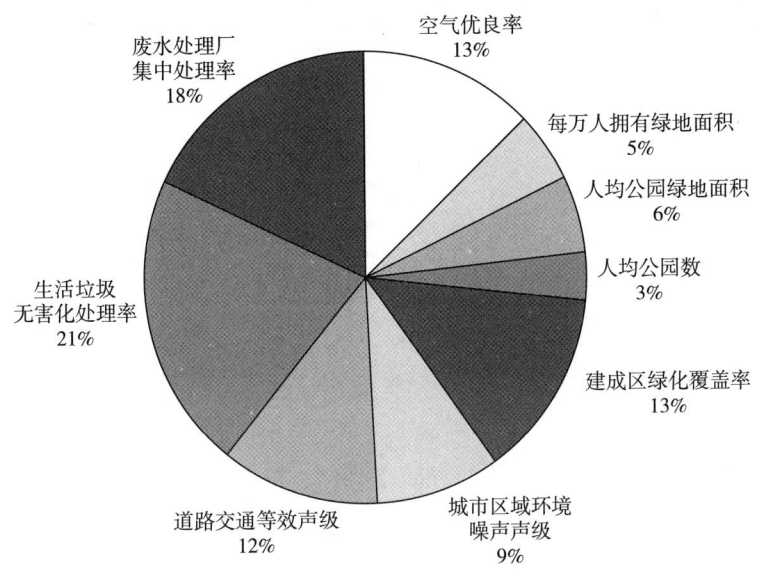

图 21　杭州市环境维度得分构成

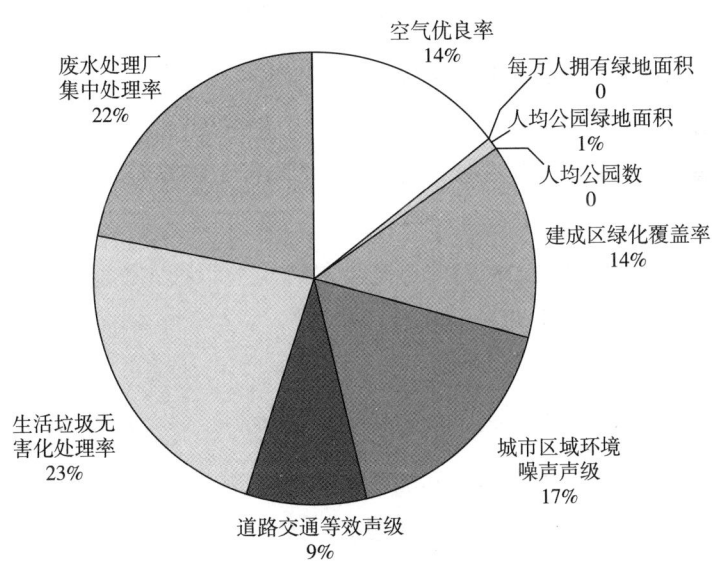

图 22　长沙市环境维度得分构成

表30 2015~2019年城市人居环境指标总排名降低幅度较大三名的情况

| 城市 | 2019年 | | 2017年 | |
|---|---|---|---|---|
| | 得分 | 排名 | 得分 | 排名 |
| 西宁 | 40.99 | 36 | — | 22 |
| 沈阳 | 47.63 | 26 | 35.94 | 28 |
| 南宁 | 52.07 | 18 | 35.37 | 11 |

| 城市 | 2015年 | | 2015~2019年 |
|---|---|---|---|
| | 得分 | 排名 | 趋势 |
| 西宁 | 43.77 | 23 | ↓ |
| 沈阳 | 52.52 | 13 | ↓ |
| 南宁 | 57.30 | 8 | ↓ |

西宁市位于青海省，属于多民族聚集、多宗教并存的城市，再加上处于内陆，自然环境相比沿海沿江地区来说更恶劣，其经济发展受到较大限制，政府工作还主要集中在为城市居民基本生活条件提供支持，以及落实乡村振兴战略以促进农村地区发展上，因而对于城市人居环境的重视程度以及相关工作落实程度不够。在其政府门户网站中，并未查找到有关城市人居环境建设的规划建议。此外，由于其他城市对人居环境进一步重视进而在这方面投入更多，故西宁市的排名在2015~2019年下降较多。从图23我们不难发现，西宁市在环境维度需要加大投入力度的指标是每万人拥有绿地面积、人均公园绿地面积以及公园数量。

沈阳市位于东北地区，是国务院批复确定的中国东北地区重要的中心城市、先进装备制造业基地。其地理位置以及长久以来的产业发展原因，使得其在公园建设和绿化建设方面比较乏力。并且城市依赖重工业的发展，导致沈阳的空气优良率与其他城市相比更为落后。在查找相关政策之后我们发现，沈阳市对于加强人居环境维度相关指标建设的文件比较少，对于人居环境建设的投入力度还不够，这导致其在2015~2019年排名下降13名（见图24）。

考虑到统计数据的口径差异，可以大致得出结论：城市间人居环境指标排名主要受到各城市地理环境、自然条件、人口规模、经济条件和历史发展

中国大中城市老年人人居环境发展报告

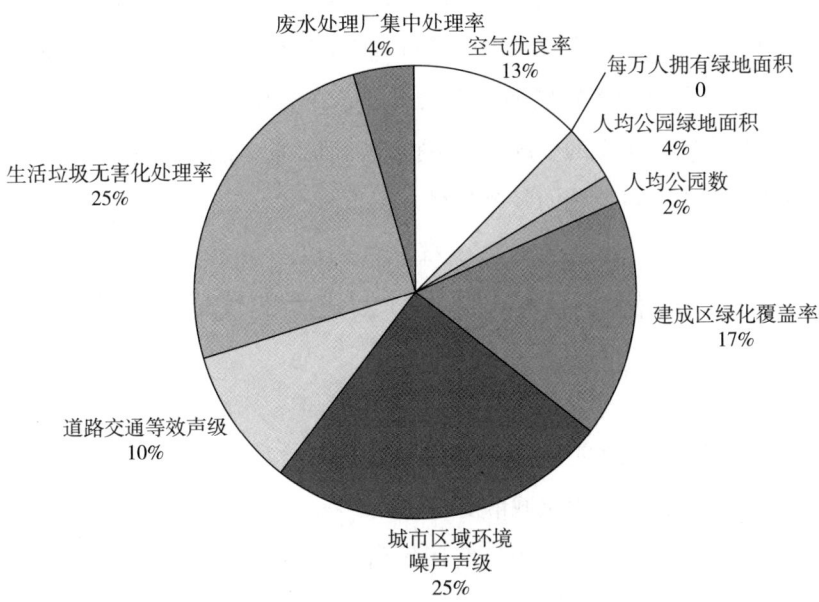

图 23　西宁市环境维度得分构成

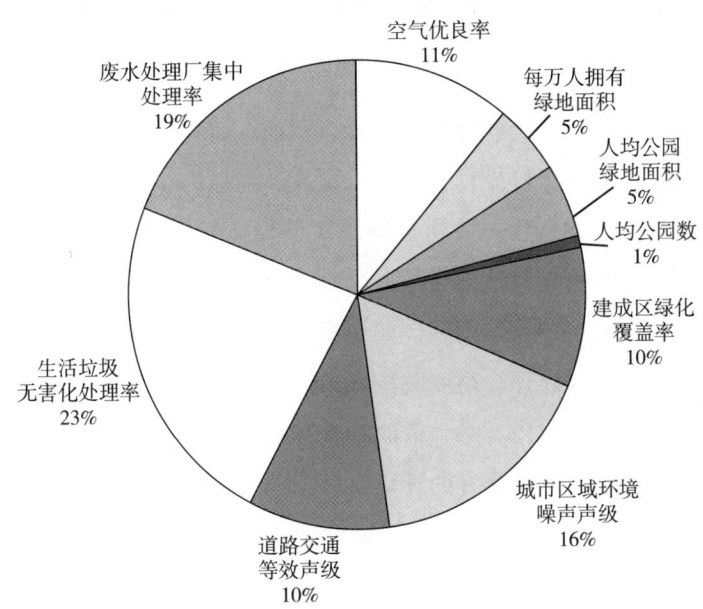

图 24　沈阳市环境维度得分构成

综合因素的影响。在沿海发达城市，比如珠海、深圳等，城市在人居环境建设方面有明显优势；而内陆老工业城市，比如哈尔滨、沈阳等，则因为自身地理环境以及历史经济发展等方面的局限，在人居环境建设方面有明显劣势。此类城市需要更多的资源、政策投入，而目前人居环境的改善需要一个长期过程，离不开可持续的坚持与努力。

## 六 改善城市人居环境，促进新时代健康养老

城市人居环境是一个复杂的、多元的大系统，评价城市人居环境的指标体系因切入点不同而各有侧重。人居环境是人类利用及改造自然的场所[1]。为顺应新时代下健康老龄化城市发展趋势，我国各城市还需要进行多方面提升；为提高城市整体生活质量，我国须努力打造新型健康老龄化城市人居环境。

### （一）树立城市可持续发展观，重视培养发展优质人居环境的能力

作为一项需要持续不断开展的工程，城市人居环境的可持续发展需要建设资源节约型、环境友好型社会，将城市开发与保护相结合，合理利用原生态环境，避免无谓的损耗。必须重视城市环境安全，合理处理各类生活垃圾、污染物，以高标准打造人居环境。必须重视城市治安，保障城市居民人身安全，对可能发生的自然灾害，如地震、洪水等做好有效预防措施[2]。必须培养城市公民参与意识，高度关注城市动态，切身参与建设优质人居环境的一线工作以及监督工作。必须采取相应激励措施，吸引优秀人才和大量投资，借鉴经验方法，营造良好的环境建设氛围。此外，为实现打造健康老龄化城市，既要重视公益性文化设施及科学的康养硬件设施建设，给予老年群

---

[1] 吴良镛：《人居环境科学导论》，中国建筑工业出版社，2001。
[2] 周龄：《城市人居环境可持续发展研究》，《内蒙古水利》2017年第4期。

体能够积极健康生活的人居环境基础,又要着力培养符合康养产业发展的高水平人才,提供高效实用的医养服务。最终达到极高的城市人居环境建设能力水平。

### (二)调整完善健康老龄化城市的生态化建设规划

城市建设规划以生态为导向,健康老龄化为目标,这是增进民生福祉的要求。必须遵循生态学原理和城市规划原则,合理决策各项开发建设计划,为永续发展预留足够空间。首先,在"五位一体"战略布局指导下,必须加强生态建设、社会建设。一方面要合理规划绿色设施空间,建设美丽公园,打造魅力花园城市,给老年群体提供良好的休闲环境。另一方面要加强湿地、森林绿地建设,增大城市自然环境容量和自净能力,提升空气质量,为老年患者提供良好的康养环境。其次,要加强城市基础设施建设规划。设施建设应结合先进理念和技术创新提高服务水平,走智慧化和高端化发展方向[1]。要建设现代化的城市交通网,满足城市居民出行条件。提供良好的步行条件即林荫道,给予老年人更大的活动空间,对于建设有活力、安全、健康且可持续的城市也很重要[2]。再次,须完善城市功能区划分,减少居住区与工商业区地域交叉所带来的不利影响。城市居民尤其是老年群体对噪声反应敏感,因此还要加强对声音污染治理。最后,要结合城市特色,发展城市意境[3]。城市意境不仅要结合城市自然环境和人工景观的发展经验,更要融合城市居民追求健康老龄化生活方式的信仰。

### (三)提高城市经济发展水平和城市人居环境质量

人口和经济要素集聚的城市一般具有高规格的经济发展能力。这类城市

---

[1] 吴昊天、杨郑鑫:《城市新区的人居环境营造总体思路探析——以五大国家级新区为例》,《城市》2015年第4期。
[2] 岳天琦、于博:《健康视角下对城市老街区人居环境空间的分析——以西城区柳荫街及周边民居为例》,《建材与装饰》2018年第29期。
[3] 刘玮、李雄:《"山水城市"人居环境营建策略研究》,《工业建筑》2018年第48期。

的服务体系较为完备，并且在人居环境方面占绝对优势的地位。为了改善人居环境，实现健康老龄化趋势，必须在保证发展的平衡、包容和可持续基础上，不断激发城市经济发展的活力和潜力，提高城市综合经济实力，促进经济社会发展，从而奠定坚定的经济基础。[①] 一方面，城市建设要在产业结构上下功夫，应该合理配置产业内部资源，促进产业结构转型和新的产业结构的形成，特别是要取缔那些对人居环境带来负面影响的污染企业，以满足城市长足发展的需要。另一方面要促进科学技术应用，落实科技领域的改革与开发，促进科技产业提升竞争力，尤其是运用信息技术监测人居环境变化，预测发展趋势并提出建设意见，以确保城市人居环境建设符合健康老龄化需求。科技发展、技术创新，必然会促使城市在建设进程中不仅保证经济发展速度，同时完善人居环境适宜度建设。

### （四）智慧城市建设更加注重健康老龄化的人居环境

以信息化为基础构建的智慧城市正深刻地重构着人居环境中现有的所有生产和生活要素[②]。智慧城市体系建构中整合云计算、大数据、人工智能等新兴技术实时感知健康环境、将老年人生活行为轨迹数字化[③]。智能设备终端采集分析老年人用药、睡眠等健康大数据，将"老年人健康环境无障碍化系统"嵌入生活场景中，健康养老服务纳入公共设施和公共服务内容，跨越人居环境设计的"功能性陷阱"。[④] 加快老旧社区的智能化改造，倡导"包容设计""跨代设计"，须在设计框架中融入人居环境要素，纳入满足老年人起居等生活需求，构建多元主体共建共享的智慧社区，而非技术堆叠的房地产2.0项目。人居环境的"适老化"不仅仅是技术问题，而是制度、法律、伦理、文化的全面转变。

---

[①] 董锁成等：《山东半岛城市群人居环境质量综合评价》，《中国人口·资源与环境》2017年第3期。
[②] 周向红：《智慧城市的竞争力之道：创造市民价值》，《中国建设报》2018年7月30日第8版。
[③] 张雷、韩永乐：《当前我国智慧养老的主要模式、存在问题与对策》，《社会保障研究》2017年第2期。
[④] 赵伟：《广义设计学的研究范式危机与转向》，天津大学博士学位论文，2012年。

## （五）践行联合国可持续发展目标精神，健全法制保障城市健康人居环境

联合国可持续发展目标11提出"建设包容、安全、有抵御灾害能力的可持续城市和人类社区"[①]。首先，要确保城市环境中人人享有可及、安全的住房和基本服务。不让一个掉队，尤其是老幼妇孺，从而构建一个包容、安全、绿色的公共空间。其次，须持续改善道路交通情况，优先发展公共交通，加强城市的规划和管理能力，建设综合性、参与性的人类住区。再次，要消除城市人均负面的环境影响，特别关注空气质量，以及城市废物、污水无害化管理等。最后，由于对人口老龄化问题的准备和重视不足，我国在人居环境设计的设计技术标准和规范上严重缺失。现存的相关指标和标准普遍存在着重叠、冲突的情况，亟待统一和梳理，进而为指导和规范老年人居环境的规划和设计建立起全套的规范的技术标准体系和政策，为实施监管和应用提供法律保障[②]。

**参考文献**

王森、李雪铭：《城市人居环境适宜度评价——以大连市内四区为例》，《西部人居环境学刊》2018年第4期。

杨黎敏：《城市人居环境宜居度评价——对比分析江苏省13个城市》，《农村经济与科技》2016年第19期。

窦银娣等：《湖南省城市人居环境与新型城镇化耦合发展的时空演变研究》，《西北师范大学学报》2016年第5期。

黄滢、徐怡芳：《健康视角下对城市历史街区外部人居环境改造的思考——以北京市西城区南新华街区段为例》，《遗产与保护研究》2019年第4期。

徐纳等：《陕西省城市人居环境质量的时空差异》，《水土保持通报》2017年第1期。

---

① 联合国千年首脑会议：《新的征程和行动——面向2030》，联合国，2015年。
② 于一凡：《社区居家养老服务设施的规划配置研究》，《南方建筑》2019年第2期。

向丽、胡珑瑛：《长江经济带旅游产业与城市人居环境耦合协调研究》，《经济问题探索》2018年第4期。

夏钰等：《长三角地区城市人居环境适宜度空间格局演变》，《生态经济》2017年第2期。

李陈：《中国36座中心城市人居环境综合评价》，《干旱区资源与环境》2017年第5期。

# B.4
# 中国大中城市老年人交通出行发展报告

陈 鑫 叶彩旭 张田丰*

**摘 要：** 城市老年人宜居程度是积极老龄化、健康老龄化关注的重要模块，城市交通状况和居民出行条件深刻地影响着城市老年人群体的发展机会，因此本报告从城市发展的交通出行角度入手，通过分析平均旅行速度、人均年末实有出租车数、人均城市道路面积、建成区路网密度、人均拥有公交车数、每小时拥堵时间、年人均拥堵成本这7个重要指标的数据，探讨健康老龄化进程中城市交通发展水平及未来实践方向。通过对38个城市的横向分析和2015年、2017年、2019年三年数据的纵向对比，深度剖析典型城市的交通出行发展情况，提出统筹城市规划、发展适老化城市交通、完善城市公共交通、建设智慧城市四点建议，通过保障老年人交通出行的权益，一方面使得普惠性的养老服务变得更加可及，另一方面使得老年人的自我发展和自我实现的机会和权益不会受到阻碍和滥用，进而从城市交通这一层面推进健康老龄化的实现。

**关键词：** 老年人 公共交通 交通出行 交通拥堵

---

* 陈鑫，西南交通大学公共管理与政法学院本科生；叶彩旭，西南交通大学公共管理与法政学院本科生；张田丰，西南交通大学公共管理与政法学院研究生。三人的研究领域均为老龄事业与产业管理。

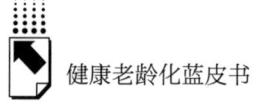
健康老龄化蓝皮书

本报告选择了平均旅行速度、人均年末实有出租车数、人均城市道路面积、建成区路网密度、人均拥有公交车数、每小时拥堵时间、年拥堵成本等七个指标来反映城市建设当中的适老化交通情况。选择这七个指标有两个原因：一是为了保持指标的代表性，尽管选择的七个指标不能够完全代表城市交通出行的基本状况，但是这七个指标具有较强的代表性，无论是从城市交通出行的角度还是从年龄友好的角度来看，这七个指标都是健康老龄化在城市交通方面的必要指标，因此本报告不仅对往年的指标做了调整和修改，而且新选择的指标更多地加入了"出行"的考虑，通过拥堵的时间和经济成本反映出行的便利性，增强了"交通出行"这一维度对健康老龄化指数的代表性。二是这七个指标的数据同时具备了权威和易得两个属性，本报告希望通过从社区到绿道或者公园步行道的距离更加直接地反映交通出行的内涵，但是目前的统计数据还不足以满足我们数据的需求。故本报告已经在交通出行的维度做了新的内涵补充和指标更新，这种总体描述的改变将为本报告的结论和建议带来新的积极变化。

## 一 城市交通出行新动向：理念和实践

### （一）各城市持续提高道路网的公共服务能力

北京市对机动车尾号实施限行措施，是国内第一个通过机动车尾号治理交通拥堵的城市。北京市城市人口规模巨大、经济社会活动繁多，城市街区原有的块状、面状建设导致道路网短时间内无法消化巨大的交通流量，因此在每天的特定时点北京市会出现长时间的交通拥堵。交通拥堵不仅提高了出行者的时间成本，而且给公共服务带来了更多的不便，产生了不可估量的负外部性，因此，治理城市交通拥堵的本质问题在于，如何提高城市道路网的公共服务能力。

成都市2018年制定了新的《2018年成都科学治堵工作实施方案》，计划在2018年实现全市建成区、景区、商圈、医院等区域交通环境明显改善，轨道交通运营里程达210公里，建成绿道1600公里，城市轨道交通的公共交通出行分担率超过40%，中心城区路网年均高峰交通拥堵指数不超过1.70，交通参与者守法意识、规则意识、安全意识、文明意识显著增强的综合目标①。2018年成都市的交通出行排名为第22名，比前一年提高了12名，说明成都市的城市拥堵状况有所改善，道路公共服务能力提升，成都市科学治堵策略效果显著，达到了实施方案中的目标。

2018年6月20日，深圳市《交通拥堵综合治理策略措施及2018年行动方案》提出，要推动城市交通治理从侧重治理小汽车拥堵向系统提供多元高品质的交通服务转变。其中，将"慢行复兴"列为"治堵"首要策略。众所周知，深圳市一直稳居中国一线城市的行列，说明了其具有巨大的经济社会活动量和人口规模，然而与北京市不同，深圳市在具有巨大人口规模与经济社会活动量的同时，保持了交通系统的平稳运转②。从其开展治堵方案的行动目标可以看出深圳市治堵的目的是提升城市交通系统的服务水平。因此，深圳市的公共交通建设理念先进也是深圳市交通一直领先全国甚至是世界的重要原因。

## （二）"智慧城市"建设促进"智慧交通"发展

"智慧城市"概念是于1990年，在以"智慧城市、全球网络"为主题的美国旧金山国际议会上被首次提出的。智慧城市的发展是动态的，信息与通信技术是智慧城市的核心。"电子政务云""智能交通""数字校园""数字医疗""智能电网"是智慧城市的主要构成部分，这意味着智慧城市建设需要政府的推动，并以满足民众在交通、校园、医疗、电力等多方面的多样化需求为导向③。

---

① 市政府办公厅：《成都市人民政府办公厅关于印发2018年成都科学治堵工作实施方案的通知》，http://gk.chengdu.gov.cn/govInfoPub/detail.action?id=100375&tn=6。
② 深圳市交通运输委员会：《深圳市交通拥堵综合治理策略措施及2018年行动方案》，http://www.sohu.com/a/235869083_492534。
③ 丁涛、王传东、霍勇等：《关于加快推进银川智慧城市建设的研究报告》，http://swzys.yinchuan.gov.cn/zcyj/201710/t20171016_523774.htm。

"智能交通"是智慧城市的关键模块，智慧城市建设将促进智慧交通发展。一方面，政府作为智慧建设的主要推动方，为智能交通发展提供政策支持是必然趋势。中国的智慧城市发展仍处于初级阶段，中国特色城市化进程不断提出新要求，政府更需着力推进智慧城市建设要素的发展。"智慧"是以系统化、信息化的方式促进公平、降低交易费用从而提升效率。民众出行困难、交通拥堵严重，为更好地实现优质服务供给和资源配置效率提升，智能交通体系建设亟待加快推进。

另一方面，智慧城市建设需要实现资源集聚，侧重于城市集群发展，这可为智能交通建设提供良好资源环境。科学的城市发展布局是智慧城市建设的基础，城市交通、通信等的网络化与管理、运行的系统化离不开资源集聚这一前提。而智能交通在各种资源耦合的城市系统中，能够使用"交通拥堵传感器""道路桥梁监控系统""无人机"等先进技术和设备收集和传输信息、实时监测交通拥堵情况，配合"公共交通管理系统"就维修等突发情况发布信息、组织协调以实现智能物流运输和交通出行。

2011年，旧金山被评为北美最环保城市。作为旅游胜地的旧金山在其智慧城市的建设中，将可持续发展作为其战略目标之一。为了绿化城市、实现可持续发展，旧金山使用创新技术优化资源管理体系，提升交通物流系统效率，以零碳排放为目标。"Muni Forward"便是旧金山推出的旨在提升城市交通的安全性和可靠性的交通专项。将公共交通工具和新技术手段、基础设施结合，在车辆即将到达时提供相应检测信息、切换信号，使得车辆能以最快速度通过路口，保障道路顺畅。除此之外，旧金山依托其智慧城市计划中的OpenData这一开放的数据平台、该市政府数据的一站式网站DataSF、相关应用程序，对交通运输需求和通勤时间等数据进行分析并提出优化方案，从而进一步减排，以实现环保目标，在发展"智能交通"的基础上实现建成"智慧城市"的目标。

类似的，由于人口快速增长，同时居民的汽车使用依赖性高，印度新德里的通勤时间增幅明显，交通拥堵程度和温室气体排放都急剧上升。合理、高效的智慧城市规划越发重要。新德里通过建设铁路项目、发布实时交通信息、向乘客提供互联网连接渠道,在智慧城市体系下形成了一体化智能交通系统,成功解决了当地较为严重的交通和环保问题。

众所周知,有"山城"之称的重庆,其交通拥堵问题长期以来都比较严重。在《重庆市深入推进智慧城市建设总体方案(2015~2020年)的通知》中,信息基础设施的强化建设、城市传感基础设施覆盖能力的提升建设等促进智能交通发展的规划都是重点推进工作。重庆借助物联网平台打造的智能交通系统,不仅能预测未来1小时的交通状况、让民众合理安排出行,而且能智能切换交通信号以缓解道路拥堵、让驾车者免停车刷卡进出停车场等,着实为在重庆生活的人们带来了出行新体验。

可见,智慧城市建设带动交通体系的智能化发展是必然趋势。

### (三)"宜居环境"促进"年龄友好"的交通出行

宜居环境评价,或者说宜居城市评价,是对环境适宜居住程度的综合评价,涉及经济、环境、社会安全、文明等多个方面。宜居环境的主要特征为社会和谐、环境优美、文明进步、经济安全等,多表示宏观社会层面的宜居。世界卫生组织(WHO)在2002年首先提出"积极老龄化"概念,后在2005年、2007年陆续提出了"年龄友好环境"和"全球年龄友好城市计划"。所谓年龄友好型城市,即对各年龄阶段人群来说,城市的交通、住房等多方面都具有包容性,能够给各年龄阶段人群提供社会参与的机会,尤其是中老年群体。从年龄友好型城市的基本内涵可以看出,其建设重点在于各年龄段群体对居住的满意程度,在更微观层面,有更细节化的宜居标准。具有较高包容性的城市,自然对各年龄阶层而言都是一种宜居的生活环境。但宜居的城市不一定对所有年龄阶段的群体都是友好的,所以年龄友好型城市是宜居城市进一步发展的结果。

在《全球老年友好型城市建设指南》中,年龄友好型城市的特征涉及八个方面,交通就是其中之一。在《衡量城市对老年人关爱的程度》中,交通设计是产出指标中实体环境的重要组成部分。可见,交通对于宜居环境的建设不可或缺。同样,在推进宜居环境建设、年龄友好型城市建设的过程中,"老龄友好"的交通出行体系也必然要同步发展。

20世纪80年代,巴塞罗那的城市改造被视为典范。虽然不是专为适老化而推行的运动,但是此次近乎全民参与的城市改造让巴塞罗那对各年龄阶段都极具包容性。摒弃以往宽阔的大马路,以人行道隔断双向道路的交通设计,让机动车行驶更加有序,老年人和儿童能够更舒适地享受公共交通,而年轻人则开始更多地偏爱驾驶摩托车、自行车。正是得益于人性化的交通系统,巴塞罗那至今都以海滨休闲都市形象示人①。

日本富山市的"紧凑型城市计划"也是由对宜居环境的需要所引发的交通改造计划。原本的富山市因为住房分散、郊区化发展而致城市管道铺设等基础设施建设成本加大、老年人出行不便。紧凑型城市则是将城市的主要功能设施聚集在居住区周边,以降低出行成本、便捷化生活。富山市在这一场适老化改造中,引入了路面电车等新型交通工具,重新发布城市规划,以紧凑型城市公共交通网络实现了年龄友好型宜居环境创建②。

为了应对人口老龄化,我国台湾嘉义市在2010年开始推进"年龄友好型城市"建设。"畅行"是台湾地区对"年龄友好型城市"中的"大众运输"这一概念的本土化定义。围绕着大众运输系统、交通信息传递等关键点,嘉义市交通处以转运中心衔接桥为基础推进交通体系的年龄友好化改善,以实现以老年人为主的畅行③。

## 二 交通出行指标说明及数据计算

### (一)指标选取及说明

在我国人口老龄化形势日益严峻的背景下,人们越来越多地探讨健康老

---

① 高健:《巴塞罗那:城市交通和公共空间有感》,《城市化》2013年第2、3期合刊。
② 泽池治:《老龄社会的紧凑型城市》,http://www.keguanjp.com/kgjp_shehui/kgjp_sh_yishi/pt20130903121455.html。
③ 谢楠:《台湾年龄友好城市建设经验及主要特色——以台湾嘉义市为例》,《老龄科学研究》2017年第10期。

龄化这一理念，适老交通则是健康老龄化理念当中不可或缺的一部分。适老交通可以具体体现城市的宜居性，尤其是对于老年人的退休生活而言。因此，如何就交通出行这一维度建设适老亲老的人性化城市是目前需要探索的重要议题之一。

根据国内相关学者的著述，本文选取了七个指标来反映城市建设中的适老交通情况，分别是平均旅行速度、人均年末实有出租车数、人均城市道路面积、建成区路网密度、人均拥有公交车数、每小时拥堵时间、年人均拥堵成本。对各指标做相关说明如下。

（1）平均旅行速度是指城市范围内平均的旅行速度。平均旅行速度得分越高，说明在该城市上班的平均路程越短。这在一定程度上可以反映该城市的建设风貌，具体包括城市商业区和住宅区的规划情况等。

（2）人均年末实有出租车数：人均年末实有出租车数是指每年年末一定规模城市内出租车的实际人均占有量，用来评价该城市出租车供求匹配的状况。

（3）人均城市道路面积指的是用城市道路面积除以城市常住人口和城市暂住人口之和后得到的人均城市道路面积数。人均城市道路面积得分越高，说明该城市人均城市道路面积越大，这在一定程度上可以反映出该城市的交通便捷程度。

（4）建成区路网密度：指的是在一定区域内，道路网的总里程与该区域面积的比值，用道路总里程（公里）和所在区域的面积（平方公里）来表示。建成区路网密度得分越高，说明该城市的道路网络更加密集，能够在短时间内疏导更多的车流和人流，这在一定程度上可以反映出该城市的交通便捷程度。

（5）人均拥有公交车数是指按照城市人均拥有的公共交通车辆标准台数，用公共交通车辆标准台数除以当地的常住人口数来表示。这一数据越高也就代表每一位居民可以获得的公共交通车辆及其相关服务更加充足，能够间接反映居民出行时公共交通服务的可及性和便利性。

（6）每小时拥堵时间指高峰出行中每小时所耗费在堵车上的时间，其

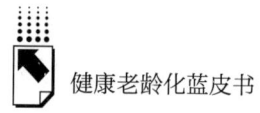

数值越高,代表每个小时花在堵车上的时间越短,反之则越长,因此本报告对这个数据做了反向处理。较长的拥堵时间直接影响了居民尤其是老年居民的出行效率。

(7) 年人均拥堵成本是2个变量相乘的结果,变量包括:每小时的工资水平,一年的拥堵小时数。首先将城镇的平均工资水平折合到每小时(按每年有12个月需要工作,每月22个工作日,每日工作8小时,每天拥堵2小时计算),得到每小时的工资水平。最终年人均拥堵成本=每小时的工资水平×一年的拥堵小时数。这个指标用来表示由交通拥堵而带来工作上的间接、直接的经济损失。最终的得分越高,表示该城市交通拥堵带来的经济损失越小,反之则是越大。

通过查阅相关的统计年鉴,我们得到了38个城市在交通出行维度下的各项指标值,利用层次分析法将得到的数据经过无量纲化、归一化处理后就能得到各指标下的城市得分及排名和总的健康老龄化交通出行得分及排名情况。数据无量纲化中,交通出行这一维度下的七个一级指标得分区间为0~100:0表示某城市在该指标下的表现最差;100表示某城市在该指标下的表现最优,属于理想情况。

## (二)数据计算和权重设计

在健康老龄化指数的五个评价维度(健康医疗、人居环境、交通出行、社会公平、经济金融)中,交通出行同其他四个评价维度一样,被赋予了20%的权重。给交通出行这一维度所包含的七个测量指标赋予相等的权重。

在交通出行这一维度下的七个测量指标当中,数据结果表现最好的城市计分为100,数据结果表现最差的城市计分为0,其余的城市则在0~100获得对应的得分。

经过测量,本报告最终得到样本数据矩阵:

$$[x_{ij}](i=1,2,\ldots,38;j=1,2,\ldots,7)$$

在上式中,$i$为样本量,$j$为指标个数。鉴于各指标数值的量纲不同,并且有些指标的判断方向不一致，因此有必要采取无量纲正向处理法，具体处理方法如下所示。

对于任意第 $j(j = 1,2,\ldots,7)$ 项指标的数据，记为：

$$m = \min\{x_{ij}\}, M = \max\{x_{ij}\}, R = M - m, i = 1,2,\ldots,7$$

则样本数据可根据如下公式进行变化：

（1）当第 $j$ 项指标越大反映越好的表现时，变换为公式：

$$y_{ij} = (x_{ij} - m)/R$$

当第 $j$ 项指标越小反映越差的表现时，变换为公式：

$$y_{ij} = (M - x_{ij})/R$$

经过上述处理，将最终的数据矩阵记为：

$$[y_{ij}](i = 1,2,\ldots,38;j = 1,2,\ldots,7)$$

## 三 交通出行指标得分及排名情况总体分析

### （一）平均旅行速度

平均旅行速度是指城市范围内平均的旅行速度。平均旅行速度得分越高，说明在该城市上班的平均路程越短。这在一定程度上可以反映该城市的建设风貌，具体包括城市商业区和住宅区的规划情况等。平均旅行速度的指标设计考虑了《2016年度中国主要城市交通分析报告》中的具体指标，力图通过该指标反映城市居民平均一次旅行的路程与时间。平均旅行速度越高，表示该城市居民出行的交通障碍越小，城市交通条件让居民的出行更加畅通无阻。本报告中城市平均旅行速度的数据主要来源于《2016年度中国主要城市交通分析报告》。对数据进行归一化处理之后，按照得分进行排名，如表1所示。

表1　平均旅行速度得分及排名

单位：分

| 城市 | 得分 | 排名 | 城市 | 得分 | 排名 |
|---|---|---|---|---|---|
| 无　　锡 | 14.29 | 1 | 南　　昌 | 5.87 | 20 |
| 乌鲁木齐 | 11.85 | 2 | 海　　口 | 5.81 | 21 |
| 呼和浩特 | 10.95 | 3 | 合　　肥 | 5.45 | 22 |
| 太　　原 | 9.87 | 4 | 青　　岛 | 5.41 | 23 |
| 苏　　州 | 9.53 | 5 | 长　　沙 | 4.82 | 24 |
| 南　　京 | 9.43 | 6 | 重　　庆 | 4.68 | 25 |
| 成　　都 | 9.26 | 7 | 南　　宁 | 4.53 | 26 |
| 天　　津 | 9.17 | 8 | 北　　京 | 4.30 | 27 |
| 西　　安 | 8.32 | 9 | 广　　州 | 4.17 | 28 |
| 福　　州 | 8.21 | 10 | 贵　　阳 | 3.62 | 29 |
| 石　家　庄 | 7.88 | 11 | 大　　连 | 3.56 | 30 |
| 郑　　州 | 7.65 | 12 | 杭　　州 | 3.49 | 31 |
| 上　　海 | 6.96 | 13 | 沈　　阳 | 3.38 | 32 |
| 银　　川 | 6.71 | 14 | 长　　春 | 3.36 | 33 |
| 厦　　门 | 6.54 | 15 | 西　　宁 | 3.14 | 34 |
| 武　　汉 | 6.38 | 16 | 兰　　州 | 2.86 | 35 |
| 昆　　明 | 6.25 | 17 | 哈　尔　滨 | 2.09 | 36 |
| 宁　　波 | 6.25 | 18 | 珠　　海 | 2.08 | 37 |
| 深　　圳 | 5.95 | 19 | 济　　南 | 0 | 38 |

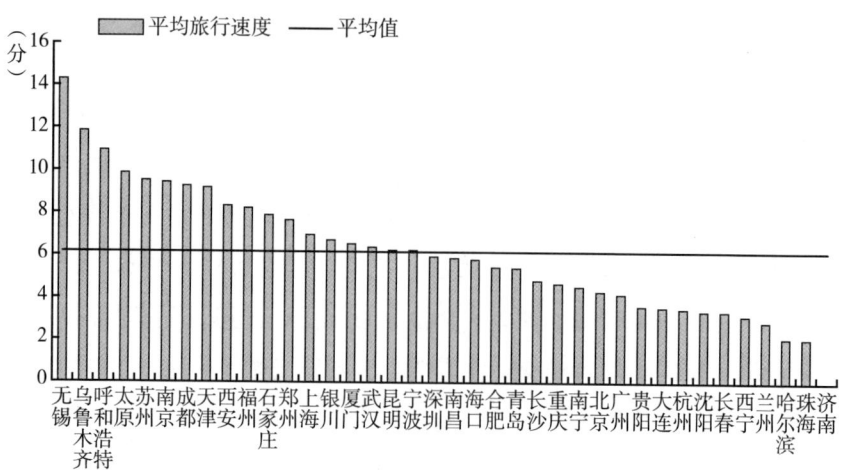

图1　平均旅行速度得分排名情况

由表1和图1可知，无锡的平均旅行速度排名第一，得分为14.29；其中排名前五的城市为无锡、乌鲁木齐、呼和浩特、太原、苏州，其得分分别为14.29、11.85、10.95、9.87、9.53。排名末五的城市为西宁、兰州、哈尔滨、珠海、济南，其得分分别为3.14、2.86、2.09、2.08、0。由图1可知，在这一指标上38个城市的平均得分是6.16。

在该指标得分前五的城市中，乌鲁木齐和呼和浩特因其地广人稀的自然地理优势，能够在平均旅行速度这一指标中获得较好的成绩，而在类似无锡、太原、苏州这样的人口密集的城市中，平均旅行速度则需要通过有效的交通治理实现有序的交通秩序，从而为提高平均旅行速度提供保障，例如无锡市通过加大查处违规停车力度实现良好的交通秩序，太原市则是通过规范停车位的方法疏通道路车辆，苏州市则通过在老城区实行"禁止运营共享单车"的办法实现老城区交通的畅通。而在指标得分居后五位的城市中，除去西宁和兰州因本身的交通不便而导致平均旅行速度减慢外，其他三座城市的得分反映了当地治理交通的能力和措施上的不足。以济南市为例，济南市因缺乏足够的主干道，导致在车流高峰期多数车辆只能在有限的主干道上拥挤，其次干道和支路不能起到分散和疏通的作用。因为济南市的交通不畅直接影响了居民的平均旅行速度。

值得一提的是，无论是得分前五还是后五的城市，其城市分布均没有明显的地域特征，说明平均旅行速度已经在最大限度上消除了地理位置和自然条件对交通出行的影响，而更多地与地方交通治理能力这一大前提相关。故而地方政府应充分认识到提高自身治理能力对城市建设有重要意义。

## （二）人均年末实有出租车数

人均年末实有出租车数是指每年年末一定规模城市内出租车的实际人均占有量，用来评价该城市出租车供求匹配的状况。本报告中人均年末实有出租车数是根据各城市2017年统计年鉴和《2017年中国城市统计年鉴》中的数据通过归一化得到的。得分排名情况如表2所示。

表2 人均年末实有出租车数得分及排名

单位：分

| 城市 | 得分 | 排名 | 城市 | 得分 | 排名 |
| --- | --- | --- | --- | --- | --- |
| 乌鲁木齐 | 14.29 | 1 | 厦 门 | 4.63 | 20 |
| 北 京 | 12.59 | 2 | 西 安 | 4.22 | 21 |
| 兰 州 | 9.87 | 3 | 杭 州 | 3.84 | 22 |
| 银 川 | 9.21 | 4 | 济 南 | 3.40 | 23 |
| 西 宁 | 9.11 | 5 | 合 肥 | 3.19 | 24 |
| 沈 阳 | 7.79 | 6 | 昆 明 | 3.19 | 25 |
| 呼和浩特 | 7.66 | 7 | 海 口 | 3.19 | 26 |
| 天 津 | 7.27 | 8 | 郑 州 | 2.84 | 27 |
| 长 春 | 7.27 | 9 | 青 岛 | 2.70 | 28 |
| 太 原 | 7.10 | 10 | 长 沙 | 2.37 | 29 |
| 大 连 | 6.84 | 11 | 南 昌 | 2.33 | 30 |
| 上 海 | 6.84 | 12 | 南 宁 | 2.11 | 31 |
| 珠 海 | 6.59 | 13 | 成 都 | 2.10 | 32 |
| 贵 阳 | 6.56 | 14 | 福 州 | 1.48 | 33 |
| 哈尔滨 | 6.54 | 15 | 重 庆 | 1.20 | 34 |
| 南 京 | 5.76 | 16 | 石家庄 | 0.91 | 35 |
| 武 汉 | 5.21 | 17 | 无 锡 | 0.43 | 36 |
| 广 州 | 5.01 | 18 | 宁 波 | 0.28 | 37 |
| 深 圳 | 4.65 | 19 | 苏 州 | 0 | 38 |

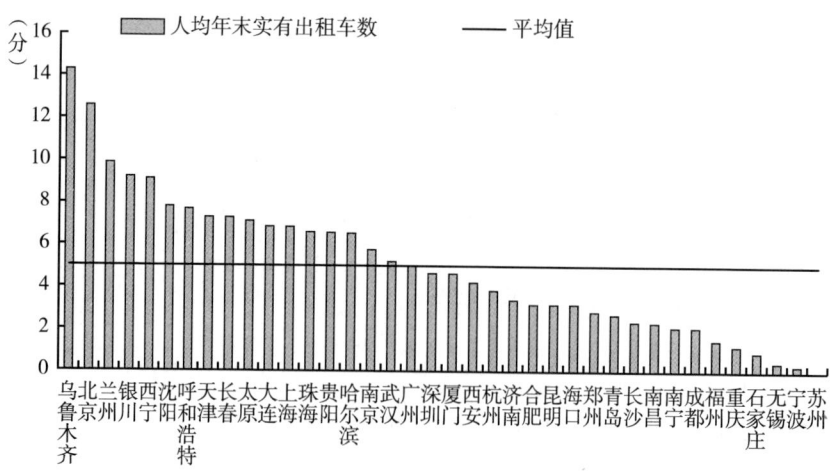

图2 人均年末实有出租车数得分排名情况

由表2和图2可知,乌鲁木齐的人均年末实有出租车数排名第一,得分为14.29;排名前五的城市为乌鲁木齐、北京、兰州、银川、西宁,其得分分别为14.29、12.59、9.87、9.21、9.11。排名末五的城市为重庆、石家庄、无锡、宁波、苏州,其得分分别为1.20、0.91、0.43、0.28、0。由图2所知,在人均年末实有出租车数这一指标上38个城市的平均得分是5.01。

在该指标得分前五的城市中,乌鲁木齐地处西北地区,因其沙漠地表难以修建铁路,因此在乌鲁木齐市所在的广阔的西北地区,公路和航空是主要的交通方式,较乌鲁木齐在公路设施、出租车数量上具有一定优势;再加上西北地广人稀的自然条件,人口绝对数量少于东部地区,使得乌鲁木齐能够在人均年末实有出租车数这一指标上摘得桂冠。而兰州、西宁、银川则是处于较高海拔地带的城市,城市的卫星云图显示,西宁市和兰州市属于山间谷地,因此城市呈带状分布,城市的交通网络也呈现带状分布。这一自然地理条件决定了西宁市和兰州市的出租车业务比较发达,再加上地广人稀、人口绝对数量少于东部地区,所以西宁市和兰州市能够在人均年末实有出租车数这一指标上居于前列。银川市属于在山前冲积扇上发展而成的城市,位于贺兰山东部、黄河干流西部,只有向东和向北才具有广阔的发展空间,因此银川市的主要交通集中在黄河干流西岸,具有与西宁市、兰州市类似的城市特征,能够在人均年末实有出租车数这一指标上获得较好的成绩。北京市不言而喻,其自身雄厚的经济社会基础使得出租车业务无论是绝对数量还是平均数量都能够稳居全国城市的前列。

后五的城市主要是重庆、石家庄、无锡、宁波和苏州五座城市。这五座城市的指标表现之所以不好,有三点原因:一是人口数量大(如重庆、无锡、宁波和苏州),东部城市和重庆市都是巨大的人口聚居地,重庆常住人口更是达到了3000万人;二是受限于城市规模,出租车发展已经饱和(如石家庄市、重庆市和苏州市),虽然这些城市仍在继续城市化,但是新城区和老城区的出租车数量已经达到上限;三是滴滴业务的快速发展对原有的出租车业务产生了替代效应,滴滴用户的市场逐渐扩展,出租车

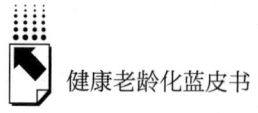

市场逐渐萎缩。上述三点是重庆、石家庄、无锡、宁波和苏州五座城市没有在人均年末实有出租车数指标上取得较好分数的现实原因。

### （三）人均城市道路面积

人均城市道路面积指的是用城市道路面积除以城市常住人口和城市暂住人口之和可得到的人均城市道路面积。人均城市道路面积得分越高，说明该城市人均城市道路面积越大，这在一定程度上可以反映该城市的交通便捷程度。人均城市道路面积这一指标主要是根据各城市2017年统计年鉴和《2017年中国城市统计年鉴》中的数据，通过归一化得到的。得分排名情况如表3所示。

表3 人均城市道路面积得分及排名

单位：分

| 城市 | 得分 | 排名 | 城市 | 得分 | 排名 |
| --- | --- | --- | --- | --- | --- |
| 苏 州 | 14.29 | 1 | 呼和浩特 | 1.63 | 20 |
| 大 连 | 5.95 | 2 | 上 海 | 1.45 | 21 |
| 广 州 | 3.66 | 3 | 沈 阳 | 1.38 | 22 |
| 重 庆 | 3.23 | 4 | 海 口 | 1.17 | 23 |
| 银 川 | 3.11 | 5 | 乌鲁木齐 | 1.03 | 24 |
| 南 京 | 2.78 | 6 | 昆 明 | 1.02 | 25 |
| 天 津 | 2.64 | 7 | 武 汉 | 0.84 | 26 |
| 无 锡 | 2.64 | 8 | 杭 州 | 0.84 | 27 |
| 宁 波 | 2.55 | 9 | 青 岛 | 0.78 | 28 |
| 合 肥 | 2.54 | 10 | 成 都 | 0.72 | 29 |
| 石 家 庄 | 2.32 | 11 | 郑 州 | 0.69 | 30 |
| 西 安 | 2.29 | 12 | 长 春 | 0.61 | 31 |
| 北 京 | 2.21 | 13 | 长 沙 | 0.60 | 32 |
| 南 宁 | 2.12 | 14 | 厦 门 | 0.45 | 33 |
| 南 昌 | 2.11 | 15 | 珠 海 | 0.33 | 34 |
| 西 宁 | 2.03 | 16 | 兰 州 | 0.31 | 35 |
| 深 圳 | 1.99 | 17 | 太 原 | 0.17 | 36 |
| 贵 阳 | 1.95 | 18 | 福 州 | 0.07 | 37 |
| 济 南 | 1.74 | 19 | 哈 尔 滨 | 0 | 38 |

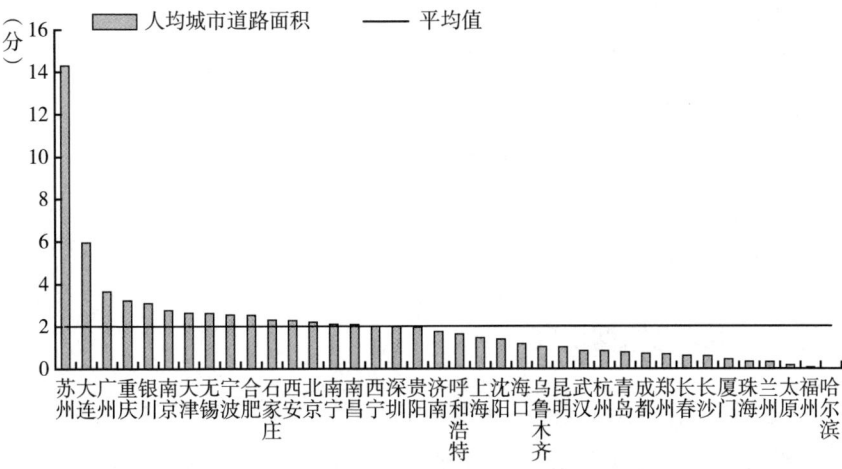

**图 3 人均城市道路面积得分排名情况**

由表3和图3可知，苏州市的人均城市道路面积排名第一，得分为14.29；其中排名前五的城市为苏州、大连、广州、重庆、银川，其得分分别为14.29、5.95、3.66、3.23、3.11。排名末五的城市为珠海、兰州、太原、福州、哈尔滨，其得分分别为0.33、0.31、0.17、0.07、0。由图3可知，在人均城市道路面积这一指标上38个城市的平均得分是2.01。

不过虽然苏州、大连、广州、重庆、银川为得分前五的城市，但是观察绝对的得分数值可以发现：苏州市一枝独秀，超过平均值12.28分。这说明苏州市居民的人均城市道路面积广，道路空间充裕。其原因在于两点：一方面是新城区扩建，扩大了城市规模。另一方面，增加了道路网密度，而且相对于老城区的道路而言，新城区的道路宽度和长度更加具有优势。此外，公共部门加强了交通治理能力，苏州市治理城市交通的办法是"开放古城核心转向组团直连，完善多层次路网体系"，意思是实现多元化的核心道路网络、多样化的道路交通出行方式、多层次的交通出行体系。通过这种方式疏导了城市中心城区的交通压力，而且通过一批产业的转移和新兴产业的发展，实现了交通流量的转移。

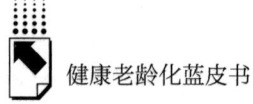

得分居后五位的城市是珠海、兰州、太原、福州、哈尔滨,这五座城市得分不高的原因主要可归纳为两点:一是城市交通规模和人口数量不匹配(如珠海、福州、哈尔滨),原本适中的城市规模集中了大量的人口,导致人均城市道路面积变小、该指标的得分不高。二是受到地形的影响,城市规模和道路规模小,如兰州和太原都属于带状城市、位于狭窄的河谷,影响了地区交通发展的水平。

### (四)建成区路网密度

建成区路网密度指的是在一定区域内,道路网的总里程与该区域面积的比值,用道路总里程(公里)和所在区域的面积(平方公里)的比值来表示。建成区路网密度得分越高,说明该城市的道路网络更加密集,能够在短时间内疏导更多的车流和人流,这在一定程度上可以反映该城市的交通便捷程度,与此同时,便捷可及的交通网络也是健康老龄化在交通方面的要求,可及的交通能够帮助老年人提高与社会接触的频率,保障其发展和自我实现的权利不会因年老而受到影响。建成区路网密度这一指标主要根据各城市2017年统计年鉴和《2017年中国城市统计年鉴》中的数据通过归一化得到的。得分排名情况如表4所示。

表4 建成区路网密度得分及排名

单位:分

| 城市 | 得分 | 排名 | 城市 | 得分 | 排名 |
|---|---|---|---|---|---|
| 珠 海 | 14.29 | 1 | 天 津 | 4.57 | 10 |
| 苏 州 | 12.97 | 2 | 大 连 | 4.30 | 11 |
| 济 南 | 8.50 | 3 | 青 岛 | 4.19 | 12 |
| 无 锡 | 8.24 | 4 | 石家庄 | 4.10 | 13 |
| 南 京 | 7.32 | 5 | 哈尔滨 | 3.85 | 14 |
| 长 春 | 6.81 | 6 | 深 圳 | 3.77 | 15 |
| 武 汉 | 6.66 | 7 | 太 原 | 3.31 | 16 |
| 海 口 | 5.76 | 8 | 西 安 | 3.26 | 17 |
| 长 沙 | 5.60 | 9 | 重 庆 | 2.89 | 18 |

续表

| 城市 | 得分 | 排名 | 城市 | 得分 | 排名 |
|---|---|---|---|---|---|
| 宁波 | 2.85 | 19 | 合肥 | 1.76 | 29 |
| 广州 | 2.62 | 20 | 上海 | 1.63 | 30 |
| 西宁 | 2.37 | 21 | 南昌 | 1.56 | 31 |
| 北京 | 2.24 | 22 | 沈阳 | 1.37 | 32 |
| 杭州 | 2.22 | 23 | 郑州 | 1.01 | 33 |
| 福州 | 2.05 | 24 | 成都 | 0.84 | 34 |
| 南宁 | 2.02 | 25 | 贵阳 | 0.79 | 35 |
| 厦门 | 1.98 | 26 | 昆明 | 0.72 | 36 |
| 兰州 | 1.92 | 27 | 银川 | 0.22 | 37 |
| 乌鲁木齐 | 1.81 | 28 | 呼和浩特 | 0 | 38 |

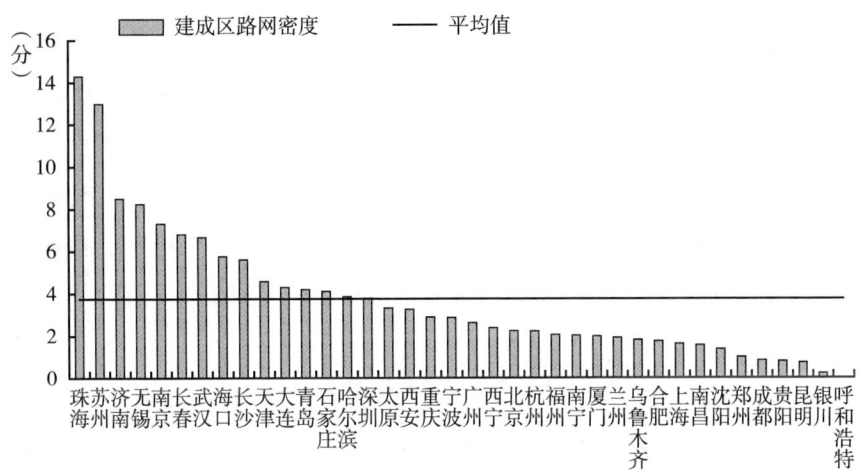

**图4 建成区路网密度得分及排名**

由表4和图4可知，珠海市的建成区路网密度得分排名第一，得分为14.29；其中排名前五的城市为珠海、苏州、济南、无锡、南京，其得分分别为14.29、12.97、8.50、8.24、7.32。排名末五的城市为成都、贵阳、昆明、银川、呼和浩特，其得分分别为0.84、0.79、0.72、0.22、0。由图4可知，在建成区路网密度这一指标上，38个城市的平均得分是3.75。

珠海、苏州、济南、无锡、南京能够位于前五名的原因主要有两点：一是城市规划合理，尤其是处在长三角地区的苏州、南京、无锡，这三座城市和上海之间形成了紧密、通达、完善的交通网络，基于长三角城市群的协同发展，这几座城市能够在交通、经济、社会发展等领域进行区域协同，提高了道路的使用效率。二是五座城市之间具有众多的支路和次干路。成都、贵阳、昆明、银川、呼和浩特在该指标得分上居后五位，这五座城市得分较低的原因有两点：一是城市扩建，新的行政区划入使得建成区路网密度变小。二是道路网络密度不够，道路相关的基础设施薄弱，直接制约了居民交通出行的选择。

### （五）人均拥有公交车数

人均拥有公交车数是指按照城市人口计算的人均拥有的公共交通车辆标准台数，用公共交通车辆标准台数除以当地的常住人口数来表示。这一数据越高也就代表每一位居民可以获得的公共交通车辆及其相关服务更加充足，该指标能够间接反映居民出行时公共交通服务的可及性和便利性。人均拥有公交车数这一指标主要是根据各城市 2017 年统计年鉴和《2017 年中国城市统计年鉴》中的数据通过归一化得到的。得分排名情况如表 5 所示。

表 5　人均拥有公交车数得分及排名

单位：分

| 城市 | 得分 | 排名 | 城市 | 得分 | 排名 |
| --- | --- | --- | --- | --- | --- |
| 深　圳 | 14.29 | 1 | 长　沙 | 3.71 | 10 |
| 乌鲁木齐 | 5.91 | 2 | 昆　明 | 3.66 | 11 |
| 厦　门 | 5.36 | 3 | 大　连 | 3.55 | 12 |
| 珠　海 | 5.11 | 4 | 西　安 | 3.41 | 13 |
| 南　京 | 4.70 | 5 | 武　汉 | 3.11 | 14 |
| 西　宁 | 4.34 | 6 | 银　川 | 3.09 | 15 |
| 北　京 | 4.31 | 7 | 天　津 | 2.99 | 16 |
| 广　州 | 4.07 | 8 | 青　岛 | 2.82 | 17 |
| 杭　州 | 3.80 | 9 | 哈尔滨 | 2.75 | 18 |

续表

| 城市 | 得分 | 排名 | 城市 | 得分 | 排名 |
|---|---|---|---|---|---|
| 济 南 | 2.67 | 19 | 南 昌 | 1.99 | 29 |
| 兰 州 | 2.67 | 20 | 合 肥 | 1.92 | 30 |
| 海 口 | 2.41 | 21 | 太 原 | 1.86 | 31 |
| 贵 阳 | 2.32 | 22 | 福 州 | 1.66 | 32 |
| 上 海 | 2.29 | 23 | 长 春 | 1.64 | 33 |
| 呼和浩特 | 2.29 | 24 | 苏 州 | 1.21 | 34 |
| 成 都 | 2.22 | 25 | 南 宁 | 1.05 | 35 |
| 沈 阳 | 2.10 | 26 | 无 锡 | 1.00 | 36 |
| 宁 波 | 2.06 | 27 | 石家庄 | 0.94 | 37 |
| 郑 州 | 2.01 | 28 | 重 庆 | 0 | 38 |

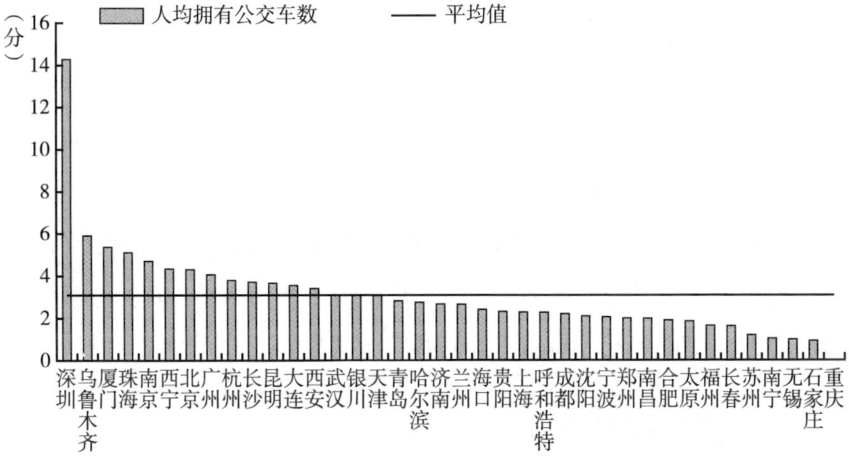

**图5 人均拥有公交车数得分及排名**

由表5和图5可知，深圳市的人均拥有公交车数得分排名第一，得分为14.29；其中排名前五的城市为深圳、乌鲁木齐、厦门、珠海、南京，其得分分别为14.29、5.91、5.36、5.11、4.70。排名末五的城市为苏州、南宁、无锡、石家庄、重庆，其得分分别为1.21、1.05、1.00、0.94、0。由图5可知，在人均拥有公交车数这一指标上，38个城市的平均得分是3.09。

181

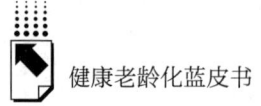

虽然深圳、乌鲁木齐、厦门、珠海、南京为得分居前五的城市，但是观察绝对得分可以发现深圳市一枝独秀。原因有二：其一，深圳市作为著名的"花园城市"，虽然人口超过千万人，与北京、上海同为一线城市，但其常住人口数量远远低于北京、上海，能够在提供相同水平的公共交通服务的前提下，提高人均水平，这是深圳市作为著名"花园城市"独具的优势。其二，得益于深圳市对公共交通治理的得力措施。深圳市《交通拥堵综合治理策略措施及2018年行动方案》提出，要推动城市交通治理从侧重治理小汽车拥堵向系统提供多元、高品质的交通服务转变。其中，将"慢行复兴"列为"治堵"的首要策略。多元、高品质的交通服务最首要的就是公共交通的优质服务，从系统和战略的角度对城市的公共交通做出战略发展规划，深圳市获得一枝独秀的地位当之无愧。

得分居后五的城市有苏州、南宁、无锡、石家庄、重庆，上述城市在人均拥有公交车数这个指标上得分较低的原因主要有两个方面：一是上述城市的公交车的发展趋于饱和，当前的公交车发展已经能够满足居民的基本需求；二是这些城市的常住人口数量较多，而公共交通车辆供给有限，人均拥有公交车数并不高。综合所有城市来看，有24座城市均处于平均值以下，这些城市需要从公共交通车辆的数量和质量两个方面入手，提高公共交通服务供给能力，提供多元、高品质的公共交通服务。

### （六）每小时拥堵时间

每小时拥堵时间指的是高峰出行时每个小时所耗费在堵车上的时间，该数值越高，代表每个小时花在堵车上的时间越短，反之则越长，因此本报告对这部分的数据做了反向处理。较长的拥堵时间会直接影响居民尤其是老年居民的出行效率，本报告认为交通拥堵对全龄人口都不是友好的体现，换而言之，如果老年人能够享受到不拥堵的交通，那么这种交通出行体系大体上是对全龄友好的交通模式。本报告中每小时拥堵时间主要来源于《2016年度中国主要城市交通分析报告》。以下对数据进行归一化处理之后按照得分进行排名，如表6所示。

由表 6 和图 6 可知，无锡每小时拥堵时间得分排名第一，得分为 14.29；其中排名前五的城市为无锡、乌鲁木齐、海口、宁波、太原，其得分数据分别为 14.29、14.19、11.21、10.99、10.03。排名末五的城市为贵阳、重庆、北京、哈尔滨、济南，其得分分别为 4.66、2.53、1.85、1.14、0。由图 6 可知，在每小时拥堵时间这一指标上 38 个城市的平均得分是 7.00。

表6 每小时拥堵时间得分及排名

单位：分

| 城市 | 得分 | 排名 | 城市 | 得分 | 排名 |
| --- | --- | --- | --- | --- | --- |
| 无 锡 | 14.29 | 1 | 青 岛 | 6.87 | 20 |
| 乌鲁木齐 | 14.19 | 2 | 兰 州 | 6.77 | 21 |
| 海 口 | 11.21 | 3 | 武 汉 | 6.66 | 22 |
| 宁 波 | 10.99 | 4 | 沈 阳 | 6.50 | 23 |
| 太 原 | 10.03 | 5 | 西 安 | 6.18 | 24 |
| 苏 州 | 9.45 | 6 | 长 沙 | 6.09 | 25 |
| 银 川 | 9.34 | 7 | 郑 州 | 5.98 | 26 |
| 厦 门 | 8.99 | 8 | 合 肥 | 5.84 | 27 |
| 呼和浩特 | 8.55 | 9 | 上 海 | 5.76 | 28 |
| 天 津 | 8.48 | 10 | 广 州 | 5.75 | 29 |
| 福 州 | 8.40 | 11 | 大 连 | 5.29 | 30 |
| 南 昌 | 7.90 | 12 | 杭 州 | 5.16 | 31 |
| 南 京 | 7.72 | 13 | 昆 明 | 5.07 | 32 |
| 石家庄 | 7.51 | 14 | 深 圳 | 5.04 | 33 |
| 长 春 | 7.32 | 15 | 贵 阳 | 4.66 | 34 |
| 成 都 | 7.25 | 16 | 重 庆 | 2.53 | 35 |
| 珠 海 | 7.14 | 17 | 北 京 | 1.85 | 36 |
| 西 宁 | 7.04 | 18 | 哈尔滨 | 1.14 | 37 |
| 南 宁 | 6.98 | 19 | 济 南 | 0 | 38 |

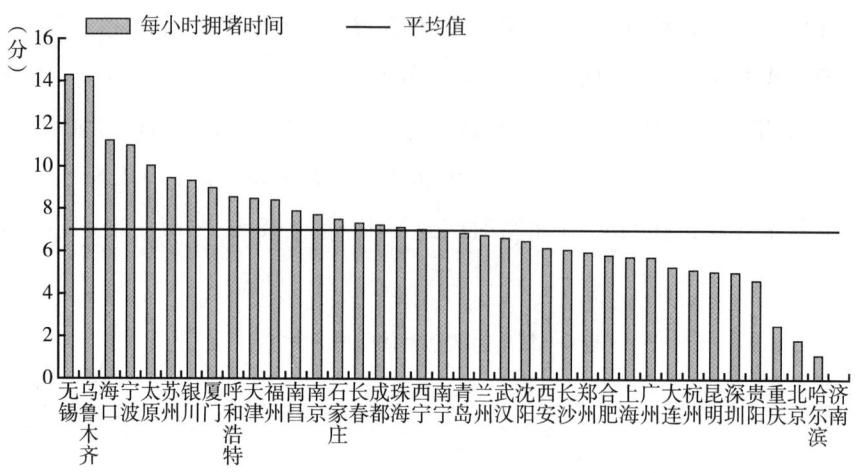

**图6 每小时拥堵时间得分及排名**

就排名前五的城市而言,无锡、乌鲁木齐、海口、宁波、太原几座城市能够表现突出的原因有三:一是有较高的交通出行承载力,五座城市的规模基本能够承载当地的常住人口,目前人均占有的交通出行资源充足。二是地广人稀的先天优势,例如乌鲁木齐在人均拥堵时间上大大短于其他城市。三是公共部门交通治理水平和治理能力较强,无锡市采用了更智能、更精细的治理方法来探索治堵新模式,如对北环路架设高架桥进行交通分流,针对"就学堵"和"送医堵"问题实行"地下智能接送系统",对庞大的流量进行控制和疏导,等等。

就排名后五位的城市而言,贵阳、重庆、北京、哈尔滨、济南没有能够实现良好的治堵效果的原因有三:一是常住人口数量巨大,北京市拥有2170万常住人口、重庆市拥有3000万常住人口,巨大的常住人口规模意味着每日具有巨大的交通出行流量,现有的道路无法满足规模大的出行量导致了长时间的拥堵。二是高峰期车流量大,日益增长的私家车成为交通拥堵的主体。三是交通网络单一化:一方面缺少足够立体式的交通对巨大的流量进行疏散,例如高架桥、地铁、轻轨等交通方式;另一方面城市缺少能够疏散交通的主干道,导致短时间内车辆只能集中在为数不多的一条或者几条主干道上,严重影响了交通出行的效率。

### (七)年拥堵成本

年人均拥堵成本由每小时的工资水平、一年的拥堵小时数决定。将城镇的平均工资水平折合到每小时(按每年有12个月需要工作,每月22个工作日,每日工作8小时,每天拥堵2小时计算),得到每小时的工资水平。城市年人均拥堵成本=每小时的工资水平×一年的拥堵小时数。这个指标用来表示由交通拥堵而导致的工作上的间接、直接经济损失。最终的得分越高,表示该城市交通拥堵带来的经济损失越小,反之则越大。因此本报告在这里对年人均拥堵成本做了数据的反向处理。相关数据来源于《2016年度中国主要城市交通分析报告》。本报告对数据进行归一化处理之后,按照得分进行排名,如表7所示。

表7 年人均拥堵成本得分及排名

单位:分

| 城市 | 得分 | 排名 | 城市 | 得分 | 排名 |
|---|---|---|---|---|---|
| 乌鲁木齐 | 14.29 | 1 | 西 宁 | 10.38 | 12 |
| 太 原 | 12.87 | 2 | 成 都 | 10.36 | 13 |
| 呼和浩特 | 12.33 | 3 | 南 昌 | 10.16 | 14 |
| 宁 波 | 11.99 | 4 | 福 州 | 10.01 | 15 |
| 石 家 庄 | 11.23 | 5 | 杭 州 | 9.86 | 16 |
| 青 岛 | 11.14 | 6 | 厦 门 | 9.65 | 17 |
| 郑 州 | 11.13 | 7 | 银 川 | 9.57 | 18 |
| 海 口 | 11.11 | 8 | 沈 阳 | 9.52 | 19 |
| 长 沙 | 10.78 | 9 | 长 春 | 9.51 | 20 |
| 无 锡 | 10.64 | 10 | 兰 州 | 9.43 | 21 |
| 天 津 | 10.46 | 11 | 哈 尔 滨 | 9.35 | 22 |

续表

| 城市 | 得分 | 排名 | 城市 | 得分 | 排名 |
|---|---|---|---|---|---|
| 贵阳 | 9.25 | 23 | 重庆 | 6.98 | 31 |
| 昆明 | 8.98 | 24 | 济南 | 6.85 | 32 |
| 南宁 | 8.65 | 25 | 大连 | 6.36 | 33 |
| 西安 | 8.42 | 26 | 上海 | 6.12 | 34 |
| 合肥 | 8.15 | 27 | 南京 | 5.30 | 35 |
| 武汉 | 8.02 | 28 | 广州 | 3.53 | 36 |
| 苏州 | 7.90 | 29 | 深圳 | 3.14 | 37 |
| 珠海 | 7.70 | 30 | 北京 | 0 | 38 |

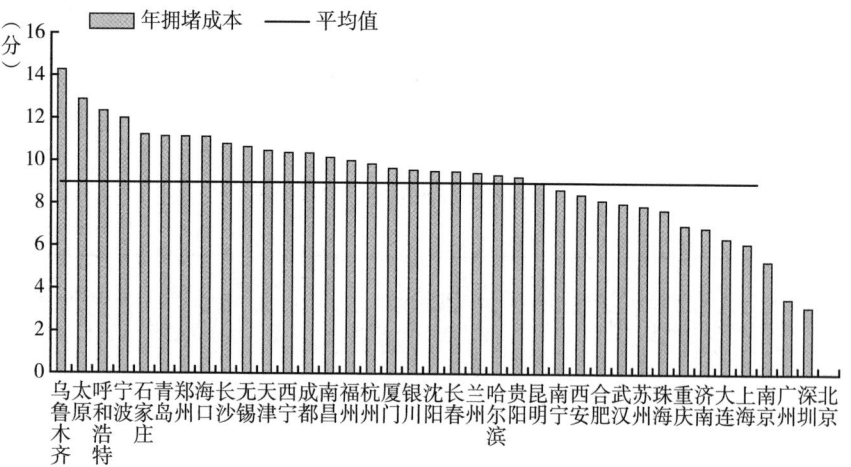

图7 年拥堵成本得分及排名

由表7和图7可知，乌鲁木齐年人均拥堵成本得分排名第一，得分为14.29；其中排名前五的城市为乌鲁木齐、太原、呼和浩特、宁波、石家庄，其得分分别为14.29、12.87、12.33、11.99、11.23。排名居末五的城市为上海、南京、广州、深圳、北京，其得分分别为6.12、5.30、3.53、3.14、0。由图7可知，在年人均拥堵成本这一指标上，38个城市的平均得分是8.98。

就排名前五的城市而言，乌鲁木齐、太原、呼和浩特、宁波、石家庄几座城市能够表现突出的原因有三：一是有较高的交通出行承载力，五座城市的规模基本能够承载当地的常住人口，目前人均能够占有的交通出行资源充足。二是地区工资水平较低，如乌鲁木齐、太原、呼和浩特、石家庄四座城市没有北上广深四座一线城市那么高的工资水平，因此在发生交通拥堵时，就绝对价格而言，四座城市的拥堵成本保持在较低的水平。三是交通部门治理水平较高、治理能力较强，年人均拥堵成本在一定程度上反映了当地交通部门对治理交通拥堵的成效，因此在关注年人均拥堵成本变化的同时，也应当意识到地方交通部门对交通拥堵的治理能力是不断增长的。

就排名后五位的城市而言，上海、南京、广州、深圳、北京没能实现低年人均拥堵成本的原因有三：一是常住人口数量大，北京市拥有 2170 万常住人口、重庆市拥有 3000 万常住人口，巨大的常住人口规模意味着每日交通出行量大，现有的道路无法满足巨大的出行量导致了长时间的拥堵。二是后五名的城市职工人均工资水平较高，因此相对于排名前五的城市，单位时间内拥堵造成的经济损失会更多，所以产生了更多的年人均拥堵成本。三是城市拥堵时间长，大城市车流量大，拥堵疏散时间更长，而且交通事故频发，因此当出现交通拥堵时，等待疏通的时间将会更长，从而产生更多的成本。

## 四 各城市交通出行排名及分析

### （一）交通出行指标总排名情况

基于历年中国城市健康老龄化指数报告的评价体系，本报告延续并且发展了交通出行维度的 7 个一级指标；将原有的七个指标进行了部分指标的更换，从原有的单程通勤距离、年人均拥堵成本、人均城市道路面积、城市人均拥有公交车辆数、道路事故发生数量、每平方米城市道路事故发生数、直接经济损失占GDP的比重改为平均旅行速度、人均年末实有出租车数、人均城市道路面积、建成区路网密度、人均拥有公交车数、每小时拥堵时间、年人均拥堵成本。更改后共计7个测量指标组成评价体系。更改原有指标体系的理由是原有的指标体系主要体现了交通事故和交通安全的内容，而更新之后的指标更加注重效率、友好和公平的理念。而效率、友好和公平的理念将会对老年人有三方面的影响：一是保障老年人的权益，公平的公共交通服务和完备的基础设施将会最大限度缓解老年人在行动上的不便，满足他们参与社会和自我实现的需求。二是提升城市全龄居民交通出行的价值和效益，通过解决交通拥堵间接降低经济损失，提高交通出行的效率，提升经济和社会事务的效益。三是促进城市的包容性发展，用智慧和友好的政策和策略促进各个年龄段人群进行代际互动，而包容、智慧、友好的交通是进行代际互动的基础保障。因此，新延续和改进的指标体系更加能够反映健康老龄化思想的指引。为了实现各城市数据的统一性，本报告采用2016年的数据，且均直接或间接来源于中国各城市统计年鉴和《中国城市统计年鉴》。对原始数据经归一化处理后，得出38个城市在交通出行维度的得分排名情况，如表8所示。

**表8　交通出行指标总得分及排名**

单位：分

| 城市 | 交通出行总分 | 排名 | 城市 | 交通出行总分 | 排名 |
| --- | --- | --- | --- | --- | --- |
| 乌鲁木齐 | 64.66 | 1 | 苏　　州 | 43.62 | 8 |
| 珠　　海 | 57.18 | 2 | 银　　川 | 41.36 | 9 |
| 无　　锡 | 51.52 | 3 | 海　　口 | 40.67 | 10 |
| 太　　原 | 48.16 | 4 | 厦　　门 | 39.94 | 11 |
| 南　　京 | 46.18 | 5 | 深　　圳 | 39.38 | 12 |
| 天　　津 | 45.16 | 6 | 长　　春 | 38.56 | 13 |
| 呼和浩特 | 43.81 | 7 | 武　　汉 | 38.31 | 14 |

续表

| 城市 | 交通出行总分 | 排名 | 城市 | 交通出行总分 | 排名 |
|---|---|---|---|---|---|
| 西宁 | 36.45 | 15 | 南昌 | 30.65 | 27 |
| 西安 | 35.92 | 16 | 昆明 | 29.98 | 28 |
| 青岛 | 35.12 | 17 | 杭州 | 29.81 | 29 |
| 宁波 | 34.75 | 18 | 上海 | 29.77 | 30 |
| 兰州 | 34.24 | 19 | 合肥 | 28.27 | 31 |
| 长沙 | 34.20 | 20 | 贵阳 | 27.80 | 32 |
| 石家庄 | 32.88 | 21 | 广州 | 26.90 | 33 |
| 成都 | 32.80 | 22 | 南宁 | 26.35 | 34 |
| 沈阳 | 32.04 | 23 | 哈尔滨 | 26.32 | 35 |
| 福州 | 31.82 | 24 | 北京 | 26.30 | 36 |
| 大连 | 31.53 | 25 | 济南 | 25.08 | 37 |
| 郑州 | 31.06 | 26 | 重庆 | 18.98 | 38 |

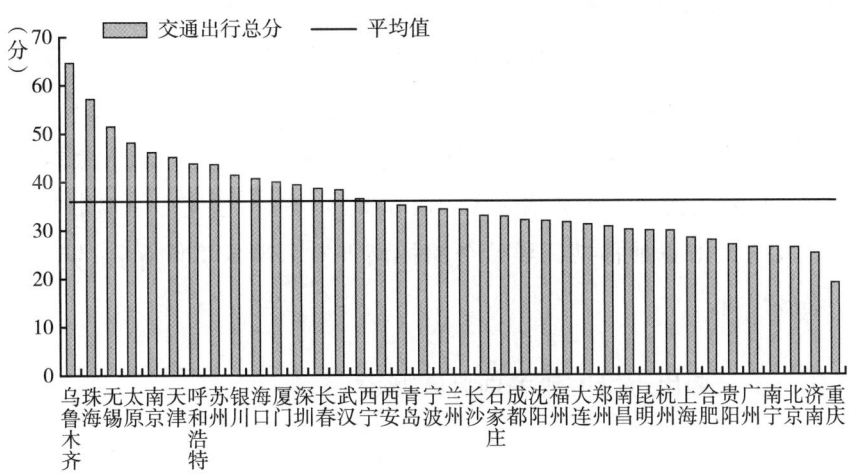

图8 交通出行指标总得分及排名

从表8和图8可以看到，在交通出行总得分排名榜上，排名前十的城市分别是乌鲁木齐（64.66）、珠海（57.18）、无锡（51.52）、太原（48.16）、南京（46.18）、天津（45.16）、呼和浩特（43.81）、苏州（43.62）、银川（41.36）和海口（40.67）。排名末五的城市分别是南宁（26.35）、哈尔滨（26.32）、北京（26.30）、济南（25.08）、重庆（18.98）。38个城市的交通出行维度平均得分为35.99。以平均分为标准，在城市交通出行这一维度中，可以看出排名靠前的城市优势非常明显，而排名靠后的城市则明显得分过低。同时，排名靠前和排名靠后的城市差距很大，得分最高的乌鲁木齐和得分最低的重庆差近三倍。

从上述图表可较为直观地看出，交通出行维度得分受地理环境因素影响较大。得分较高的前几位城市基本位于东部沿海或西部内陆。如无锡、珠海、苏州、天津、南京和海口位于东部沿海；乌鲁木齐、呼和浩特、银川、太原则深入内陆地区。位于东部沿海的城市，发展基础较好，具有较为雄厚的经济基础、政策基础，因此其交通基础设施比较完善，在治理城市交通拥堵方面经验丰富，故而得分较高；深入西部内陆的城市虽然经济发展基础薄弱，但是其地广人稀的条件让其在交通设施基础条件具备的情况下能够较少地出现交通拥堵，故而这部分城市的得分同样较高。而得分较低的末五座城市均是在城市规划和交通规划方面具有较大问题的城市。道路与道路划分出团块状的街区，而且街区中间严密封闭，缺少密集可及的道路网络，这导致了这些城市的道路虽然具备完善的次干道和支路，但是严重缺乏居民步道，以致人流、车流必须由次干道和支路分担，这使得原本常住人口数量庞大的城市更加拥挤，导致交通拥堵严重，严重影响居民的健康出行、高效出行。

## （二）交通出行维度排名前五的城市

### 1. 乌鲁木齐

乌鲁木齐被称作"乌市"，是新疆的经济、政治、文化中心，是国内重要的公路和航空枢纽，是第二亚欧大陆桥重要的中转枢纽。乌鲁木齐深入我国内陆，属于温带大陆性气候，终年干旱少雨，相对于东部和中部城市更加地广人稀，自然条件使乌鲁木齐在人均城市道路面积和建成区路网密度数值并不高的情况下仍然可以少发生交通拥堵，而且拥堵时间更短、拥堵成本更低。不仅如此，乌鲁木齐的人均年末实有出租车数在全国排名第一，这不仅有赖于地广人稀，还有赖于当地的出行以公路出行为主（见表9）。

表9 乌鲁木齐市交通出行指标得分情况

单位：分

| 城市 | 平均旅行速度 | 人均年末实有出租车数 | 人均城市道路面积 | 建成区路网密度 | 人均拥有公交车数 | 每小时拥堵时间 | 年人均拥堵成本 | 总得分 |
|---|---|---|---|---|---|---|---|---|
| 乌鲁木齐 | 11.85 | 14.29 | 2.32 | 1.81 | 5.91 | 14.19 | 14.29 | 64.66 |

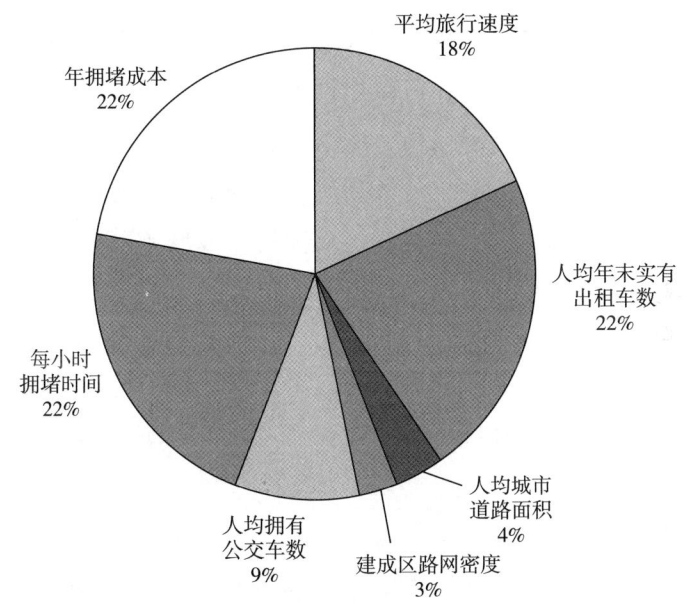

图9 乌鲁木齐市交通出行指标得分情况

从图9可以看出，乌鲁木齐市交通出行指标中，年人均拥堵成本、人均年末实有出租车数、每小时拥堵时间、平均旅行速度对乌鲁木齐市交通出行指标得分的贡献最大，而人均拥有公交车数、建成区路网密度、人均城市道

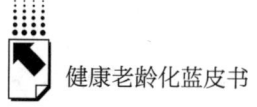

路面积对乌鲁木齐市交通出行指标得分的贡献较低。这些指标的贡献反映了公共部门在相关工作上的力度,因此结合乌鲁木齐未来发展,本报告认为乌鲁木齐未来需要在以下三个方面开展交通治理工作:一是提高公共交通服务的数量和质量,实现公共交通服务均等化;二是稳固当前的治理成果,继续在降低拥堵成本、缩短拥堵时间、发展出租车和滴滴快车方面采取治理措施;三是提高公共部门的综合治理能力,实现交通领域治理能力的现代化。对于交通出行领域出现的问题,不能再采用简单的头痛医头、脚痛医脚的办法,而是要树立"以人为本"的理念,从战略的高度分析问题、从策略的层面解决问题。

2. 珠海

珠海位于我国南部沿海,是我国沿海重要的风景旅游城市,是我国改革开放的首批城市,也是粤港澳大湾区建设的重要节点城市,是海上丝绸之路的重要节点城市。在区域建设中发挥着重要作用。珠海属于亚热带季风性气候,夏季高温多雨,冬季温和少雨。珠海作为全国著名的花园城市,一年四季空气都格外清新宜人。因此,珠海的城市人口容量和城市规模也不断扩大。但是相对于众多的一线城市而言,珠海的常住人口数量和城市化水平尚不够,作为一个年轻的发展型城市,珠海在未来的发展中仍然具有极大潜力。如表10所示,珠海市的各项得分中,人均城市道路面积和建成区路网密度位居所有城市当中第一,说明了珠海市的公共道路交通的数量供给非常充足,这也成为珠海市能够排名第二的主要原因。

从图10可以看出,珠海市交通出行指标得分中,人均城市道路面积、建成区路网密度对珠海市交通出行指标得分的贡献最大,而平均旅行速度、人均年末实有出租车数、人均拥有公交车数、每小时拥堵时间、年人均拥堵成本对珠海市交通出行指标得分的贡献较低。这些指标的贡献反映了珠海市公共部门在相关工作上的力度。本报告认为未来珠海市需要重点关注的是对交通拥堵的治理。目前珠海市的人口容量和城市规模比较匹配,但为未来考虑,在人口总量不断增加的前提下,珠海市的交通是否能够疏导巨大的车流和人流？珠海市需要出台综合措施以应对未来可能出现的更大规模的交通拥堵。首先，提供充足的公共交通车辆和道路设施，提供充足的公共交通服务；其次，发展多层次、多元化的交通体系，通过完善立体交通体系（地铁、轨道、高架桥）等促进人车分流，提高路面交通的通行效率；最后，完善实时监测系统和预警系统，对可能发生拥堵的区域和道路提前做出预警并采取措施。

表10 珠海市交通出行指标得分情况

单位：分

| 城市 | 平均旅行速度 | 人均年末实有出租车数 | 人均城市道路面积 | 建成区路网密度 | 人均拥有公交车数 | 每小时拥堵时间 | 年人均拥堵成本 | 总得分 |
|---|---|---|---|---|---|---|---|---|
| 珠海 | 2.08 | 6.59 | 14.29 | 14.29 | 5.11 | 7.14 | 7.70 | 57.18 |

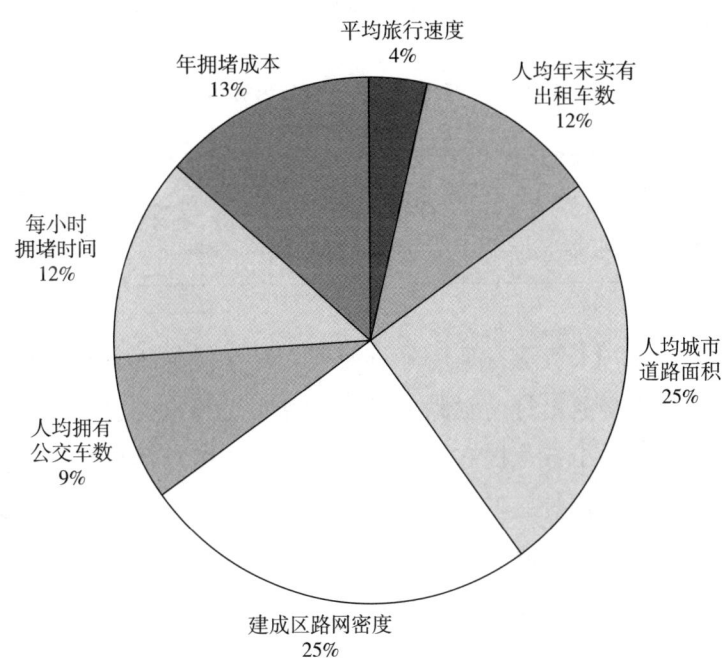

图10 珠海市交通出行指标得分贡献率情况

### 3. 无锡

无锡市位于江苏省南部，位于太湖东北岸，是长三角城市群中的重要城市，也是长江经济带的重要城市，东邻苏州，南濒太湖，西接常州，北临长江。无锡市的气候是亚热带季风性气候，夏季高温多雨，冬季温和少雨。纬度适中，适合人居，因此也是我国人口集中的地区。2016年底，无锡市常住人口数量超过650万，巨大的人口规模决定了无锡市的人均城市道路面积、建成区路网密度、人均年末实有出租车数和人均拥有公交车数不会取得很高的得分，也意味着无锡市的公共交通资源会处于紧缺状态，然而通过对平均旅行速度、每小时拥堵时间和年人均拥堵成本三个指标的观察可以看出，无锡市的交通拥堵并不严重，而且数据显示无锡市的交通极其畅通，说明无锡市公共交通治理能力的精细化，在道路资源和公共交通资源有限的条件下，对高峰期的车辆往来进行合理的配置和对违规现象的整改取得了很好的效果。

表11 无锡市交通出行指标得分情况

单位：分

| 城市 | 平均旅行速度 | 人均年末实有出租车数 | 人均城市道路面积 | 建成区路网密度 | 人均拥有公交车数 | 每小时拥堵时间 | 年人均拥堵成本 | 总得分 |
|---|---|---|---|---|---|---|---|---|
| 无锡 | 14.29 | 0.43 | 2.64 | 8.24 | 1.00 | 14.29 | 10.64 | 51.52 |

如表11和图11所示，平均旅行速度、每小时拥堵时间和年人均拥堵成本对无锡市交通出行的贡献率最高，说明无锡市交通的畅通大大方便了无锡市人民的出行，提高了无锡市经济社会活动的效率，提升了公共交通服务的社会价值。不过无锡市在未来的发展过程中应当更多地将治理资源投放到公共交通服务和基础设施的完备中去，在扩大总量的基础上合理地进行资源配置，将会在未来大大提高无锡市市民对生活的满意度。

### 4. 太原

太原市位于山西省中部，地处汾河谷地，东侧是太行山，西侧是黄土高

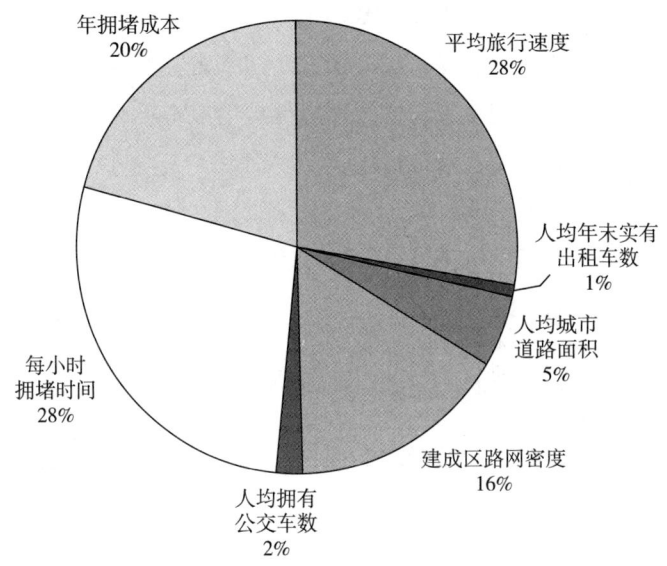

图11　无锡市交通出行指标得分贡献率情况

原,北边是内蒙古高原。太原的气候属于温带季风气候,夏季高温多雨,冬季寒冷干燥,四季分明。因太原市位于汾河谷地,故太原市呈带状分布,并没有兴建过多的道路,因此太原市建成区路网密度和人均城市道路面积指标得分较低,总体的公共交通资源也处于紧缺状态。但从太原市的平均旅行速度、每小时拥堵时间和年人均拥堵成本这三个指标来看,我们发现太原市的交通拥堵情况并不严重,交通拥堵治理情况良好。这反映了太原市公共部门在交通出行治理方面的杰出工作能力。不仅如此,这还和太原市的城市规划有关,《中国主要城市交通分析报告》介绍,太原市信号灯之间的距离排在全国第十,这意味着太原市道路上的车辆能够在两个信号灯之间行驶较长的时间,从而减少了停车和等待信号灯造成自然的交通拥堵。

如表12和图12所示,太原市的平均旅行速度、每小时拥堵时间和年人均拥堵成本指标对太原市交通出行得分的贡献率最大,说明太原市居民能够享受到高效、舒适的出行环境;而太原市人均年末实有出租车数、人均城市道路面积、建成区路网密度、人均拥有公交车数给太原市交通出行得分带来的贡献率较小。因此，太原市在未来的发展中应当侧重于以下三点：一是提高公共交通服务的数量和质量，提高公交车的数量，实现公共交通服务均等化；二是稳固当前的治理成果，继续在降低拥堵成本、减少拥堵时间、发展出租车和滴滴快车方面完善治理措施。

表12 太原市交通出行指标得分情况

单位：分

| 城市 | 平均旅行速度 | 人均年末实有出租车数 | 人均城市道路面积 | 建成区路网密度 | 人均拥有公交车数 | 每小时拥堵时间 | 年人均拥堵成本 | 总得分 |
|---|---|---|---|---|---|---|---|---|
| 太原 | 9.87 | 7.10 | 3.11 | 3.31 | 1.86 | 10.03 | 12.87 | 48.16 |

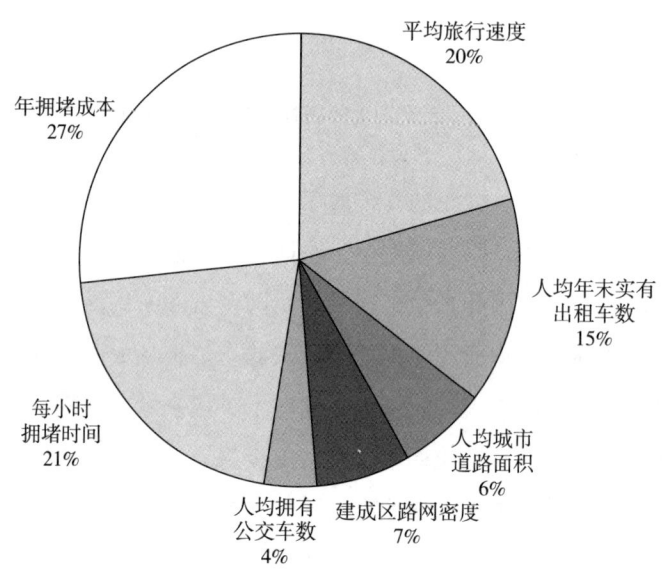

图12 太原市交通出行指标得分贡献率情况

5. 南京

南京是江苏省会、副省级市、特大城市、南京都市圈核心城市，也是国务院批复确定的中国东部地区重要的中心城市、全国重要的科研教育基地和综合交通枢纽。地处中国东部、长江下游，濒江近海，是国家物流枢纽、长江国际航运物流中心、长三角辐射带动中西部地区发展的国家重要门户城市,也是东部沿海经济带与长江经济带交汇的重要节点城市。

表13 南京市交通出行指标得分情况

单位:分

| 城市 | 平均旅行速度 | 人均年末实有出租车数 | 人均城市道路面积 | 建成区路网密度 | 人均拥有公交车数 | 每小时拥堵时间 | 年人均拥堵成本 | 总得分 |
|---|---|---|---|---|---|---|---|---|
| 南京 | 9.43 | 5.76 | 5.95 | 7.32 | 4.70 | 7.72 | 5.30 | 46.18 |

如表13所示,南京市交通出行各项指标得分均处于适中水平,说明南京市的平均旅行速度、人均年末实有出租车数、人均城市道路面积、建成区路网密度、人均拥有公交车数、每小时拥堵时间、年人均拥堵成本各项指标的得分中既没有特别高的分数,也没有特别低的分数。

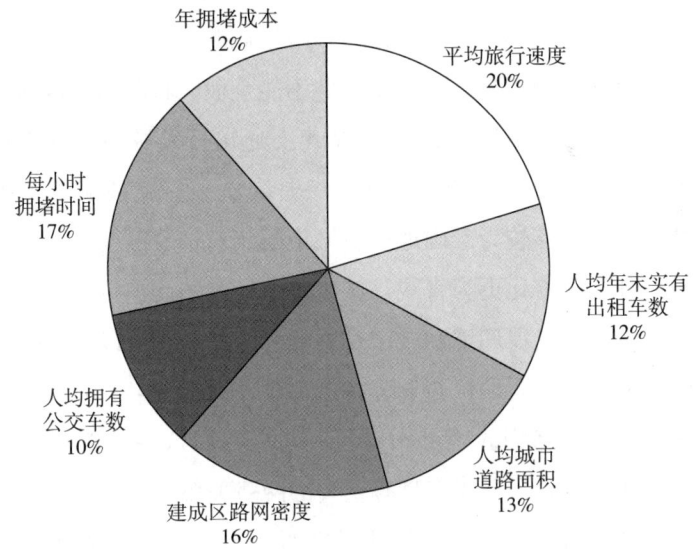

图13 南京市交通出行指标得分贡献率情况

如图13所示,七项指标对总得分的贡献率基本持平,说明南京市在交通治理的过程中采取了系统综合的治理手段,站在了系统和综合的战

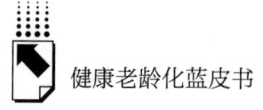

略高度进行治理。在未来南京市能够站在一个高的起点上综合提升发展水平。

## 五 2015~2019年交通出行维度指标变化情况分析及典型城市分析

### (一)典型城市的选取原则和标准

中国城市的发展既有其特性,也有其共性,不同城市因为自然环境、社会条件、人文风俗等因素不同,表现出不同的城市发展模式,通过对模式的总结,可以让38座城市在发展规律、资源禀赋、目标愿景等方面相互学习、相互借鉴。这也为城市交通出行拓展出更多的新方法。如表14为2015~2019年38座城市交通出行得分排名变动情况,表14中数据表明,2015~2019年得分总体呈现波动趋势,因此若单纯通过2015年得分和2019年得分来判断城市交通出行的进步和后退,并不能全面、科学地反映城市交通出行的发展状况。本报告根据2015~2019年交通出行领域的数据变化情况挑选典型城市,原因主要分为两个方面:一是名次本身就被赋予了相对的位置,年际数据变化能够较为准确地反映城市的相对位置改变;二是名次的变化相比数据百分比的变化更为直观,城市得分排名的此消彼长恰恰反映了城市中一年的交通出行发展环境和城市发展的总体状态。所以本报告选取在交通出行和区位上具有重要地位与显著特点,且在2015年、2017年、2019年中得分名次处于增长趋势的城市作为研究对象,而这些城市在国家发展战略、区域发展和地缘联系上还应具有重要的网络关系。

因此,增长、稳健、下降的判别标准是:比较2019年、2017年、2015年三年排名的变化,三年名次一直增长即增长,名次不变即稳健,三年名次一直后退为下降,其余的先增长再后退或者是先后退再增长的情况均属于波动。根据上述标准,我们选择如下城市进行分析:天津、苏州、济南。

中国大中城市老年人交通出行发展报告

表14  2015~2019年38座城市交通出行得分排名变动

| 城市 | 排名 2015 | 排名 2017 | 排名 2019 | 趋势 2015~2019 | 变动方向和幅度 |
|---|---|---|---|---|---|
| 北　京 | 37 | 38 | 36 |  | 波动 |
| 天　津 | 35 | 10 | 6 |  | 进步29名 |
| 石家庄 | 14 | 17 | 21 |  | 后退7名 |
| 太　原 | 12 | 19 | 4 |  | 波动 |
| 呼和浩特 | 2 | 29 | 7 |  | 波动 |
| 沈　阳 | 21 | 32 | 23 |  | 波动 |
| 大　连 | 20 | 34 | 25 |  | 波动 |
| 长　春 | 5 | 18 | 13 |  | 波动 |
| 哈尔滨 | 13 | 7 | 35 |  | 波动 |
| 上　海 | 36 | 36 | 30 |  | 波动 |
| 南　京 | 26 | 24 | 5 |  | 进步21名 |
| 杭　州 | 30 | 14 | 29 |  | 波动 |
| 宁　波 | 34 | 8 | 18 |  | 波动 |
| 合　肥 | 11 | 4 | 31 |  | 波动 |
| 福　州 | 6 | 28 | 24 |  | 波动 |
| 厦　门 | 8 | 15 | 11 |  | 波动 |
| 南　昌 | 4 | 33 | 27 |  | 波动 |
| 济　南 | 7 | 9 | 37 |  | 后退30名 |
| 青　岛 | 10 | 23 | 17 |  | 波动 |
| 郑　州 | 15 | 27 | 26 |  | 波动 |
| 武　汉 | 29 | 25 | 14 |  | 进步15名 |
| 长　沙 | 19 | 26 | 20 |  | 波动 |
| 广　州 | 31 | 20 | 33 |  | 波动 |
| 深　圳 | 1 | 2 | 12 |  | 后退11名 |
| 南　宁 | 17 | 11 | 34 |  | 波动 |
| 海　口 | 16 | 22 | 10 |  | 波动 |
| 重　庆 | 38 | 37 | 38 |  | 波动 |

199

续表

| 城市 排名及趋势 年份 | 排名 2015 | 排名 2017 | 排名 2019 | 趋势 2015~2019 | 变动方向和幅度 |
|---|---|---|---|---|---|
| 成 都 | 27 | 31 | 22 | ↘↗ | 波动 |
| 贵 阳 | 25 | 35 | 32 | ↘↗ | 波动 |
| 昆 明 | 22 | 5 | 28 | ↗↘ | 波动 |
| 西 安 | 32 | 16 | 16 | ↗→ | 波动 |
| 兰 州 | 33 | 13 | 19 | ↗↘ | 波动 |
| 西 宁 | 24 | 30 | 15 | ↘↗ | 波动 |
| 银 川 | 18 | 12 | 9 | ↗ | 进步9名 |
| 乌鲁木齐 | 23 | 21 | 1 | ↗ | 进步22名 |
| 无 锡 | 9 | 6 | 3 | ↗ | 进步6名 |
| 苏 州 | 28 | 3 | 8 | ↗↘ | 波动 |
| 珠 海 | 3 | 1 | 2 | ↗↘ | 波动 |

## （二）典型城市交通出行情况分析

### 1. 天津

天津市是我国的直辖市之一，一直在我国城市发展中具有特殊位置，天津是京津冀城市群中的关键性城市，西靠北京，东靠渤海，也是我国北方重要的出海港口。天津市在2019年交通出行指标上排名第六，其总得分为45.16分。通过对各项指标的观察发现，天津市人均年末实有出租车数、人均城市道路面积、建成区路网密度、人均拥有公交车数得分并不高，原因是天津市在2016年常住人口达到了1500万人以上，如此大的常住人口数量让天津市的公共交通服务处于比较紧张的状态。然而反观平均旅行速度、每小时拥堵时间和年人均拥堵成本三个指标可发现，天津市的交通拥堵状况不严重，在车流、人流巨大的一线城市，天津这三项指标都可以排在前列（见表15），人口在2000万以上的北京市城区面积比天津市大近50%，人口多近30%，然而天津市在更加拥挤的城市中实现了比北京市更加畅通的交通出行，这说明天津市具有更高水平的公共交通治理能力。

表15 天津市交通出行指标得分情况

单位：分

| 城市 | 平均旅行速度 | 人均年末实有出租车数 | 人均城市道路面积 | 建成区路网密度 | 人均拥有公交车数 | 每小时拥堵时间 | 年人均拥堵成本 | 总得分 |
|---|---|---|---|---|---|---|---|---|
| 天津 | 9.17 | 7.27 | 2.21 | 4.57 | 2.99 | 8.48 | 10.46 | 45.16 |

图14显示了天津市交通出行维度各个指标得分的贡献率，可以看出对交通拥堵问题的解决优化了天津市交通出行的总体情况，其平均旅行速度、每小时拥堵时间和年人均拥堵成本指标的贡献率分别达到了20%、19%和23%，贡献率总计达到了62%，说明在公共交通服务数量质量到一定水平之后，整体交通出行的优化更加依赖于交通拥堵问题的解决，解决交通拥堵问题能够为优化交通出行带来更高的收益。因此，天津市在未来发展中不仅需要利用更加智慧的手段，继续解决各个时段可能出现的拥堵问题，还需要不断完善公共交通服务，提高道路设施的质量和公共交通车辆的可及性和覆盖率。

2. 苏州

苏州市是苏南的重要城市，物产丰富，具有良好的经济基础。自古以来，就有"苏湖熟，天下足"的美誉，其发达的经济在今天表现为繁忙的经济和社会活动，频繁的经济和社会往来需要高效率的交通。因此苏州市在交通出行方面能够从2015年的第28名提高到2019年的第八名。苏州市在近几年的发展中，平均旅行速度、建成区路网密度、每小时拥堵时间和年人均拥堵成本几项指标的得分有了明显提升，其中建成区路网密度的提升主要缘于苏州市兴建了新工业区的道路，道路的宽度和长度远远超过老城区道路的宽度和长度。而人均年末实有出租车数、

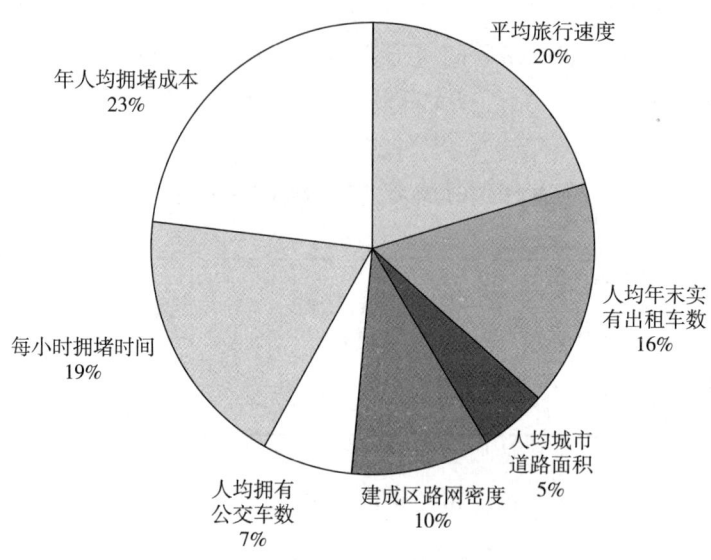

**图 14 天津市交通出行指标得分贡献率情况**

人均城市道路面积和人均拥有公交车数得分比较低，甚至人均年末实有出租车数的得分是最低分（见表16），不过这不能说明苏州市的公共交通服务落后于其他城市。人均年末实有出租车数的低分从侧面说明了苏州市的滴滴业务发展较快，对传统出租车业务产生了替代效应。而苏州市常住人口在2016年已经超过1300万，庞大的常住人口规模对人均城市道路面积和人均拥有公交车数的得分产生了抑制作用。不过这并没有影响苏州市居民的交通出行。苏州市采取了一些特殊措施，间接提高了交通的通达度。例如在老城区采取"禁止共享单车"的策略和对全市道路网络的建设，一方面很大程度缓解了拥挤的老城区的交通拥堵；另一方面使得苏州市的商业功能向外围城区扩散，分散了高峰期的车流和人流，间接提高了苏州市的交通通达水平。

图15所示为苏州市交通出行各指标得分的贡献率情况，其中建成区路网密度、每小时拥堵时间、平均旅行速度和年人均拥堵成本的贡献率较高，分别是30%、21%、22%和18%。这四个指标的总贡献率达到

了91%。由此可见，苏州市交通拥堵状况的缓解大大提高了交通出行效率。

表16 苏州市交通出行指标得分情况

单位：分

| 城市 | 平均旅行速度 | 人均年末实有出租车数 | 人均城市道路面积 | 建成区路网密度 | 人均拥有公交车数 | 每小时拥堵时间 | 年人均拥堵成本 | 总得分 |
|---|---|---|---|---|---|---|---|---|
| 苏州 | 9.53 | 0 | 2.55 | 12.97 | 1.21 | 9.45 | 7.90 | 43.62 |

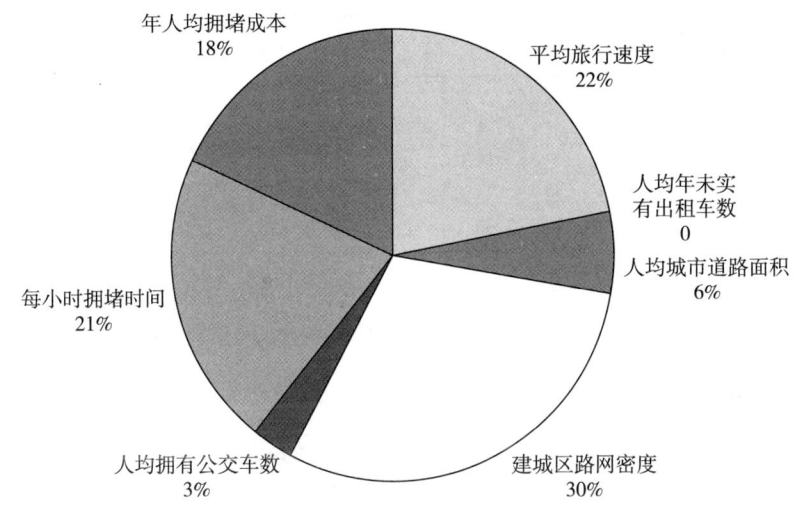

图15 苏州市交通出行指标得分贡献率情况

3. 济南

济南市是山东省的省会，是山东省的经济、政治、文化中心，济南市交通出行的各项指标中，平均旅行速度和每小时拥堵时间均是0分（见表17），说明济南市的交通拥堵极其严重，拥堵时间为38座城市当中最长的，需要进行系统化的交通治理。济南市的拥堵主要集中在早晚高峰时期，其拥堵时间为38座城市中最长的。拥堵的原因在于济南市的道路缺少能够分散车流和人流的主干道和次干道,导致高峰时期的车流和人流集中在一条或者几条道路上。然而数据显示济南市的人均道路面积和建成区路网密度数据均超过了平均值2.01分和3.75分,说明目前济南市的道路系统存在着利用和建设的缺陷,因此未来济南市整治交通拥堵需要从基础设施入手,通过对关键道路的系统性完善保障车流分流,通过对关键路口和信号灯距离的控制缩短各个路段的车辆滞留时间。通过对停车区域和上下班、上下学的车流人流的疏导和立体交通战略实现城市人流、车流的整体优化(见图16)。

表17 济南市交通出行指标得分情况

单位:分

| 城市 | 平均旅行速度 | 人均年末实有出租车数 | 人均城市道路面积 | 建成区路网密度 | 人均拥有公交车数 | 每小时拥堵时间 | 年人均拥堵成本 | 总得分 |
|---|---|---|---|---|---|---|---|---|
| 济南 | 0 | 3.40 | 3.66 | 8.50 | 2.67 | 0 | 6.85 | 25.08 |

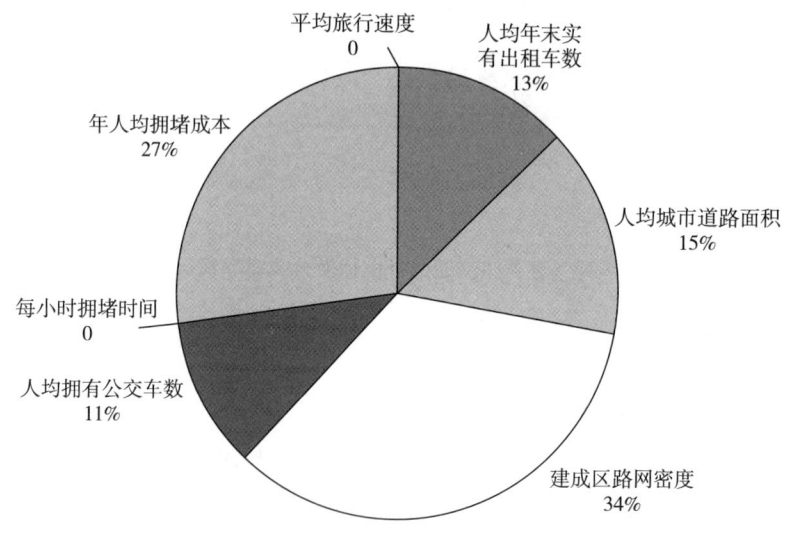

图16 济南市交通出行指标得分贡献率情况

## 六 保障老年人健康出行的关键行动

不论是城市发展适老化交通、实施交通出行综合治理战略，还是构建指挥交通系统，其最终目的，就是构建一个适合出行、提升价值、以人为中心的交通系统。这个新的交通系统将发挥新的作用：一是提高经济和社会活动的效率、缩短交通拥堵的时间、提高居民出行效率。二是提高公共交通服务的数量和质量，一方面需要交通出行服务对所有居民而言可及、方便，另一方面需要公共交通服务能够做到"以人为本"和"年龄友好"。三是交通系统应当能够预警交通问题和优化解决方案，促进信息的共享，加强对各个路段交通信息关键指标的实时监测，在问题出现时，通过对方案的筛选寻找最优的解决方案，以降低风险。

### （一）基于"价值导向"和"以人为本"理念的城市交通治理

新时期符合健康老龄化、标准的交通出行一定要符合两个理念："价值导向"和"以人为本"。即健康老龄化城市的交通体系一定要能够提价值，一定是对居民友好的。虽然健康老龄化的交通出行需要满足两个理念，但是可以通过统筹资源和确定战略目标的方式将两个发展理念统一。具体而言，健康老龄化的交通出行需要考虑几个方面：资源、价值和环境。

首先是资源方面，需要明确健康老龄化的交通出行要投入的要素，本报告认为，健康老龄化的交通出行需要投入负责任的交通治理团队、信息技术、高质量的公共交通服务、对标分析。负责任的交通治理团队要求新时期交通治理团队一定要具有随机应变、展望未来和服务居民的工作能力和工作动机，能够对突发事件和即将发生的问题做出迅速的反应，对市区的居民负责。信息技术要求新时期健康老龄化的交通出行是智慧化的交通系统，要通过关键数据信息共享和信息实时监测对突发事件做出及时分析，制定最优解决方案。高质量的公共交通服务是基础，不同城市的公共交通服务水平是不同的，因此发展不足的城市需要提高公共交通服务的数量，具有一定发展水平的城市需要提高公共交通服务的质量。对标分析是各个城市需要在38座城市当中寻找最佳案例,然后通过交通出行各指标的对比,找到不足,弥补差距。

其次是价值角度,健康老龄化的交通出行需要创造价值,即交通治理团队需要对城市居民进行细分,按照出行方式或者出行目的进行细分。归纳出影响每一个群体交通出行的关键因素,然后采取积极的干预措施,对关键因素进行控制,例如驾驶私家车群体去上班时最主要的考虑是会不会发生交通拥堵,交通治理团队需要关注早高峰引发交通拥堵的关键条件,比如通过诊断发现信号灯的距离和次干道的数量极大地影响了交通,故交通治理团队要对这两个方面进行改造和重新布局。交通治理团队要清楚治理效果对每一个细分居民群体交通出行的影响——出行更加安全、出行效率提高、降低居民的损失。

最后是环境,这个环境指的是公共政策,公共政策能够影响交通出行效率完善健康老龄化交通出行的法律和政策体系,可以促进健康老龄化的交通出行机构进行重组,促进公共交通服务的转型。

## (二)建设年龄友好的交通系统

研究表明,老年人的主要出行方式为公共交通(公交)和慢行(步行)[1],因此应通过优化、改进公共交通和慢行系统,投入新要素,来构建年龄友好型交通系统。

在老年人的中短距离出行中,主要的出行方式为慢行(步行),因此构建年龄友好的慢行交通系统尤为重要。一是增加慢行交通道路的面积,优化慢行交通道路的分布和规划,扩大慢行交通道路的辐射范围和提升慢行道路的使用效率[2]。二是加强慢行道路的服务性,通过设立休憩点、服务站及提高道路绿化程度等措施,提高老年人出行舒适度。三是提高道路安全性,通

---

[1] 魏雷、袁妙彧:《城市社区"适老化"交通系统建设研究》,《公路交通科技》(应用技术版)2018年第2期。

[2] 唐大雾、段文:《老住区"老年交通安全区"的规划策略研究》,《住区》2018年第2期。

过控制机动车速度、设立"老年交通安全区"、增加安全防护设施等手段来保证老年人的出行安全。①

公交是老年人出行的另一种主要方式，构建具有可及性、舒适性和便利性的公交系统是建设年龄友好型交通系统的重要环节。一是合理规划公交站点的分布，增加城市公交车的数量，构建辐射范围广、服务可及性高的公交网络。二是通过在公交车上加装老年人专座、对候车厅进行适老化改造、对司机进行关爱老年人的培训等手段，降低老年人乘坐公交的难度，提高老年人出行的舒适性。三是对交通信息系统进行适老化改造，通过智能路线规划、高峰提示、乘车信息平台适老化改造等措施，提高老年人出行的便捷性③。

营造无障碍的公共交通环境是构建年龄友好型交通系统的先决条件，一是通过人行天桥、无障碍廊道、老年交通安全区等适老化交通改造实现交通道路无障碍化。二是对公交、地铁、轨道等公共交通设施进行适老化设计和改造，实现交通方式无障碍化。三是营造尊老爱老的交通文化环境，使得老年人在出行过程中能够得到关爱与帮助，实现真正意义上的"无障碍"。①

通过建设年龄友好型交通系统，降低老年人的出行成本和出行难度，提高了老年人的出行安全度和出行便捷度，保证养老服务的可及性（如以养老服务机构为中心构建交通网络，缩短老年人到养老机构之间的出行时间，提高老年人获得养老服务的可及性和易得性）②。

### （三）发展智慧城市系统

智慧交通系统是在交通领域充分运用物联网、云计算、人工智能、自动

---

① 王艳艳：《老年友好城市下宁波公共交通适老化设施发展对策研究》，《设计》2018年第17期。
② 王进坤、杨红平：《适老化交通设施改善的技术探索——以昆山为例》，载中国城市规划学会、东莞市人民政府《持续发展 理性规划——2017中国城市规划年会论文集》，2017，第10页。

控制、移动互联网等现代电子信息技术的服务系统。不过从本质来看，智慧交通系统是交通系统在技术和手段方面的改进，其核心目的是安全出行、降低出行成本和提高经济社会价值。实现这三个目的的关键因素是信息技术、人工智能的应用。

具体而言，就是扩大基础网络覆盖、实现交通信息共享。构建"城市大脑"是智慧城市建设的重要一环，需要对整个城市的多方信息进行实时综合分析，才能完成资源的及时、合理配置①。一方面，要继续稳步加大基础网络设施投入，抓紧推进 WiMAX、Wi-Fi、4G/5G 等无线网络的全覆盖建设，让民众能够随时随地接入交通服务系统，实现智慧交通的高效化。另一方面，交通道路信息要更具实时性和智能预测性，并能够公开化、透明化，实现交通信息的共享。城市交通的监测预警、应急管理等离不开信息的交互共享。要想实现民众更安全、更快、更便捷的智慧出行，在交通信息数学分析、数据共享平台的搭建上仍需加大力度。以最基础的交通信号灯为例，人流车流实时数据的运算、预测、共享，从城市现有应用情况来看，能够使人们及时重新规划合理出行路线，在较大限度上保障交通顺畅，优化出行体验。②

扩大基础网络覆盖范围，实现交通信息共享，可直接降低数据获取的成本，使得不同建筑、人群等能够同时获得及时可用的信息，降低时间成本和资金成本。另外，信息共享的基本出发点是通过大数据保障居民的出行安全，降低交通事故的发生频次。

## （四）健全养老服务和社会参与体系

随着我国养老体系从"9073"向"9064"的改变，居民对社区养老和机构养老需求发生微妙变化，而且 2019 年 5 月 29 日，国务院总理李克强提出促进社区养老和家政服务业发展的要求，说明社区养老从 2019 年开始受

---

① 党安荣、甄茂成、王丹、梁军：《中国新型智慧城市发展进程与趋势》，《科技导报》2018 年第 18 期。

② 尚丹：《智慧交通带动城市发展脉搏》，《信息系统工程》2019 年第 5 期。

到高度重视，而且随着养老机构质量建设工作的不断推进，机构养老和社区养老步入了重要的发展期。从老年人的角度来看，进入老年期之后，城市居民在出行方式上发生较大变化，由生存型转向生活型，出行目的主要是购物、休闲娱乐、就医、探亲访友、办理个人或家庭事务等，其中最主要的是购买食品。其次是休闲娱乐，呈现短距离、步行方式占比上升、自驾车方式占比下降、公交占比大体持平等特征。

所以在新时期健康老龄化的交通出行方面，不仅老年人需要搜索养老服务或者进行社会参与，而养老服务的供应商也应当采取主动靠近老年人的策略。这样的策略能够直接缩短老年人的旅行距离、降低老年人旅行的风险，养老服务供应商和社会参与的组织者可以采取嵌入式的办法，在社区附近开设微型的养老服务机构和举办社会参与活动。这种养老机构可发挥三方面的作用：一是缩短老年人的旅行距离，降低旅行风险；二是提高养老服务的覆盖率，保障老年人参与社会的权利；三是嵌入式养老机构的居家养老服务和社会参与活动对于老年人而言更加可及。

# B.5 中国大中城市老年人社会公平与社会参与发展报告

陈璐 曾嘉懿 罗忠 吴昊*

**摘　要：** 保障社会公平和促进社会参与对于老年友好型社会建设具有重要意义。本报告选取了第三产业从人口占总从业人口比重、每万人拥有卫生、社会保障和社会福利从业人数等11个指标对38个城市的社会公平与社会参与指数综合得分和单一指标得分进行排名，并分别对综合得分排名靠前的五个城市和综合得分排名靠后的五个城市做比较分析，归纳了2017年主要城市社会公平与社会参与发展特征及其背后的影响因素。通过对2015~2017年各城市社会公平与社会参与指数变化情况的分析，了解我国大中城市社会公平与社会参与状况的变化趋势特征。从更好地构建老龄友好型社会的角度，提出了进一步促进社会公平和扩大社会参与的三条对策建议，分别为：提高经济发展质量，重视发展养老服务市场；促进公平、提高效率，注重公平与效率相结合；实现中国特色的社会参与和社会公平。

**关键词：** 城市　社会公平　社会参与　老年友好型社会

---

\* 陈璐，西南交通大学国际老龄科学研究院合作与项目办公室主任；曾嘉懿，西南交通大学公共管理与政法学院本科生；罗忠，西南交通大学公共管理与政法学院本科生；吴昊，西南交通大学公共管理与政法学院研究生。

目前，中国人口老龄化正在加速且程度在加深。2017 年，全国人口中 60 周岁及以上的人口大约有 24090 万人，占我国总人口的 17.3%。其中 65 周岁及以上的人口大约为 15831 万人，占我国总人口的 11.4%，老年群体日渐庞大，其需求也正从基本的生存需要变为高水平的物质生活、高品位的精神生活、对社会生活的深度参与需求，服务需求从简单生活照料需求向多层次、多样性、个性化需求转变，社会角色从过去被动接受照顾型向主动寻求社会参与型转变。

以《中华人民共和国老年人权益保障法》《中华人民共和国国民经济和社会发展第十三个五年规划纲要》《"十三五"国家老龄事业发展和养老体系建设规划》为代表，国家及地方政府相关部门密集出台多领域涉老政策，老龄政策逐步健全和完善，为我国老龄事业的发展提供了良好的政策和社会环境。与此同时，老年人在获得保障和享受服务上仍然面临城乡、区域、性别差异，过去的法规政策也存在系统性、协调性、针对性、可操作性不足的问题；城乡、区域老龄事业发展和养老体系建设不均衡问题突出；养老服务有效供给不足，质量、效益不高，人才队伍薄弱；老龄工作体制机制不健全，社会参与不充分，基础比较薄弱，对这些需要进一步深入研究与出台相应政策，积极促进社会公平。

解决老龄化引发的社会矛盾、满足老年人的生存型基本需求和发展型拓展需求成为现阶段及未来城市发展与建设的重点。老年人是宝贵的社会财富和资源，应对人口老龄化就是要通过构建完善的制度体系，不断提升公共服务水平，赋予老年人公平参与社会发展与治理的机会。保障和改善民生，增强老年人的参与感、获得感和幸福感，对于贯彻落实积极应对人口老龄化的决策部署、实现全面建成小康社会奋斗目标具有重要战略意义。

## 一 老年人社会公平与社会参与的研究现状

世界卫生组织（WHO）1946 年章程中关于健康的定义是"健康是身体、心理和社会功能的完美状态"：从生物学角度检查人体器官功能，测量各项指标正常与否；从心理精神角度判断其有无控制力，能否正确对待外界影响；从社会学角度看其社会适应性、人际关系与应付各类事件的能力等。大量研究显示，老年人的心理健康状态和社会适应能力随着年龄增加而普遍下降。因此，健康老龄化的核心在于延长老人的自理期，降低老人陷入失能、半失能风险的概率，使老年人尽量长期保有身体、心理与社会功能的和谐状态。

### （一）健康老龄化视角下的社会公平

社会公平，指的是人们之间一种平等的社会关系，主要包括生存公平、产权公平和发展公平，体现在经济、政治、文化生活的全过程中。健康老龄化视角下的社会公平更多地关注如何让每一个个体（尤其是老年人）平等地参与社会活动，平等地享受就业、教育、保障等经济社会发展成果。关于年龄公平，1998年联合国提出"建立不分年龄、人人共享的社会"，首次将"年龄"与"公平"联系起来，追求年龄公平成为应对人口老龄化的重要目标之一。2016年，作为由联合国驻华系统支持的公平主题系列报告之一，《老年公平在中国》关注老年人群的内部差异，指出了中国老年人在健康、保障、参与三方面的差异，其中，老年社会参与方面的差异主要包括以下几点：养老金收入较低，使得农村老年人口的劳动参与率比城镇地区高；男性老年人的政治参与更加积极；角色和文化方面有着不同预期；富裕地区老年人的社会参与更多。杜鹏、谢立黎（2017）定义"老年公平"为：在社会生活中，老年人与其他年龄群体之间、老年亚群体之间，在涉及老年人群体利益的社会资源与社会权利的分配方式和分配结果上是合理的、合乎道德的或老年群体能接受的。

关于健康老龄化视角下的社会公平问题，更多的研究涉及健康公平。比如仲亚琴、高月霞等（2013）认为，不同社会经济地位的老年人之间存在健康不公平现象。要完善老年人的医疗保险和医疗救助制度，将卫生资源的配置向农村和西部地区倾斜，缩小城乡、地区差距，促进老年人公平享有健康。另外，社会公平与老年就业。丛喜静、王兴平（2015）从社会公平的视角出发，明确了老年人的就业及就业空间环境概念，提出现阶段老年人就业空间环境中存在的问题，并从就业出行环境、就业设施环境、空间无障碍环境三个方面对解决老龄社会矛盾提出应对策略。关于社会公平与文化教育，有学者认为，文化教育公平是社会公平的重要组成部分，是一个有丰富内涵的主要概念，是社会公平的重要基础和核心环节，是社会公平在教育领域的延伸和体现，是实现社会和谐的重要途径（刘洪林，2016）。周洪宇（2014）等人对教育公平性运行模式、理念、思想、体系等共性以及差异性内容进行研究后，提出了适合我国城乡经济发展条件的教育公平性运行模式，并为城乡教育的结合提供了教育公平性健康发展的建议。关于社会公平与老年人权益保障，周光大（2013）认为，维护社会公平，须认真贯彻《老年人权益保障法》。姚立瑛（2015）提出，正确应对人口老龄化，需认清老年人权益保护的重要性。还有研究者从性别视角、生命周期视角、健康老龄化视角展开研究，提出老年妇女是不能忽视的群体，认为不能简单机械地将老年妇女视为单维度的弱势和被动受助的社会群体，而要全面系统地认识其积极作用；不应简单地批评家庭性别分工方面的不公平，而要全面系统地认识老年男性的家庭角色。

## （二）健康老龄化视角下的社会参与

国外学者在界定"社会参与"时提出了三个层次的核心理念：第一，社会参与是社会层面的；第二，社会参与是与他人相联系的；第三，社会参与体现了参与者价值（孙建国等，2015）。韩青松（2007）认为，如今在支持和促进老年人社会参与的法律环境及产业结构等之中存在许多不完善之处。如老年劳动力在劳动市场会受到一定的排斥，市场忽视老年人的社会参与权利。如果能创造一种社会支持环境，加强对老年人社会参与的法律保障，则能更好地使老年人融入社会。王志东（2013）指出，随着老龄化的加快和家庭结构的变迁，我国家庭的传统养老功能日益弱化，健康老龄化越来越要求积极参与社会。而"孝德"既是社会参与的根本价值指向，也是所有社会参与主体的基本行为规范。积极社会参与的价值指向是通过弘扬孝德来实现老有所养和社会和谐。

在经济参与方面，有学者认为，老年人的经济参与包括老年人退休后的灵活非正规就业和正规再就业。汪斌、郑家豪（2019）在研究中定义"城市老年人经济参与"：雇用有城市户口且60周岁及以上的老年人在各种正规和非正规生产活动中从事可以获得劳动报酬的工作。彭青云等（2017）在家庭结构急剧分化的背景下探讨了家庭因素对老年人经济活动的影响，提出家庭因素显著地影响城市老年人的经济参与，而代际经济支持的力度和方向能够有效地促进或抑制城市老年人参与经济活动。从健康老龄化的角度来看，最好是建立一个经济体系（而不是关注老龄化）作为发展老年资源的方向。

关于社会参与和老年教育，汤春燕（2017）指出，老年教育作为终身学习的最后一个环节常被许多人忽视，有些老人认为现今教育方式单一、没有自己感兴趣的课程。Gillian等人（2016）的研究指出，老年人学习的积极性很高，对知识有强烈的渴望，学习可以活跃他们的思维、丰富他们的生活。另外，学习可使老年人独立、减轻社会负担。Kirst等（2008）认为随着时代的发展，一切事物都处在迅速发展变化的过程中。如果想让老年人能够与时俱进地跟上社会发展形势，就应该让他们通过学习来充实自己的生活。魏华忠、杨晓（2007）在对中日人口老龄化现状进行分析后，建议改善老年人的教育，以提高老年人的文化素质、应对人口老龄化。这就需要社会创造老年人竞争学习的氛围、引导老年人增加社会参与、开展丰富多样的老年教育。彭川宇等（2017）发现，老年教育对老年人的社会参与影响显著，有助于发挥老年人余热、消除其内心孤独感、提高其社会参与程度，可以从老年教育入手，为老年人更好地参与社会提供机会。目前来看，我国的老年教育较发达国家落后，存在办学机构少、教学内容匮乏等问题。可以从以下方面着手，大力发展老年教育，提高老年人社会参与程度。

Steven Ney（2015）指出，在社会的养老文化方面，直接影响国家贯彻落实积极老龄化方针的是文化水平的高低。只有通过确立健康积极的老龄化概念才能消除消极的影响。姚远等（2009）从夯实老龄政策理论基础的角度对养老文化进行探讨。他认为随着社会的发展,老年人更加独立自主,他们对生活质量的追求将会发生变化,那么制定老龄化政策更加需要适应我国老年人的变化,要消除他们的年龄标签,通过让老年人参与社会实践不断提高其自力更生的能力。薛新东(2018)通过研究2008年和2012年的中国健康与养老追踪调查数据,重点考察我国中老年人认知功能受到社会参与影响的情况,提出我国中老年人增加社会参与能显著地促进其认知功能。在应对人口老龄化的进程中,政府可以通过鼓励社会参与来提高老年人的认知功能,实现健康老龄化。

在社会参与和老年人就业方面,"老年人就业"是指老年人从事产品生产活动或服务提供活动,但不一定得到相应的报酬。主要包括两个层面:一是有能力,想参加社会经济活动并获得相应的劳动报酬或经营收入的老年人;二是老年人定期定时从事某项或某几项社会福利活动。老年人就业是老年人社会参与的重要体现。与此同时,丛喜静、王兴平(2015)的调查研究表明,老年人一般认为"社会排斥"是老年人就业过程中的最大障碍,"个人能力"和"身体健康"因素也影响就业参与。

综上所述,近年来关于健康老龄化视角下的社会公平与社会参与的文献呈现增长的趋势,各领域专家学者就各个方面都进行了研究与探讨。但值得注意的是,现有研究主要集中在老年人的社会公平与社会参与上,关于代际关系以及社会其他群体对老龄化社会中的老年人社会公平保障的影响的讨论相对较少。应对人口老龄化,应平等地对待每一个群体,不忽视老年群体固然重要,但也不能因过度强调老年人而忽视对其他群体的权益保障,毕竟应对人口老龄化要整个社会联动起来。用量化指标从社会公平与社会参与的角度衡量一个地区应对人口老龄化的行动及适老化环境的构建是一种有益尝试。

## 二 社会公平与社会参与指标说明

对于老年群体而言,社会公平与社会参与更多的是一种主观体验,涉及老年人是否有公平参与的机会,是否感受到社会排斥,能够在多大程度上体验到社会发展带来的好处。但要衡量一个城市是否属于老年友好型城市，是否对老年群体宜居，就需要对不同面向的城市建设发展情况做量化比较。

在社会公平与社会参与方面，本报告选取了第三产业从业人口占总从业人口比重，每万人拥有卫生、社会保障和社会福利从业人数，每万人拥有群众文艺馆数，公共安全支出占公共预算财政支出比重，人均居住支出构成，人均住房建筑面积，CPI 5 年算术平均，每万人在校大学生数，互联网宽带接入用户数占总人口比重，娱乐教育文化服务占总消费支出比重，人均教育支出等 11 个指标来测量各城市的社会公平与社会参与情况。关于各指标的相关说明如下。

（1）第三产业从业人口占总从业人口比重：是指城市从事第三产业人数占总就业人数之比。该指标反映了当地服务业发展水平和产业结构状况，能够在一定程度上反映养老服务业的发展情况和老年人可供利用的服务人力资源。

（2）每万人拥有卫生、社会保障和社会福利从业人数：用当地卫生、社会保障和社会福利从业人数乘以一万除以人口总数，即可得到每万人拥有卫生、社会保障和社会福利从业人数。该指标反映了当地社会保障水平，表明当地可供用于服务保障民生的卫生、社会保障和社会福利从业人数，是全国全面小康进程监测指标。

（3）每万人拥有群众文艺馆数：用城市群众文艺馆数乘以一万除以总人口数，得到每万人拥有群众文艺馆数。反映了当地公共文化服务体系建设水平，是衡量一个城市保障老年人公共文化权益的重要指标。

（4）公共安全支出占公共预算财政支出的比重：用某一城市的公共安全支出总额除以其公共预算财政支出总额，反映了一个城市的公共安全状况和为了构建安全的社会环境而投入的公共资源数量，可反映一个城市的宜居性。

（5）人均居住支出构成：是指居住部分的支出除以家庭消费支出总额。该指标是城市居民消费结构的一种反映，也可用于衡量城市的宜居指数。当城市居民家庭消费支出中住房支出占比过高，这座城市对于多数市民来讲就是不宜居的。

（6）人均住房建筑面积：是指截至某一时点，城市住房面积总额除以城市总人口之值。该指标是对市民生活质量的一种测量，人均住房面积的大小与城市居民的生活质量有一定的相关性。

（7）CPI 5 年算术平均：将某一城市最近五年来一组固定商品按当期价格计算的价值除以该组固定商品按基期价格计算的价值后乘以 100% 所得到的数值加总，再除以 5。

（8）每万人在校大学生数：是指城市某一时点在校大学生人数乘以一万，除以同期城市常住人口总数。该指标直接反映了一座城市的高等教育发展水平，同时也可用于对城市发展活力的考量。

（9）互联网宽带接入用户数占总人口比重：是指接入互联网宽带的人口数量占当地常住人口数量的比重，反映了一座城市的信息化建设水平，使用互联网宽带的人口比例越高，表明这座城市的信息便利化程度越高。

（10）娱乐教育文化服务占总消费支出比：指用于娱乐教育文化服务的支出占总消费支出的比重，反映了城市居民的消费偏好特征。现代社会，伴随着生存型消费支出比重的降低，享乐型消费和发展型消费比重将不断提升。

（11）人均教育支出：用城市教育总支出除以当期常住人口数即可得城市人均教育支出，反映了当地的教育投入和发展水平。

## 三 社会公平与社会参与指标排名情况

根据上述 11 个指标收集相关数据，建立 38 个城市社会公平与社会参与质量数据矩阵。通过无量纲化处理后，可计算得出所有城市相关指标数据的加权评价得分，并计算得出以百分比形式表现的各城市在社会公平与社会参与方面的分值。

### （一）社会公平与社会参与指标总得分排名情况

以 11 个指标测量得出的各大中城市社会公平与社会参与方面的得分情

况如表1所示,得分均值为40.98分,极值差为31.54分。数据表明各个大中城市的社会公平与社会参与平均水平有所提高,得分位于中间的较多,有33个城市的得分居于30~50。另外,得分在50分以上的城市有3个,分别是珠海、昆明和南京。得分低于30分的城市有2个,分别是天津和长春。

表1 社会公平与社会参与总得分排名情况

单位:分

| 城市 | 总得分 | 排名 | 城市 | 总得分 | 排名 |
| --- | --- | --- | --- | --- | --- |
| 珠 海 | 58.35 | 1 | 武 汉 | 40.48 | 20 |
| 昆 明 | 52.54 | 2 | 无 锡 | 39.67 | 21 |
| 南 京 | 51.55 | 3 | 西 宁 | 39.25 | 22 |
| 长 沙 | 49.51 | 4 | 南 昌 | 38.66 | 23 |
| 太 原 | 49.27 | 5 | 郑 州 | 38.22 | 24 |
| 贵 阳 | 49.10 | 6 | 海 口 | 37.69 | 25 |
| 北 京 | 48.51 | 7 | 石 家 庄 | 37.06 | 26 |
| 杭 州 | 47.61 | 8 | 哈 尔 滨 | 36.27 | 27 |
| 成 都 | 46.74 | 9 | 福 州 | 35.69 | 28 |
| 沈 阳 | 46.20 | 10 | 大 连 | 35.56 | 29 |
| 西 安 | 45.96 | 11 | 厦 门 | 35.01 | 30 |
| 乌鲁木齐 | 45.55 | 12 | 上 海 | 33.82 | 31 |
| 兰 州 | 45.24 | 13 | 青 岛 | 33.56 | 32 |
| 南 宁 | 44.79 | 14 | 银 川 | 33.12 | 33 |
| 苏 州 | 44.79 | 15 | 重 庆 | 32.65 | 34 |
| 济 南 | 43.85 | 16 | 深 圳 | 30.74 | 35 |
| 宁 波 | 42.69 | 17 | 合 肥 | 30.41 | 36 |
| 广 州 | 41.65 | 18 | 天 津 | 27.86 | 37 |
| 呼和浩特 | 40.69 | 19 | 长 春 | 26.81 | 38 |

图1根据各大中城市社会公平与社会参与综合得分情况进行排名。一个明显的特征是,各个得分区间的城市并不存在显著的地域分布特点。即不管是分值高于50分的城市,还是处于30~50分的城市,甚至是低于30分的城市,都不存在绝对的地域分布和经济发展水平相关性。如得分较高的城市

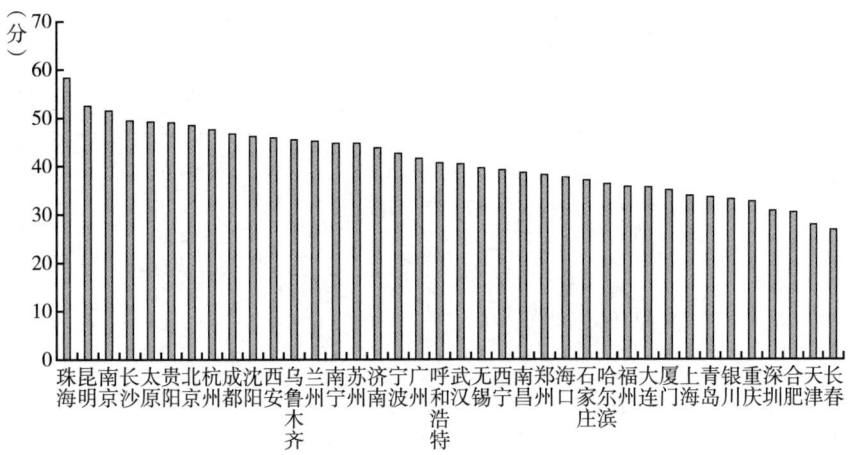

**图1 社会公平与社会参与总得分排名情况**

中,既有北京和南京这样的一线东部城市,又有昆明和成都等西部城市;在得分较低的城市中,既有深圳和上海这样的经济巨头,也有银川、长春等欠发达城市。同时,无论是得分高还是得分低,南北城市数量分布几乎相同。该特征表明,各城市的社会公平与社会参与指数与经济发展水平和地域分布不存在绝对的联系。

## (二)社会公平与社会参与一级指标排名情况及分析

### 1. 第三产业从业人口占总从业人口比重

第三产业从业人口占总从业人口比重,反映的是一定时期内,一个城市中从事第三产业的人数与该城市总劳动人口之间的比例关系。第三产业从业人口占总从业人口比重不仅可以反映出该城市第三产业的发达程度,也可以从侧面反映出政府对第三产业发展的支持力度。第三产业从业人口占总从业人口比重越高,政府对第三产业的支持力度也就越大;参与第三产业的劳动人口越多,城市居民可以享受的服务质量越高。

表2 第三产业从业人口占总从业人口比重得分排名情况

单位：分

| 城市 | 总得分 | 排名 | 城市 | 总得分 | 排名 |
| --- | --- | --- | --- | --- | --- |
| 呼和浩特 | 9.09 | 1 | 长 沙 | 2.50 | 20 |
| 石 家 庄 | 8.31 | 2 | 郑 州 | 2.44 | 21 |
| 沈 阳 | 7.01 | 3 | 南 宁 | 2.38 | 22 |
| 北 京 | 6.62 | 4 | 兰 州 | 2.32 | 23 |
| 成 都 | 4.98 | 5 | 武 汉 | 2.14 | 24 |
| 西 安 | 3.96 | 6 | 天 津 | 2.10 | 25 |
| 贵 阳 | 3.85 | 7 | 济 南 | 2.04 | 26 |
| 哈 尔 滨 | 3.64 | 8 | 长 春 | 1.96 | 27 |
| 上 海 | 3.24 | 9 | 南 昌 | 1.84 | 28 |
| 广 州 | 3.02 | 10 | 福 州 | 1.67 | 29 |
| 杭 州 | 2.99 | 11 | 重 庆 | 1.56 | 30 |
| 太 原 | 2.93 | 12 | 深 圳 | 1.48 | 31 |
| 昆 明 | 2.76 | 13 | 合 肥 | 1.39 | 32 |
| 海 口 | 2.76 | 14 | 南 京 | 1.16 | 33 |
| 大 连 | 2.74 | 15 | 宁 波 | 0.88 | 34 |
| 乌鲁木齐 | 2.70 | 16 | 厦 门 | 0.64 | 35 |
| 珠 海 | 2.62 | 17 | 青 岛 | 0.16 | 36 |
| 西 宁 | 2.57 | 18 | 无 锡 | 0.05 | 37 |
| 银 川 | 2.54 | 19 | 苏 州 | 0 | 38 |

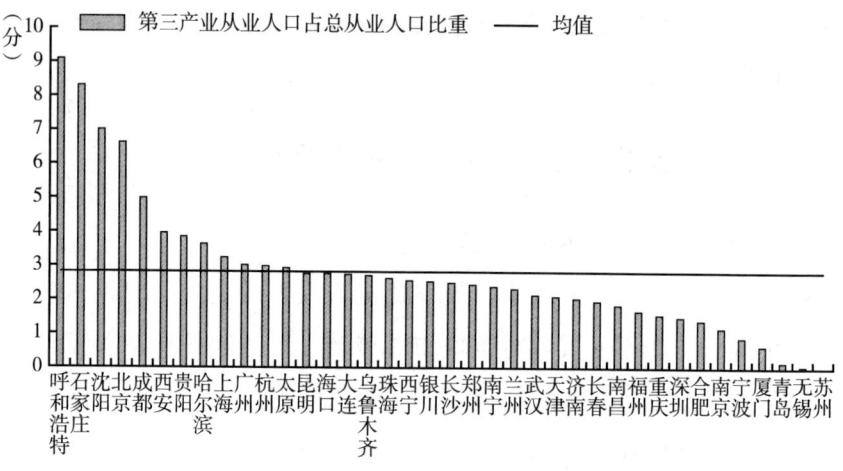

图2 第三产业从业人口占总从业人口比重得分排名情况

如表2所示，对第三产业从业人口占比这一指标进行分析，在本研究选取的中国38个大中城市中，呼和浩特市的第三产业从业人口占总从业人口比重得分最高，为9.09；而苏州市的第三产业从业人口占总从业人口比重得分最低，得分为0。第三产业从业人口占总从业人口比重排名前五的城市依次为呼和浩特、石家庄、沈阳、北京、成都，其第三产业从业人口占总从业人口比重的得分分别为9.09、8.31、7.01、6.62、4.98。第三产业从业人口占总从业人口比重排名最后的五个城市分别为苏州、无锡、青岛、厦门、宁波，其第三产业从业人口占总从业人口比重的得分分别为0、0.05、0.16、0.64、0.88。以上排名看似并无规律而言，因为排名靠前的城市既有中西部的城市，也有东北部城市，而排名靠后的城市多位于经济较为发达的东部地区（见图2），但是第三产业从业人口占总从业人口比重不仅与第三产业发展情况有关，还与当地总劳动人口数有关，所以还需要结合当地实际情况进行具体分析。

2. 每万人拥有卫生、社会保障和社会福利从业人数

卫生、社会保障和社会福利从业者，在服务保障民生的过程中具有不可替代的作用。随着法律法规的日渐完善和民生保障工作的不断推进，城镇居民的社会保障意识也在不断增强。每万人拥有卫生、社会保障和社会福利从业人数也就成为衡量一个地区社会保障水平的重要标志。

在本研究选取的中国38个大中城市中，北京市每万人拥有卫生、社会保障和社会福利从业人数得分最高，得分为9.09；长春市每万人拥有卫生、社会保障和社会福利从业人数得分排名最低，得分为0。每万人拥有卫生、社会保障和社会福利从业人数排名前五的城市依次为北京、海口、杭州、成都、乌鲁木齐，其得分分别为9.09、8.31、8.21、7.26、7.02。每万人拥有卫生、社会保障和社会福利从业人数排名最后五位的城市为长春、深圳、石家庄、苏州、天津，其相应得分分别为0、0.92、1.34、2.20、2.33（见表3、图3）。

以上数据表明，每万人拥有卫生、社会保障和社会福利从业人数在一定程度上与城市经济发展水平不相关，而取决于当地政府投入社会保障建设的力度大小与政策支持幅度。因此，政府对社会保障等公共事业的扶持应该采取区域化差别对待的方式。对于经济水平发展较慢、社会保障发展不完善的地区，政府应加大对人才队伍建设的财政投入以及政策支持力度。对于经济

水平较高，社会保障事业发展较好的城市，政府应引导公民树立相关保障意识，合理利用社会资源，更充分有效地配置资源。

**表3 每万人拥有卫生、社会保障和社会福利从业人数得分排名情况**

单位：分

| 城市 | 总得分 | 排名 | 城市 | 总得分 | 排名 |
|---|---|---|---|---|---|
| 北 京 | 9.09 | 1 | 贵 阳 | 4.33 | 20 |
| 海 口 | 8.31 | 2 | 南 京 | 4.00 | 21 |
| 杭 州 | 8.21 | 3 | 大 连 | 3.87 | 22 |
| 成 都 | 7.26 | 4 | 宁 波 | 3.72 | 23 |
| 乌鲁木齐 | 7.02 | 5 | 上 海 | 3.71 | 24 |
| 昆 明 | 5.96 | 6 | 哈 尔 滨 | 3.53 | 25 |
| 西 宁 | 5.95 | 7 | 南 昌 | 3.51 | 26 |
| 郑 州 | 5.81 | 8 | 福 州 | 3.32 | 27 |
| 太 原 | 5.77 | 9 | 厦 门 | 3.19 | 28 |
| 银 川 | 5.62 | 10 | 合 肥 | 2.73 | 29 |
| 沈 阳 | 5.49 | 11 | 青 岛 | 2.68 | 30 |
| 长 沙 | 5.36 | 12 | 无 锡 | 2.48 | 31 |
| 广 州 | 5.17 | 13 | 呼和浩特 | 2.39 | 32 |
| 济 南 | 5.11 | 14 | 重 庆 | 2.34 | 33 |
| 珠 海 | 4.98 | 15 | 天 津 | 2.33 | 34 |
| 兰 州 | 4.66 | 16 | 苏 州 | 2.20 | 35 |
| 西 安 | 4.63 | 17 | 石 家 庄 | 1.34 | 36 |
| 南 宁 | 4.51 | 18 | 深 圳 | 0.92 | 37 |
| 武 汉 | 4.36 | 19 | 长 春 | 0 | 38 |

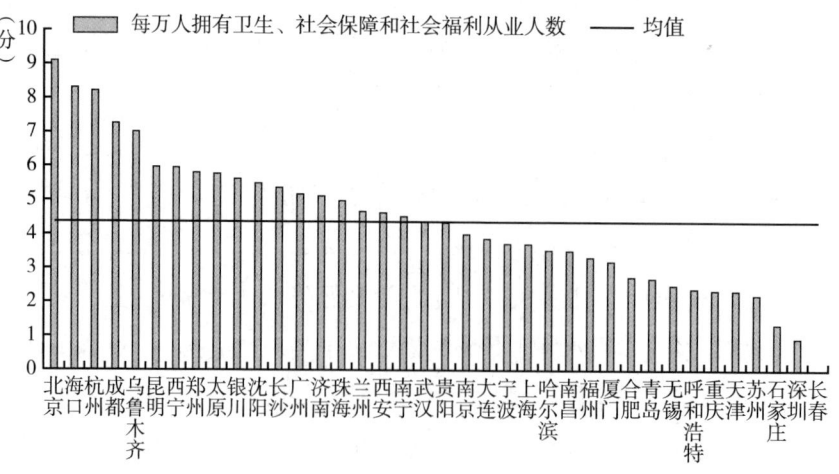

**图3 每万人拥有卫生、社会保障和社会福利从业人数得分排名情况**

3. 每万人拥有群众文艺馆数

当前，全国各地大中城市都已经建设相当规模的公共文化设施，但是随着人们文化水平的提高以及经济不断发展，西北部地区甚至出现了公共文化设施规模超过沿海经济发达地区的情况。

在研究选取的中国38个大中城市中，西宁市每万人拥有群众文艺馆数这一指标得分最高，为9.09；深圳市每万人拥有群众文艺馆数得分最低，为0。其中，每万人拥有群众文艺馆数排名前五的城市依次为西宁、昆明、银川、呼和浩特、乌鲁木齐，其得分分别为9.09、8.53、1.18、1.15、0.86；每万人拥有群众文艺馆数排名后五的城市为深圳、济南、广州、石家庄、北京，其得分分别为0、0.06、0.10、0.10、0.12（见表4、图4）。

经过分析可以看出，东部经济较为发达的城市得分排名反而靠后，中西部城市在每万人拥有群众文艺馆数方面排名相对靠前。因为中西部地区地域文化独特，政府部门在宣传和推广方面都十分重视；另一个关键原因就是中西部地区经济发展水平较低，常住人口普遍较少，流动人口大量涌入东部经济发达地区，导致东部城市常住人口基数普遍偏大，从而使得每万人拥有群众文艺馆数偏小。

表4 每万人拥有群众文艺馆数得分排名情况

单位：分

| 城市 | 总得分 | 排名 | 城市 | 总得分 | 排名 |
| --- | --- | --- | --- | --- | --- |
| 西 宁 | 9.09 | 1 | 南 宁 | 0.58 | 13 |
| 昆 明 | 8.53 | 2 | 厦 门 | 0.54 | 14 |
| 银 川 | 1.18 | 3 | 沈 阳 | 0.50 | 15 |
| 呼和浩特 | 1.15 | 4 | 南 昌 | 0.47 | 16 |
| 乌鲁木齐 | 0.86 | 5 | 西 安 | 0.45 | 17 |
| 贵 阳 | 0.83 | 6 | 福 州 | 0.42 | 18 |
| 太 原 | 0.83 | 7 | 南 京 | 0.41 | 19 |
| 兰 州 | 0.70 | 8 | 长 春 | 0.37 | 20 |
| 珠 海 | 0.68 | 9 | 宁 波 | 0.34 | 21 |
| 大 连 | 0.67 | 10 | 郑 州 | 0.30 | 22 |
| 海 口 | 0.62 | 11 | 合 肥 | 0.29 | 23 |
| 哈尔滨 | 0.60 | 12 | 武 汉 | 0.29 | 24 |

续表

| 城市 | 总得分 | 排名 | 城市 | 总得分 | 排名 |
| --- | --- | --- | --- | --- | --- |
| 成 都 | 0.28 | 25 | 苏 州 | 0.14 | 32 |
| 重 庆 | 0.27 | 26 | 上 海 | 0.13 | 33 |
| 长 沙 | 0.25 | 27 | 北 京 | 0.12 | 34 |
| 青 岛 | 0.25 | 28 | 石家庄 | 0.10 | 35 |
| 无 锡 | 0.22 | 29 | 广 州 | 0.10 | 36 |
| 天 津 | 0.22 | 30 | 济 南 | 0.06 | 37 |
| 杭 州 | 0.21 | 31 | 深 圳 | 0 | 38 |

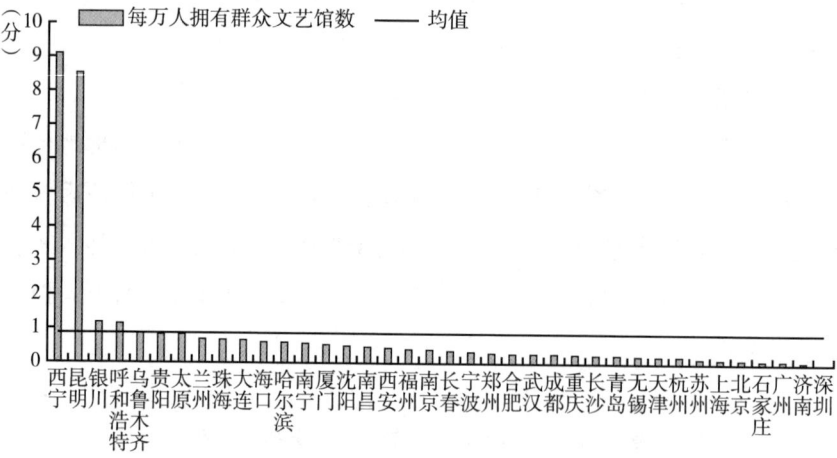

图4　每万人拥有群众文艺馆数得分排名情况

4. 公共安全支出占公共预算财政支出比重

公共安全支出占公共预算财政支出比重用某一城市的公共安全支出总额除以其公共预算财政支出总额来表示，反映了一个城市的公共安全状况和为了构建安全的社会环境而投入的公共资源数量，可从不同方面反映一个城市的宜居性。

表5反映了中国38个大中城市的公共安全支出占公共预算财政支出比。在该指标下，排名前五的城市为乌鲁木齐、北京、珠海、太原、沈阳，其得分分别为9.09、6.62、6.62、6.05、5.74；排名后五的城市分别

为合肥、西宁、郑州、哈尔滨、长春,其得分分别为0、0.31、0.73、1.65、1.67。

通过数据分析可以发现,排名靠前的城市在政治重要性上较为特殊,基本上是国家行政中心或是西北部偏远城市,为维护日常治安与人民和谐稳定的生活在公共安全投入上较大。流动人口流入较少的城市普遍排名较为靠后,政府在公共安全方面的投入也较少一些(见图5)。

**表5 公共安全支出占公共预算财政支出比得分排名情况**

单位:分

| 城市 | 总得分 | 排名 | 城市 | 总得分 | 排名 |
| --- | --- | --- | --- | --- | --- |
| 乌鲁木齐 | 9.09 | 1 | 无 锡 | 3.66 | 20 |
| 北 京 | 6.62 | 2 | 武 汉 | 3.43 | 21 |
| 珠 海 | 6.62 | 3 | 南 昌 | 3.40 | 22 |
| 太 原 | 6.05 | 4 | 广 州 | 3.32 | 23 |
| 沈 阳 | 5.74 | 5 | 福 州 | 3.18 | 24 |
| 兰 州 | 5.53 | 6 | 重 庆 | 3.14 | 25 |
| 贵 阳 | 5.47 | 7 | 西 安 | 2.96 | 26 |
| 苏 州 | 5.41 | 8 | 银 川 | 2.79 | 27 |
| 昆 明 | 5.14 | 9 | 长 沙 | 2.37 | 28 |
| 南 宁 | 5.00 | 10 | 厦 门 | 2.19 | 29 |
| 南 京 | 4.94 | 11 | 呼和浩特 | 2.16 | 30 |
| 成 都 | 4.91 | 12 | 海 口 | 2.14 | 31 |
| 大 连 | 4.91 | 13 | 上 海 | 1.99 | 32 |
| 济 南 | 4.90 | 14 | 天 津 | 1.88 | 33 |
| 杭 州 | 4.54 | 15 | 长 春 | 1.67 | 34 |
| 宁 波 | 4.39 | 16 | 哈 尔 滨 | 1.65 | 35 |
| 石 家 庄 | 4.22 | 17 | 郑 州 | 0.73 | 36 |
| 青 岛 | 4.17 | 18 | 西 宁 | 0.31 | 37 |
| 深 圳 | 3.66 | 19 | 合 肥 | 0 | 38 |

5. 人均居住支出构成

人均居住支出构成得分反映了城市居民用于居住的支出占城市居民家庭消费支出的比重,得分越高则比重越小。该指标反映该城市居民生活成本的高低,当城市居民家庭消费支出中住房支出占比过高,这座城市对于多数市民来讲就是不宜居的。

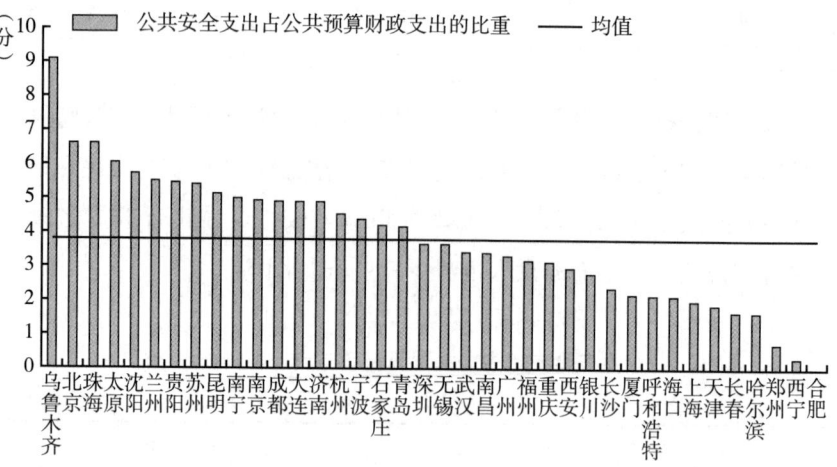

**图5 公共安全支出占公共预算财政支出比得分排名情况**

在对我国38个大中城市的人均居住支出构成的研究中,对数据做逆向处理后,发现得分排名前五的城市为南宁、哈尔滨、沈阳、银川、西安,得分为9.09、8.01、6.85、5.58、5.53;排名后五的城市分别为上海、北京、济南、武汉、福州,得分分别为0、0.53、1.46、1.88、1.90。分析后可以发现,排名靠前的城市多为中西部或者东北部城市,是生活成本较低且房价水平普遍偏低的城市,则该城市居民的居住投入普遍较少;而排名靠后的城市均为经济发达地区或者经济高速增长的地区,房价普遍偏高且生活成本较高,城市居民居住支出占居民家庭消费支出的比重也较高(见图6)。

**表6 人均居住支出构成得分排名情况**

单位:分

| 城市 | 总得分 | 排名 | 城市 | 总得分 | 排名 |
|---|---|---|---|---|---|
| 南 宁 | 9.09 | 1 | 西 宁 | 5.09 | 8 |
| 哈尔滨 | 8.01 | 2 | 珠 海 | 5.00 | 9 |
| 沈 阳 | 6.85 | 3 | 乌鲁木齐 | 4.98 | 10 |
| 银 川 | 5.58 | 4 | 贵 阳 | 4.90 | 11 |
| 西 安 | 5.53 | 5 | 长 沙 | 4.74 | 12 |
| 重 庆 | 5.45 | 6 | 成 都 | 4.69 | 13 |
| 呼和浩特 | 5.21 | 7 | 海 口 | 4.55 | 14 |

续表

| 城市 | 总得分 | 排名 | 城市 | 总得分 | 排名 |
| --- | --- | --- | --- | --- | --- |
| 无 锡 | 4.43 | 15 | 南 昌 | 2.96 | 27 |
| 郑 州 | 4.29 | 16 | 昆 明 | 2.95 | 28 |
| 大 连 | 4.23 | 17 | 太 原 | 2.84 | 29 |
| 长 春 | 4.20 | 18 | 厦 门 | 2.35 | 30 |
| 青 岛 | 4.18 | 19 | 杭 州 | 2.17 | 31 |
| 天 津 | 4.09 | 20 | 深 圳 | 2.07 | 32 |
| 南 京 | 4.08 | 21 | 石 家 庄 | 2.07 | 33 |
| 兰 州 | 4.03 | 22 | 福 州 | 1.90 | 34 |
| 宁 波 | 4.00 | 23 | 武 汉 | 1.88 | 35 |
| 广 州 | 3.95 | 24 | 济 南 | 1.46 | 36 |
| 合 肥 | 3.82 | 25 | 北 京 | 0.53 | 37 |
| 苏 州 | 3.80 | 26 | 上 海 | 0 | 38 |

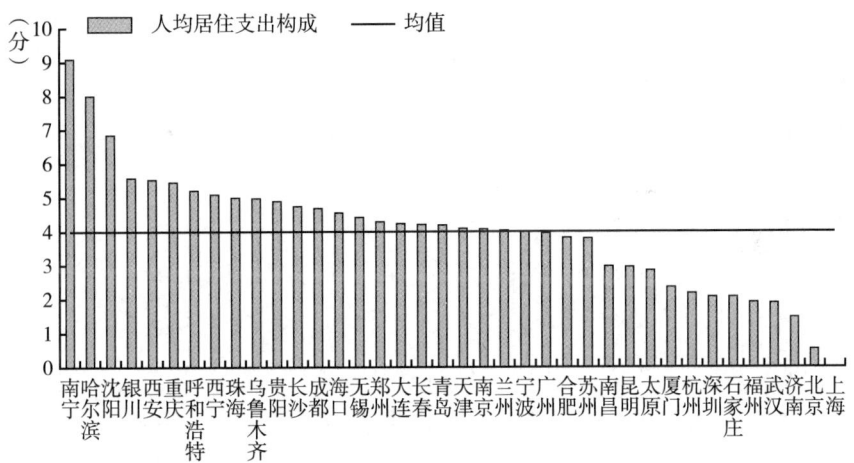

图6 人均居住支出构成得分排名情况

6. 人均住房建筑面积

人均住房建筑面积是反映一座城市发展水平的重要指标，城市该指标得分越高，人均住房建筑面积越大，该指标也是对市民生活质量的一种测量，人均住房面积的大小与城市居民的生活质量有一定的相关性。

在该项指标下，排名前五的城市为苏州、济南、无锡、长沙、昆明，得分为 9.09、7.47、7.43、7.26、6.90；排名后五的城市分别为深圳、天津、广州、哈尔滨、乌鲁木齐，得分为 0、0.31、1.27、1.93、2.08（见表 7、图 7）。

基于上述数据进行分析，排名靠前的城市基本是人口规模适中的城市，气候怡人，人均住房建筑面积普遍偏大一些；而在排名较为靠后的城市中，广州、天津、深圳均为经济发达地区，外来人口流入较多且固有土地资源有限，这就导致其人均住房建筑面积较小，而乌鲁木齐和哈尔滨则因为其特殊的气候因素以及地理环境因素以致住房面积难以扩大，人均住房建筑面积排名靠后。

表7 人均住房建筑面积得分排名情况

单位：分

| 城市 | 总得分 | 排名 | 城市 | 总得分 | 排名 |
| --- | --- | --- | --- | --- | --- |
| 苏　州 | 9.09 | 1 | 合　肥 | 4.68 | 16 |
| 济　南 | 7.47 | 2 | 杭　州 | 4.68 | 17 |
| 无　锡 | 7.43 | 3 | 南　宁 | 4.53 | 18 |
| 长　沙 | 7.26 | 4 | 南　昌 | 4.44 | 19 |
| 昆　明 | 6.90 | 5 | 北　京 | 4.16 | 20 |
| 成　都 | 6.57 | 6 | 重　庆 | 4.16 | 21 |
| 宁　波 | 6.41 | 7 | 西　安 | 3.98 | 22 |
| 福　州 | 6.37 | 8 | 武　汉 | 3.71 | 23 |
| 石家庄 | 5.74 | 9 | 沈　阳 | 3.61 | 24 |
| 太　原 | 5.60 | 10 | 呼和浩特 | 3.55 | 25 |
| 郑　州 | 5.36 | 11 | 西　宁 | 3.54 | 26 |
| 南　京 | 4.94 | 12 | 青　岛 | 3.49 | 27 |
| 贵　阳 | 4.81 | 13 | 银　川 | 3.33 | 28 |
| 兰　州 | 4.78 | 14 | 厦　门 | 3.22 | 29 |
| 上　海 | 4.76 | 15 | 海　口 | 3.04 | 30 |

续表

| 城市 | 总得分 | 排名 | 城市 | 总得分 | 排名 |
|---|---|---|---|---|---|
| 珠 海 | 3.03 | 31 | 哈尔滨 | 1.93 | 35 |
| 长 春 | 2.90 | 32 | 广 州 | 1.27 | 36 |
| 大 连 | 2.62 | 33 | 天 津 | 0.31 | 37 |
| 乌鲁木齐 | 2.08 | 34 | 深 圳 | 0 | 38 |

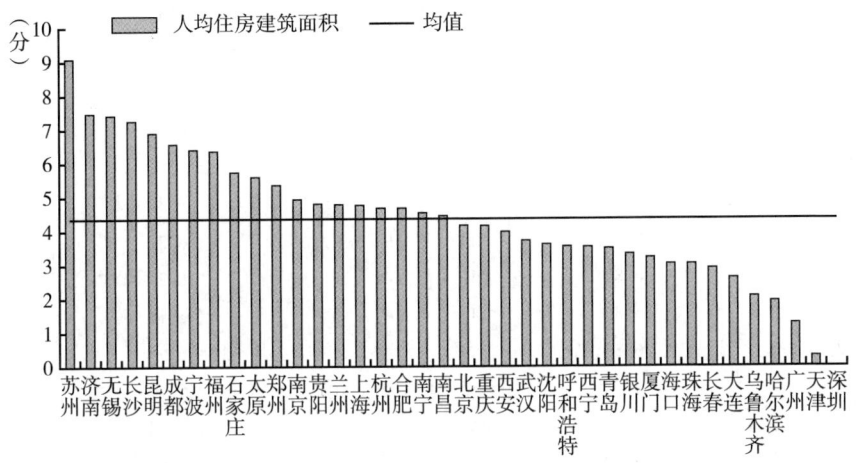

图7 人均住房建筑面积得分排名情况

### 7. CPI 5年算术平均

CPI 5年算术平均的得分情况反映了城市的物价稳定情况，对数据做逆向处理后发现，得分越高，说明该城市的物价越稳定。

中国38个大中城市的CPI 5年算术平均得分排名前五的城市分别为珠海、西安、太原、宁波、南宁，得分分别为9.09、7.55、7.39、7.16、7.10；排名后五的城市分别为银川、兰州、昆明、长沙、西宁，得分分别为0、5.49、5.69、5.76、5.79（见表8、图8）。

经数据分析可知，排名靠前的城市均为经济发展较为平稳的城市，物价水平较为稳定，不随时间变化而波动剧烈；而排名靠后的城市多为旅游城市或者经济水平较低却发展迅猛的城市，物价水平随着旅游的季节性以及经济发展的快慢而持续波动，这导致了物价不平稳，从而使这些城市该指标得分较低。

229

健康老龄化蓝皮书

表 8　CPI 5 年算术平均得分排名情况

单位：分

| 城市 | 总得分 | 排名 | 城市 | 总得分 | 排名 |
| --- | --- | --- | --- | --- | --- |
| 珠　海 | 9.09 | 1 | 北　京 | 6.61 | 20 |
| 西　安 | 7.55 | 2 | 大　连 | 6.61 | 21 |
| 太　原 | 7.39 | 3 | 杭　州 | 6.61 | 22 |
| 宁　波 | 7.16 | 4 | 南　昌 | 6.61 | 23 |
| 南　宁 | 7.10 | 5 | 天　津 | 6.57 | 24 |
| 厦　门 | 7.06 | 6 | 青　岛 | 6.57 | 25 |
| 长　春 | 7.00 | 7 | 贵　阳 | 6.44 | 26 |
| 重　庆 | 7.00 | 8 | 乌鲁木齐 | 6.44 | 27 |
| 石家庄 | 6.97 | 9 | 济　南 | 6.41 | 28 |
| 哈尔滨 | 6.90 | 10 | 深　圳 | 6.38 | 29 |
| 武　汉 | 6.90 | 11 | 广　州 | 6.31 | 30 |
| 沈　阳 | 6.87 | 12 | 海　口 | 6.21 | 31 |
| 福　州 | 6.87 | 13 | 南　京 | 6.18 | 32 |
| 成　都 | 6.83 | 14 | 上　海 | 5.95 | 33 |
| 郑　州 | 6.77 | 15 | 西　宁 | 5.79 | 34 |
| 无　锡 | 6.77 | 16 | 长　沙 | 5.76 | 35 |
| 合　肥 | 6.70 | 17 | 昆　明 | 5.69 | 36 |
| 苏　州 | 6.67 | 18 | 兰　州 | 5.49 | 37 |
| 呼和浩特 | 6.64 | 19 | 银　川 | 0 | 38 |

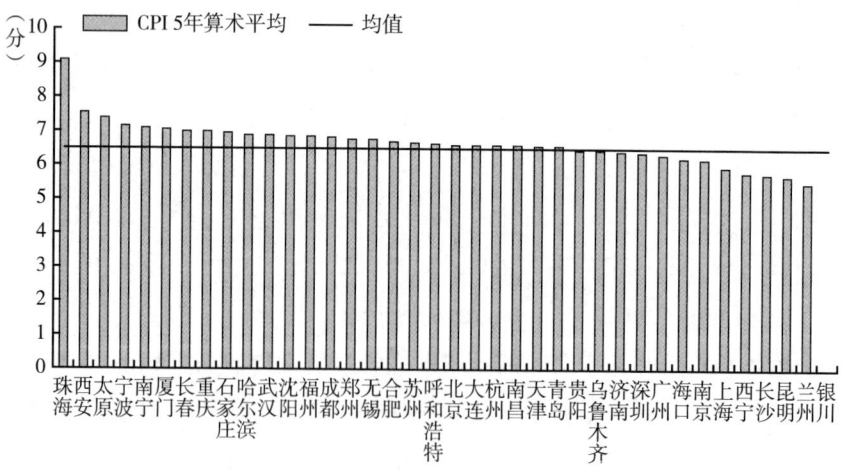

图 8　CPI 5 年算术平均得分排名情况

## 8. 每万人在校大学生数

城市的每万人在校大学生数直接反映了该城市的教育发展状况，不仅能反映一座城市的高等教育发展水平，也可用于对城市发展活力的考量，为政府制定相关政策提供了有效的参考。在我国38个大中城市关于每万人在校大学生人数的研究结果中，排名前五的城市为兰州、南昌、济南、南京、太原，得分分别为9.09、9.03、7.88、7.85、7.80；排名后五的城市分别为深圳、无锡、宁波、苏州、上海，其得分分别为0、0.82、1.02、1.09、1.19（见表9、图9）。

由数据分析可得，排名靠前的城市多为教育资源丰富、人口规模适中的城市，政府相关政策落实到位，城市发展情况良好，能够吸引大批学生来到该城市接受大学教育，甚至在完成学业后继续留在该城市生活工作；而排名靠后的城市多为江浙沪等一线城市，人口基数大是一方面的原因，另外的原因可能是教育资源有所倾斜并且高考难度较大等因素使得在校大学生数量较少，选择报考当地学校的大学生也随之减少，这使得这些城市排名靠后。

表9 每万人在校大学生人数得分排名情况

单位：分

| 城市 | 总得分 | 排名 | 城市 | 总得分 | 排名 |
| --- | --- | --- | --- | --- | --- |
| 兰 州 | 9.09 | 1 | 成 都 | 3.57 | 20 |
| 南 昌 | 9.03 | 2 | 乌鲁木齐 | 3.54 | 21 |
| 济 南 | 7.88 | 3 | 大 连 | 3.49 | 22 |
| 南 京 | 7.85 | 4 | 沈 阳 | 3.48 | 23 |
| 太 原 | 7.80 | 5 | 杭 州 | 3.30 | 24 |
| 西 安 | 7.35 | 6 | 银 川 | 3.18 | 25 |
| 郑 州 | 7.12 | 7 | 福 州 | 2.91 | 26 |
| 武 汉 | 6.84 | 8 | 石 家 庄 | 2.83 | 27 |
| 贵 阳 | 6.66 | 9 | 青 岛 | 2.49 | 28 |
| 珠 海 | 6.12 | 10 | 厦 门 | 2.44 | 29 |
| 长 沙 | 5.90 | 11 | 天 津 | 2.14 | 30 |
| 呼和浩特 | 5.89 | 12 | 西 宁 | 1.95 | 31 |
| 广 州 | 5.74 | 13 | 北 京 | 1.69 | 32 |
| 昆 明 | 5.23 | 14 | 重 庆 | 1.39 | 33 |
| 哈 尔 滨 | 4.97 | 15 | 上 海 | 1.19 | 34 |
| 合 肥 | 4.74 | 16 | 苏 州 | 1.09 | 35 |
| 海 口 | 4.36 | 17 | 宁 波 | 1.02 | 36 |
| 长 春 | 4.25 | 18 | 无 锡 | 0.82 | 37 |
| 南 宁 | 4.17 | 19 | 深 圳 | 0 | 38 |

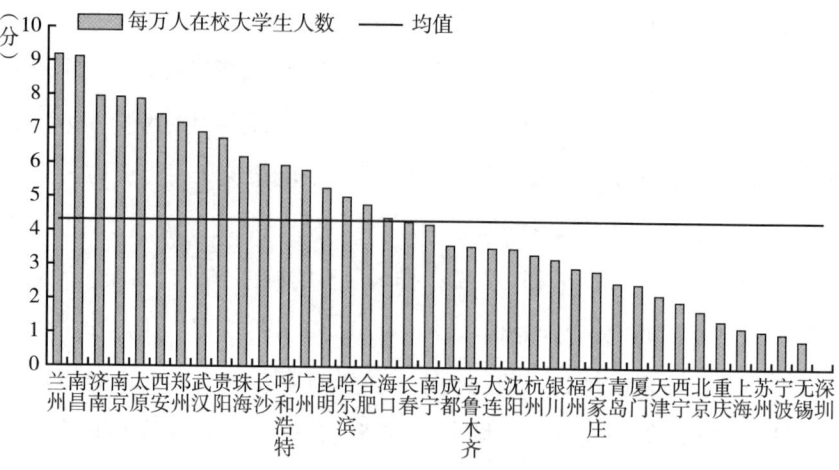

**图 9　每万人在校大学生人数得分排名情况**

### 9. 互联网宽带接入用户数占总人口比

互联网宽带接入用户数占常住人口的比重是指接入互联网宽带的人口数量占当地常住人口数量的比重，反映了一座城市的信息化建设水平：使用互联网宽带的人口比例越高，表明这座城市的信息便利化程度越高。

中国38个大中城市互联网宽带接入用户数占总人口比重的得分排名情况如表10所示。在研究中发现，互联网宽带接入用户数占总人口比重得分排名前五的城市为珠海、深圳、杭州、武汉、南京，其得分分别为9.09、9.08、8.00、7.33、7.29；排名后五的城市为长春、呼和浩特、天津、西宁、哈尔滨，得分为0、0.37、1.12、1.57、1.67（见图10）。

基于数据进行分析，排名靠前的城市多为电子科技行业居于发展前列的城市，如深圳、杭州等都是经济发达且电子科技产业发达的城市，而排名靠后的城市多为中西部或东北部城市，产业结构不合理、缺乏现代信息化企业等问题导致城市互联网宽带接入用户数较少，以致其排名较为靠后。

表10　互联网宽带接入用户数占常住人口比得分排名情况

单位：分

| 城市 | 总得分 | 排名 | 城市 | 总得分 | 排名 |
|---|---|---|---|---|---|
| 珠海 | 9.09 | 1 | 南宁 | 3.46 | 20 |
| 深圳 | 9.08 | 2 | 郑州 | 3.42 | 21 |
| 杭州 | 8.00 | 3 | 海口 | 3.37 | 22 |
| 武汉 | 7.33 | 4 | 重庆 | 3.33 | 23 |
| 南京 | 7.29 | 5 | 昆明 | 3.31 | 24 |
| 苏州 | 7.08 | 6 | 合肥 | 3.26 | 25 |
| 厦门 | 6.81 | 7 | 兰州 | 3.25 | 26 |
| 宁波 | 6.71 | 8 | 南昌 | 3.05 | 27 |
| 无锡 | 6.41 | 9 | 贵阳 | 2.99 | 28 |
| 西安 | 5.65 | 10 | 上海 | 2.97 | 29 |
| 成都 | 5.56 | 11 | 石家庄 | 2.92 | 30 |
| 济南 | 5.24 | 12 | 大连 | 2.72 | 31 |
| 广州 | 5.03 | 13 | 沈阳 | 2.69 | 32 |
| 福州 | 4.36 | 14 | 北京 | 1.97 | 33 |
| 青岛 | 4.26 | 15 | 哈尔滨 | 1.67 | 34 |
| 乌鲁木齐 | 4.17 | 16 | 西宁 | 1.57 | 35 |
| 太原 | 4.06 | 17 | 天津 | 1.12 | 36 |
| 长沙 | 3.75 | 18 | 呼和浩特 | 0.37 | 37 |
| 银川 | 3.64 | 19 | 长春 | 0 | 38 |

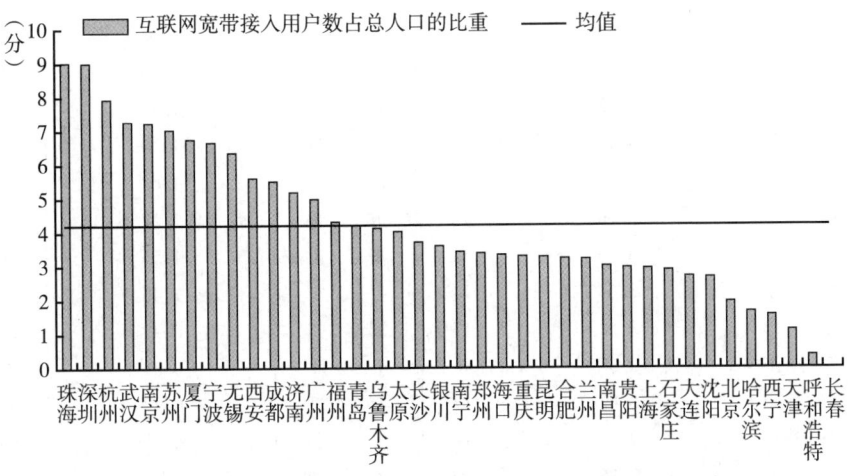

图10　互联网宽带接入用户数占常住人口的比重得分排名情况

### 10. 娱乐教育文化服务占总消费支出比

娱乐教育文化服务占消费支出比是指用于娱乐教育文化服务的支出占总消费支出的比重，反映了城市居民的消费偏好特征。在现代社会，伴随着生存型消费支出占比的降低，享乐型消费和发展型消费占比不断提升。娱乐教育文化服务占总消费支出比能从侧面表现出不同城市居民消费观念的差异。

表11是38个大中城市娱乐教育文化服务占总消费支出比的得分排名情况，得分越高的城市，其居民用于娱乐教育文化服务的费用占消费支出的比重越大。在该指标下，排名前五的城市分别为长沙、南京、贵阳、苏州、昆明，其得分分别为9.09、6.89、6.09、5.44、4.94；排名后五的城市为深圳、青岛、武汉、天津、郑州，得分分别为0、0.52、0.77、0.81、0.92（见图11）。

表11 娱乐教育文化服务占总消费支出比得分排名情况

单位：分

| 城市 | 总得分 | 排名 | 城市 | 总得分 | 排名 |
| --- | --- | --- | --- | --- | --- |
| 长 沙 | 9.09 | 1 | 福 州 | 2.27 | 20 |
| 南 京 | 6.89 | 2 | 乌鲁木齐 | 2.19 | 21 |
| 贵 阳 | 6.09 | 3 | 杭 州 | 2.11 | 22 |
| 苏 州 | 5.44 | 4 | 重 庆 | 2.03 | 23 |
| 昆 明 | 4.94 | 5 | 南 昌 | 2.03 | 24 |
| 太 原 | 4.87 | 6 | 合 肥 | 2.03 | 25 |
| 无 锡 | 4.71 | 7 | 北 京 | 2.02 | 26 |
| 银 川 | 4.62 | 8 | 海 口 | 1.93 | 27 |
| 广 州 | 4.43 | 9 | 石 家 庄 | 1.91 | 28 |
| 珠 海 | 4.17 | 10 | 大 连 | 1.88 | 29 |
| 宁 波 | 4.01 | 11 | 厦 门 | 1.68 | 30 |
| 长 春 | 3.96 | 12 | 成 都 | 1.57 | 31 |
| 西 安 | 3.63 | 13 | 济 南 | 1.53 | 32 |
| 南 宁 | 3.62 | 14 | 西 宁 | 1.40 | 33 |
| 沈 阳 | 3.58 | 15 | 郑 州 | 0.92 | 34 |
| 哈 尔 滨 | 3.38 | 16 | 天 津 | 0.81 | 35 |
| 兰 州 | 3.02 | 17 | 武 汉 | 0.77 | 36 |
| 呼和浩特 | 2.83 | 18 | 青 岛 | 0.52 | 37 |
| 上 海 | 2.76 | 19 | 深 圳 | 0 | 38 |

234

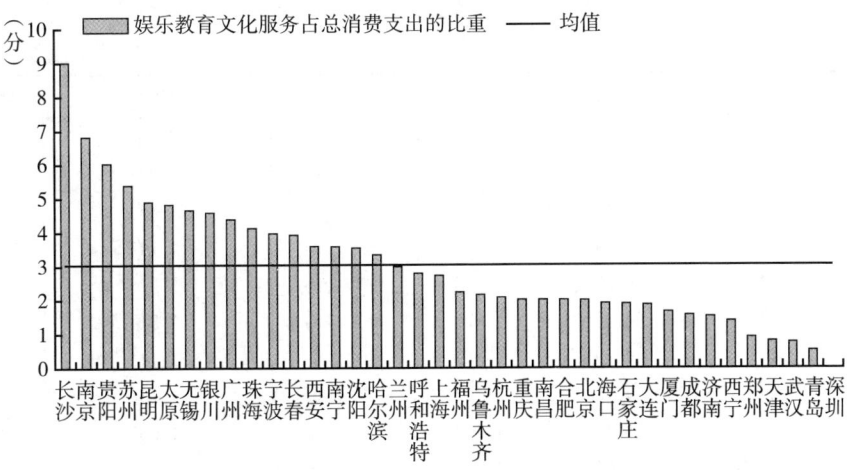

**图11 娱乐教育文化服务占总消费支出比排名得分情况**

11. 人均教育支出

人均教育支出这一指标展示了中国家庭教育消费行为的特征，也可以反映一个社会的总体教育质量。人们在教育方面的投入在很大程度上影响着人们参与学习的程度以及人们的科学文化水平和思想道德素质，进而对社会的发展产生一定的影响。对人均教育支出进行研究，可以为教育行业的创新发展提供新思路，助力国家科教兴国、人才强国战略的实施。

在本研究选定的38个大中城市中，人均教育支出得分最高的是北京市，得分为9.09；得分最低的是哈尔滨市，得分为0。人均教育支出得分排名前五的城市为北京、深圳、上海、珠海、天津，得分分别为9.09、7.15、7.13、6.94、6.29；排名后五的城市分别为哈尔滨、西安、南宁、沈阳、海口，得分分别为0、0.27、0.36、0.38、0.41（见表12、图12）。

基于数据分析可知，排名靠前的城市均为经济发展水平较高的城市，居民文化水平普遍较高，愿意投入教育的经费也相对较高，接受教育的欲望也相对强烈一些，而排名靠后的城市多位东北部，普遍经济较为落后且发展水平较低，人们愿意接受教育的意愿也相应较弱，以致教育投入偏低。

表12 人均教育支出排名得分情况

单位：分

| 城市 | 总得分 | 排名 | 城市 | 总得分 | 排名 |
| --- | --- | --- | --- | --- | --- |
| 北 京 | 9.09 | 1 | 西 宁 | 2.00 | 20 |
| 深 圳 | 7.15 | 2 | 重 庆 | 1.99 | 21 |
| 上 海 | 7.13 | 3 | 大 连 | 1.83 | 22 |
| 珠 海 | 6.94 | 4 | 济 南 | 1.74 | 23 |
| 天 津 | 6.29 | 5 | 呼和浩特 | 1.42 | 24 |
| 厦 门 | 4.89 | 6 | 南 昌 | 1.31 | 25 |
| 杭 州 | 4.79 | 7 | 昆 明 | 1.14 | 26 |
| 青 岛 | 4.78 | 8 | 太 原 | 1.13 | 27 |
| 宁 波 | 4.04 | 9 | 郑 州 | 1.06 | 28 |
| 苏 州 | 3.86 | 10 | 合 肥 | 0.79 | 29 |
| 南 京 | 3.82 | 11 | 石家庄 | 0.67 | 30 |
| 广 州 | 3.30 | 12 | 银 川 | 0.65 | 31 |
| 武 汉 | 2.83 | 13 | 成 都 | 0.52 | 32 |
| 贵 阳 | 2.73 | 14 | 长 春 | 0.51 | 33 |
| 无 锡 | 2.69 | 15 | 海 口 | 0.41 | 34 |
| 长 沙 | 2.52 | 16 | 沈 阳 | 0.38 | 35 |
| 乌鲁木齐 | 2.48 | 17 | 南 宁 | 0.36 | 36 |
| 福 州 | 2.43 | 18 | 西 安 | 0.27 | 37 |
| 兰 州 | 2.36 | 19 | 哈尔滨 | 0 | 38 |

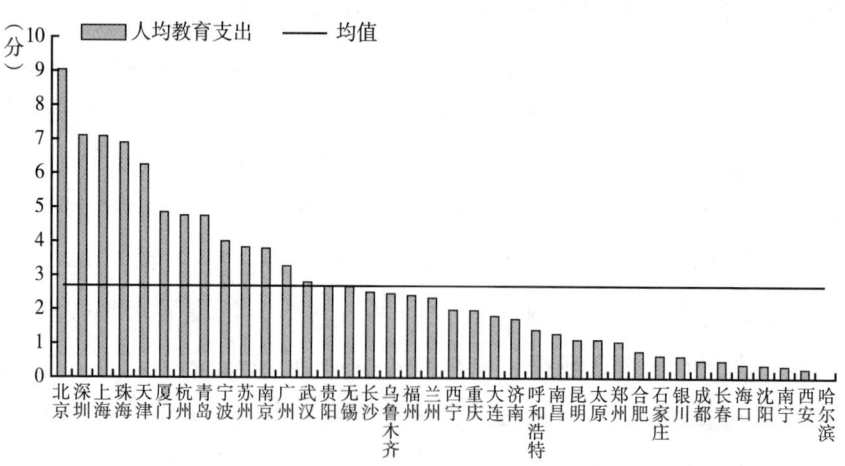

图12 人均教育支出排名得分情况

## 四 各城市社会公平与社会参与指标排名及分析

为了探究38个城市间社会公平与社会参与总指标排名差异背后的原因,以下根据老年友好型城市的要求与特征,分析城市各指标的得分排名情况。受篇幅所限,下文选取排名前五的城市和排名后五的城市做典型分析。

### (一)社会公平与社会参与指标排名前五城市

由38个城市社会公平与社会参与综合得分排名情况可知,珠海、昆明、南京、长沙、太原五个城市在社会公平与社会参与维度排名前五,其一级指标的具体得分情况如表13所示。

表13 社会公平与社会参与维度排名前五城市综合得分情况

单位:分

| 排名 | 城市 | 第三产业从业人口占总从业人口比重 | 每万人拥有卫生、社会保障和社会福利从业人数 | 每万人拥有群众文艺馆 | 公共安全支出占公共预算财政支出的比重 | 人均居住支出构成 | 人均住房建筑面积 |
|---|---|---|---|---|---|---|---|
| 1 | 珠海 | 2.62 | 4.98 | 0.68 | 6.62 | 5.00 | 3.03 |
| 2 | 昆明 | 2.76 | 5.96 | 8.53 | 5.14 | 2.95 | 6.90 |
| 3 | 南京 | 1.16 | 4.00 | 0.41 | 4.94 | 4.08 | 4.94 |
| 4 | 长沙 | 2.50 | 5.36 | 0.25 | 2.37 | 4.74 | 7.26 |
| 5 | 太原 | 2.93 | 5.77 | 0.83 | 6.05 | 2.84 | 5.60 |
| 排名 | 城市 | CPI 5年算术平均 | 每万人在校大学生人数 | 互联网宽带接入用户数占总人口的比重 | 娱乐教育文化服务占总消费支出的比重 | 人均教育支出 | 社会公平与社会参与总分 |
| 1 | 珠海 | 9.09 | 6.12 | 9.09 | 4.17 | 6.94 | 58.35 |
| 2 | 昆明 | 5.69 | 5.23 | 3.31 | 4.94 | 1.14 | 52.54 |
| 3 | 南京 | 6.18 | 7.85 | 7.29 | 6.89 | 3.82 | 51.55 |
| 4 | 长沙 | 5.76 | 5.90 | 3.75 | 9.09 | 2.52 | 49.51 |
| 5 | 太原 | 7.39 | 7.80 | 4.06 | 4.87 | 1.13 | 49.27 |

1.珠海市社会公平与社会参与指标得分情况分析

珠海市社会公平与社会参与指标综合得分为58.35，高于城市均值17.37分，得分在38个城市中排名第一。从表14可以看到，珠海市CPI 5年算术平均和互联网宽带接入用户数占常住人口比重得分均达到9.09，两个指标排名均为第一；排名靠前的指标还有公共安全支出占公共预算财政支出比和人均教育支出，得分分别为6.62和6.94。可以看出珠海在民生预算、教育科技创新等方面获得了持续。每万人在校大学生人数单项指标得分6.12，高出均值（4.3）1.82分；娱乐教育文化服务占总消费支出比得分4.17分，高于均值（3.04分）1.13分，说明珠海的教育科技创新以经济发展为基础，居民受教育程度较高。

但同时也可以看到，得分低于城市均值且排名靠后的指标包括第三产业从业人口占总从业人口比重和人均住房建筑面积，其中人均住房建筑面积得分3.03，排名第31位，低于均值（4.36）1.33分；第三产业从业人口占总从业人口比重指标得分2.62，居第17位。这说明相对于其他方面而言，珠海市最薄弱的环节就是第三产业发展状况和市民居住状况（见图13）。

表14　珠海社会公平与社会参与指标得分与均值比较

单位：分

| 指标名称 | 珠海得分 | 城市均值 | 珠海排名 |
| --- | --- | --- | --- |
| 第三产业从业人口占总从业人口比重 | 2.62 | 2.82 | 17 |
| 每万人拥有卫生、社会保障和社会福利从业人数 | 4.98 | 4.36 | 15 |
| 每万人拥有群众文艺馆数 | 0.68 | 0.87 | 9 |
| 公共安全支出占公共预算财政支出比 | 6.62 | 3.8 | 3 |
| 人均居住支出构成 | 5.00 | 4.00 | 9 |
| 人均住房建筑面积 | 3.03 | 4.36 | 31 |
| CPI 5年算术平均 | 9.09 | 6.5 | 1 |
| 每万人在校大学生人数 | 6.12 | 4.3 | 10 |
| 互联网宽带接入用户数占常住人口比 | 9.09 | 4.23 | 1 |
| 娱乐教育文化服务占总消费支出比 | 4.17 | 3.04 | 10 |
| 人均教育支出 | 6.94 | 2.69 | 4 |
| 社会公平与社会参与指标总得分 | 58.35 | 40.98 | 1 |

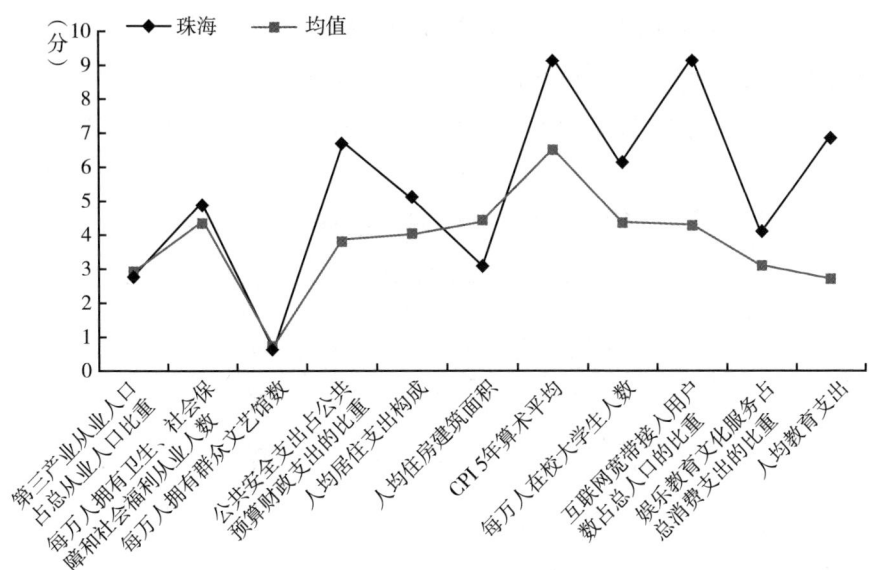

**图 13　珠海社会公平与社会参与指标得分与均值比较**

2. 昆明市社会公平与社会参与指标得分情况分析

昆明市社会公平与社会参与指标综合得分 52.54，比城市均值高出 11.56 分，得分在 38 个城市中排名第二。昆明市排名靠前的指标分别有每万人拥有卫生、社会保障和社会福利从业人数、每万人拥有群众文艺馆数、人均住房建筑面积和娱乐教育文化服务占总消费支出比等。其中每万人拥有群众文艺馆数这一指标得分 8.53 分，高于城市均值（0.87 分）7.66 分，单项指标排名第二，可见昆明具有较高的城市公共文化服务体系建设水平。每万人在校大学生人数单项指标得分 5.23，高出均值（4.3）0.93 分；娱乐教育文化服务占总消费支出比得分 4.94，高于均值（3.04）1.9 分，说明昆明市娱乐教育文化投入能力较强（见表 15）。

如图 14 所示，得分低于城市均值且排名靠后的指标包括人均居住支出构成、CPI 5 年算术平均、互联网宽带接入用户数占常住人口比重和人均教育支出。其中：人均居住构成得分 2.95，低于城市均值（4）1.05 分，排名第 28 位；人均教育支出这一指标得分 1.14 分，排名第 26 位。这说明昆明市在居住、教育支出方面未达到城市平均水平,可能受限于整体城市经济发展水平,并且在 CPI 5 年算术平均以及互联网使用方面都表现欠佳,CPI 5 年算术平均得分 5.69,排名第 36 位;互联网宽带接入用户数占常住人口比重得分 3.31,排名第 24 位。

表 15　昆明社会公平与社会参与指标得分与均值比较

单位:分

| 指标名称 | 昆明得分 | 城市均值 | 昆明排名 |
| --- | --- | --- | --- |
| 第三产业从业人口占总从业人口比重 | 2.76 | 2.82 | 13 |
| 每万人拥有卫生、社会保障和社会福利从业人数 | 5.96 | 4.36 | 6 |
| 每万人拥有群众文艺馆数 | 8.53 | 0.87 | 2 |
| 公共安全支出占公共预算财政支出比 | 5.14 | 3.8 | 9 |
| 人均居住支出构成 | 2.95 | 4.0 | 28 |
| 人均住房建筑面积 | 6.90 | 4.36 | 5 |
| CPI 5 年算术平均 | 5.69 | 6.5 | 36 |
| 每万人在校大学生人数 | 5.23 | 4.3 | 14 |
| 互联网宽带接入用户数占常住人口比 | 3.31 | 4.23 | 24 |
| 娱乐教育文化服务占总消费支出比 | 4.94 | 3.04 | 5 |
| 人均教育支出 | 1.14 | 2.69 | 26 |
| 社会公平与社会参与指标总得分 | 52.54 | 40.98 | 2 |

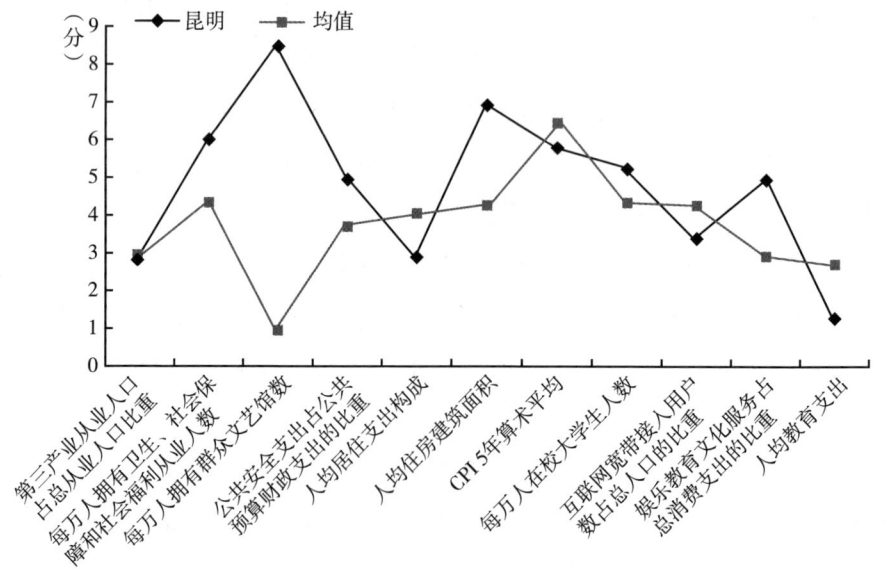

图 14　昆明社会公平与社会参与指标得分与均值比较

### 3. 南京市社会公平与社会参与指标得分情况分析

南京市社会公平与社会参与指标综合得分51.55，比城市均值高10.57分，在所有城市中排名第三。如表16所示，南京的娱乐教育文化服务占总消费支出比得分在38个城市中排名第二，得分6.89分，高于城市均值（3.04分）3.85分；每万人在校大学生人数排名第四，得分7.85分，高于城市均值（4.3分）3.55分；互联网宽带接入用户数占常住人口比排名第五，得分7.29分，高于城市均值（4.23分）3.06分。南京市作为江苏省省会，历史底蕴深厚，教育文化资源丰富，居民受教育程度高，科技创新发展快。

但南京在维持经济高速增长的同时，也应当加大社会保障方面的建设力度。如图15所示，南京市第三产业从业人口占总从业人口比重和CPI 5年算术平均等指标得分皆低于城市均值，第三产业从业人口占总从业人口比重得分1.16，排名第33位；CPI 5年算术平均得分6.18，排名第32位，在38个城市中的排名均较为靠后。居住成本和物价水平较高，相关社会保障、社会福利从业人数少，第三产业发展较慢也是导致这些指标排名较为靠后的主要原因。

表16　南京社会公平与社会参与指标得分与均值比较

单位：分

| 指标名称 | 南京得分 | 城市均值 | 南京排名 |
| --- | --- | --- | --- |
| 第三产业从业人口占总从业人口比重 | 1.16 | 2.82 | 33 |
| 每万人拥有卫生、社会保障和社会福利从业人数 | 4.00 | 4.36 | 21 |
| 每万人拥有群众文艺馆数 | 0.41 | 0.87 | 19 |
| 公共安全支出占公共预算财政支出比 | 4.94 | 3.8 | 11 |
| 人均居住支出构成 | 4.08 | 4.0 | 21 |
| 人均住房建筑面积 | 4.94 | 4.36 | 12 |
| CPI 5年算术平均 | 6.18 | 6.5 | 32 |
| 每万人在校大学生人数 | 7.85 | 4.3 | 4 |
| 互联网宽带接入用户数占常住人口比 | 7.29 | 4.23 | 5 |
| 娱乐教育文化服务占总消费支出比 | 6.89 | 3.04 | 2 |
| 人均教育支出 | 3.82 | 2.69 | 11 |
| 社会公平与社会参与指标总得分 | 51.55 | 40.98 | 3 |

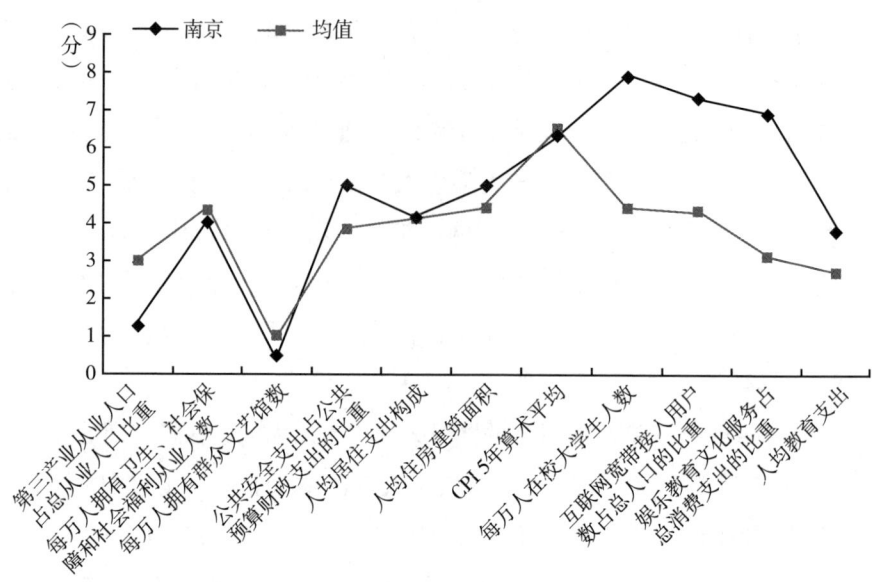

图15　南京社会公平与社会参与指标得分与均值比较

**4. 长沙市社会公平与社会参与指标得分情况分析**

长沙市社会公平与社会参与指标综合得分49.51，比城市均值高8.53分，在38个大中城市中排名第四。结合表17以及图16可知，长沙市相关指标得分高于城市均值的共5个，其中人均住房建筑面积、每万人在校大学生人数和娱乐教育文化服务占总消费支出比这三个指标得分排名靠前，人均住房建筑面积得分7.26，高于均值（4.36）2.9分，该指标排名第四位；每万人在校大学生人数得分5.9，高于均值（4.3）1.6分；娱乐教育文化服务占总消费支出比得分9.09，高于均值（3.04分）6.05分，排名第一位。总体而言，长沙在这几个方面的优异表现说明长沙市宜居程度高，居民购买娱乐教育文化服务欲望高，购买力和潜在消费能力较强。

在得分低于城市均值的6个指标中，第三产业从业人口占总从业人口比重、每万人拥有群众文艺馆数、公共安全支出占公共预算财政支出比和CPI 5年算术平均都在第20名以外，其中公共安全支出占公共预算财政支出比得分2.37，排名第28位；CPI 5 年算术平均指标得分5.76，排名第35位。长沙市公共安全投入有待进一步增加，第三产业发展和群众公共文化权益保障还有进步的空间。

表17 长沙社会公平与社会参与指标得分与均值比较

单位：分

| 指标名称 | 长沙得分 | 城市均值 | 长沙排名 |
| --- | --- | --- | --- |
| 第三产业从业人口占总从业人口比重 | 2.50 | 2.82 | 20 |
| 每万人拥有卫生、社会保障和社会福利从业人数 | 5.36 | 4.36 | 12 |
| 每万人拥有群众文艺馆数 | 0.25 | 0.87 | 27 |
| 公共安全支出占公共预算财政支出比 | 2.37 | 3.8 | 28 |
| 人均居住支出构成 | 4.74 | 4.0 | 12 |
| 人均住房建筑面积 | 7.26 | 4.36 | 4 |
| CPI 5 年算术平均 | 5.76 | 6.5 | 35 |
| 每万人在校大学生人数 | 5.90 | 4.3 | 11 |
| 互联网宽带接入用户数占常住人口比 | 3.75 | 4.23 | 18 |
| 娱乐教育文化服务占总消费支出比 | 9.09 | 3.04 | 1 |
| 人均教育支出 | 2.52 | 2.69 | 16 |
| 社会公平与社会参与指标总得分 | 49.51 | 40.98 | 4 |

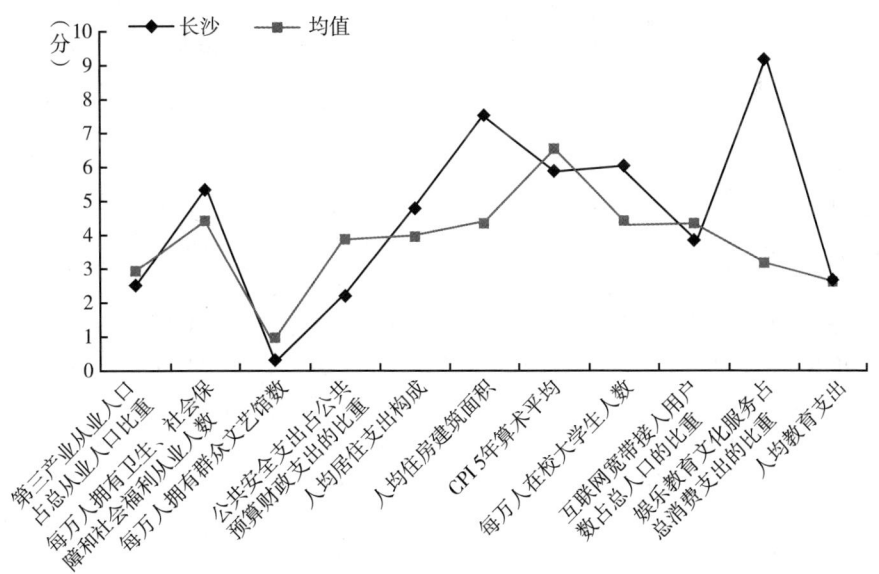

图16 长沙社会公平与社会参与指标得分与均值比较

### 5. 太原市社会公平与社会参与指标得分情况分析

太原市社会公平与社会参与指标综合得分49.27，比城市均值高8.38分，在38个大中城市中排名第五。如表18所示，太原市得分超过城市均值的指标有7个，其中CPI 5年算术平均得分7.39，高于城市均值（6.5）0.89分，排名第三；另外，公共安全支出占公共预算财政支出比得分6.05，高于城市均值（3.8分）2.25分，排名第四；每万人在校大学生人数得分7.8，高于均值（4.3）3.5分，排名第五；娱乐教育文化服务占总消费支出比得分4.87分，高于均值（3.04分）1.83分，排名第六，这四个指标的得分优势较为明显。

太原作为传统工业型城市，物价稳定，社会安全状况良好，高等教育发展水平较高。在注重之前优良传统的前提下，居民消费理念积极转型也显得很重要。如图17所示，得分排名相对较低的指标分别是人均居住支出构成和人均教育支出，人均居住支出构成得分2.84，排名第29名；人均教育支出得分1.13，排名第27名。这体现出太原市居住成本较高且人均教育投入不足，这在一定程度上影响了太原的宜居性。

表18 太原社会公平与社会参与指标得分与均值比较

单位：分

| 指标名称 | 太原得分 | 城市均值 | 太原排名 |
| --- | --- | --- | --- |
| 第三产业从业人口占总从业人口比重 | 2.93 | 2.82 | 12 |
| 每万人拥有卫生、社会保障和社会福利从业人数 | 5.77 | 4.36 | 9 |
| 每万人拥有群众文艺馆数 | 0.83 | 0.87 | 7 |
| 公共安全支出占公共预算财政支出比 | 6.05 | 3.8 | 4 |
| 人均居住支出构成 | 2.84 | 4.0 | 29 |
| 人均住房建筑面积 | 5.60 | 4.36 | 10 |
| CPI 5年算术平均 | 7.39 | 6.5 | 3 |
| 每万人在校大学生人数 | 7.80 | 4.3 | 5 |
| 互联网宽带接入用户数占常住人口比 | 4.06 | 4.23 | 17 |
| 娱乐教育文化服务占总消费支出比 | 4.87 | 3.04 | 6 |
| 人均教育支出 | 1.13 | 2.69 | 27 |
| 社会公平与社会参与指标总得分 | 49.27 | 40.98 | 5 |

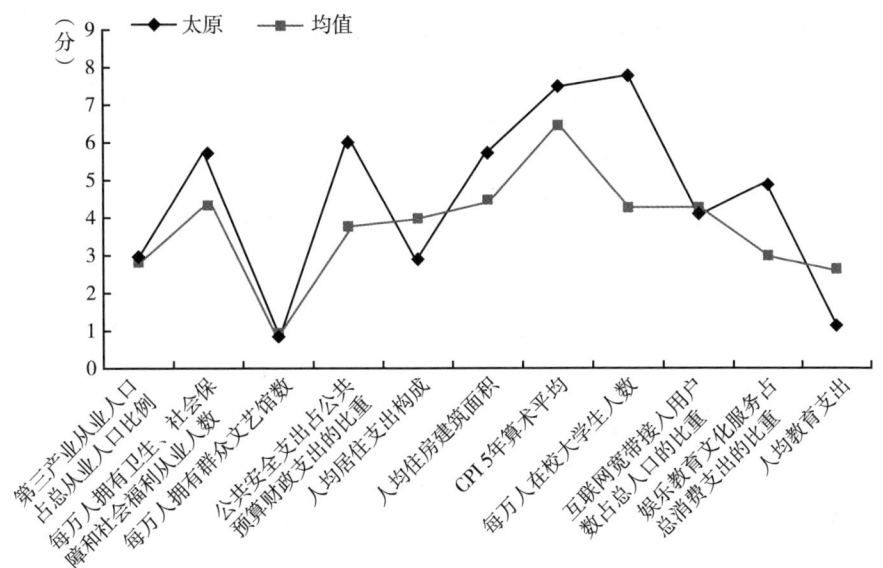

图 17　太原社会公平与社会参与指标得分与均值比较

从排名前五的城市的指标得分情况来看，各城市都有自身的优势领域。除了珠海的大多数指标得分排名遥遥领先之外，昆明在每万人拥有群众文艺馆数和人均住房建筑面积等方面优势较为显著，南京在每万人在校大学生人数、宽带接入用户数和娱乐教育文化服务支出方面优势较为明显，长沙的人均住房建筑面积、娱乐教育文化服务占总消费支出比重得分排名位列前茅，太原的 CPI 5 年算术平均得分排名也进入了前三名。但居住成本和物价指数高、人均文化和教育资源相对不足却具有一定的普遍性。需要说明的是，以相对值计算出的指标得分情况并不反映城市的绝对发展水平，例如珠海的互联网宽带接入用户数指标得分要高于北京，并不说明北京的互联网发展水平低于珠海，这跟两座城市的常住人口规模密切相关。

## （二）社会公平与社会参与指标排名末五城市

综合评估城市的社会公平与社会参与指标得分后，发现重庆、深圳、合肥、天津、长春五个城市在这一维度的综合排名中居于后五位，其每一指标具体得分情况如表 19 所示。

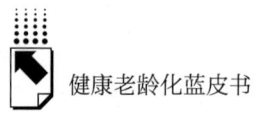

**表19 社会公平与社会参与维度排名后五城市综合得分情况**

单位：分

| 排名 | 城市 | 第三产业从业人口占总从业人口比例 | 每万人拥有卫生、社会保障和社会福利从业人数 | 每万人拥有群众文艺馆数 | 公共安全支出占公共预算财政支出的比重 | 人均居住支出构成 | 人均住房建筑面积 |
|---|---|---|---|---|---|---|---|
| 34 | 重庆 | 1.56 | 2.34 | 0.27 | 3.14 | 5.45 | 4.16 |
| 35 | 深圳 | 1.48 | 0.92 | 0 | 3.66 | 2.07 | 0 |
| 36 | 合肥 | 1.39 | 2.73 | 0.29 | 0 | 3.82 | 4.68 |
| 37 | 天津 | 2.10 | 2.33 | 0.22 | 1.88 | 4.09 | 0.31 |
| 38 | 长春 | 1.96 | 0 | 0.37 | 1.67 | 4.20 | 2.90 |

| 排名 | 城市 | CPI 5年算术平均 | 每万人在校大学生人数 | 互联网宽带接入用户数占总人口的比重 | 娱乐教育文化服务占总消费支出的比重 | 人均教育支出 | 社会公平与社会参与总分 |
|---|---|---|---|---|---|---|---|
| 34 | 重庆 | 7.00 | 1.39 | 3.33 | 2.03 | 1.99 | 32.65 |
| 35 | 深圳 | 6.38 | 0 | 9.08 | 0 | 7.15 | 30.74 |
| 36 | 合肥 | 6.70 | 4.74 | 3.26 | 2.03 | 0.79 | 30.41 |
| 37 | 天津 | 6.57 | 2.14 | 1.12 | 0.81 | 6.29 | 27.86 |
| 38 | 长春 | 7.00 | 4.25 | 0 | 3.96 | 0.51 | 26.81 |

**1. 重庆市社会公平与社会参与指标得分情况分析**

重庆市社会公平与社会参与总得分32.65，与城市总得分均值相差8.33分，排名第34位。如表20所示，在重庆市的11个社会公平与社会参与指标中，得分超过城市均值且排名最高的为人均居住支出构成和CPI 5年算术平均这两个指标，得分为5.45分和7分，分别在38个城市中排名第六和第八。人均居住支出构成和CPI 5年算术平均得分排名较靠前说明重庆市经济较为稳定，整体发展较为平稳，居民在居住支出方面花费较少。

得分排名在第30名以外的指标有3个，分别是第三产业从业人口占总从业人口比重、每万人拥有卫生、社会保障和社会福利从业人数和每万人在校大学生人数。第三产业从业人口占总从业人口比重得分1.56，排名第30名；每万人拥有卫生、社会保障和社会福利从业人数得分2.34，排名第33名；每万人在校大学生人数得分1.39，排名第33名。如图18所示，重庆市大多数指标得分低于城市均值,说明重庆市仍需大力开展社会公平与社会参与建设工作,提高城市宜居度,提升城市高等教育水平,大力发展第三产业。

表 20　重庆社会公平与社会参与指标得分与均值比较

单位:分

| 指标名称 | 重庆得分 | 城市均值 | 重庆排名 |
|---|---|---|---|
| 第三产业从业人口占总从业人口比重 | 1.56 | 2.82 | 30 |
| 每万人拥有卫生、社会保障和社会福利从业人数 | 2.34 | 4.36 | 33 |
| 每万人拥有群众文艺馆数 | 0.27 | 0.87 | 26 |
| 公共安全支出占公共预算财政支出比 | 3.14 | 3.8 | 25 |
| 人均居住支出构成 | 5.45 | 4.0 | 6 |
| 人均住房建筑面积 | 4.16 | 4.36 | 21 |
| CPI 5 年算术平均 | 7.00 | 6.5 | 8 |
| 每万人在校大学生人数 | 1.39 | 4.3 | 33 |
| 互联网宽带接入用户数占常住人口比 | 3.33 | 4.23 | 23 |
| 娱乐教育文化服务占总消费支出比 | 2.03 | 3.04 | 23 |
| 人均教育支出 | 1.99 | 2.69 | 21 |
| 社会公平与社会参与指标总得分 | 32.65 | 40.98 | 34 |

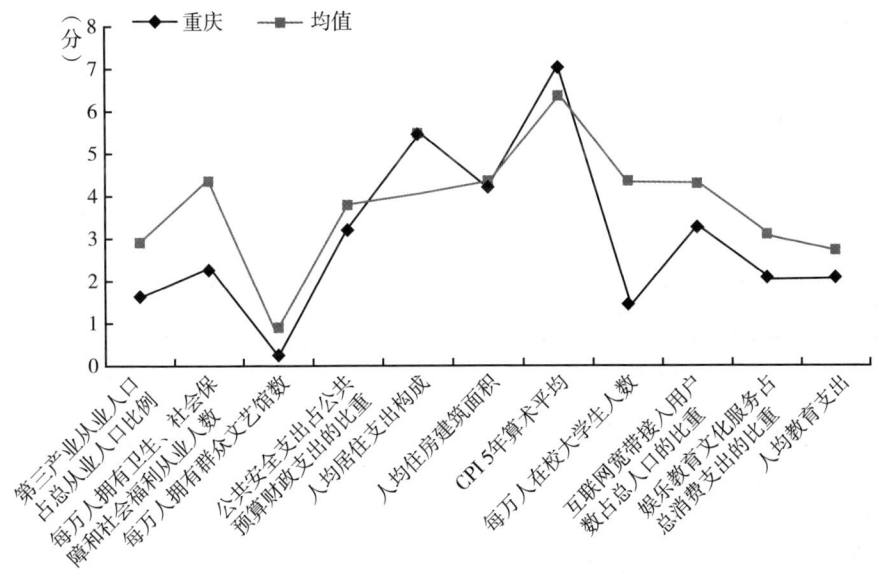

图 18　重庆社会公平与社会参与指标得分与均值比较

## 2.深圳市社会公平与社会参与指标得分情况分析

深圳市社会公平与社会参与总得分30.74分，比38个城市总得分均值低10.24分，居第35名。深圳市仅两个指标得分超过城市得分均值，分别是互联网宽带接入用户数占常住人口比和人均教育支出，互联网宽带接入用户数占常住人口比得分9.08分，高出均值（4.23分）4.85分；人均教育支出构成得分7.15分，高出均值（2.69分）4.46分，均在所有城市中排名第二（见表21）。得分排名第30名以外的指标共7个，包括第三产业从业人口占总从业人口比重，每万人拥有卫生、社会保障和社会福利从业人数，每万人拥有群众文艺馆数，人均居住支出构成，人均住房建筑面积，每万人在校大学生人数以及娱乐教育文化服务占总消费支出比重。且其中每万人拥有群众文艺馆数、人均住房建筑面积、每万人在校大学生人数和娱乐教育文化服务占总消费支出比重4个指标的得分均为0，排在第38名（见图19）。

深圳作为一个高新技术发展迅猛的城市，吸引了无数年轻人去奋斗，然而它也存在各种短板，如：对大众公共文化权益的保护有欠缺，高等教育知识分子培养能力不足，高企的房价和狭小的人均住房建筑面积使大多数人望而却步。深圳市仍有较大发展空间，下一步应在较为发达的经济之上打造出一个既适合高新科技发展又能满足居民精神需求的宜居城市。

表21 深圳社会公平与社会参与指标得分与均值比较

单位：分

| 指标名称 | 深圳得分 | 城市均值 | 深圳排名 |
| --- | --- | --- | --- |
| 第三产业从业人口占总从业人口比重 | 1.48 | 2.82 | 31 |
| 每万人拥有卫生、社会保障和社会福利从业人数 | 0.92 | 4.36 | 37 |
| 每万人拥有群众文艺馆数 | 0 | 0.87 | 38 |
| 公共安全支出占公共预算财政支出比 | 3.66 | 3.8 | 19 |
| 人均居住支出构成 | 2.07 | 4.0 | 32 |
| 人均住房建筑面积 | 0 | 4.36 | 38 |
| CPI 5年算术平均 | 6.38 | 6.5 | 29 |
| 每万人在校大学生人数 | 0 | 4.3 | 38 |
| 互联网宽带接入用户数占常住人口比 | 9.08 | 4.23 | 2 |
| 娱乐教育文化服务占总消费支出比 | 0 | 3.04 | 38 |
| 人均教育支出 | 7.15 | 2.69 | 2 |
| 社会公平与社会参与指标总得分 | 30.74 | 40.98 | 35 |

中国大中城市老年人社会公平与社会参与发展报告

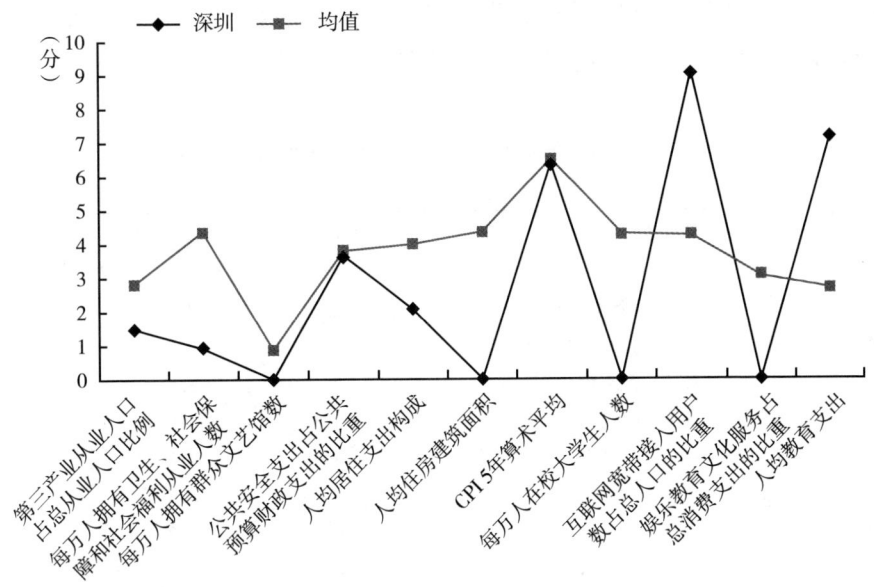

**图19 深圳社会公平与社会参与指标得分与均值比较**

3. 合肥市社会公平与社会参与指标得分情况分析

合肥市社会公平与社会参与指标总得分 30.41 分，比城市总得分均值低 10.57 分。合肥市的相关指标得分没有进入前十名的，得分最高且超过城市得分均值的三个指标分别是人均住房建筑面积（排名第 16）、CPI 5 年算术平均（排名第 17）和每万人在校大学生数（排名第 16）。得分排名相对靠后的指标分别是第三产业从业人口占总从业人口比重，每万人拥有卫生、社会保障和社会福利从业人数，公共安全支出占公共预算财政支出比和人均教育支出等。其中第三产业从业人口占总从业人口比重得分 1.39 分，排名第 32；公共安全支出占公共预算财政支出比得分为 0，排名第 38。合肥市作为安徽省的省会，气候温和，公共安全状况良好，可能是其公共安全支出占公共预算财政支出比在 38 个城市中排名末位的原因。

如表 22 和图 20 所示，合肥市指标得分整体水平低于城市均值，未来合肥在发展中应该加快建设第三产业、增加社会保障和社会福利投入，促进经

249

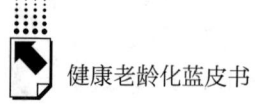

济社会健康发展,加快推进省会现代化、国际化建设,打造区域中心城市,增强辐射带动周边城市的能力,提升城市品位和影响力。

表22 合肥社会公平与社会参与指标得分与均值比较

单位:分

| 指标名称 | 合肥得分 | 城市均值 | 合肥排名 |
| --- | --- | --- | --- |
| 第三产业从业人口占总从业人口比重 | 1.39 | 2.82 | 32 |
| 每万人拥有卫生、社会保障和社会福利从业人数 | 2.73 | 4.36 | 29 |
| 每万人拥有群众文艺馆数 | 0.29 | 0.87 | 23 |
| 公共安全支出占公共预算财政支出比 | 0 | 3.8 | 38 |
| 人均居住支出构成 | 3.82 | 4.0 | 25 |
| 人均住房建筑面积 | 4.68 | 4.36 | 16 |
| CPI 5 年算术平均 | 6.70 | 6.5 | 17 |
| 每万人在校大学生人数 | 4.74 | 4.3 | 16 |
| 互联网宽带接入用户数占常住人口比 | 3.26 | 4.23 | 25 |
| 娱乐教育文化服务占总消费支出比 | 2.03 | 3.04 | 25 |
| 人均教育支出 | 0.79 | 2.69 | 29 |
| 社会公平与社会参与指标总得分 | 30.41 | 40.98 | 36 |

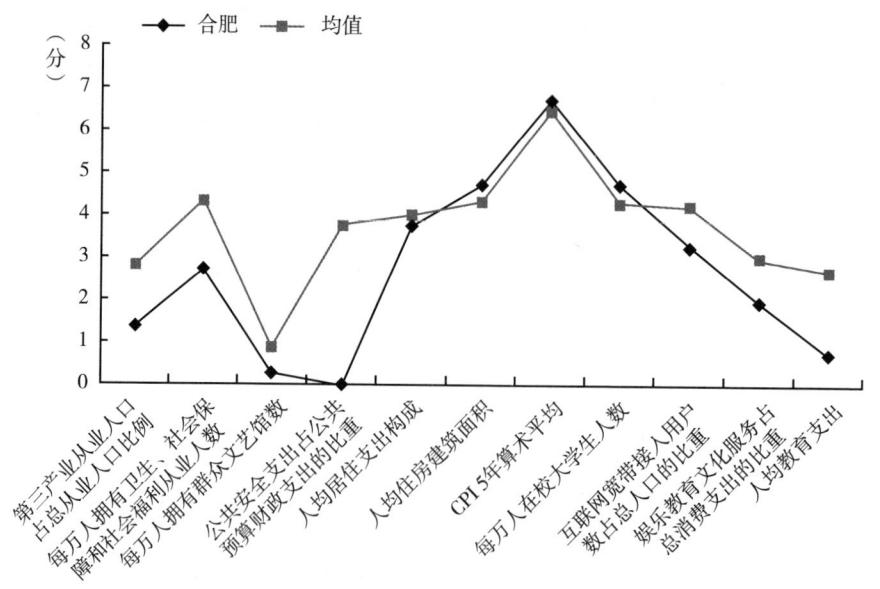

图20 合肥社会公平与社会参与指标得分与均值比较

### 4. 天津市社会公平与社会参与指标得分情况分析

天津市社会公平与社会参与总得分 27.86 分，与 38 个城市的均值相差 13.12 分。如表 23 所示，天津市排名靠前的指标为人均教育支出，得分 6.29 分，高于均值（2.69 分）3.6 分，排名第五，其他方面就缺乏得分排名靠前的指标了，得分居第 20 名及以内的指标只有 2 个，仅人均居住支出构成、CPI 5 年算术平均和人均教育支出这三个指标得分超过城市均值，人均居住支出构成指标得分 4.09 分，高于均值（4 分）0.09 分，排名第 20；CPI 5 年算术平均得分 6.57 分，高于均值（6.5 分）0.07 分，居第 24 位。这说明天津市人均消费构成较为合理，居民消费支出占比相当于 38 个城市的平均水平。

而得分较低且排在第 30 名及以外的指标多达七个，分别是每万人拥有卫生、社会保障和社会福利从业人数，每万人拥有群众文艺馆数，公共安全支出占公共预算财政支出比重，人均住房建筑面积，每万人在校大学生人数，互联网宽带接入用户数占常住人口比重和娱乐教育文化服务占总消费支出比重。如图 21 所示，天津市在指标整体得分方面表现欠佳，作为京津冀经济圈中不可缺少的一环，天津市应该整合周围资源，加强城市建设，坚持优势互补、互利共赢的原则，走出一条适合自身发展的康庄大道。

表 23 天津社会公平与社会参与指标得分与均值比较

单位：分

| 指标名称 | 天津得分 | 城市均值 | 天津排名 |
| --- | --- | --- | --- |
| 第三产业从业人口占总从业人口比重 | 2.10 | 2.82 | 25 |
| 每万人拥有卫生、社会保障和社会福利从业人数 | 2.33 | 4.36 | 34 |
| 每万人拥有群众文艺馆数 | 0.22 | 0.87 | 30 |
| 公共安全支出占公共预算财政支出比 | 1.88 | 3.8 | 33 |
| 人均居住支出构成 | 4.09 | 4.0 | 20 |
| 人均住房建筑面积 | 0.31 | 4.36 | 37 |
| CPI 5 年算术平均 | 6.57 | 6.5 | 24 |
| 每万人在校大学生人数 | 2.14 | 4.3 | 30 |
| 互联网宽带接入用户数占常住人口比 | 1.12 | 4.23 | 36 |
| 娱乐教育文化服务占总消费支出比 | 0.81 | 3.04 | 35 |
| 人均教育支出 | 6.29 | 2.69 | 5 |
| 社会公平与社会参与指标总得分 | 27.86 | 40.98 | 37 |

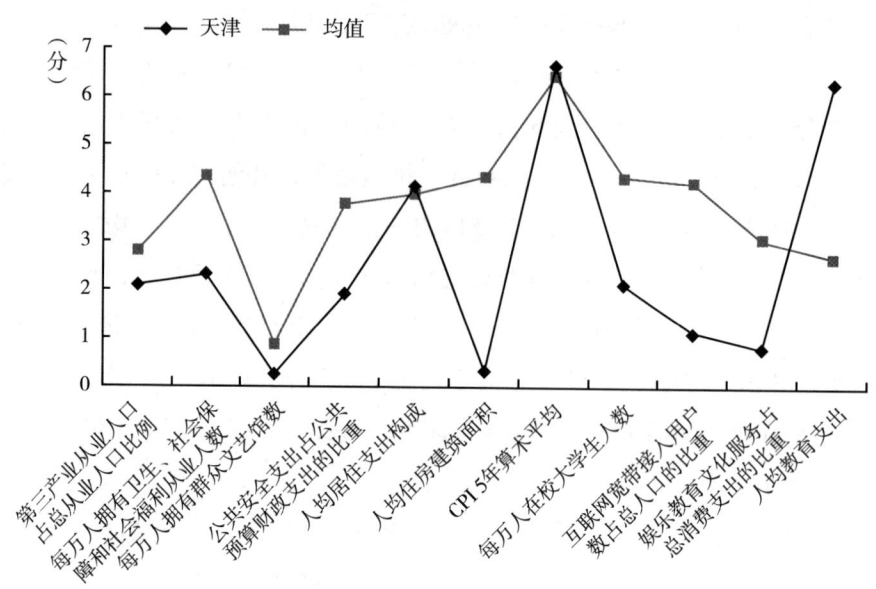

图 21 天津社会公平与社会参与指标得分与均值比较

**5. 长春市社会公平与社会参与指标得分情况分析**

长春市的社会公平与社会参与指标综合得分为 26.81 分，与城市均值相差 14.17 分。如表 24 所示，长春市仅有 CPI 5 年算术平均这一指标排名靠前，得分为 7 分，高于均值（6.5 分）0.5 分，在 38 个城市中排名第七。从长春市自身来讲，指标得分排名较靠前的还有人均居住支出构成、每万人在校大学生人数和娱乐教育文化服务占总消费支出比重。这说明长春市作为吉林省省会，处于东三省的北端，经济发展不一定快速但相对平稳。

如图 22 所示，得分排名较低的指标分别是每万人拥有卫生、社会保障和社会福利从业人数，公共安全支出占公共预算财政支出比重，人均住房建筑面积，互联网宽带接入数占常住人口比重和人均教育支出等。其中每万人拥有卫生、社会保障和社会福利从业人数和互联网宽带接入用户数占常住人口比两项指标得分为 0，排名第 38 名。长春亟须加快社会保障和福利建设，提高城市信息便利化程度，加快产业结构转型，加强社会建设，以增进民生福祉、促进全民共享美好生活。

表24 长春社会公平与社会参与指标得分与均值比较

单位：分

| 指标名称 | 长春得分 | 城市均值 | 长春排名 |
|---|---|---|---|
| 第三产业从业人口占总从业人口比重 | 1.96 | 2.82 | 27 |
| 每万人拥有卫生、社会保障和社会福利从业人数 | 0 | 4.36 | 38 |
| 每万人拥有群众文艺馆数 | 0.37 | 0.87 | 20 |
| 公共安全支出占公共预算财政支出比 | 1.67 | 3.8 | 34 |
| 人均居住支出构成 | 4.20 | 4.0 | 18 |
| 人均住房建筑面积 | 2.90 | 4.36 | 32 |
| CPI 5 年算术平均 | 7.00 | 6.5 | 7 |
| 每万人在校大学生人数 | 4.25 | 4.3 | 18 |
| 互联网宽带接入用户数占常住人口比 | 0 | 4.23 | 38 |
| 娱乐教育文化服务占总消费支出比 | 3.96 | 3.04 | 12 |
| 人均教育支出 | 0.51 | 2.69 | 33 |
| 社会公平与社会参与指标总得分 | 26.81 | 40.98 | 38 |

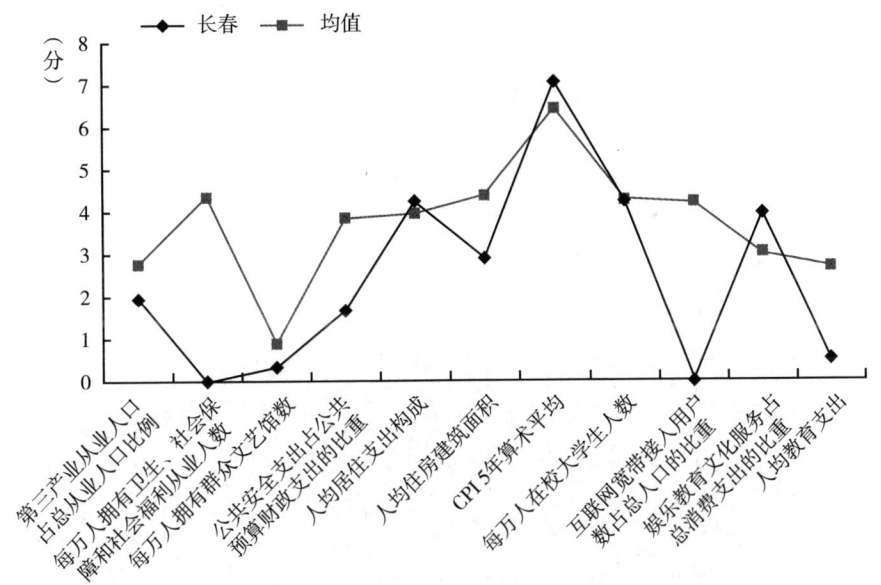

图22 长春社会公平与社会参与指标得分与均值比较

从社会公平与社会参与指标综合得分排名后五位城市的情况来看，这5个城市多为省会或直辖市，且各城市普遍存在总指标得分与城市均值相差大、单项指标得分超过城市均值的少、指标得分排名普遍偏低的情况。

即在社会公平与社会参与方面，排名后五位的城市不存在排名前五位城市的优势领域，整体均处于较低均衡状态。其中，互联网宽带接入用户数占常住人口比、娱乐教育文化服务占总消费支出比和人均教育支出等指标得分普遍较低。

## 五 社会公平与社会参与典型城市分析

### （一）城市选取

由相关指标值计算得到的某一年度综合得分只能衡量某一时间点上该年度该城市的发展状况，总的得分排名也只是一种静态排名，无法反映各城市促进社会公平与社会参与的动态发展情况。鉴于本研究从2015年到2019年基于同一指标体系、统计口径和计算方法得到系列研究数据，特此做2015～2019年的发展趋势比较分析。

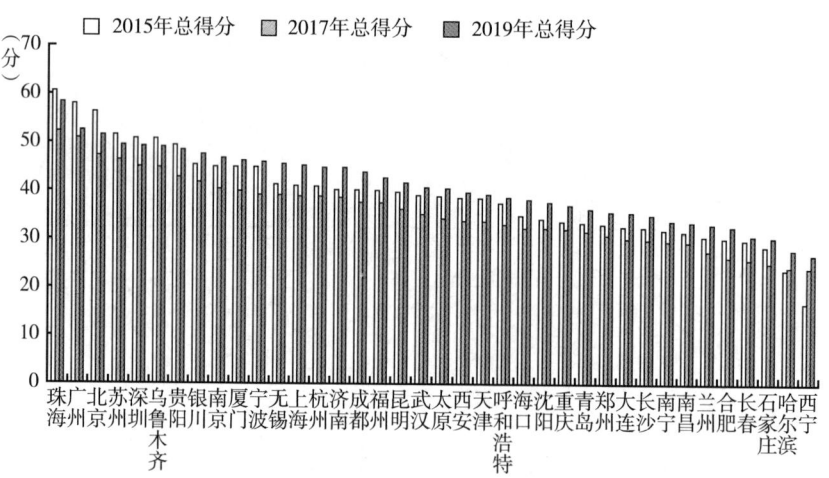

**图23 2015～2019年38个城市社会公平与社会参与指标得分的变化**

从三年城市得分均值和极值情况来看，2017年38个城市综合得分均值和极值差都创下这三年的最低，各城市社会公平与社会参与状况由高低不均逐渐向较低水平均衡变动。2015 年 38 个城市社会公平与社会参与指标得分均值为 39.24 分，在 2017 年回落至 35.76 分，但在 2019 年上升至 40.98 分。在极大值和极小值差异方面，三年的极值差分别为 43.85 分、28.18 分和 31.54 分，2017 年的极值差要低于另外两年（见图 23）。这说明 2017 年的综合得分均值较低，并且各城市之间差异较小，即各城市均处于较低水平的均衡状态。

从三年城市得分排名变化来看，各城市存在较为激烈的排名竞争。2015 年得分排名前五的城市依次为珠海、广州、北京、苏州和深圳；2017 年得分排名前五的城市依次为南京、珠海、北京、武汉和济南；2019 年得分排名前五的城市依次为珠海、昆明、南京、长沙、太原。从这三年的排位情况来看，珠海是排名前五城市中的常客，2019 年再次拔得头筹；昆明和长沙则替换广州和苏州跻身第一集团。在排名后五的城市中，合肥和长春均出现了三次；西宁出现两次；出现一次的城市包括石家庄、哈尔滨、沈阳、大连、重庆、深圳和天津等，其中重庆、深圳和天津于 2019 年滑入后五位。

38 个城市中，存在排名持续上升和持续下滑两种不同的发展轨迹。整体来看，在这三年中，昆明、长沙、太原、成都、西安、兰州、南宁等城市的排名处于不断上升的趋势；长春、深圳、青岛、上海、厦门、广州等城市的得分排名则出现了持续的下滑状态。具体排名见表 25，表 25 对各个城市

表 25　2015~2019 年 38 所城市社会公平与社会参与得分排名变动

| 城市 \ 年份 | 2019 | 2017 | 2015 | （2015~2019） |
| --- | --- | --- | --- | --- |
| 珠海 | 1 | 2 | 1 | |
| 昆明 | 2 | 8 | 18 | |
| 南京 | 3 | 1 | 9 | |
| 长沙 | 4 | 11 | 30 | |
| 太原 | 5 | 14 | 20 | |
| 贵阳 | 6 | 12 | 7 | |
| 北京 | 7 | 3 | 3 | |

续表

| 年份<br>城市 | 2019 | 2017 | 2015 | (2015~2019) |
|---|---|---|---|---|
| 杭 州 | 8 | 19 | 14 | |
| 成 都 | 9 | 9 | 16 | |
| 沈 阳 | 10 | 35 | 25 | |
| 西 安 | 11 | 16 | 21 | |
| 乌鲁木齐 | 12 | 15 | 6 | |
| 兰 州 | 13 | 13 | 33 | |
| 南 宁 | 14 | 18 | 31 | |
| 苏 州 | 15 | 25 | 4 | |
| 济 南 | 16 | 5 | 15 | |
| 宁 波 | 17 | 20 | 11 | |
| 广 州 | 18 | 6 | 2 | |
| 呼和浩特 | 19 | 31 | 23 | |
| 武 汉 | 20 | 4 | 19 | |
| 无 锡 | 21 | 23 | 12 | |
| 西 宁 | 22 | 37 | 38 | |
| 南 昌 | 23 | 27 | 32 | |
| 郑 州 | 24 | 21 | 28 | |
| 海 口 | 25 | 17 | 24 | |
| 石家庄 | 26 | 33 | 36 | |
| 哈尔滨 | 27 | 32 | 37 | |
| 福 州 | 28 | 29 | 17 | |
| 大 连 | 29 | 34 | 29 | |
| 厦 门 | 30 | 24 | 10 | |
| 上 海 | 31 | 30 | 13 | |
| 青 岛 | 32 | 28 | 27 | |

续表

| 城市\年份 | 2019 | 2017 | 2015 | (2015~2019) |
|---|---|---|---|---|
| 银川 | 33 | 7 | 8 | |
| 重庆 | 34 | 22 | 26 | |
| 深圳 | 35 | 26 | 5 | |
| 合肥 | 36 | 36 | 34 | |
| 天津 | 37 | 10 | 22 | |
| 长春 | 38 | 38 | 35 | |

2015~2019年社会公平与社会参与得分排名变动做了汇总。由于部分城市在社会公平与社会参与的指标下表现优异，其发展经验值得去总结学习，基于此，本报告挑选出珠海、昆明、南京、长沙、太原作为典型城市进行分析。挑选典型城市的标准是将2019年的结果和2015年的结果相比较，名次前进即增长、名次不变即稳健、名次倒退则为下降，选择名次排名靠前且持续上升的城市作为此次的典型城市进行具体得分分析。

## （二）典型城市分析

### 1. 珠海市

表26 2019年珠海市社会公平与社会参与指标得分情况

单位：分

| 指标 | 第三产业从业人口占总从业人口比例 | 每万人拥有卫生、社会保障和社会福利从业人数 | 每万人拥有群众文艺馆数 | 公共安全支出占公共预算财政支出的比重 | 人均居住支出构成 | 人均住房建筑面积 |
|---|---|---|---|---|---|---|
| 得分 | 2.62 | 4.98 | 0.68 | 6.62 | 5.00 | 3.03 |
| 指标 | CPI 5年算术平均 | 每万人在校大学生人数 | 互联网宽带接入用户数占总人口的比重 | 娱乐教育文化服务占总消费支出的比重 | 人均教育支出 | 社会公平与社会参与总分 |
| 得分 | 9.09 | 6.12 | 9.09 | 4.17 | 6.94 | 58.35 |

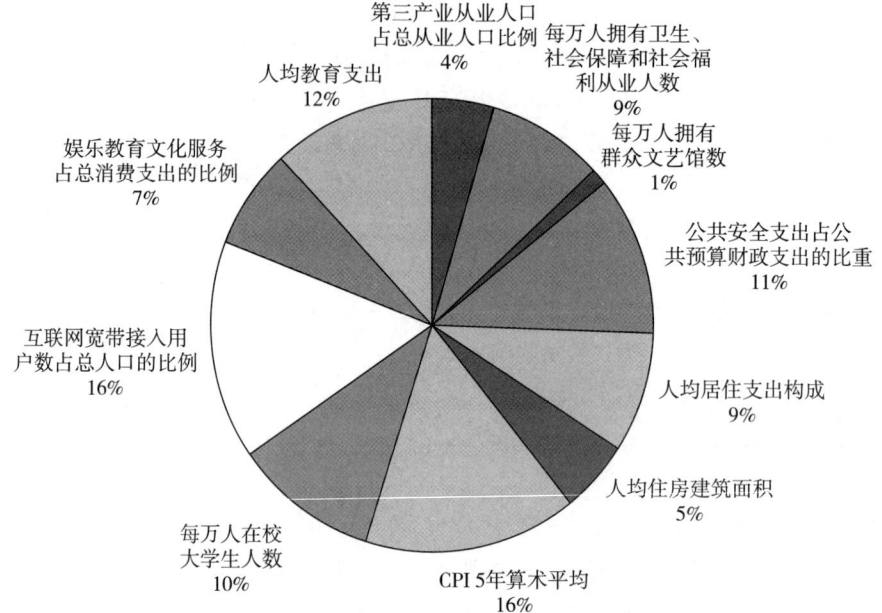

图24 珠海市社会公平与社会参与维度得分构成

如表26、图24所示,珠海市社会公平与社会参与发展维度的得分为58.35分,排在38个城市中的第一位。珠海是广东省地级市,不仅是珠江口西岸的核心城市,还是珠江三角洲中心城市之一、粤港澳大湾区重要节点城市,也中国最早设立的四个经济特区之一。得天独厚的地理优势使得珠海市成为"一带一路"建设中的海陆枢纽,并且使得近几年珠海市在社会公平与社会参与方面成绩斐然。

在社会公平与社会参与维度的评分中,珠海市单项指标贡献率最高的依次为CPI 5年算术平均、互联网宽带接入用户数占常住人口比、人均教育支出,其得分分别为9.09分、9.09分、6.94分。改革开放40年来,珠海市经济社会发展取得了一系列历史性成就,通过改革创新、粤港澳合作、生态文明建设、民生社会事业发展、党的建设等,在实践中创造了全国领先的经验,在改革开放中发挥了改革"试验田"和对外开放重要"窗口"的作用。珠海市大力实施科教兴市、实业旺市、环境强市、文化盛市四大战略,是珠海市互联网宽带接入用户数占常住人口比和人均教育支出得分较高的原因之一。珠海市较低的指标是每万人拥有群众文艺馆数,得分为0.68分。这说明珠海市在大力发展经济、科技的同时，受到外来人口流入的影响，其人口基数增加导致每万人拥有群众文艺馆数下降。政府部门要加强相关文化方面的建设，增强居民对中华文化的认同感和获得感。

2. 昆明市

表27　2019年昆明市社会公平与社会参与指标得分情况

单位：分

| 指标 | 第三产业从业人口占总从业人口比例 | 每万人拥有卫生、社会保障和社会福利从业人数 | 每万人拥有群众文艺馆数 | 公共安全支出占公共预算财政支出的比重 | 人均居住支出构成 | 人均住房建筑面积 |
|---|---|---|---|---|---|---|
| 得分 | 2.76 | 5.96 | 8.53 | 5.14 | 2.95 | 6.90 |
| 指标 | CPI 5年算术平均 | 每万人在校大学生人数 | 互联网宽带接入用户数占总人口的比重 | 娱乐教育文化服务占总消费支出的比重 | 人均教育支出 | 社会公平与社会参与总分 |
| 得分 | 5.23 | 3.31 | 9.09 | 4.94 | 1.14 | 52.54 |

如表27、图25所示，昆明市社会公平与社会参与指标综合得分为52.54，排名第二。昆明位于中国西南云贵高原中部，是中国面对东南亚、南亚还有中东、南欧、非洲的前沿和门户，具有独特的区位优势。因此在每万人拥有群众文艺馆数，每万人拥有卫生、社会保障和社会福利从业人数和人均住房建筑面积方面，昆明市的总体得分在38个城市中居于优势地位，其中最为突出的是每万人拥有群众文艺馆数，得分达到了8.53分，这说明昆明市精神文明建设情况较好，重视市民文化娱乐生活，文化产业发展前景良好。但昆明在人均教育支出和第三产业从业人口占总从业人口比重指标方面得分较低，得分仅为1.14分与2.76分。这说明昆明在教育投入、第三产业发展上仍然存在短板，需要市政府坚决落实科教兴国、科学技术是第一生产力的思想，坚持以教育为本。从各项指标得分来看，昆明应该把加快产业转型放在更加重要的位置，向更有利于经济、社会发展的方向转型。增加第三产业比重，从高能耗高污染转向低能耗低污染，从低附加值产业升级至高附加值产业，从粗放型发展方式升级到集约型发展方式。

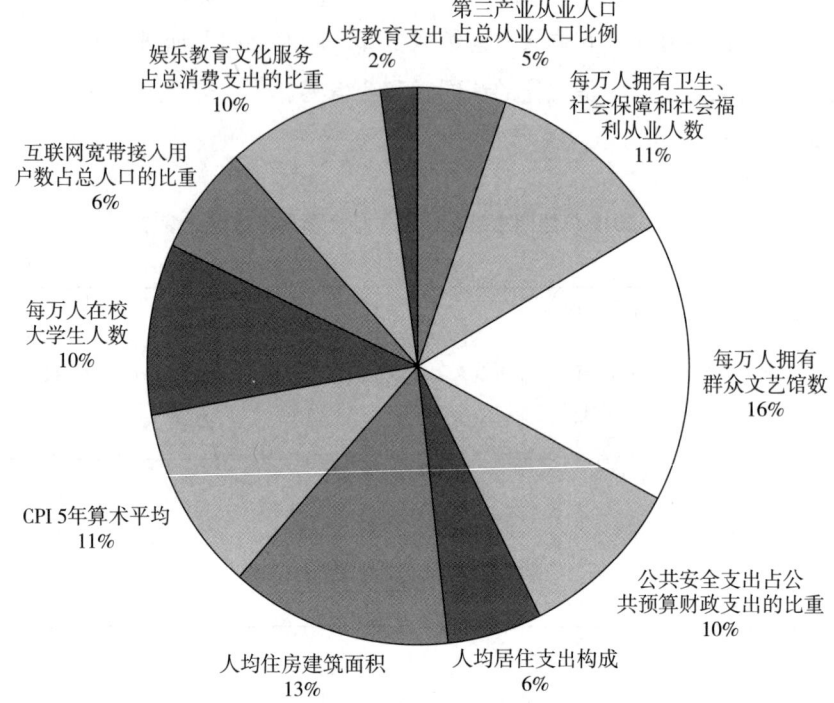

**图 25　昆明市社会公平与社会参与维度得分构成**

3. 南京市

**表 28　2019 年南京市社会公平与社会参与指标得分情况**

单位：分

| 指标 | 第三产业从业人口占总从业人口比例 | 每万人拥有卫生、社会保障和社会福利从业人数 | 每万人拥有群众文艺馆数 | 公共安全支出占公共预算财政支出的比重 | 人均居住支出构成 | 人均住房建筑面积 |
|---|---|---|---|---|---|---|
| 得分 | 1.16 | 4.00 | 0.41 | 4.94 | 4.08 | 4.94 |
| 指标 | CPI 5 年算术平均 | 每万人在校大学生人数 | 互联网宽带接入用户数占总人口的比重 | 娱乐教育文化服务占总消费支出的比重 | 人均教育支出 | 社会公平与社会参与总分 |
| 得分 | 6.18 | 7.85 | 7.29 | 6.89 | 3.82 | 51.55 |

中国大中城市老年人社会公平与社会参与发展报告

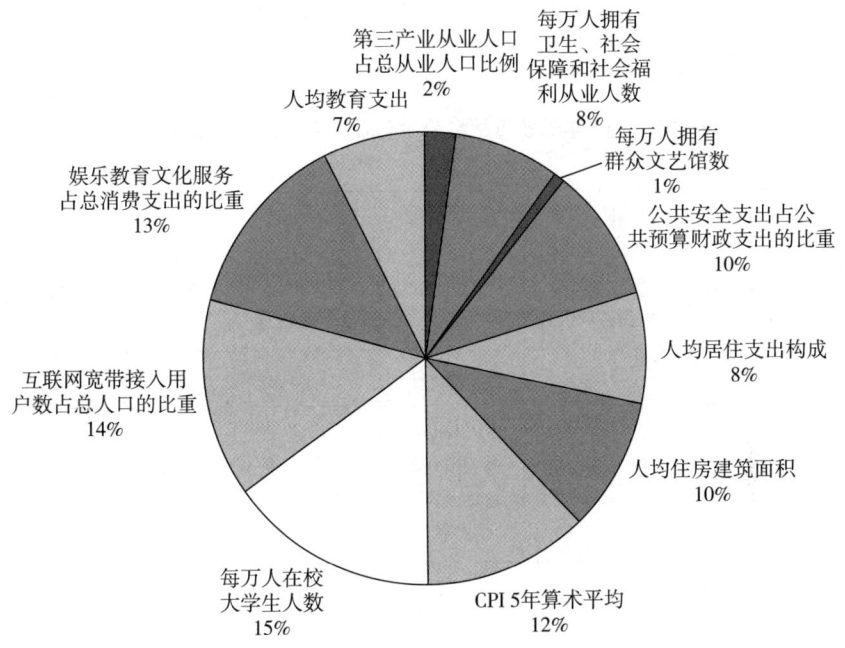

**图 26　南京市社会公平与社会参与维度得分构成**

如表 28、图 26 所示，南京的社会公平与社会参与维度的得分为 51.55 分，在 38 个城市中排名第三，排名靠前。南京是江苏省会、副省级市、南京都市圈核心城市，地处中国东部、长江下游。

在社会公平与社会参与维度的评分中，南京市单项指标贡献率最高的为每万人在校大学生数、互联网宽带接入用户数占常住人口比，得分分别为 7.85 分、7.29 分。南京市是中国高等教育资源最集中的城市之一，有以南京大学、东南大学为代表的八所"211"工程院校坐落于此，如此丰富的教育资源吸引了大批学子来到南京求学，更使得南京市的教育氛围十分浓厚。南京高新技术企业快速发展，这从南京市互联网宽带接入用户数占常住人口比重的排名可看出。

南京市排名较靠后的指标为每万人拥有群众文艺馆数和第三产业从业人口占总从业人口比重，得分分别为 0.41 分和 1.16 分。在未来的发展中，南

261

京市需要加大对城市文艺馆的建设力度，加快发展第三产业。

4. 长沙市

表29　2019年长沙市社会公平与社会参与指标得分情况

单位：分

| 指标 | 第三产业从业人口占总从业人口比重 | 每万人拥有卫生、社会保障和社会福利从业人数 | 每万人拥有群众文艺馆数 | 公共安全支出占公共预算财政支出的比重 | 人均居住支出构成 | 人均住房建筑面积 |
|---|---|---|---|---|---|---|
| 得分 | 2.50 | 5.36 | 0.25 | 2.37 | 4.74 | 7.26 |
| 指标 | CPI 5年算术平均 | 每万人在校大学生人数 | 互联网宽带接入用户数占总人口的比重 | 娱乐教育文化服务占总消费支出的比重 | 人均教育支出 | 社会公平与社会参与总分 |
| 得分 | 5.76 | 5.90 | 3.75 | 9.09 | 2.52 | 49.51 |

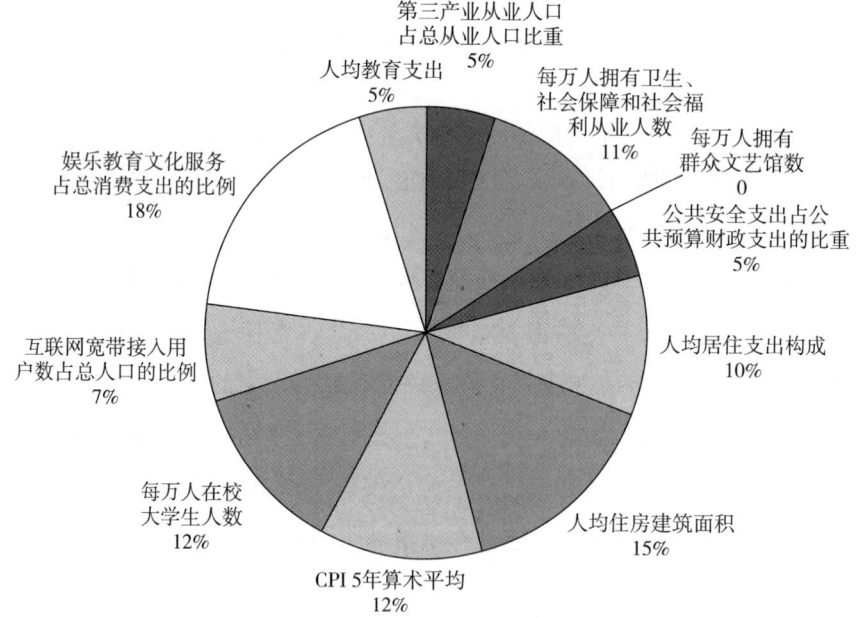

图27　长沙市社会公平与社会参与维度得分构成

如表 29 所示，长沙市社会公平与社会参与维度的得分为 49.51 分，排在 38 个城市中的第四，处于前列。长沙是湖南省省会，是长江中游地区重要的中心城市，也是中国重要的粮食生产基地。

如图 27 所示，长沙市在社会公平与社会参与维度的评分中，单项指标贡献率最高的依次为娱乐教育文化服务占总消费支出比、人均住房建筑面积和每万人在校大学生人数，得分依次为 9.09 分、7.26 分、5.90 分。在 38 个城市中，长沙市娱乐教育文化服务占总消费支出比重指标得分排名第一。长沙市文化服务业的发展水平较高，且居民消费观念相对开放，因此居民在娱乐教育文化方面的开支占比较大。长沙市人均住房建筑面积同样得分较高，说明长沙是一个人口规模适中的宜居城市。每万人在校大学生数得分较高，说明长沙市重视本科教育，本科教育拥有较高的普及率。从指标得分情况来看，长沙市在每万人拥有群众文艺馆数方面还有提升空间。政府部门应该加强群众文化馆建设工作，提高每万人拥有群众文艺馆数量，丰富居民的精神文化生活。

5. 太原市

表 30　2019 年太原市社会公平与社会参与指标得分情况

单位：分

| 指标 | 第三产业从业人口占总从业人口比例 | 每万人拥有卫生、社会保障和社会福利从业人数 | 每万人拥有群众文艺馆数 | 公共安全支出占公共预算财政支出的比重 | 人均居住支出构成 | 人均住房建筑面积 |
|---|---|---|---|---|---|---|
| 得分 | 2.93 | 5.77 | 0.83 | 6.05 | 2.84 | 5.60 |
| 指标 | CPI 5 年算术平均 | 每万人在校大学生人数 | 互联网宽带接入用户数占总人口的比重 | 娱乐教育文化服务占总消费支出的比重 | 人均教育支出 | 社会公平与社会参与总分 |
| 得分 | 7.39 | 7.80 | 4.06 | 4.87 | 1.13 | 49.27 |

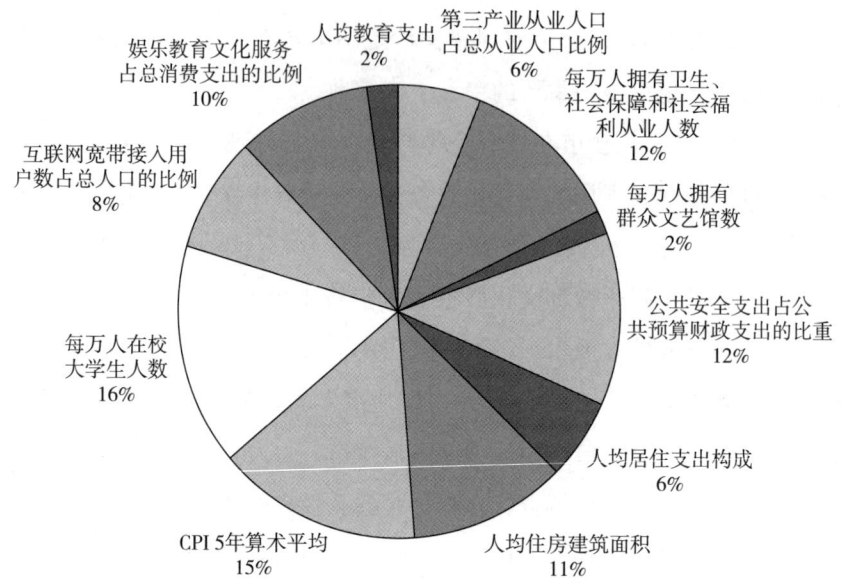

**图 28　太原市社会公平与社会参与维度得分构成**

如表 30 所示，太原市社会公平与社会参与维度的总得分为 49.27 分，在 38 个城市中排名第五，排名靠前。太原市是山西省省会，也是国家历史文化名城、国家园林城市、太原都市圈核心城市、中国优秀旅游城市。太原是山西省政治、经济、文化、交通和国际交流中心，也是中国能源及重工业基地、世界晋商都会之一。

如图 28 所示，在社会公平与社会参与维度的评分中，太原市单项指标贡献率最高的三项依次为每万人在校大学生人数、CPI 5 年算术平均、公共安全支出占公共预算财政支出比，得分依次为 7.80 分、7.39 分、6.05 分。太原市得分较低的三项指标为每万人拥有群众文艺馆数、人均教育支出和人均居住支出构成，分别为 0.83 分、1.13 分、2.84 分。在教育方面，太原市每万人在校大学生数量得分排名靠前，说明该市教育资源丰富；但每万人拥有群众文艺馆数、人均教育支出排名较为靠后，反映了太原居民对教育方面的重视程度较低。因此，太原市政府应加大对居民教育的宣传力度，促使居民不断提高对教育的重视程度。太原市 CPI 5 年算术平均得分较高，说明其物价稳定，但是人均居住支出构成得分较低，反映出太原居住性支出占居民消费支出的大部分。

## 六 构建老龄友好型社会，促进老年人公平积极有序地参与社会

本报告基于 11 个指标构建社会公平与社会参与指标体系，以此来衡量一个城市对于老年群体而言是否宜居。从前文对 38 个大中城市各个指标得分情况的研究分析中可知，构建老龄友好型社会应从完善养老服务市场和全面促进社会公平两个方面入手。本报告提出如下几个方面的对策建议。

### （一）提高经济发展质量，重视发展养老服务市场

通过对 38 个城市指标得分情况的分析，本报告发现：随着我国经济社会的不断发展，社会整体的消费模式呈现多元发展趋势，对服务业的需求不断增加。中国尚未完成工业现代化和农业现代化就已经步入老龄化社会，因此需要更加重视健康服务产业的升级与发展。健康服务产业涵盖生命科学研究、医疗服务、健康管理、保健服务等行业。目前我国的健康服务产业初具规模，但从各主要城市的得分看，各城市第三产业从业人口占总就业人口的比重，每万人拥有卫生、社会保障和社会福利从业人数的得分差距较大，反映出第三产业尤其是健康服务产业发展的地区差异大，总体较为落后。

1. 完善政策法规，提供必要扶持

2019 年国务院办公厅已出台相关意见，要求全面放开养老服务市场，引导民间资本进入养老领域。在这样的大背景下，政府配套服务成为养老服务市场发展的资源。政府应当考虑进一步完善行业质量标准体系、宏观调控供给结构、以准入制和备案制规范医养产业发展等举措，扩大和完善健康服

务产业。此外，根据养老产业投入大、回报慢的特点，政府可以考虑向养老产业开放相关资源，如土地、税费优惠等，应结合当地老龄化情况，将更多共有性质的闲置土地提供给养老服务产业使用。

2. 强化基本公共卫生服务机构建设

目前，多地的政府财政对于公办、非营利性养老机构提供了资金扶持和税费优惠，而民营、营利性机构则享受了相对较少的优惠支持。营利性养老机构也同样承担了公共服务的职责，因此可以考虑取消针对机构的补贴，而将补贴具体化到享受服务的每个老人，以提高老人享受养老服务的质量。政府应当在基层机构中加入养老、慢性病防治等服务，实现健康服务的全民覆盖和公共服务的均等化、配套化，从医疗、养老、社区、居家等多角度，推进医养结合。

3. 培养全民健康生活理念

随着我国经济社会的不断发展，相关部门应充分利用大众传媒手段，倡导健康的生活方式。一方面，应当引导形成敬老助老的社会风尚，扎实推动老年文化体育教育事业发展，创造安全、绿色、便利、舒适的老年宜居环境；另一方面，政府也应当重视老年人口的健康教育，着力推进健康老龄化理念宣传、科普，增强老年人的自我保健意识与能力，提高公民的健康素养，在全社会形成重视健康的社会风气。

## （二）促进公平、提高效率，注重公平与效率相结合

我国主要城市之间的经济文化发展水平差异较大。从得分上看，排名靠前的城市多集中在东南沿海地区，而东北、中、西、北部地区城市的指标得分排名较为靠后。主要指标得分的差距体现出不同地区社会生活、文化之间的区别，也反映了公共财政方面的侧重点不同。评估社会发展时不应只关注经济增长速度，更应该评估发展的可持续性和公平性。

1. 公平、可持续发展的养老保障

社会保障作为实现社会公平的重要制度，既要保障每个社会成员平等获得社会保障的机会，又要向弱势群体倾斜。全覆盖、保基本是当前我国养老

保障的核心。目前的养老保障制度面临着制度设计多元化的挑战，即不同身份、不同户籍、不同岗位人员的养老制度之间存在较大差异。因此，政府在提高工作效率的同时，应当注重制度整合，以保证相对公平，及时调整制度以适应城镇化、人口流动、就业选择多样化的趋势。针对我国发展不平衡的现状，政府首先应当关注整体发展，着重提高老龄弱势群体的社会保障水平。

2. 注重机会公平

老年人口社会参与的不公平主要体现在代际和代内不公平两个方面。我国老年人口的代内不公平问题尤为突出。例如，城镇与农村老年居民的劳动参与率差距较大，老年协会、活动中心、老年大学等覆盖率差距大；东部沿海地区老年人口健康状况明显优于中西部老年人口。针对老年人口社会公平问题，政府应当将重点放在加大对农村地区社会文化生活的投资、保障老年人拥有平等争取社会福祉的机会上。同时，应当以农村老人尤其是老年女性为专门对象来拓展终身学习，通过终身教育、开发老年人力资源等方式，缩小不同群体之间的差异，避免社会福利、养老保障领域的马太效应。

## （三）实现中国特色的社会公平与社会参与

2016年《发展权：中国的理念、实践与贡献》白皮书中提及：发展权的主体是人民。我们全面建成小康社会和实现中华民族伟大复兴的中国梦的目的就是让人民能够接受更好的教育、获得更加稳定的工作、得到更加满意的收入、享受更加可靠的社会保障和更加高水平的医疗服务以及更加舒适的居住条件、更加优美的环境，让每个人都能更有尊严地发展自我和奉献社会，共同享有人生出彩的机会，共同享有梦想成真的机会。

中国特色的社会公平与社会参与，保障了人民可持续的发展权，体现出代际公平的理念。从我国人口年龄结构和老龄化发展趋势来看，老年人的数量在未来数十年会急剧增长。当代老年群体普遍受教育程度较低，在社会上处于弱势地位，需要家庭和社会予以特别关照。

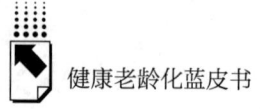

# 参考文献

赵晓芳:《健康老龄化背景下"医养结合"养老服务模式研究》,《兰州学刊》2014年第9期。

杜鹏、谢立黎:《中国老年公平问题:现状、成因与对策》,《中国人民大学学报》2017年第2期。

于大川、吴玉锋、赵小仕:《社会医疗保险对老年人医疗消费与健康的影响——制度效应评估与作用机制分析》,《金融经济学研究》2019年第1期。

陈旭峰:《老年人养老保障满意度影响因素的实证研究——基于CSS(2013)问卷数据的分析》,《云南民族大学学报》(哲学社会科学版)2017年第4期。

仲亚琴、高月霞等:《不同社会经济地位老年人的健康公平研究》,《中国卫生经济》2013年第12期。

丛喜静、王兴平:《基于社会公平视角的老年人就业空间环境研究》,2015年中国城市规划年会论文集。

刘洪林:《略论城乡老年教育公平——评〈教育公平:维系社会公平正义的基石〉》,《中国教育学刊》2016年第11期。

周光大:《维护公平正义,认真贯彻〈老年人权益保障法〉》,广西老社会科学工作者协会"坚持维护社会公平正义"学术研讨会会议论文,2013。

姚立瑛:《老龄化社会下的老年人权益保护》,《开封教育学院学报》2015年第11期。

孙建国、薛承会、王琴:《从社会参与角度探讨"后职业发展"概念及其与老年教育的关系》,《老龄科学研究》2015年第2期。

韩青松:《老年社会参与的现状、问题及对策》,《南京人口管理干部学院学报》2007年第3期。

王志东:《健康老龄化视域中的孝德文化》,《中国人口报》2013年第3期。

汪斌、郑家豪:《城市老年人经济参与的影响因素研究——基于多层Logistic回归模型》,《调研世界》2019年第2期。

汤春燕:《引导社会参与丰富老年教育形式研究》,《成才之路》2017年第5期。

Boulton–Lewis, Gillian M., Buys, Laurie and Lovie–Kitchin, Janette E. (2016). "Learning and Active Aging". *Educational Gerontology* (4).

Kirst Ala–Mutka, Norbert Malanowski, Yves Punie, Mareelino Cabrera. "Active Aging and the Potential of ICT for Learning". JRC Scientific and Rechnical Reports, 2008.

魏华忠、杨晓:《老龄化社会教育对策的跨文化研究》,《人口与经济》2007年第

1 期。

彭川宇、曾珍:《老年教育与老年人社会参与之关系及其对策探究》,《老龄科学研究》2017 年第 8 期。

Steven Ney. "Active Aging Policy in Europe: Between Path Dependency and Path Departure". Aging International, 2015.

姚远、范西莹:《从尊老养老文化内涵的变化看我国调整制定老龄政策基本原则的必要性》,《人口与发展》2009 年第 2 期。

薛新东:《社会参与对我国中老年人认知功能的影响》,《中国卫生政策研究》2018 年第 5 期。

# B.6 中国大中城市老年人经济金融发展报告

董蕤 陈镒丹*

**摘　要：** 保障维度是积极老龄化、健康老龄化的重要维度，老龄问题的实质从一定意义上来说就是经济金融问题，本报告从城市发展的经济金融维度入手，通过分析城镇基础养老金占人均可支配收入的比例、城市居民家庭消费支出、人均民生预算投入、城市居民最低生活保障金与人均可支配收入比、月人均城镇职工基本养老保险金、城镇单位在岗职工平均工资、城镇居民人均可支配收入、人均城乡居民储蓄存款、商业保险深度、商业保险密度这10个重要指标的数据，从经济金融维度探讨健康老龄化进程中城市发展现状及未来的实践方向。通过对38个城市的横向分析和2015年、2017年、2019年三年数据的纵向对比，深度剖析典型城市的经济金融发展情况，提出积极发展养老金融、着力发展多支柱养老保障等对策建议，以期通过经济金融协调发展，从城市这一中观层面推进健康老龄化的实现。

**关键词：** 养老金融　经济增长　多支柱养老保障　金融服务

---

\* 董蕤，西南交通大学公共管理与政法学院研究生，研究领域：退休保障和养老金融；陈镒丹，西南交通大学公共管理与政法学院本科生。

## 一 背景及文献综述

世界卫生组织在2003年发布了《积极老龄化——政策框架》，该框架指出："在政策和项目解决人们年老过程中的社会、经济、人身安全上的保障需要和权利的同时，保障老人在不能维持和保护自身情况下受到保护、照料和有尊严。支持家庭和社区通过各种努力照料其他老年成员。"由此可以看出实现积极老龄化、健康老龄化需要从经济和服务两个方面给老年人加强保障。在各国已建立的社会保障制度中，养老金和商业养老保险正在或已经成为老年群体的重要经济支撑，老龄问题的实质从一定意义上说就是经济金融的问题，经济金融既是城市发展的重要维度，也是老龄产业的核心产业之一。随着人口老龄化程度的不断加深，人口红利的减少对经济发展方式提出了新要求，同时随着劳动要素驱动向资本和技术要素驱动转变，产业结构也在不停调整。老龄化对城市金融发展提出的要求具体体现在两方面：一是人口老龄化导致养老成本加大，地方财政支出增加，因此地区在产业发展中的金融支撑需求也在增加。二是劳动力供给的减少促使企业转型升级，对金融发展水平提出了更高要求。总而言之，发展好老龄经济金融产业，对于积极应对我国人口老龄化和老龄化背景下城市发展所面临的各项挑战具有重要的意义，也是实现健康老龄化的必要要求。

国外学者较早开始关注人口老龄化与经济金融的关系，第二次世界大战之后，西方发达国家逐渐开始进入人口老龄化阶段，到20世纪70年代，几乎所有经济发达的西方城市都面临着不同程度的老龄化，因此老龄化相关的研究在西方学术界更早开始，也更加成熟。20世纪80年代之后，老龄化发展趋势越发加快，与之相关的财政、社会福利、个体金融都发生了很大变化，加之代际关系的变化和养老问题的逐渐突出，西方学者围绕人口老龄化、人口红利和经济发展之间的研究进一步加强。

我国于2000年进入老龄化社会，众多研究和数据表明未来人口老龄化水平仍将提高并长期处于较高水平，养老金融出现及其发展是经济发展水平提高、人的预期寿命延长以及对美好生活追求的需要，发展养老金融对我国而言意义重大。结合现有学者对养老金融的研究，国内文献中首次提出这一概念的学者是胡继晔[1]，认为养老金融的核心就是养老金与资本市场。党俊武[2]认为养老金融是进入老年期之前人们为退休后的老年生活做好金融准备所需的相关服务。Gordon[3]指出发达国家的多层次养老金制度早已被视为社会基础设施的组成部分，与市政基础设施具有同等重要的地位。国内学者胡继晔[4]将养老金融提高到了未来国际发展层面，认为养老金保值增值问题是老龄化带来的首要压力。

老龄化所带来的直接压力就是未来老年人的照护和生活问题，而仅仅依靠政府加大公共财政的投入、补缺养老金支付缺口是不可持续的道路，因此促进养老金融的发展是政府化解老龄化压力、实现养老金入市的必经之路。邓大松等[5]指出，政府运营的公共养老金计划收益率明显低于私营部门的企业年金，因此扩展年金运营渠道，改善运营模式，增强运营收益是政府部门需要深入分析的。结合中国目前养老市场面临的融资渠道多、路径狭窄的局面，Maney等[6]研究指出政府应该在公共服务的供给中引入市场竞争机制和现代管理技术，国内学者倪江崴[7]提出养老服务体系建设中政府应承担起相应的责任，通过提出政策建立机制、财政支持社区建设、促成机构发展和过程监督管理来鼓励社会资本投入养老服务体系。同时政府监管问题也是养老金融领域学者们重点关注的问题，刘素姣[8]认为年金的运营需要将经济效益和社会效益兼顾起来，政府应该在立法、监督、税收等方面加大力度，明确

---

[1] 胡继晔：《养老金融：理论界定及若干实践问题探讨》，《财贸经济》2013年第6期。
[2] 党俊武：《老龄金融是应对人口老龄化的战略制高点》，《老龄科学研究》2013年第1期。
[3] Gordon Clark. *Pension Fund Capitalism*. Oxford University Press, 2000.
[4] 胡继晔：《养老金融：未来国家层面的发展战略》，《中国社会保障》2012年第10期。
[5] 邓大松、刘昌平：《中国企业年金制度的若干问题研究》，《经济评论》2003年第6期。
[6] Maney A., Elkin S. L. (1989). "City and Regime in the American Republic". *The American Political Science Review* 83 (1): 290-295.
[7] 倪江崴：《广州市民间资本进入养老服务产业的可行性分析》，《时代金融》2013年第14期。
[8] 刘素姣：《事业单位职业年金制度设计的政策建议》，《西部金融》2009年第1期。

监管主体和监管机制。利用市场化的方式促进养老服务业的发展，通过发挥银行的金融媒介功能、商业保险公司的风险管理能力，为老年人提供从资金到服务的保障是目前养老金融领域研究的重点。

消费和储蓄是影响经济发展的重要因素，较高水平的储蓄率可以支持较高的投资率，也是经济快速发展的必要条件之一，但人口结构的老化会对国民消费、储蓄和投资产生影响，从而相应地影响经济发展。Cutler 等[1]通过模拟美国数据，发现人口老龄化的加深，将使得经济稳态上的总储蓄率处于一个略低于初始水平的稳态值上。Futagami 等[2]基于内生经济增长框架并结合生命周期假说分析老龄化问题，发现长寿对储蓄率的影响分为直接效应和增长效应。增长效应即通过对经济增长率的影响而提高储蓄率的效应：经济增长带来的收入增加和老年阶段消费的减少使得储蓄增加。直接效应则存在两类：因为寿命延长，降低了单期的消费；而寿命延长导致退休人数增多，促进了总消费的增加，后者效应大于前者。Senesi[3] 构建 OLG 模型研究人口老龄化与总消费之间的关系，发现老龄人口比例的提高将使得消费倾向增长而储蓄倾向降低。国内学者在研究人口老龄化与居民消费关系时，得出的结论也不尽相同，陈冲[4]利用 1996~2011 年中国 29 个省区市的面板数据，对人口老龄化水平与城乡消费率之间的关系进行了实证研究，结果表明人口老龄化对于城镇居民和农村居民存在不同的影响。毛中根等[5]使用 1996~2010 年省际面板数据进行实证研究时，发现老年人口抚养比提高导致了居民消费下降。

---

[1] Cutler D. M., Akerlof G. A. (1990). "An Aging Society: Opportunity or Challenge?". *Brookings Papers on Economic Activity* (1): 1–73.

[2] Futagami K., Nakajima T. (2001). "Population Aging and Economic Growth". *Journal of Macroeconomics* 23 (1): 31–44.

[3] Senesi P. (2003). "Population Dynamics and Life-cycle Consumption". *Journal of Population Economics* 16 (2): 389–394.

[4] 陈冲:《中国人口老龄化的消费效应分析——基于生命周期假说理论》,《中央财经大学学报》2013 年第 6 期。

[5] 毛中根、孙武福、洪涛:《中国人口年龄结构与居民消费关系的比较分析》,《人口研究》2013 年第 5 期。

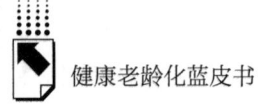

总之，实现健康老龄化是大的时代背景给社会提出的要求，"保障"作为健康老龄化的重要维度之一，其赖以实现的必要条件则是经济金融的良好发展。纵观国内外关于养老金融、老龄化与消费储蓄相关的研究及实践，多关注养老金制度与人口老龄化、养老金融服务以及老龄化与整体经济增长之间的关系，研究视角多为宏观的政府国家层面或微观的个体家庭层面，缺乏中观层面的研究。因此，本报告从城市发展的中观层面切入，选定了衡量健康老龄化的经济金融维度的10个指标，分析我国主要城市的发展现状，结合现有政策环境，对城市健康老龄化的发展提出相应的政策建议。

## 二 经济金融指标说明及数据计算

### （一）指标选取及说明

本报告属于健康老龄化指数报告的一个分支，旨在对城市经济金融发展情况进行梳理和分析。在本报告中，衡量经济金融的一级指标有十个：城镇基础养老金占人均可支配收入的比例、城市居民家庭消费支出、人均民生预算投入、城市居民最低生活保障金与人均可支配收入比、月人均城镇职工基本养老保险金、城镇单位在岗职工平均工资、城镇居民人均可支配收入、人均城乡居民储蓄存款、商业保险深度、商业保险密度。一级指标的具体说明如下。

（1）城镇基础养老金占人均可支配收入的比例：城镇基础养老金除以城镇居民可支配收入得出。

（2）城市居民家庭消费支出：居民消费支出是指城乡居民个人和家庭用于生活消费以及集体用于个人消费的全部支出。

（3）人均民生预算投入：由民生预算投入除以常住人口数得出。

（4）城市居民最低生活保障金与人均可支配收入比：城镇居民最低生活保障金除以人均可支配收入得出。

（5）月人均城镇职工基本养老保险金：每个月城镇职工人均的基本养

老保险的数额。

（6）城镇单位在岗职工平均工资：当年城镇单位在岗职工平均工资。

（7）城镇居民人均可支配收入：当年城市居民可支配收入除以城市常住人口数得出。

（8）人均城乡居民储蓄存款：由年末城乡居民存款余额除以常住人口得出。

（9）商业保险深度：保险深度是指某地保费收入占该地国民生产总值之比重，反映了该地保险业在 GDP 中的地位。

（10）商业保险密度：保险密度指的是按照当地常住人口计算的人均保费额。保险密度反映了该地国民参加保险的程度和保险业发展水平。

## （二）数据计算及权重设计

在健康老龄化的五个评价维度（健康医疗、人居环境、交通出行、社会公平与社会参与、经济金融）中，经济金融与其他四个维度一样，被赋予 20% 的权重。根据经济金融这一维度所包含的一级指标个数，赋予各一级指标相对于健康老龄化指数的权重。

数据无量纲化中，经济金融这一维度下的十个一级指标中，数据表现最好的城市得分为 100，表现最差的城市得分为 0，对其余城市在 0~100 区间赋予相应的得分。若得分为 100 则代表该指标在整个排名中居首位，达到当前的最理想标准；而得分为 0，则表示该指标在 38 个城市中排名最后，是当前最差的状态。因为根据数据无量纲化的思想，将所有原始数据的量纲剔除后，所有数据在 0~100 的区间内进行分布。

经过测量，本报告最终得到样本数据矩阵：

$$[x_{ij}](i = 1,2,\cdots,38; j = 1,2,\cdots,10)$$

上式，$i$ 为样本数量，$j$ 为指标数量。鉴于各指标数值的量纲不同，并且有些指标的判断方向不一致，因此有必要采取无量纲正向处理，具体处理方法如下。

对于任意第 $j(j = 1,2,\cdots,10)$ 项指标的数据，记：

$$m = \min\{x_{ij}\}, M = \max\{x_{ij}\}, R = M - m, i = 1, 2, \cdots, 10$$

则样本数据可根据如下公式进行变化：

（1）当第 $j$ 项指标越大反映越好的表现时，变换为公式：

$$y_{ij} = (x_{ij} - m)/R$$

当第 $j$ 项指标越小反映越差的表现时，变换为公式：

$$y_{ij} = (M - x_{ij})/R$$

经过上述处理，将最终的数据矩阵记为：

$$[y_{ij}](i = 1, 2, \cdots, 38; j = 1, 2, \cdots, 10)$$

## 三 经济金融指标得分及排名情况的总体分析

### （一）城镇基础养老金占人均可支配收入比

可支配收入是居民家庭获得且可用于家庭自由支配的收入，即扣除基本养老保险、基本医疗保险、失业保险、公积金、个人所得税等后剩下的工资收入中可以随意支配的收入。可支配收入是观察和分析地区之间、人群之间收入如何分配的重要经济指标。而人均可支配收入由于其和区域内国民生产总值、人口数量的密切相关性，能够更全面地反映区域内居民家庭自由支配收入的真实水平和该地区的经济发展程度。人均可支配收入作为居民的平均可支配收入，是影响消费开支的决定性因素之一，也是居民即期消费能力的体现，与居民生活水平息息相关。城镇基础养老金则根据区域经济发展水平、财政政策与当地城镇人口平均预期寿命等因素确定。一般而言，区域经济发展良好、财政收入充足、市场机制健全的地方，政府部门更倾向于加大公共财政在民生方面的投入力度，以持续政策杠杆增加基础养老金，制定更有利于民众的养老金缴费标准，由此老年人可得到更多养老金，生活水平更高；基础养老金得到提高后，老年群体的即期消费能力随之提高，满足老年人自身养老需求的固定支出和随机支出自发增加,从而刺激和拉动区域内整体经济的增长。城镇基础养老金占人均可支配收入比这一指标受城镇基础养老金、人均可支配收入两项初始指标的共同影响,能够较好地反映区域内整体经济发展水平和政府部门对老龄民生事业的倾斜力度,是衡量老年群体是否受惠于经济发展红利的重要经济指标。

由表1可以看到,上海(10.00)、成都(7.88)、珠海(7.41)、北京(7.21)、无锡(6.34)、苏州(6.06)、天津(5.75)、南京(5.38)、银川(5.36)、深圳(4.98)以较高的得分占据前十名。十个城市中,上海、珠海、北京、无锡、苏州、天津、南京、深圳均位于经济发展水平较高的东部地区,北京、天津位于京津冀城市群,上海、无锡、苏州、南京位于长三角城市群,珠海、深圳位于粤港澳大湾区,三大城市群的城市空间组织紧凑、经济联系紧密、以实现高度同城化和高度一体化为目标,经济发展水平向来领跑中国,其养老金水平也与经济发展水平相当。其中,长三角城市群是全球范围内普遍认同的世界级城市群之一,上海强有力的辐射带动功能和城市间良好的协同合作,使得长三角城市群包揽了前十中的四大席位,上海更是以超过第二名2.12分的得分高居榜首。

西部地区养老金发展水平相对较低,但仍有成都和银川两大城市位列前十,成都以7.88分位居第二。成都是国家"一带一路"倡议和长江经济带发展战略的重要阵地,除却国家政策支持外,成都也向来重视社会保障建设,致力于持续保障和改善民生。2017年,城乡居民人均可支配收入年均分别增长8.5%、11%,分别达到3.89万元、2.03万元;2016年4月成都企业职工基本养老保险单位缴费比例为20%,2018年4月该费率已降为19%,但参保人员所享受待遇不受影响;人均期望寿命达到79.89岁。成都连续七届荣获"全国双拥模范城市"称号,蝉联"中国最具幸福感城市"榜首。而银川2017年城乡居民人均可支配收入分别增长8.1%和8.5%;坚持创新引领,加快经济转型升级;城乡居民基础养老金最低标准提高至220元,高于西北其他省会城市,5.63万名被征地农民的养老保险转入城镇职工养老保险。此外,银川三度蝉联"全国文明城市"称号,第八次获评为

"全国双拥模范城市",入选首批十大"中国旅游休闲示范城市",获得"全国幸福城市""中国领军智慧城市"等十多个国家级荣誉称号。可以看出银川经济发展质量进一步提升,人民群众幸福感进一步增强。

38个中国大中城市中,南宁、宁波、长春等23个城市在该指标得分上均低于均值(3.68分)(见图1),排名最后的5个城市中,武汉得分为0,济南1.46分,广州1.47分,呼和浩特1.58分,南昌和昆明1.78分。虽然广州的经济仍保持平稳发展,城乡居民人均可支配收入分别增长8.5%和9.5%,但其工作重点在转变经济发展方式、优化经济结构、转换增长动力上,基本公共服务均等化水平仍需提高,养老等方面的成果距群众期待还有差距。今后广州应完善社会保险体系,稳步提高待遇水平,落实企业职工养老保险省级统筹。

表1 城镇基础养老金占人均可支配收入比得分及排名

单位:分

| 城市 | 城镇基础养老金占人均可支配收入比得分 | 排名 | 城市 | 城镇基础养老金占人均可支配收入比得分 | 排名 |
| --- | --- | --- | --- | --- | --- |
| 上 海 | 10.00 | 1 | 西 安 | 2.81 | 20 |
| 成 都 | 7.88 | 2 | 乌鲁木齐 | 2.75 | 21 |
| 珠 海 | 7.41 | 3 | 沈 阳 | 2.67 | 22 |
| 北 京 | 7.21 | 4 | 杭 州 | 2.64 | 23 |
| 无 锡 | 6.34 | 5 | 重 庆 | 2.61 | 24 |
| 苏 州 | 6.06 | 6 | 合 肥 | 2.57 | 25 |
| 天 津 | 5.75 | 7 | 青 岛 | 2.39 | 26 |
| 南 京 | 5.38 | 8 | 兰 州 | 2.31 | 27 |
| 银 川 | 5.36 | 9 | 福 州 | 2.08 | 28 |
| 深 圳 | 4.98 | 10 | 长 沙 | 1.99 | 29 |
| 厦 门 | 4.54 | 11 | 太 原 | 1.95 | 30 |
| 西 宁 | 4.53 | 12 | 石家庄 | 1.91 | 31 |
| 海 口 | 4.27 | 13 | 哈尔滨 | 1.84 | 32 |
| 大 连 | 4.27 | 14 | 南 昌 | 1.78 | 33 |
| 贵 阳 | 4.02 | 15 | 昆 明 | 1.78 | 34 |
| 南 宁 | 3.59 | 16 | 呼和浩特 | 1.58 | 35 |
| 宁 波 | 3.38 | 17 | 广 州 | 1.47 | 36 |
| 长 春 | 3.16 | 18 | 济 南 | 1.46 | 37 |
| 郑 州 | 2.93 | 19 | 武 汉 | 0 | 38 |

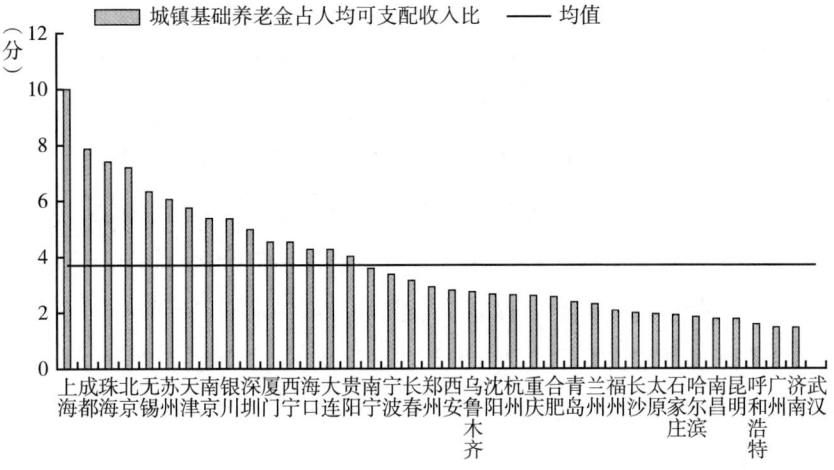

**图1　城镇基础养老金占人均可支配收入比得分排名情况**

## （二）城市居民家庭消费支出

城市居民家庭消费支出的决定性因素是地方经济发展水平和居民可支配收入水平，可通过居民平均每人全年消费支出指标综合反映城乡居民生活消费水平。从表2可以看到，上海、北京、广州、杭州得分均在9.00以上，分别为10.00分、9.91分、9.66分、9.11分。这四个城市的城市居民家庭消费支出与地区经济发展水平相匹配，也反映出区域居民可支配收入水平高，居民生活条件好，消费倾向和消费能力突出。长春、哈尔滨、贵阳、西安等19个城市的得分均低于指标均值（6.38分）（见图2），排名相邻的城市间得分差距较小，数据总体呈正态分布。武汉、昆明、南宁分别以0分、2.31分、3.80分位居最后三名。武汉2017年的主要经济指标总量和增速在湖北省实现"双领先"，地区生产总值1.34万亿元左右，增长8%左右，但城乡居民人均可支配收入增长速度与经济发展速度相比，待进步空间较大。因此武汉出现城市居民家庭消费支出得分较低的情况。城市居民家庭消费支出得分偏低实际反映出的问题是居民消费率较低，消费在经济增长中的贡献率低。经济平稳发展而居民家庭消费支出增长幅度不大，反映出居民未能充

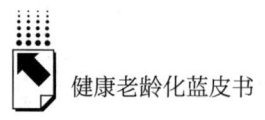

分享受经济发展的红利。

长期以来,我国经济增长的主要动力是投资和出口,其中投资拉动占绝大部分比重,消费所起到的作用相对较弱。扩大内需、完善消费的体制机制、增强消费对经济增长的基础性作用成为新时代的发展要求。随着我国居民收入的增长,信息消费、绿色消费、文化消费、旅游休闲消费、个性化消费等新消费将迎来蓬勃发展的时期,这对于引领消费结构升级,乃至于有力地拉动相关产业与行业优化升级,提高供给能力,都将发挥重要作用。新消费方兴未艾,在其发展过程中,需要以创新理念为统领,补齐消费发展短板,促进生活性服务业转型升级,以进一步激发居民消费潜力,保持经济的可持续发展。

表2　城市居民家庭消费支出得分及排名

单位:分

| 城市 | 城市居民家庭消费支出得分 | 排名 | 城市 | 城市居民家庭消费支出得分 | 排名 |
| --- | --- | --- | --- | --- | --- |
| 上　海 | 10.00 | 1 | 长　春 | 6.08 | 20 |
| 北　京 | 9.91 | 2 | 哈尔滨 | 6.00 | 21 |
| 广　州 | 9.66 | 3 | 贵　阳 | 5.88 | 22 |
| 杭　州 | 9.11 | 4 | 西　安 | 5.84 | 23 |
| 宁　波 | 8.98 | 5 | 成　都 | 5.67 | 24 |
| 深　圳 | 8.69 | 6 | 银　川 | 5.64 | 25 |
| 苏　州 | 8.34 | 7 | 郑　州 | 5.64 | 26 |
| 长　沙 | 7.94 | 8 | 南　昌 | 5.55 | 27 |
| 无　锡 | 7.86 | 9 | 青　岛 | 5.53 | 28 |
| 厦　门 | 7.71 | 10 | 兰　州 | 5.20 | 29 |
| 珠　海 | 7.65 | 11 | 西　宁 | 5.18 | 30 |
| 南　京 | 7.38 | 12 | 合　肥 | 5.17 | 31 |
| 呼和浩特 | 7.02 | 13 | 重　庆 | 5.08 | 32 |
| 济　南 | 6.96 | 14 | 海　口 | 4.71 | 33 |
| 天　津 | 6.93 | 15 | 石家庄 | 4.63 | 34 |
| 沈　阳 | 6.83 | 16 | 太　原 | 3.85 | 35 |
| 大　连 | 6.82 | 17 | 南　宁 | 3.80 | 36 |
| 福　州 | 6.53 | 18 | 昆　明 | 2.31 | 37 |
| 乌鲁木齐 | 6.51 | 19 | 武　汉 | 0 | 38 |

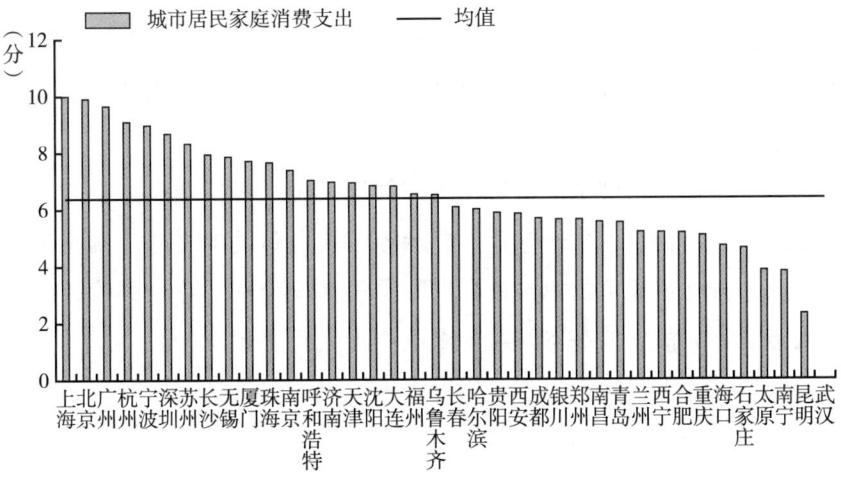

图 2　城市居民家庭消费支出得分排名情况

## （三）人均民生预算投入

人均民生预算投入是地区经济发展程度、财政收入和人民生活之间关联的反映。衡量一座城市的财政收入是否取之于民、用之于民的标准，关键在于民生预算投入的大小，在于是否由人民共享经济发展的红利。相比于地方政府统计中常用的地方一般公共预算支出中的民生支出占比的指标，考虑到区域常住人口数，人均民生预算投入能够更科学和精确地反映财政收入对人民重点需求的保障和对民生福祉的改善程度。由表3可以看到，深圳（10.00分）、厦门（9.49分）、珠海（9.29分）、苏州（8.28分）、上海（7.03分）以较高的得分居于前五，其他城市与之相比差距较为明显。值得一提的是，深圳过去倾向于重视经济发展速度，对民生投入的关注和重视程度较低，2017年深圳在推动社会民生事业发展方面做出了极大的努力与改变，九大类民生支出达到3198亿元，与2016年相比增长32.5%，其中教育、医疗支出分别增长22.8%、21.3%。深圳将集中力量补齐民生短板、加快提升民生事业发展水平作为发展目标之一，自然会增加民生预算投入，即使2017年常住人口达到近年来的峰值，极大的民生预算投入也使深圳在该指标上居于首位。杭州、福州、南京等25个城市指标得分低于指标均值（2.49分），昆明、南昌、武汉等15个城市的得分甚至低于1分（见图3）。

民生问题是与百姓生活密切相关的问题，是人民群众最关心的利益问题，包括衣食住行、教育、医疗、养老等。教育乃民生之基，就业是民生之本，收入分配为民生之源，社会保障是民生安全网，养老保障是民生重要输出点。五大民生的基本问题要求政府加大民生预算投入，同时考虑城市常住人口，确保民生投入落实到每个人头上，提供高水平的公共服务特别是针对区域内老年人的服务，让人均民生预算投入不仅惠及大众，更具有年龄友好意识，使全年龄段都能享受政府提供的民生支持。基于民生在国家建设中的基础性作用，各地政府都应同等重视经济建设与民生保障在政府治理中的地位，高标准、严要求地落实民生任务，持续开展发展成果惠民行动，出台政策鼓励更多社会资本参与教育、医疗、文化、养老等供给，努力为市民提供更多更优质的公共服务，率先形成全面共建共享共同富裕的民生发展格局。

表3 人均民生预算投入得分及排名

单位：分

| 城市 | 人均民生预算投入得分 | 排名 | 城市 | 人均民生预算投入得分 | 排名 |
| --- | --- | --- | --- | --- | --- |
| 深　圳 | 10.00 | 1 | 大　连 | 2.62 | 12 |
| 厦　门 | 9.49 | 2 | 天　津 | 2.54 | 13 |
| 珠　海 | 9.29 | 3 | 杭　州 | 2.42 | 14 |
| 苏　州 | 8.28 | 4 | 福　州 | 2.14 | 15 |
| 上　海 | 7.03 | 5 | 南　京 | 1.95 | 16 |
| 北　京 | 5.37 | 6 | 西　安 | 1.71 | 17 |
| 宁　波 | 4.83 | 7 | 重　庆 | 1.65 | 18 |
| 无　锡 | 2.99 | 8 | 太　原 | 1.31 | 19 |
| 郑　州 | 2.90 | 9 | 海　口 | 1.25 | 20 |
| 青　岛 | 2.80 | 10 | 成　都 | 1.22 | 21 |
| 广　州 | 2.73 | 11 | 合　肥 | 1.19 | 22 |

续表

| 城市 | 人均民生预算投入得分 | 排名 | 城市 | 人均民生预算投入得分 | 排名 |
|---|---|---|---|---|---|
| 贵 阳 | 1.10 | 23 | 银 川 | 0.62 | 31 |
| 昆 明 | 0.99 | 24 | 沈 阳 | 0.51 | 32 |
| 南 昌 | 0.89 | 25 | 南 宁 | 0.42 | 33 |
| 武 汉 | 0.77 | 26 | 西 宁 | 0.38 | 34 |
| 长 春 | 0.76 | 27 | 长 沙 | 0.35 | 35 |
| 兰 州 | 0.71 | 28 | 济 南 | 0.33 | 36 |
| 石 家 庄 | 0.63 | 29 | 哈 尔 滨 | 0.07 | 37 |
| 乌鲁木齐 | 0.63 | 30 | 呼和浩特 | 0 | 38 |

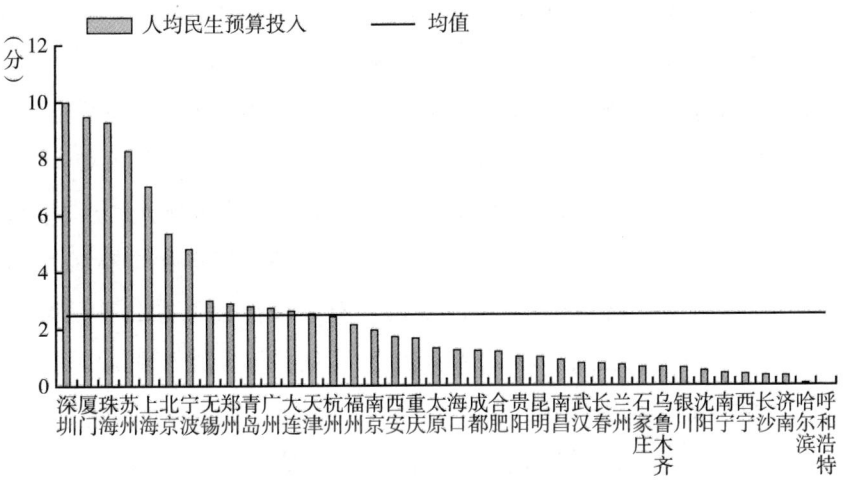

图3　人均民生预算投入得分排名情况

## （四）城市居民最低生活保障金与人均可支配收入比

城市居民最低生活保障金与人均可支配收入比受城市居民最低生活保障金和人均可支配收入两个指标影响，能够综合反映区域最低保障程度和经济发展水平。从当前情况看，地区经济发展程度决定着该地区人均可支配收入的水平；地方财政能力决定着该地区农村低保的覆盖范围和补助水平。在一定程度上，最低生活保障金与人均可支配收入呈正相关关系。由表4可知，深圳、北京、上海、珠海、天津分别以10.00、7.70、7.39、6.68、5.57分居于前五位。这些城市的经济发展水平在全国范围内都居于前列，除了三个直辖市外，珠海的地区生产总值达到2564.73亿元、增长9.2%，增速位居全省第一，深圳亦在深化供给侧结构性改革的基础上促进经济稳健发展，故五个城市的人均可支配收入相对较高，财政能力也相对较强；深圳、北京、上海近年来的民生事业建设力度大、发展情况好。而珠海和天津也为提升底线保障水平做出努力，珠海2017年九项民生支出354.14亿元、增长24.7%，低保标准提高为每人每月896元，农村五保集中供养为每人每年22260元，分散供养标准为每人每年18929元，特困人员基本生活标准是低保标准的1.6倍。其余城市在该指标上与这些城市相比差距明显，指标得分分布在0~5区间内，且相邻排名的城市得分十分相近，仅有12个城市的指标得分高于均值2.65，且石家庄、南宁、海口、哈尔滨的得分均低于1.00（见图4），分别为0、0.45、0.51、0.85分。说明这些城市的城市居民最低生活保障金与人均可支配收入比值均不如人意，与下述第七个指标城镇居民人均可支配收入的得分相比较，可以发现在该指标上排名靠后的大部分城市，其人均可支配收入得分都不高，可见并不是由于财政能力弱导致最低生活保障金水平低。

国家为保障城市居民的最低生活水平、保证基本需求的满足，制定城市居民最低生活保障标准。标准确定的合理与否，事关制度能否顺利实施。标准定得过高，将对政府的财政分配产生极大压力，亦会助长百姓的经济依赖行为；标准定得过低，则难以保障经济水平较低的贫困居民维持其基本生活，有悖此举的初衷。因此，合理提高最低生活保障金标准、适当加大对低保对象、特困人员、受灾群众等群体的帮扶救助力度，是推进民生实事、保障底线民生的基本要求。只有位于社会底层的百姓不掉队，他们对政府提供的民生保障满意，政府才能最大限度地增强人民群众获得感，在建设人民满意政府的道路上越走越好。

中国大中城市老年人经济金融发展报告

表4 城市居民最低生活保障金与人均可支配收入比得分及排名

单位：分

| 城市 | 城市居民最低生活保障金与人均可支配收入比得分 | 排名 | 城市 | 城市居民最低生活保障金与人均可支配收入比得分 | 排名 |
|---|---|---|---|---|---|
| 深圳 | 10.00 | 1 | 西宁 | 2.20 | 20 |
| 北京 | 7.70 | 2 | 呼和浩特 | 2.16 | 21 |
| 上海 | 7.39 | 3 | 武汉 | 1.86 | 22 |
| 珠海 | 6.68 | 4 | 贵阳 | 1.73 | 23 |
| 天津 | 5.57 | 5 | 西安 | 1.59 | 24 |
| 厦门 | 4.03 | 6 | 南昌 | 1.52 | 25 |
| 宁波 | 3.70 | 7 | 长春 | 1.45 | 26 |
| 苏州 | 3.07 | 8 | 成都 | 1.42 | 27 |
| 银川 | 3.04 | 9 | 合肥 | 1.36 | 28 |
| 郑州 | 2.78 | 10 | 沈阳 | 1.30 | 29 |
| 青岛 | 2.71 | 11 | 太原 | 1.29 | 30 |
| 杭州 | 2.68 | 12 | 福州 | 1.26 | 31 |
| 大连 | 2.55 | 13 | 兰州 | 1.12 | 32 |
| 广州 | 2.47 | 14 | 济南 | 1.10 | 33 |
| 南京 | 2.42 | 15 | 昆明 | 1.10 | 34 |
| 无锡 | 2.40 | 16 | 哈尔滨 | 0.85 | 35 |
| 乌鲁木齐 | 2.38 | 17 | 海口 | 0.51 | 36 |
| 重庆 | 2.38 | 18 | 南宁 | 0.45 | 37 |
| 长沙 | 2.31 | 19 | 石家庄 | 0 | 38 |

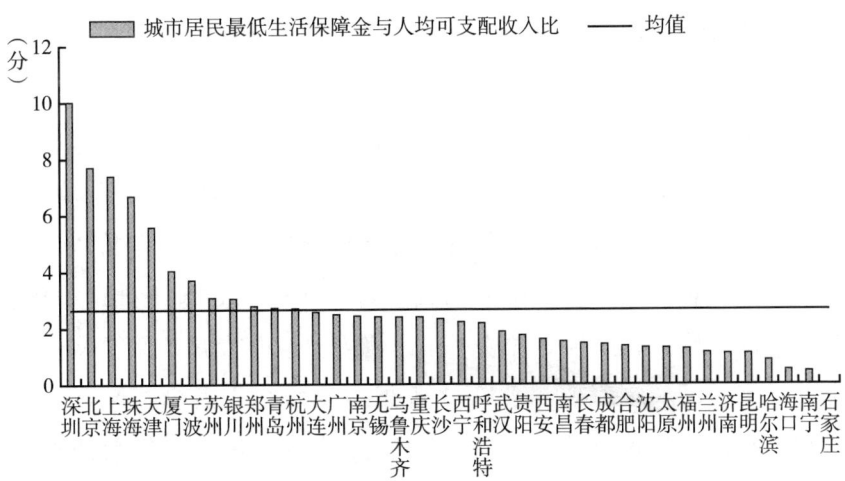

图4 城市居民最低生活保障金与人均可支配收入比得分排名情况

## （五）月人均城镇职工基本养老保险金

城镇职工月人均基本养老金由区域经济发展水平、财政政策的制定与执行效度，以及当地城镇人口平均预期寿命等因素共同决定。从表5、图5可以看到，月人均城镇职工基本养老保险金排名前三的城市依次为哈尔滨、天津、贵阳，其得分分别为10.00分、7.77分、6.83分。哈尔滨、贵阳两座城市的区域经济发展水平在全国范围来看都不是特别高，但在该指标上成绩突出，努力形成了较高的城镇职工养老保障。哈尔滨自2016年10月1日起，调整市区居民养老保险待遇政策，城乡居民养老保险基础养老金在80元/月的基础上，增加10元，提高至90元/月，企事业离退休人员基本养老金稳步提高。贵阳也在加快改善民生保障方面取得很大成绩，在老有所养等百姓切实关心的事上用情用力，提出单位职工养老保险个人缴费基数按照2016年度全省在岗职工月平均工资的40%（2004.63元）作为保底，以其300%（15034.73元）进行封顶，稳步提高城镇职工基本养老保险金。

居最后五位的城市分别是银川、长沙、乌鲁木齐、宁波和济南，其得分分别为0、0.50、1.12、1.29和1.68分，宁波和济南作为沿海地区的发达城市，在养老这一民生领域的工作有待加强。此外，上海、北京两大城市分别以3.32和2.17分位居第27位和第32位，在该指标上的得分与其较高的经济发展水平不符，有待进一步增强民生保障能力、加大民生投入、均衡财政在民生领域的支出分配，进一步坚持以人民为中心的发展思想，坚持以供给侧结构性改革为主线，统筹推进稳增长、促改革、调结构、惠民生等各项工作，着力让改革发展成果更多更公平地惠及全市人民。政府要想群众之所想、急群众之所急、解群众之所困，在老龄化严重的社会背景下，政府要关注数量日趋庞大的老年群体，全力以赴办好民生实事，在提高城镇职工基本养老保险金方面做出成效。

表5 月人均城镇职工基本养老保险金得分及排名

单位：分

| 城市 | 月人均城镇职工基本养老保险金得分 | 排名 | 城市 | 月人均城镇职工基本养老保险金得分 | 排名 |
|---|---|---|---|---|---|
| 哈尔滨 | 10.00 | 1 | 重庆 | 3.71 | 20 |
| 天津 | 7.77 | 2 | 杭州 | 3.69 | 21 |
| 贵阳 | 6.83 | 3 | 青岛 | 3.66 | 22 |
| 兰州 | 6.48 | 4 | 南京 | 3.53 | 23 |
| 太原 | 5.87 | 5 | 呼和浩特 | 3.48 | 24 |
| 深圳 | 5.64 | 6 | 南昌 | 3.41 | 25 |
| 石家庄 | 5.51 | 7 | 珠海 | 3.39 | 26 |
| 长春 | 5.34 | 8 | 上海 | 3.32 | 27 |
| 南宁 | 5.07 | 9 | 苏州 | 3.30 | 28 |
| 大连 | 4.93 | 10 | 西宁 | 3.13 | 29 |
| 郑州 | 4.71 | 11 | 西安 | 2.99 | 30 |
| 成都 | 4.49 | 12 | 广州 | 2.54 | 31 |
| 福州 | 4.38 | 13 | 北京 | 2.17 | 32 |
| 合肥 | 4.11 | 14 | 厦门 | 1.77 | 33 |
| 海口 | 4.11 | 15 | 济南 | 1.68 | 34 |
| 武汉 | 4.09 | 16 | 宁波 | 1.29 | 35 |
| 沈阳 | 4.03 | 17 | 乌鲁木齐 | 1.12 | 36 |
| 昆明 | 3.86 | 18 | 长沙 | 0.50 | 37 |
| 无锡 | 3.78 | 19 | 银川 | 0 | 38 |

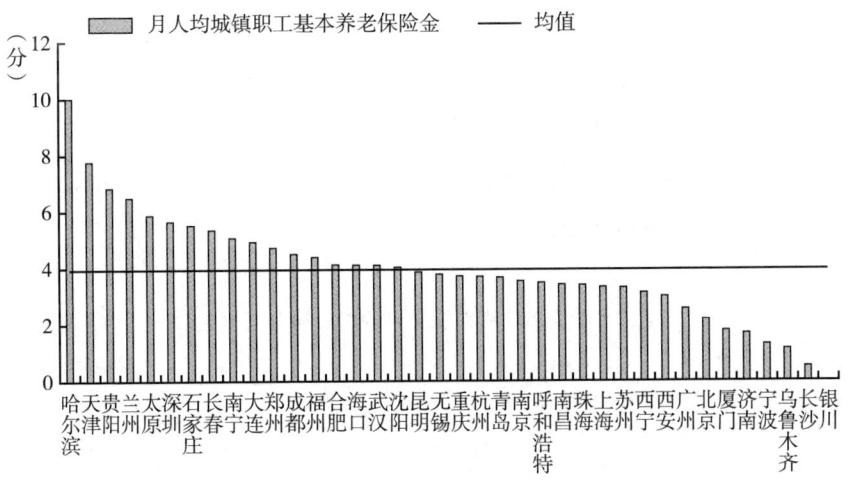

图5 月人均城镇职工基本养老保险金得分排名情况

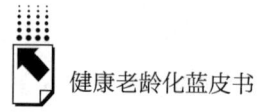

## （六）城镇单位在岗职工平均工资

城镇单位在岗职工平均工资受城镇经济发展程度的决定性影响，一般而言，该指标得分越高，区域城镇居民的可支配收入越多，购买力越强。由表6可知，在城镇单位在岗职工平均工资指标得分上，排名前五的城市分别是深圳（10.00分）、北京（8.73分）、广州（7.97分）、厦门（7.55分）、上海（7.45分），这与这五座城市较好的经济发展程度相匹配。以北京为例，2016年北京的最低工资标准为每小时不低于10.86元、每月不低于1890元，现提高至每小时不低于11.49元、每月不低于2000元；具有较高增速的企业工资指导线；平均工资水平与经济结构调整、优化产业结构步调保持一致等相关政策为城镇职工工资增长提供有力支撑，在岗职工平均工资高，则居民可支配收入多、消费水平高、购买力强。

郑州、太原、西安、武汉等23个城市的指标得分低于均值4.05分，排名相近的城市间差距较小（见图6），长春、南宁、合肥、哈尔滨、成都分别以0、0.97、1.11、1.58、1.60分排名末列。其中，成都在该项指标上的得分与其经济发展程度匹配度较低。成都统计公众信息网显示，2017年成都全年地区生产总值为13889.4亿元、增长8.1%。城镇全部单位就业人员年平均工资为65098元，较上年增长6.1%。城镇非私营单位就业人员年平均工资为77505元，较上年增长6.3%；其中，城镇非私营单位在岗职工年平均工资为79292元，较上年增长2.9%。可以看到，成都的城镇单位在岗职工平均工资增速明显低于其经济发展速度，今后成都应在加大城镇单位在岗职工平均工资增幅上做出努力。

表6 城镇单位在岗职工平均工资得分及排名

单位：分

| 城市 | 城镇单位在岗职工平均工资得分 | 排名 | 城市 | 城镇单位在岗职工平均工资得分 | 排名 |
| --- | --- | --- | --- | --- | --- |
| 深圳 | 10.00 | 1 | 厦门 | 7.55 | 4 |
| 北京 | 8.73 | 2 | 上海 | 7.45 | 5 |
| 广州 | 7.97 | 3 | 青岛 | 6.57 | 6 |

续表

| 城市 | 城镇单位在岗职工平均工资得分 | 排名 | 城市 | 城镇单位在岗职工平均工资得分 | 排名 |
|---|---|---|---|---|---|
| 珠海 | 5.79 | 7 | 石家庄 | 3.34 | 23 |
| 乌鲁木齐 | 5.35 | 8 | 无锡 | 3.23 | 24 |
| 南京 | 5.33 | 9 | 济南 | 3.21 | 25 |
| 苏州 | 5.23 | 10 | 福州 | 3.05 | 26 |
| 杭州 | 5.09 | 11 | 昆明 | 3.01 | 27 |
| 天津 | 4.67 | 12 | 沈阳 | 2.99 | 28 |
| 西宁 | 4.48 | 13 | 兰州 | 2.92 | 29 |
| 呼和浩特 | 4.47 | 14 | 贵阳 | 2.31 | 30 |
| 宁波 | 4.05 | 15 | 南昌 | 2.07 | 31 |
| 郑州 | 4.04 | 16 | 重庆 | 1.78 | 32 |
| 太原 | 4.02 | 17 | 大连 | 1.66 | 33 |
| 西安 | 3.99 | 18 | 成都 | 1.60 | 34 |
| 武汉 | 3.67 | 19 | 哈尔滨 | 1.58 | 35 |
| 长沙 | 3.57 | 20 | 合肥 | 1.11 | 36 |
| 银川 | 3.44 | 21 | 南宁 | 0.97 | 37 |
| 海口 | 3.44 | 22 | 长春 | 0 | 38 |

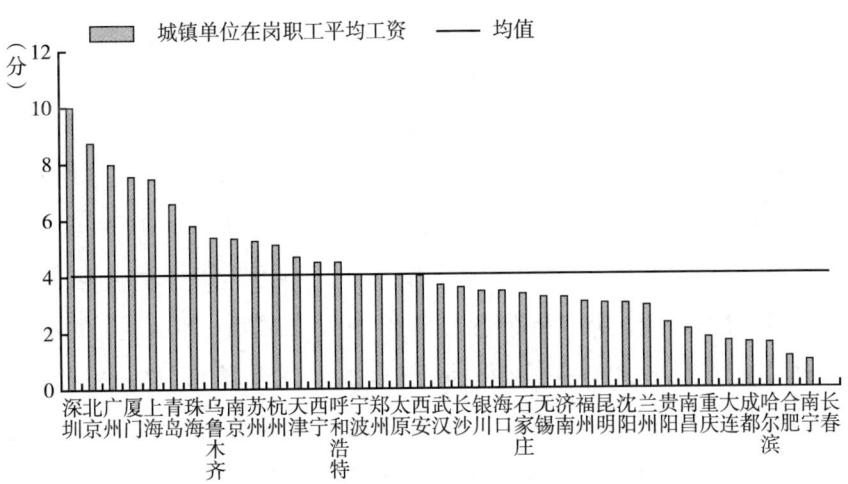

图6 城镇单位在岗职工平均工资得分排名情况

## （七）城镇居民人均可支配收入

城镇居民人均可支配收入受地区生产总值的影响，由城镇单位在岗职工平均工资和经济发展水平决定，体现了地区人口的富裕程度和购买力水平。人均可支配收入是居民即期消费能力的体现。指标增长越快，即人民生活水平提高越快、消费能力越强；也反映了城镇居民收入实际增长水平，物价指数低于居民人均可支配收入，则表明居民富裕程度较高、实际生活水平提高。由表7可知，就城镇居民人均可支配收入而言，排名前三的城市分别是北京、上海、天津，其得分分别为10.00、7.99、5.19。这三个城市作为中国的直辖市，不仅区位优势鲜明，经济、政治优势同样明显，在设立之初就是所在区域经济发展最好的城市，成为直辖市后对辐射并带动整个地区经济发展起到极其重要的作用。北京、上海、天津在该指标上的高得分得益于三个城市的大经济体量和高经济发展速度，同时，较高的城镇居民人均可支配收入意味着较高的消费购买能力，可通过扩大内需的方式进一步促进城市经济发展，形成良性循环。

其余35个城市的得分均分布在0~5分，且有珠海、长沙、厦门、南宁等24个城市的得分低于指标均值2.57分（见图7），造成38个城市在城镇居民人均可支配收入这一指标上的均值较低。郑州（0分）、呼和浩特（0.12分）、石家庄（0.24分）、海口（0.74分）、南昌（0.79分）、西宁（0.85分）、哈尔滨（0.90分）得分均低于1分。原因可能是几个城市虽为各自省份的省会城市，但经济发展水平与其他发达城市相比仍有差距。除海口外，其余城市均是内陆城市，交通相较于沿海城市较为不便，在出口对经济的拉动作用上具有地理位置上的劣势，其经济主要靠内需来推动，大部分商品、劳动力以及服务只能为国内市场提供。较低的经济发展水平导致了城镇居民人均可支配收入偏低。

表 7 城镇居民人均可支配收入得分及排名

单位：分

| 城市 | 城镇居民人均可支配收入得分 | 排名 | 城市 | 城镇居民人均可支配收入得分 | 排名 |
|---|---|---|---|---|---|
| 北 京 | 10.00 | 1 | 武 汉 | 2.12 | 20 |
| 上 海 | 7.99 | 2 | 银 川 | 2.11 | 21 |
| 天 津 | 5.19 | 3 | 贵 阳 | 1.82 | 22 |
| 广 州 | 4.69 | 4 | 西 安 | 1.70 | 23 |
| 南 京 | 4.67 | 5 | 长 春 | 1.59 | 24 |
| 深 圳 | 4.67 | 6 | 福 州 | 1.58 | 25 |
| 杭 州 | 4.13 | 7 | 兰 州 | 1.53 | 26 |
| 无 锡 | 3.83 | 8 | 重 庆 | 1.52 | 27 |
| 宁 波 | 3.66 | 9 | 昆 明 | 1.51 | 28 |
| 苏 州 | 3.21 | 10 | 沈 阳 | 1.47 | 29 |
| 青 岛 | 2.74 | 11 | 乌鲁木齐 | 1.45 | 30 |
| 大 连 | 2.73 | 12 | 太 原 | 1.25 | 31 |
| 成 都 | 2.69 | 13 | 哈 尔 滨 | 0.90 | 32 |
| 济 南 | 2.66 | 14 | 西 宁 | 0.85 | 33 |
| 珠 海 | 2.49 | 15 | 南 昌 | 0.79 | 34 |
| 长 沙 | 2.38 | 16 | 海 口 | 0.74 | 35 |
| 厦 门 | 2.32 | 17 | 石 家 庄 | 0.24 | 36 |
| 南 宁 | 2.29 | 18 | 呼和浩特 | 0.12 | 37 |
| 合 肥 | 2.13 | 19 | 郑 州 | 0 | 38 |

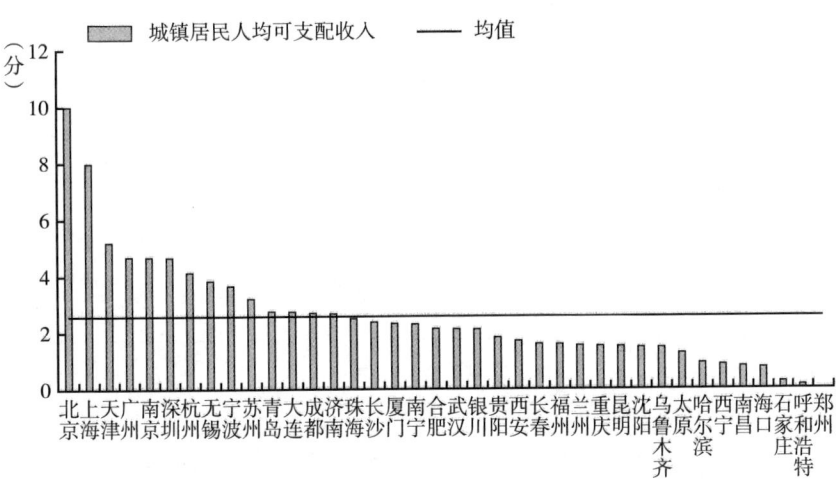

图 7 城镇居民人均可支配收入得分排名情况

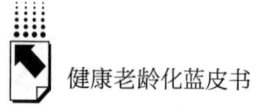

## （八）人均城乡居民储蓄存款

人均城乡居民存款取决于一个地区的经济发展程度和消费水平，反映了该地区潜在的投资能力。一般而言，人均城乡居民储蓄存款额越高，说明居民富裕程度越高，人均可支配收入越高。受崇尚节俭、相对欠缺投资意识、不愿承担投资风险的传统意识影响，中国人普遍储蓄意愿高、存款额高，至今中国仍是世界上储蓄率最高的国家之一。由表8可以看到，38个城市该项指标得分均匀分布于0~10分。基本呈正态分布，相邻城市间得分相差不大，说明这些城市城乡居民的存款意愿都很高，只是受地区经济发展水平、平均工资、可支配收入的影响，存款额不同。上海、北京、苏州、杭州、宁波以10.00、9.96、9.07、8.32、8.16的高分位居前五；武汉、大连、福州等21个城市在该指标上的得分低于均值（4.10）（见图9）；西宁、海口、兰州、重庆、贵阳的得分分别为0、0.41、0.67、0.72、0.72，居末五位。

城乡居民储蓄存款规模大，一方面说明我国经济发展速度快，人均可支配收入水平高，社会资金充足，百姓有足够的能力进行储蓄；但另一方面也说明我国的社会保障水平仍有待提高，由于目前的社会保障水平不高，人们对未来的规划中仍有许多后顾之忧。特别是当今加快进入老龄化社会的现实，使得"储蓄养老"这一群体所占的比例越来越高。这要求政府进一步推进社会保障建设，按照"兜底线、织密网、建机制"的要求，落实习近平同志在党的十九大报告中明确提出的"全面建成覆盖全民、城乡统筹、权责清晰、保障适度、可持续的多层次社会保障体系"。

表8 人均城乡居民储蓄存款得分及排名

单位：分

| 城市 | 人均城乡居民储蓄存款得分 | 排名 | 城市 | 人均城乡居民储蓄存款得分 | 排名 |
| --- | --- | --- | --- | --- | --- |
| 上 海 | 10.00 | 1 | 杭 州 | 8.32 | 4 |
| 北 京 | 9.96 | 2 | 宁 波 | 8.16 | 5 |
| 苏 州 | 9.07 | 3 | 广 州 | 7.75 | 6 |

续表

| 城市 | 人均城乡居民储蓄存款得分 | 排名 | 城市 | 人均城乡居民储蓄存款得分 | 排名 |
|---|---|---|---|---|---|
| 南 京 | 7.53 | 7 | 成 都 | 2.97 | 23 |
| 无 锡 | 7.18 | 8 | 合 肥 | 2.44 | 24 |
| 深 圳 | 7.00 | 9 | 南 昌 | 2.42 | 25 |
| 厦 门 | 6.27 | 10 | 乌鲁木齐 | 2.26 | 26 |
| 青 岛 | 5.46 | 11 | 郑 州 | 2.12 | 27 |
| 长 沙 | 5.31 | 12 | 哈 尔 滨 | 2.07 | 28 |
| 济 南 | 5.29 | 13 | 南 宁 | 1.40 | 29 |
| 西 安 | 4.97 | 14 | 长 春 | 1.39 | 30 |
| 珠 海 | 4.72 | 15 | 银 川 | 1.09 | 31 |
| 呼和浩特 | 4.37 | 16 | 石 家 庄 | 1.06 | 32 |
| 沈 阳 | 4.12 | 17 | 太 原 | 0.90 | 33 |
| 武 汉 | 4.04 | 18 | 贵 阳 | 0.72 | 34 |
| 大 连 | 3.84 | 19 | 重 庆 | 0.72 | 35 |
| 福 州 | 3.52 | 20 | 兰 州 | 0.67 | 36 |
| 天 津 | 3.20 | 21 | 海 口 | 0.41 | 37 |
| 昆 明 | 3.15 | 22 | 西 宁 | 0 | 38 |

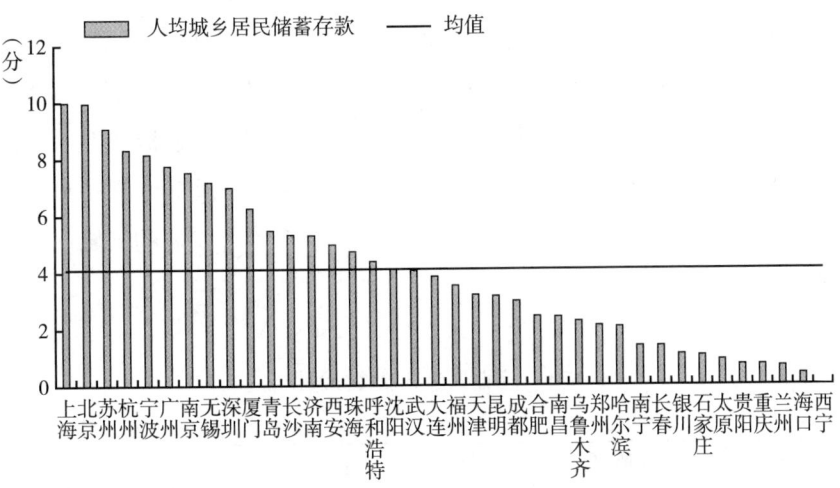

图8 人均城乡居民储蓄存款得分排名情况

## （九）商业保险深度

保险作为一种保障机制，是市场经济条件下进行风险管理的基本手段，规划人生财务的工具之一，是金融体系和社会保障体系的重要组成部分。商业保险深度是区域保险收入费用总额占城市生产总值的比重，由地区经济发展水平和保险业的发展速度共同决定，能够较好地反映保险业在区域国民经济中的地位高低。商业保险深度和商业保险密度可以用于衡量当地保险行业的"成熟度"。

从表9可以看到，北京、上海的得分遥遥领先于其他城市，得分分别为10.00和9.77，广州、重庆分别以5.33、4.86分位居第三和第四。北京和上海拥有其他城市无法比拟的区位发展优势、竞争能力和政策支持，第三产业比重早已超过第二产业、第一产业，呈现三、二、一的产业结构，近年来不断致力于结构的调整和优化。保险业作为其经济金融的重要组成部分，获得的扶持力度和推广程度都是数一数二的，保险公司数量在全国遥遥领先；加之地区经济的高速发展，使居民具有较高的风险防范意识、参保意识及保险购买能力，也就不难解释两个城市在商业保险深度这一指标上的大幅领先。

反观其他城市的保险业地位则相对较低，西宁（0分）、海口（0.04分）、银川（0.06分）、珠海（0.07分）以不到0.10分的得分居最后四位；商业保险深度这一指标的均值为2.06分，是十大经济金融指标中均值最低的，沈阳、郑州、南京等27个城市在该指标上的得分低于均值（见图9）。这反映出保险业在中国绝大部分城市发展低迷，保险业发展的区域不均衡现象严重。

表9　商业保险深度得分及排名

单位：分

| 城市 | 商业保险深度得分 | 排名 | 城市 | 商业保险深度得分 | 排名 |
| --- | --- | --- | --- | --- | --- |
| 北 京 | 10.00 | 1 | 杭 州 | 2.79 | 8 |
| 上 海 | 9.77 | 2 | 苏 州 | 2.72 | 9 |
| 广 州 | 5.33 | 3 | 西 安 | 2.38 | 10 |
| 重 庆 | 4.86 | 4 | 武 汉 | 2.15 | 11 |
| 成 都 | 3.85 | 5 | 沈 阳 | 2.03 | 12 |
| 深 圳 | 3.63 | 6 | 郑 州 | 1.99 | 13 |
| 天 津 | 3.33 | 7 | 南 京 | 1.92 | 14 |

续表

| 城市 | 商业保险深度得分 | 排名 | 城市 | 商业保险深度得分 | 排名 |
|---|---|---|---|---|---|
| 宁 波 | 1.82 | 15 | 合 肥 | 0.82 | 27 |
| 大 连 | 1.73 | 16 | 南 宁 | 0.68 | 28 |
| 青 岛 | 1.70 | 17 | 兰 州 | 0.64 | 29 |
| 石 家 庄 | 1.63 | 18 | 南 昌 | 0.60 | 30 |
| 无 锡 | 1.53 | 19 | 贵 阳 | 0.48 | 31 |
| 哈 尔 滨 | 1.41 | 20 | 乌鲁木齐 | 0.44 | 32 |
| 长 沙 | 1.40 | 21 | 厦 门 | 0.39 | 33 |
| 济 南 | 1.23 | 22 | 呼和浩特 | 0.23 | 34 |
| 昆 明 | 1.18 | 23 | 珠 海 | 0.07 | 35 |
| 长 春 | 1.16 | 24 | 银 川 | 0.06 | 36 |
| 太 原 | 1.10 | 25 | 海 口 | 0.04 | 37 |
| 福 州 | 1.04 | 26 | 西 宁 | 0 | 38 |

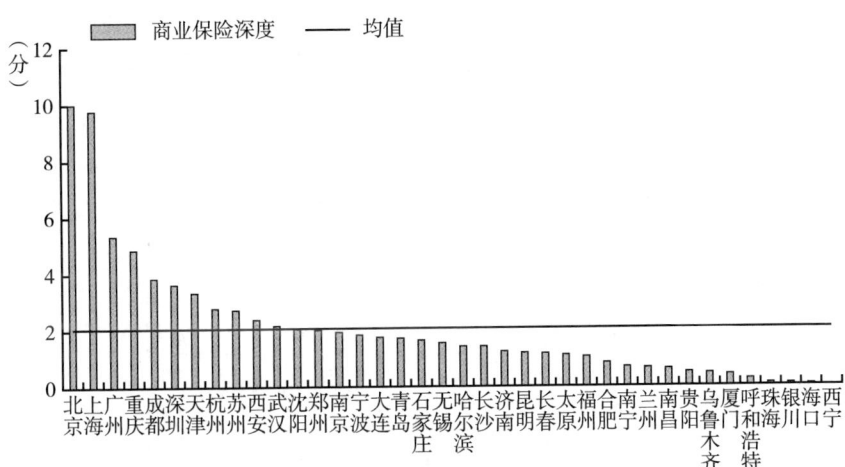

图9 商业保险深度得分及排名情况

## （十）商业保险密度

商业保险密度是该地区保险费用收入总额与城市常住人口之比值，一定程度上反映了该地区人民的保险消费水平、保险的普及程度，以及区域金融市场活跃程度。一般而言，商业保险密度大，则该地区保险业发达、保险市场活跃度高。

可以从表10看到，排名前五的城市分别为北京、太原、成都、海口和郑州，得分分别为10.00、9.27、8.32、8.30和7.14。可见西部城市在商业保险密度这一指标上发展情况良好。以太原为例，近年来，太原在推动商业健康保险产品和服务多样化方面做出许多努力，在扩大医疗执业保险覆盖面、完善城乡居民大病保险运行机制、稳步推进商业保险机构参与各类医疗保险经办服务、改进商业保险机构与医疗卫生机构合作机制、提升专业服务能力等方面不断发力。排名最后三位的城市分别是乌鲁木齐（0分）、青岛（1.10分）、石家庄（2.87分），19个城市的得分低于指标均值5.22分，且38个城市在该项指标上的得分分布较为均匀，相邻城市间的得分差距较小，得分基本呈正态分布（见图10）。

表10 商业保险密度得分及排名

单位：分

| 城市 | 商业保险密度得分 | 排名 | 城市 | 商业保险密度得分 | 排名 |
| --- | --- | --- | --- | --- | --- |
| 北京 | 10.00 | 1 | 西宁 | 4.89 | 20 |
| 太原 | 9.27 | 2 | 贵阳 | 4.87 | 21 |
| 成都 | 8.32 | 3 | 重庆 | 4.82 | 22 |
| 海口 | 8.30 | 4 | 沈阳 | 4.63 | 23 |
| 郑州 | 7.14 | 5 | 南昌 | 4.55 | 24 |
| 西安 | 6.97 | 6 | 大连 | 4.38 | 25 |
| 上海 | 6.88 | 7 | 武汉 | 4.31 | 26 |
| 昆明 | 6.61 | 8 | 长春 | 4.21 | 27 |
| 哈尔滨 | 6.48 | 9 | 宁波 | 4.09 | 28 |
| 厦门 | 6.44 | 10 | 杭州 | 3.97 | 29 |
| 兰州 | 6.32 | 11 | 合肥 | 3.87 | 30 |
| 银川 | 6.15 | 12 | 呼和浩特 | 3.75 | 31 |
| 广州 | 5.93 | 13 | 无锡 | 3.60 | 32 |
| 珠海 | 5.86 | 14 | 苏州 | 3.56 | 33 |
| 南京 | 5.69 | 15 | 天津 | 3.34 | 34 |
| 深圳 | 5.55 | 16 | 长沙 | 3.22 | 35 |
| 福州 | 5.52 | 17 | 石家庄 | 2.87 | 36 |
| 济南 | 5.46 | 18 | 青岛 | 1.10 | 37 |
| 南宁 | 5.38 | 19 | 乌鲁木齐 | 0 | 38 |

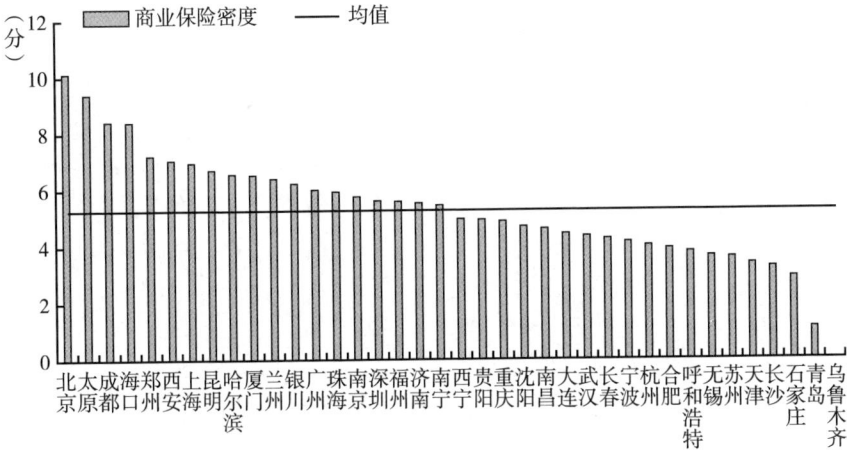

图 10 商业保险密度得分及排名情况

随着国民风险防范意识的觉醒和可支配收入的增加,近年来中国保险市场发展迅速。然而与成熟市场相比,中国的保险市场增长潜力和发展空间仍然巨大。保险业的优化发展具有多重意义,于民能够提升人民应对灾害事故的能力,保障百姓生命财产安全;于政府可以创新社会管理和公共服务,提高政府行政效能;于国有利于稳定经济发展,优化金融资源配置,完善社会主义市场经济体制。2014 年,国务院印发《关于加快发展现代保险服务业的若干意见》。这份文件被保险业内称为"新国十条",为保险业改革发展提供了最大的政策红利,极大地加快了保险业的改革发展。在此背景下,各城市更应抓住机遇,加快发展城市保险市场。

## 四 各城市经济金融指标排名及分析

### (一)各城市经济金融指标总得分及排名

将 38 个城市在 10 个指标下的得分进行加总后,得到其在经济金融维度下的综合得分及排名,如表 11 所示,可以看到,排名前五的城市依次为北

### 表11 各城市经济金融指标总得分及排名

单位：分

| 城市 | 经济金融指标总得分 | 排名 | 城市 | 经济金融指标总得分 | 排名 |
| --- | --- | --- | --- | --- | --- |
| 北京 | 81.05 | 1 | 太原 | 30.81 | 20 |
| 上海 | 79.83 | 2 | 沈阳 | 30.57 | 21 |
| 深圳 | 70.16 | 3 | 贵阳 | 29.67 | 22 |
| 珠海 | 53.35 | 4 | 济南 | 29.38 | 23 |
| 苏州 | 52.85 | 5 | 重庆 | 29.13 | 24 |
| 广州 | 50.55 | 6 | 长沙 | 28.97 | 25 |
| 厦门 | 50.50 | 7 | 兰州 | 27.92 | 26 |
| 天津 | 48.29 | 8 | 海口 | 27.77 | 27 |
| 南京 | 45.81 | 9 | 银川 | 27.51 | 28 |
| 杭州 | 44.85 | 10 | 呼和浩特 | 27.20 | 29 |
| 宁波 | 43.96 | 11 | 西宁 | 25.65 | 30 |
| 无锡 | 42.73 | 12 | 昆明 | 25.47 | 31 |
| 成都 | 40.11 | 13 | 长春 | 25.13 | 32 |
| 大连 | 35.53 | 14 | 合肥 | 24.76 | 33 |
| 西安 | 34.95 | 15 | 南宁 | 24.05 | 34 |
| 青岛 | 34.66 | 16 | 南昌 | 23.57 | 35 |
| 郑州 | 34.24 | 17 | 武汉 | 23.02 | 36 |
| 哈尔滨 | 31.20 | 18 | 乌鲁木齐 | 22.90 | 37 |
| 福州 | 31.10 | 19 | 石家庄 | 21.82 | 38 |

京（81.05分）、上海（79.83分）、深圳（70.16分）、珠海（53.35分）、苏州（52.85分），分别高于综合指标的均值（37.13分）43.92、42.70、33.03、16.22、15.72分；排名后五位的城市则是南宁（24.05分）、南昌（23.57分）、武汉（23.02分）、乌鲁木齐（22.90分）和石家庄（21.82分），远低于指数均值；排名第一的北京与排名末位的石家庄分值相差59.23分；80分以上的城市仅北京1个；70~80分的城市有上海和深圳2个；60~69分的城市无；50~59分的城市有珠海、苏州、广州、厦门4个；40~49分的城市有天津、南京、杭州、宁波、无锡、

成都 6 个；30~39 分的城市有 8 个；20~29 分的城市则有 17 个。从得分区间来看，38 个城市呈典型的"金字塔"结构，得分 50 以上的城市共 7 个，仅占 18.42%，得分 50 分以下的城市 31 个，占比达 81.58%。从城市区位来看，分值由高到低基本与城市地理位置从东向西走向一致，得分 50 以上的城市除首都北京外，均为沿海或近海城市，位于东部地区，得分在 30 分以下的城市中除海口外，均为中西部内陆城市；其中，成都是中西部地区中得分最高的城市，且是唯一一个得分在综合指标均值以上的西部城市，以 40.11 分位列第 13 位，但得分仅为北京的二分之一；西安、郑州、太原等其他中西部城市得分也相对靠前。从分值分布来看，38 个城市经济金融维度平均分为 37.13 分，位于平均分之上的城市 13 个，占比 34%，位于平均分之下的城市 25 个，占比 66%。

## （二）经济金融维度排名前五的城市

根据老年友好型城市、老年宜居城市的特点与要求，本报告选取 10 个一级指标，综合评估城市的经济金融维度，得出 38 个城市的经济金融综合得分排名情况。北京、上海、深圳、珠海和苏州五个城市在经济金融维度上居前五位，其一级指标的具体得分情况如表 12 所示。

表 12 经济金融维度排名前五城市综合得分情况

单位：分

| 排名 | 城市 | 城镇基础养老金占人均可支配收入比 | 城市居民家庭消费支出 | 人均民生预算投入 | 城市居民最低生活保障金与人均可支配收入比 | 月人均城镇职工基本养老保险金 |
|---|---|---|---|---|---|---|
| 1 | 北京 | 7.21 | 9.91 | 5.37 | 7.70 | 2.17 |
| 2 | 上海 | 10.00 | 10.00 | 7.03 | 7.39 | 3.32 |
| 3 | 深圳 | 4.98 | 8.69 | 10.00 | 10.00 | 5.64 |
| 4 | 珠海 | 7.41 | 7.65 | 9.29 | 6.68 | 3.39 |
| 5 | 苏州 | 6.06 | 8.34 | 8.28 | 3.07 | 3.30 |

续表

| 排名 | 城市 | 城镇单位在岗职工平均工资 | 城镇居民人均可支配收入 | 人均城乡居民储蓄存款 | 商业保险深度 | 商业保险密度 |
|---|---|---|---|---|---|---|
| 1 | 北京 | 8.73 | 10.00 | 9.96 | 10.00 | 10.00 |
| 2 | 上海 | 7.45 | 7.99 | 10.00 | 9.77 | 6.88 |
| 3 | 深圳 | 10.00 | 4.67 | 7.00 | 3.63 | 5.55 |
| 4 | 珠海 | 5.79 | 2.49 | 4.72 | 0.07 | 5.86 |
| 5 | 苏州 | 5.23 | 3.21 | 9.07 | 2.72 | 3.56 |

1. 北京

北京在经济金融维度的排名中居于榜首，总分达到81.05分，具体如表13所示。从名次上看，北京在经济金融维度上表现突出，较综合指标均值37.13分高出了43.92分，城镇居民人均可支配收入、商业保险深度、商业保险密度三项指标均以10.00分的得分位列第一，显示出北京作为首都优越的经济发展情况和极高的金融市场活跃程度。城镇单位在岗职工平均工资得分8.73分，城市居民家庭消费支出9.91分，人均城乡居民储蓄存款9.96分，说明北京地区人民的生活条件好、消费水平高、消费潜能大；城市居民最低生活保障金与人均可支配收入比得分7.70，显示出北京的最低生活保障程度较高，这几项指标均位于第二，可以看出北京人民的收入水平和消费水平总体上适配，北京市场经济发展情况好、发展势头强，经济发展水平、发展实力和发展潜能位居前列。城镇基础养老金占人均可支配收入的比例得分7.21，位居第四，说明北京市的养老金发放和居民收入水平、居民消费水平基本相当。

如图11所示，从结构（各指标分值占总分值百分比）上看，城镇居民人均可支配收入、商业保险深度、商业保险密度、人均城乡居民储蓄存款、城市居民家庭消费支出几项对经济金融的影响程度大，其贡献率分别为12.34%、12.34%、12.34%、12.29%、12.23%。未来，北京在提升经济金融维度的工作中，既要注重优势保持，继续发挥高分项的引领带头作用，巩固其地位，也需要注重提高城镇职工基本养老保险金的发放水平，增大养老金保障力度，增大民生预算投入，加大民生保障力度，以改善民生福祉、让人们共享改革发展成果为工作目标。

表13 北京经济金融指标排名情况

| 指标 | 商业保险密度 | 商业保险深度 | 人均城乡居民储蓄存款 | 城镇居民人均可支配收入 | 城镇单位在岗职工平均工资 |
|---|---|---|---|---|---|
| 排名 | 1 | 1 | 2 | 1 | 2 |
| 指标 | 城镇职工月人均基本养老保险金 | 城市居民最低生活保障金与人均可支配收入比 | 人均民生预算投入 | 城市居民家庭消费支出 | 城镇基础养老金占人均可支配收入比 |
| 排名 | 32 | 2 | 6 | 2 | 4 |

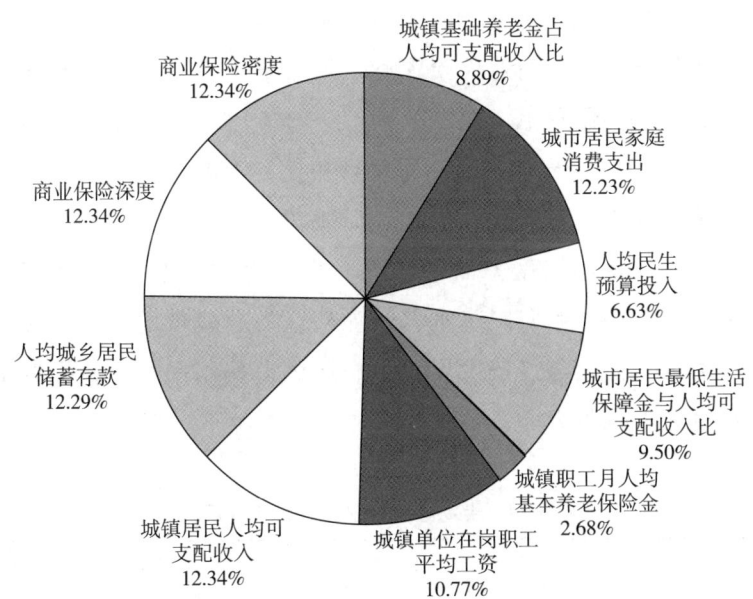

图11 北京经济金融指标得分构成情况（各指标贡献率）

### 2.上海

上海在经济金融维度的排名中居第二位,总分为79.83,如表14所示。上海作为中国首屈一指的国际化大都市,经济金融发展程度高,与综合指标得分均值37.13分相比,高出42.70分。城镇基础养老金占人均可支配收入比、城市居民家庭消费支出、人均城乡居民储蓄存款三项指标均以10.00分位居第一,显示出上海较高的养老金发放水平和消费购买力,且消费潜能巨大,潜在投资能力强。城镇居民人均可支配收入得分7.99、商业保险深度得分9.77,两项指标均位于第二,显示出上海的国民经济发展水平高和保险业的发展速度快,生产总值在人群间分配合理,居民生活水平高、生活条件好。城市居民最低生活保障金与人均可支配收入比以7.39的得分居于第三,表现出上海在最低生活保障金上较大的倾斜力度,在缩小贫富差距方面的工作突出。

从图12可以看到,结构(各指标分值占总分值百分比)中,上海的城镇基础养老金占人均可支配收入的比例、城市居民家庭消费支出、人均城乡居民储蓄存款、商业保险深度、城镇居民人均可支配收入对经济金融维度的贡献程度高,分别为12.53%、12.53%、12.53%、12.24%、10.00%。与排名第一的北京相比,上海可在提高城市居民最低生活保障金与人均可支配收入比、城镇单位在岗职工平均工资、商业保险深度、商业保险密度方面做出进一步努力,以缩小与北京的差距,同时,补足月人均城镇职工基本养老保险金得分较低的短板,加大养老金的发放力度,使其与经济发展水平、居民消费水平相当,提升上海在经济金融维度的竞争力。

表14 上海经济金融指标排名情况

| 指标 | 商业保险密度 | 商业保险深度 | 人均城乡居民储蓄存款 | 城镇居民人均可支配收入 | 城镇单位在岗职工平均工资 |
| --- | --- | --- | --- | --- | --- |
| 排名 | 7 | 2 | 1 | 2 | 5 |

续表

| 指标 | 月人均城镇职工基本养老保险金 | 城市居民最低生活保障金与人均可支配收入比 | 人均民生预算投入 | 城市居民家庭消费支出 | 城镇基础养老金占人均可支配收入比 |
|---|---|---|---|---|---|
| 排名 | 27 | 3 | 5 | 1 | 1 |

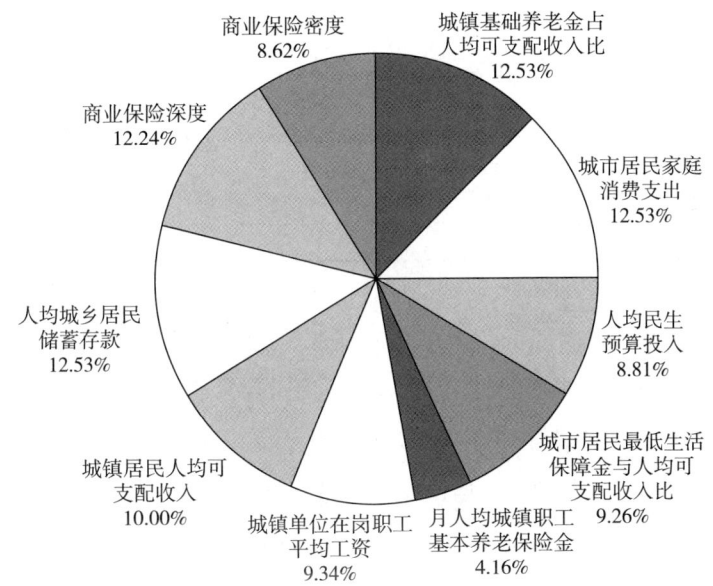

图 12　上海经济金融指标得分构成情况（各指标贡献率）

3. 深圳

深圳在经济金融维度的排名中以 70.16 分居第三位，比综合指标均值高出 33.03 分。如表 15 所示，人均民生预算投入（10.00 分）、城镇单位在岗职工平均工资（10.00 分）、城市居民最低生活保障金与人均可支配收入比（10.00 分）三个单项指标均居于第一。深圳作为中国移民城市中发展时间最早、发展势头最好的城市，是改革开放的重点发展城市之一，也是粤港澳大湾区的核心城市之一。如今深圳在维持经济增长速度的同时，也相当注重民生保障方面的建设，不仅经济发展速度喜人、城镇职工平均工资高，且民生投入比重大；致力于在把蛋糕做大的同时，不忘把蛋糕分好，通过提高最低生活保障金的比例努力缩小各阶层的收入差距，实现向利民惠民的转型发展。

表15　深圳经济金融指标排名情况

| 指标 | 商业保险密度 | 商业保险深度 | 人均城乡居民储蓄存款 | 城镇居民人均可支配收入 | 城镇单位在岗职工平均工资 |
|---|---|---|---|---|---|
| 排名 | 16 | 6 | 9 | 6 | 1 |
| 指标 | 月人均城镇职工基本养老保险金 | 城市居民最低生活保障金与人均可支配收入比 | 人均民生预算投入 | 城市居民家庭消费支出 | 城镇基础养老金占人均可支配收入比 |
| 排名 | 6 | 1 | 1 | 6 | 10 |

从图13可以看出经济金融结构（各指标分值占总分值的百分比）中，深圳的人均民生预算投入、城市居民最低生活保障金与人均可支配收入比、城镇单位在岗职工平均工资以14.25%的贡献率，城市居民家庭消费支出以12.38%的贡献率，人均城乡居民储蓄存款以9.97%的贡献率，对经济金融维度的得分提高起到较大的影响作用。但深圳在商业保险深度方面尚有较大的提升空间，其贡献率仅为5.18%，城镇居民人均可支配收入贡献6.65%，城镇基础养老金占人均可支配收入比贡献7.10%。说明深圳在今后的发展中，应增加对这些指标的重视程度，促进金融市场的活跃，提高对老年人社会保障的关注度。

4. 珠海

珠海在经济金融维度的排名中居第四位，总分为53.35分，高于综合指标均值16.22分。珠海的人均民生预算投入得分达到9.29分，城镇基础养老金占人均可支配收入比的得分为7.41分，两个指标均居于第三位（见表16）；城市居民最低生活保障金与人均可支配收入比得分6.68分，居于第四位。可以看出，珠海在民生预算、养老保障等方面持续开展成果惠民行动，

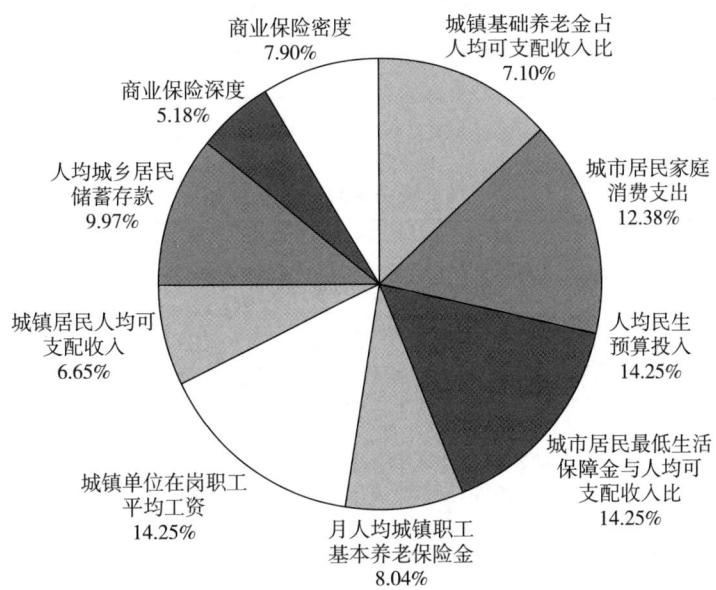

**图 13　深圳经济金融指标得分构成情况（各指标贡献率）**

落实民生任务和社会保障。城镇单位在岗职工平均工资单项指标得分 5.79 分，高出均值（4.05 分）1.74 分；城市居民家庭消费支出得分 7.65 分，高于均值（6.38 分）1.27 分，说明珠海的民生投入和养老保障以经济发展为基础，居民生活水平较高。但同时也可以看到，珠海月人均城镇职工基本养老保险金不高，该指标得分 3.39，居第 26 位；在人均城乡居民储蓄存款指标上，珠海是总分排名前五的城市中得分最低的城市，仅为 4.72 分，居15 位，而上海、北京、苏州分别以 10.00 分、9.96 分、9.07 分的得分位居前三；在商业保险深度上得分为 0.07 分，居于第 35 位。可见珠海在这些方面的提升空间较大。

如图 14 所示，就经济金融结构（各指标分值占总分值的百分比）而言，珠海的人均城乡居民储蓄、城市居民家庭消费支出、人均民生预算投入、城镇基础养老金占人均可支配收入比对经济金融方面的贡献大，分别占比为 17.17%、15.78%、15.67%、11.47%，显示出珠海的规模经济发展良好，但需要补齐在月人均城镇职工基本养老保险金、城镇居民人均可支配收入、商业保险深度上的短板，最大限度减少甚至消除城市发展的制约因素，打造适老化城市。

表16 珠海经济金融指标排名情况

| 指标 | 商业保险密度 | 商业保险深度 | 人均城乡居民储蓄存款 | 城镇居民人均可支配收入 | 城镇单位在岗职工平均工资 |
|---|---|---|---|---|---|
| 排名 | 14 | 35 | 15 | 15 | 7 |
| 指标 | 月人均城镇职工基本养老保险金 | 城市居民最低生活保障金与人均可支配收入比 | 人均民生预算投入 | 城市居民家庭消费支出 | 城镇基础养老金占人均可支配收入比 |
| 排名 | 26 | 4 | 3 | 11 | 3 |

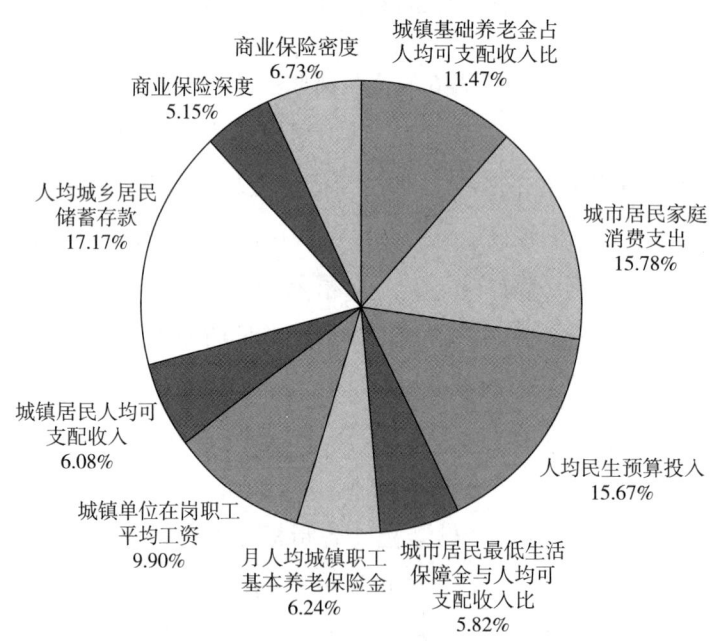

图14 珠海经济金融指标得分构成情况（各指标贡献率）

5. 苏州

苏州在经济金融维度的排名中居第五位,总分达到 52.85 分,高出综合指标均值 15.72 分。苏州位于长三角经济带,与上海、杭州、南京等城市空间距离近,往来交通便利,沟通互联能力强,虽然不是省会城市,但经济发展的势头一直良好,在多个指标上都呈现高值。苏州的人均城乡居民储蓄存款得分为 9.07 分,居第三位,城镇基础养老金占人均可支配收入比得分 6.06 分,居于第六位,城市居民家庭消费支出以 8.34 分的得分居第七位(见表17)。总体而言,苏州在这几个方面的优异表现说明苏州的居民富裕程度高,人均可支配收入高,购买力和潜在消费能力强,养老服务等退休市场前景广阔,且养老保障建设情况好。

如图 15 所示,在经济金融结构(各指标分值占总分值百分比)上,对经济金融维度贡献较大的指标有人均城乡居民储蓄存款、城市居民家庭消费支出、人均民生预算投入和城镇基础养老金占人均可支配收入比,占比分别为 17.17%、15.78%、15.67% 和 11.47%。说明消费和储蓄是拉动苏州经济金融发展的主要动力,良好的金融环境和金融基础助推苏州的经济金融迅速发展。但同时也要看到,苏州的月人均城镇职工基本养老保险的贡献率仅为 6.24%;商业保险深度贡献率 5.15%,在该指标上的得分(3.56 分)与综合排名前五的北京、上海、深圳、珠海分别差了 6.44、3.32、1.99、2.30 分,是五个城市中唯一一个低于均值 5.22 分的城市。苏州在这些方面的短板显示出苏州作为养老宜居城市还有增长空间。

表17 苏州经济金融各指标排名情况

| 指标 | 商业保险密度 | 商业保险深度 | 人均城乡居民储蓄存款 | 城镇居民人均可支配收入 | 城镇单位在岗职工平均工资 |
| --- | --- | --- | --- | --- | --- |
| 排名 | 33 | 9 | 3 | 10 | 10 |

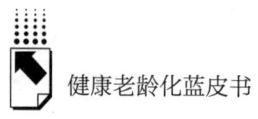

续表

| 指标 | 月人均城镇职工基本养老保险金 | 城市居民最低生活保障金与人均可支配收入比 | 人均民生预算投入 | 城市居民家庭消费支出 | 城镇基础养老金占人均可支配收入比 |
|---|---|---|---|---|---|
| 排名 | 28 | 8 | 4 | 7 | 6 |

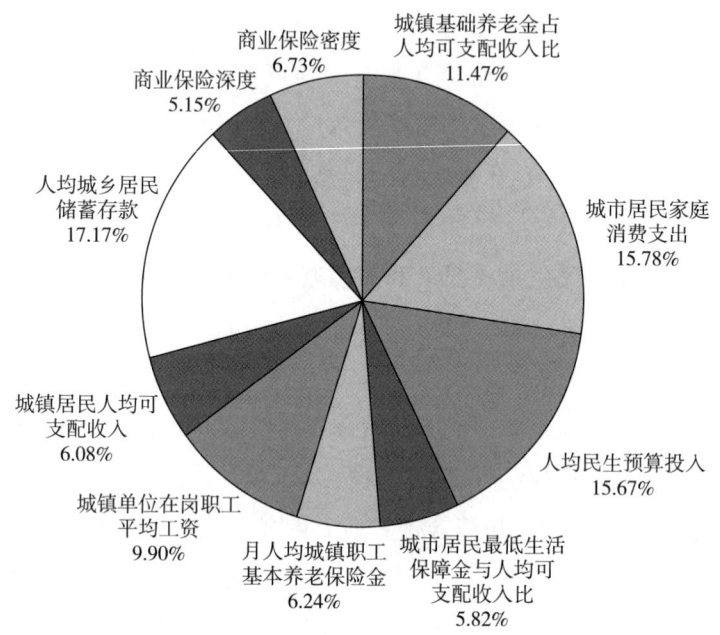

图15 苏州经济金融指标得分构成情况（各指标贡献率）

### （三）经济金融维度排名后五的城市

综合评估城市经济金融，南宁、南昌、武汉、乌鲁木齐、石家庄五个城市在这一维度的综合排名居于后五位，其每一指标的具体得分情况如表18所示。

表18 经济金融维度排名后五城市综合得分情况

单位：分

| 排名 | 城市 | 城镇基础养老金占人均可支配收入比 | 城市居民家庭消费支出 | 人均民生预算投入 | 城市居民最低生活保障金与人均可支配收入比 | 月人均城镇职工基本养老保险金 |
|---|---|---|---|---|---|---|
| 34 | 南 宁 | 3.59 | 3.80 | 0.42 | 0.45 | 5.07 |
| 35 | 南 昌 | 1.78 | 5.55 | 0.89 | 1.52 | 3.41 |
| 36 | 武 汉 | 0 | 0 | 0.77 | 1.86 | 4.09 |
| 37 | 乌鲁木齐 | 2.75 | 6.51 | 0.63 | 2.38 | 1.12 |
| 38 | 石家庄 | 1.91 | 4.63 | 0.63 | 0 | 5.51 |

| 排名 | 城市 | 城镇单位在岗职工平均工资 | 城镇居民人均可支配收入 | 人均城乡居民储蓄存款 | 商业保险深度 | 商业保险密度 |
|---|---|---|---|---|---|---|
| 34 | 南 宁 | 0.97 | 2.29 | 1.40 | 0.68 | 5.38 |
| 35 | 南 昌 | 2.07 | 0.79 | 2.42 | 0.60 | 4.55 |
| 36 | 武 汉 | 3.67 | 2.12 | 4.04 | 2.15 | 4.31 |
| 37 | 乌鲁木齐 | 5.35 | 1.45 | 2.26 | 0.44 | 0 |
| 38 | 石家庄 | 3.34 | 0.24 | 1.06 | 1.63 | 2.87 |

**1. 南宁**

南宁在经济金融维度的得分为24.05分，比综合指标均值37.13分低了13.08分，在38个城市中居第34位。南宁虽然是广西壮族自治区首府、北部湾城市群核心城市，但其第二产业、旅游业等第三产业近年来的发展却不如意，原因可能是不重视与桂东南人口大县以及南宁周边县的对接，与周边县区的交通不够便利，没有凝聚力，这导致许多人才资源外流。南宁在城市居民最低生活保障金与人均可支配收入比上的得分为0.45分，在城镇单位在岗职工平均工资上的分值为0.97分，两项指标均排在倒数第二位；城市居民家庭消费支出上的排名为倒数第三位，得分3.80；人均民生预算投入0.42分，排在第33位。这显示出南宁的经济发展乏力，人均可支配收入情况欠佳，且社会保障力度不够，百姓对未来生活思想负担重，导致现阶段消费不足，消费潜能不能被有效开发。南宁市在月人均城镇职工基本养老保金这一指标上排名相对靠前,居于第9位,得分为5.07分(见表19)。可以看到南宁市在加强社会保障方面的努力,往后财政分配应进一步向社会保障方面倾斜,为人民办实事、为人民谋福祉。

表19 南宁各经济金融指标排名情况

| 指标 | 商业保险密度 | 商业保险深度 | 人均城乡居民储蓄存款 | 城镇居民人均可支配收入 | 城镇单位在岗职工平均工资 |
|---|---|---|---|---|---|
| 排名 | 19 | 28 | 29 | 18 | 37 |
| 指标 | 月人均城镇职工基本养老保险金 | 城市居民最低生活保障金与人均可支配收入比 | 人均民生预算投入 | 城市居民家庭消费支出 | 城镇基础养老金占人均可支配收入比 |
| 排名 | 9 | 37 | 33 | 36 | 16 |

如图16所示,对南宁经济金融维度的贡献率偏低的指标分别是人均民生预算投入、城市居民最低生活保障金与人均可支配收入比、商业保险深

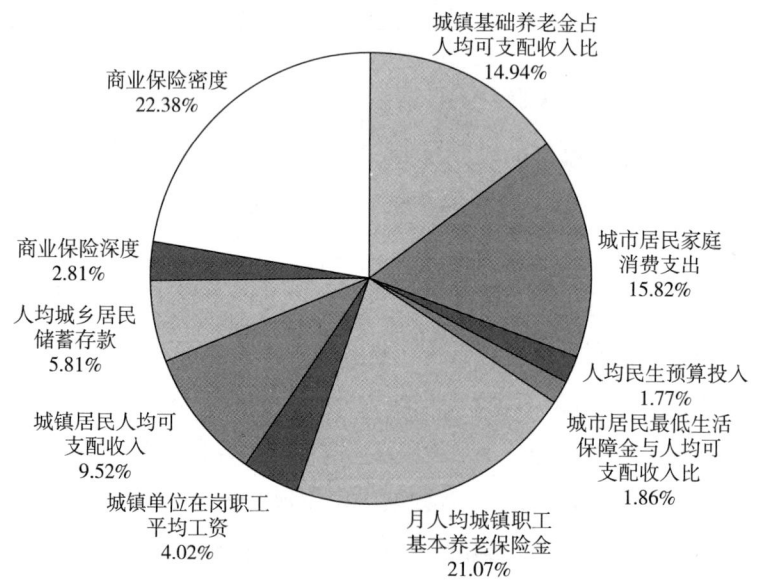

图16 南宁经济指标得分构成情况(各指标贡献率)

度、城镇单位在岗职工平均工资，占比分别为 1.77%、1.86%、2.81%、4.02%。说明南宁市的居民收入总体水平低于经济发展水平，金融市场有待进一步激活优化，今后南宁市的工作方向应为均衡经济社会发展，增大人均民生预算投入，合理再分配，加强民生保障，统筹布局老年社会保障事业与产业发展。

2. 南昌

南昌在经济金融维度排名第 35 位，综合得分为 23.57 分，比综合指标均值 37.13 分低 13.56 分。江西省附近有全国最多的沿海省份，如广东、福建、浙江，都是经济发达的省份。南昌是江西的政治中心，且是京九铁路沿线唯一经过的省会城市，却没有发展出突出的竞争优势，反而周边地区的发达在一定程度上使南昌难以竞争到外来投资以拉动经济增长；南昌作为中南部传统工业城市，近年来的转型升级亦不够成功，与南宁一样存在大量人才外流的情况。在城镇居民人均可支配收入、城镇基础养老金占人均可支配收入比、城镇单位在岗职工平均工资、商业保险深度方面名次靠后，均位于30 名及以后，分值分别为 0.79 分、1.78 分、2.07 分、0.60 分，排名为第34 名、第 33 名、第 31 名、第 30 名（见表 20）。可以看出南昌的经济发展情况一般，人民生活水平、人均可支配收入水平不高，且政府在保障民生方面的建设力度较弱，导致居民的消费意愿和消费水平双重低下，拉低南昌的经济发展速度。

表20 南昌各经济指标排名情况

| 指标 | 商业保险密度 | 商业保险深度 | 人均城乡居民储蓄存款 | 城镇居民人均可支配收入 | 城镇单位在岗职工平均工资 |
|---|---|---|---|---|---|
| 排名 | 24 | 30 | 25 | 34 | 31 |
| 指标 | 月人均城镇职工基本养老保险金 | 城市居民最低生活保障金与人均可支配收入比 | 人均民生预算投入 | 城市居民家庭消费支出 | 城镇基础养老金占人均可支配收入比 |
| 排名 | 25 | 25 | 25 | 27 | 33 |

从图17可见,南昌的商业保险深度、城镇居民人均可支配收入、人均民生预算投入、城市居民最低生活保障金与人均可支配收入比对经济金融维度的贡献率低,贡献率分别为2.53%、3.35%、3.78%、6.43%,显示出南昌在该维度下的发展有欠缺之处。在南昌若要提高经济金融维度方面的综合排名,则必须在激活经济发展动能、增加居民收入、加大民生保障力度等方面做出成效。

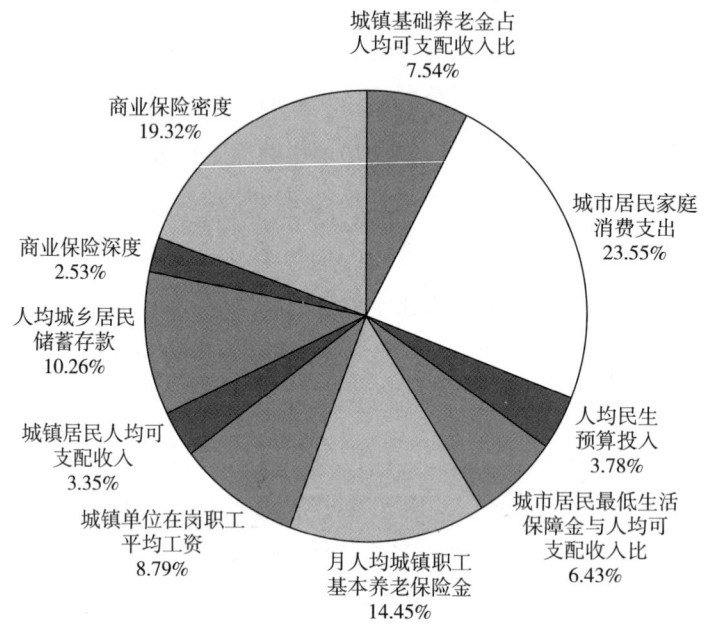

图17　南昌经济指标得分构成情况(各指标贡献率)

3. 武汉

武汉在经济金融维度的得分为23.02分,比综合指标均值37.13分低了14.11分,在38个城市中排第36位。武汉是一个以国有企业为主导的城市,民营企业发展情况一般;且产业结构以钢铁汽车产业等重工业为主,产能过剩是武汉亟须解决的问题,互联网产业等高端产业并不发达。武汉的大学数量多,相对而言武汉可提供的岗位有限,人才众多、竞争激烈、薪酬降低,使得武汉也面临人才向外省流动的问题。武汉的城镇基础养老金占人均可支配收入比、城市居民家庭消费支出的单项指标得分均为0，居38个城市的最末一位。武汉的人均民生预算投入居第26位，比单项指标均值2.49分低了1.72分，城市居民最低生活保障金与人均可支配收入比得分1.86分，居第22位（见表21）。武汉的消费倾向和消费能力弱，原因可能是居民可支配收入水平不高，消费潜能没有得到释放。此外，武汉的社会保障对老年群体的关注和关爱程度有限，进行再分配时缺乏年龄友好意识。未来的发展中还应从增加居民收入、增加民生预算、加强社会保障等多个角度协同发力。

如图18所示，武汉的城镇基础养老金占人均可支配收入的比例、城市居民家庭消费支出、人均民生预算投入三项指标是导致其经济金融维度排名靠后的最主要原因，在综合得分中的占比分别为0、0、3.36%。武汉作为湖北的省会城市，应发挥辐射带头作用，发挥其作为长江中游城市群中核心城市的效能，在促进经济增长、加强社会保障和民生事业建设等方面做好表率作用。近年来，武汉在人才引进政策升级方面下了许多功夫，"落户"政策更为宽松，创业扶持优惠力度更大，以期借助人才战略助推城市发展。

表21 武汉各经济金融指标排名情况

| 指标 | 商业保险密度 | 商业保险深度 | 人均城乡居民储蓄存款 | 城镇居民人均可支配收入 | 城镇单位在岗职工平均工资 |
|---|---|---|---|---|---|
| 排名 | 26 | 11 | 18 | 20 | 19 |
| 指标 | 月人均城镇职工基本养老保险金 | 城市居民最低生活保障金与人均可支配收入比 | 人均民生预算投入 | 城市居民家庭消费支出 | 城镇基础养老金占人均可支配收入比 |
| 排名 | 16 | 22 | 26 | 38 | 38 |

4. 乌鲁木齐

乌鲁木齐在经济金融维度中的排名是第37位，综合得分为22.90分，

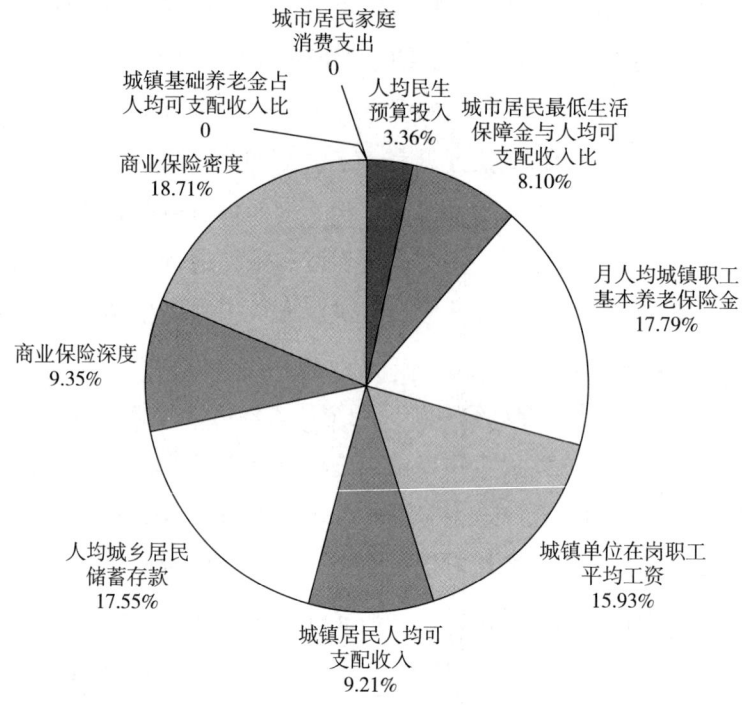

图18 武汉经济金融指标得分构成情况（各指标贡献率）

比综合指标均值37.13分低14.23分。乌鲁木齐是新疆经济较为发达的城市之一，但与全国其他城市相比，尤其是与东部地区比，仍有较大的发展空间。

乌鲁木齐的商业保险密度得分0，排名第38名；月人均城镇职工基本养老保险金得分1.12，排名第36位；商业保险深度得分0.44，排名第32位；人均民生预算投入得分0.63，城镇居民人均可支配收入得分1.45，两项排名均为第30位（见表22）。可以看出乌鲁木齐的经济发展需要以全面深化重点领域改革和对外开放为中心，加快教育、卫生、体育等各项社会事业发展。

如图19所示，对乌鲁木齐的经济金融维度贡献率低的指标分别有商业保险密度、商业保险深度、人均民生预算投入、月人均城镇职工基本养老保

表22　乌鲁木齐各经济指标排名情况

| 指标 | 商业保险密度 | 商业保险深度 | 人均城乡居民储蓄存款 | 城镇居民人均可支配收入 | 城镇单位在岗职工平均工资 |
|---|---|---|---|---|---|
| 排名 | 38 | 32 | 26 | 30 | 8 |
| 指标 | 月人均城镇职工基本养老保险金 | 城市居民最低生活保障金与人均可支配收入比 | 人均民生预算投入 | 城市居民家庭消费支出 | 城镇基础养老金占人均可支配收入比 |
| 排名 | 36 | 17 | 30 | 19 | 21 |

险金、城镇居民人均可支配收入，占比分别为0%、1.91%、2.75%、4.88%、6.35%。这说明乌鲁木齐的保险行业发展成熟度不够，且居民人均可支配收入不足，民生预算投入力度不大，再分配对老龄群体的保障力度欠

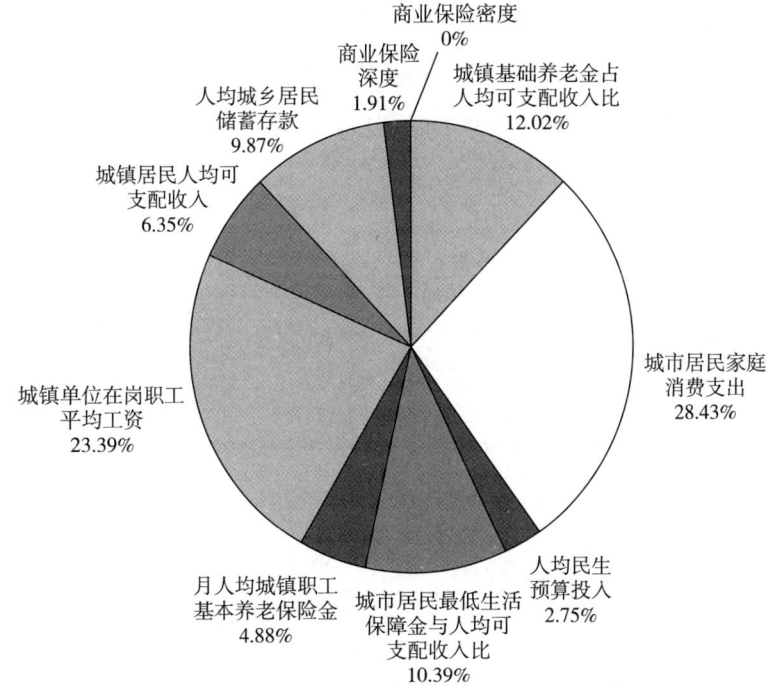

图19　乌鲁木齐经济指标得分构成情况（各指标贡献率）

缺。但随着"一带一路"建设的大力推进,"丝绸之路经济带"的建设将会成为乌鲁木齐新的发展契机。乌鲁木齐市成为"一带一路"核心区在交通、物流、商贸、金融、文化、医疗等多个方面的中心承载区,乌鲁木齐应抓住此次机遇,充分发挥区域优势,统筹运用国际国内两个市场、两种资源,构建乌鲁木齐全方位对外开放格局,实现城市建设的良好转型。

5.石家庄

石家庄在经济金融维度中以21.82的综合得分排名最末,比综合指标均值37.13分低了15.31分。石家庄排名靠后的指标分别是城市居民最低生活保障金与人均可支配收入比(0分)、城镇居民人均可支配收入(0.24分)、城市居民家庭消费支出(4.63分)和人均城乡居民储蓄存款(1.06分),其排名分别为第38名、第36名、第34名和第32名(见表23)。石家庄是国务院批准实行沿海开放政策和金融对外开放城市,但近年来不论是经济发展速度还是生态环境建设情况都不如人意,其经济总量占全省的比重不足五分之一,与全国先进省会城市比,差距比较明显,民生保障领域短板突出,养老、医疗、就业、教育等方面不能很好地满足人民群众的需要,居民消费水平一般、储蓄能力不高,对经济发展、社会保障事业的支撑动力不足。

表23 石家庄各经济指标排名情况

| 指标 | 商业保险密度 | 商业保险深度 | 人均城乡居民储蓄存款 | 城镇居民人均可支配收入 | 城镇单位在岗职工平均工资 |
|---|---|---|---|---|---|
| 排名 | 36 | 18 | 32 | 36 | 23 |
| 指标 | 月人均城镇职工基本养老保险金 | 城市居民最低生活保障金与人均可支配收入比 | 人均民生预算投入 | 城市居民家庭消费支出 | 城镇基础养老金占人均可支配收入比 |
| 排名 | 7 | 38 | 29 | 34 | 31 |

从图20可见,石家庄在经济金融维度排名最后的主要原因在于其在城市居民最低生活保障金与人均可支配收入比、城镇居民人均可支配收入、人

均民生预算投入、商业保险深度、城镇基础养老金占人均可支配收入比上的较低贡献率，分别为0%、1.11%、2.91%、7.47%、8.77%。未来石家庄应加快提高居民可支配收入，增大民生预算投入，促进经济社会持续健康发展，调节社会分配，尽力保障改善民生，增进群众获得感、幸福感、安全感，加快推进省会现代化、国际化建设，打造区域中心城市，增强辐射带动能力，提升城市品位和影响力。

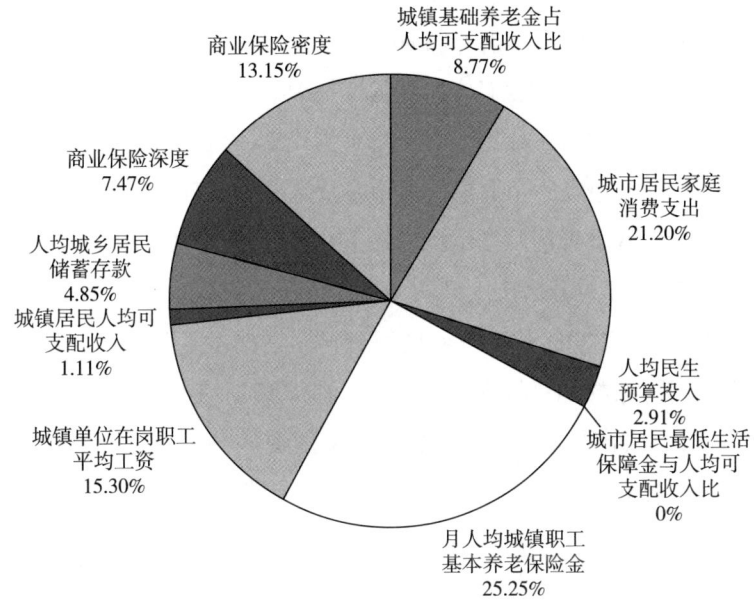

图20 石家庄经济指标得分构成情况（各指标贡献率）

## 五 2015~2019年经济金融维度指标变化情况分析及典型城市分析

经济金融作为城市综合发展的一个重要模块，是新时代背景下健康老龄化建设过程中不容忽视的一个维度，在对中国这38个大中小城市的经济金融各项指标进行数据分析时，不难发现各项指标之间存在较高的关联度，不同城市因为其所在的地理区位、经济实力不同，展现出较大的数据差异，同时每个城市在不同的发展时期也存在数据波动。结合2015年和2017年健康老龄化指数报告中各城市在这一维度的数据，本报告得出如图21所示的2015~2019年38个城市经济金融指标得分的年际变化图。图中数据直观表明，2015~2019年每个城市得分总体变化不大，但存在小范围的数据波动，不过仅仅从得分上的增加或减少并不能够全面、科学地反映每个城市的发展状况，还需结合整体的名次变化和城市发展近况进行综合分析。本报告中典型城市的选取采用名次选取法，选择2015~2019年名次上升的城市作为典型城市进行分析，这样选择的原因有二：一是名次本身就被赋予了相对的位置概念，相比数据本身，能够更加准确地反映这一城市的相对位置改变；二是名次的变化相比数据百分比轻微波动更为直观，城市得分排名的此消彼长恰恰反映了不同城市在一个周期内城市发展大环境的变动和经济金融发展的总体状态。所以本报告选取在经济发展和区位上具有重要地位与显著特点，且在2015~2019年得分名次上升的城市作为研究对象。如表24所示，本报告首先对38个城市2015~2019年的得分排名情况做了汇总。表中增长、稳健、下降的判别标准是：将2019年的结果和2015年的结果相比较，名次前进即为增长，名次不变即为稳健，名次倒退则为下降。根据上述标准，我们可选择的城市有：北京、苏州、广州、天津、杭州、无锡、成都、西

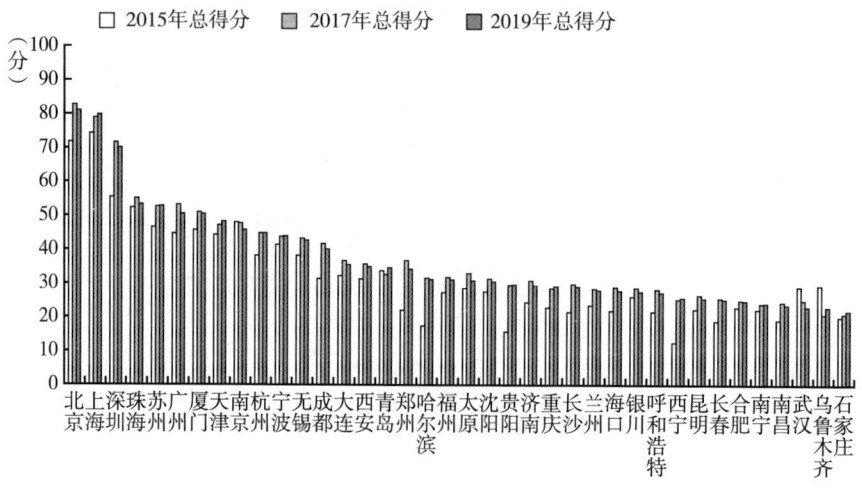

图21 2015~2019年38个城市经济金融指标得分的年际变化

安、青岛、郑州、哈尔滨、福州、贵阳、重庆、长沙、海口、呼和浩特、西宁、长春。

表24 2015~2019年38个城市经济金融得分排名变动

| 城市 | 排名 2015年 | 排名 2017年 | 排名 2019年 | 趋势 2015~2019年 |
|---|---|---|---|---|
| 北京 | 2 | 1 | 1 | |
| 上海 | 1 | 2 | 2 | |
| 深圳 | 3 | 3 | 3 | |
| 珠海 | 4 | 4 | 4 | |
| 苏州 | 6 | 6 | 5 | |
| 广州 | 8 | 5 | 6 | |
| 厦门 | 7 | 7 | 7 | |
| 天津 | 9 | 9 | 8 | |
| 南京 | 5 | 8 | 9 | |
| 杭州 | 12 | 10 | 10 | |
| 宁波 | 10 | 11 | 11 | |
| 无锡 | 11 | 12 | 12 | |
| 成都 | 15 | 13 | 13 | |
| 大连 | 14 | 15 | 14 | |
| 西安 | 16 | 16 | 15 | |
| 青岛 | 13 | 18 | 16 | |
| 郑州 | 29 | 14 | 17 | |
| 哈尔滨 | 36 | 20 | 18 | |
| 福州 | 21 | 19 | 19 | |
| 太原 | 19 | 17 | 20 | |
| 沈阳 | 20 | 21 | 21 | |

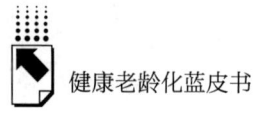

续表

| 城市 | 排名 2015年 | 排名 2017年 | 排名 2019年 | 趋势 2015~2019年 |
|---|---|---|---|---|
| 贵　阳 | 37 | 24 | 22 | |
| 济　南 | 23 | 22 | 23 | |
| 重　庆 | 26 | 27 | 24 | |
| 长　沙 | 32 | 23 | 25 | |
| 兰　州 | 24 | 28 | 26 | |
| 海　口 | 30 | 25 | 27 | |
| 银　川 | 22 | 26 | 28 | |
| 呼和浩特 | 31 | 29 | 29 | |
| 西　宁 | 38 | 32 | 30 | |
| 昆　明 | 27 | 30 | 31 | |
| 长　春 | 35 | 31 | 32 | |
| 合　肥 | 25 | 34 | 33 | |
| 南　宁 | 28 | 36 | 34 | |
| 南　昌 | 34 | 35 | 35 | |
| 武　汉 | 18 | 33 | 36 | |
| 乌鲁木齐 | 17 | 38 | 37 | |
| 石家庄 | 33 | 37 | 38 | |

在以上19个城市范例中，本报告选择名次增长较大的广州、郑州、哈尔滨、贵阳、西宁进行细化分析。一方面，这五个城市的指数排名进步明显；另一方面，这五个城市分属于华南、华中、东北、西南和西北，城市分布区域较广，在各自区域都具有一定的代表性。除此之外，选择的这五个典型城市不是孤立的，而是可以联系的网络和发展战略点。

（一）广州

如表25所示（需要指出的是，得分构成饼状图描述的是各个单项指标得分占总得分的比例,而不是实际得分的情况),广州市经济金融维度的得分为50.55 分,在 2019 年的排名中处在 38 个城市中的第 6 位,排名靠前。广州市作为广东的省会,地处广东省中南部,与香港、澳门隔海相望,是广佛都市圈、粤港澳都市圈、珠三角都市圈的核心城市,也是海上丝绸之路的起点之一。

表 25  2019 年广州市各经济金融指标得分情况

单位:分

| 指标 | 城镇基础养老金占人均可支配收入的比例 | 城市居民家庭消费支出 | 人均民生预算投入 | 城市居民最低生活保障金与人均可支配收入比 | 月人均城镇职工基本养老保险金 | 经济金融总分 |
|---|---|---|---|---|---|---|
| 得分 | 1.47 | 9.66 | 2.73 | 2.47 | 2.54 | |
| 指标 | 城镇居民人均可支配收入 | 人均城乡居民储蓄存款 | 商业保险深度 | 商业保险密度 | 城镇单位在岗职工平均工资 | |
| 得分 | 4.69 | 7.75 | 5.33 | 5.93 | 7.97 | 50.55 |

广州作为中国的"南大门",最近几年在经济金融领域连续发力,有望成为中国继北京、上海、深圳以外的第四大金融中心。在经济金融维度评分中,其单项指标贡献率最高的依次是:城市居民家庭消费支出、城镇单位在岗职工平均工资、人均城乡居民储蓄存款,得分分别是 9.66 分、7.97 分、7.75 分。广州市经济发展水平较高,城乡居民的收入、储蓄和消费支出水平明显高于其他城市,受益于整体经济的发展和政府在就业和社会保障方面的利好政策,广州市民的生活和福利政策较好,居民在饮食、文化、娱乐、教育、医疗等方面的消费支出较高。在新时代背景下,广州市这三项指标对于整体城市健康老龄化建设奠定了坚实的基础。不过从得分构成中也可以看出,城镇基础养老金占人均可支配收入的比例和月人均城镇职工基本养老保险金这两项体现基础养老金水平的指标均低于平均水平(见图 22),通过与国内中心城市及部分省会城市的比较发现:广州市城乡居民缴费水平、政府补贴标准和总体养老金水平位居前列,但基础养老金远低于北京、天津、上海、深圳和南京,无法充分保障城乡居民未来的健康养老需求。2018 年底,广州市政府发布了基础养老金调整机制的相关政策文件,表明将逐渐加大在民生社保上的财政投入。

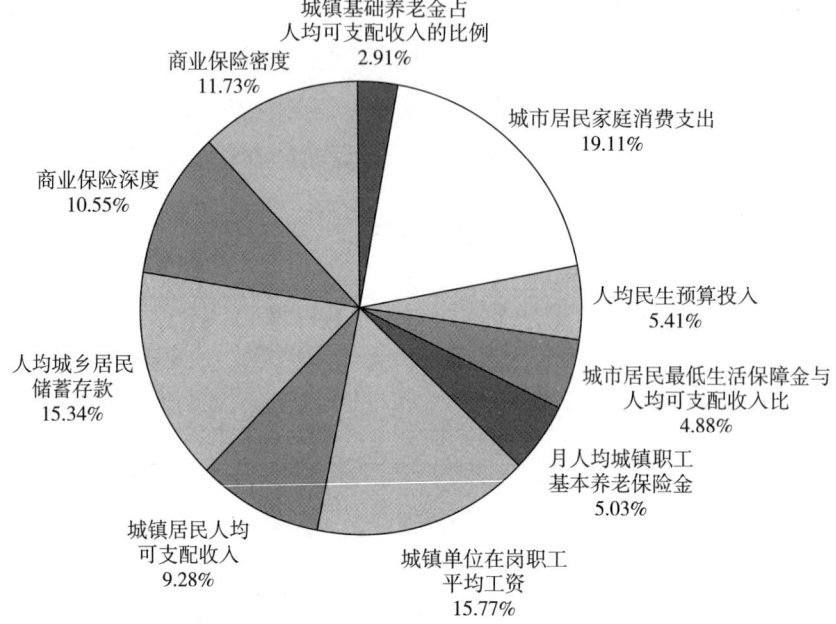

图 22　2019 年广州市经济金融得分构成

## （二）郑州

郑州经济金融维度得分为 34.24 分。郑州市是中部重要的交通枢纽，2017 年国家发改委指出郑州要发挥区位优势，打造交通和物流中枢，彰显人文特色，建设国家中心城市。作为中部崛起的城市之一，郑州在健康老龄化指数中经济金融这一维度的名次上升显著，2019 年的数据显示，其商业保险密度、城镇居民家庭消费支出、月人均城镇职工基本养老保险金得分均高于城市平均水平，分别为 7.14 分、5.64 分、4.71 分（见表 26）。随着郑州建设步伐的加快，越来越多的商业保险出现在郑州的资本市场，近年来保险业发展态势良好，居民参与保险程度较深（见图 23）。同时，城镇居民消费支出水平的提升说明郑州消费潜能大，城市产业发展水平较高。结合近年来郑州市在产业发展和城市发展上的一系列布局，不难发现郑州以高端化、绿色化、智能化、融合化为方向，构建电子信息、汽车及装备制造、现代金融商贸物流、文化创意旅游等主导产业，建立协调发展新格局。而智能制造、信息技术等新兴产业的蓬勃发展为城市经济金融水平提升做出了巨大的贡献，同时也为郑州未来建成全龄友好型城市创造了良好的条件。

表26 2019年郑州市各经济指标得分情况

单位：分

| 指标 | 城镇基础养老金占人均可支配收入的比例 | 城市居民家庭消费支出 | 人均民生预算投入 | 城市居民最低生活保障金与人均可支配收入比 | 月人均城镇职工基本养老保险金 | 经济金融总分 |
|---|---|---|---|---|---|---|
| 得分 | 2.93 | 5.64 | 2.90 | 2.78 | 4.71 | |
| 指标 | 城镇居民人均可支配收入 | 人均城乡居民储蓄存款 | 商业保险深度 | 商业保险密度 | 城镇单位在岗职工平均工资 | |
| 得分 | 0 | 2.12 | 1.99 | 7.14 | 4.04 | 34.24 |

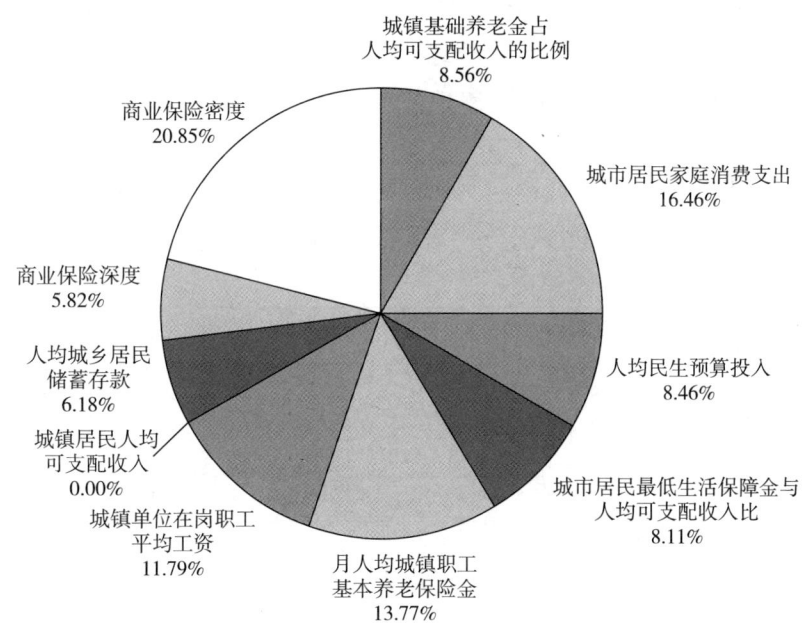

图23 2019年郑州市经济金融得分构成

## （三）哈尔滨

哈尔滨作为东北中心城市之一，是我国东北部的政治、经济、文化中心，城市管辖面积大，辖区内户籍人口多。哈尔滨在经济金融维度的三次排名中上升显著，从2015年的第36名升至2019年的第18名，具体体现在城市居民家庭消费支出、月人均城镇职工基本养老保险金和商业保险密度这几个单项指标上，得分分别是6.00分、10.00分、6.48分（见表27）。近年来，哈尔滨以建成东北亚地区具有重要影响的现代化城市和"哈长城市群"核心城市作为城市发展的定位，不断整合城市空间资源，优化经济业态布局，城市整体经济呈上升趋势。在养老服务和社会保障方面，一方面，哈尔滨政府从财政资金上加大投入力度，落实社会办养老机构财政补贴政策，鼓励社会资本参与养老服务业发展；另一方面，随着更多资本进入保险市场，全市保险业形成了以保险机构和保险中介为主体，多主体共同发展、相互促进的全新格局，服务网点数量不断增加，商业保险产品类型也更加丰富（见图24）。不过从数据可以直观地看出，哈尔滨在城镇居民人均可支配收入、人均民生预算投入等指标上表现较差，未来应更多关注民生领域，大力发展现代金融、健康养老等产业，助推经济高质量发展。

表27 2019年哈尔滨市各经济金融指标得分情况

单位：分

| 指标 | 城镇基础养老金占人均可支配收入的比例 | 城市居民家庭消费支出 | 人均民生预算投入 | 城市居民最低生活保障金与人均可支配收入比 | 月人均城镇职工基本养老保险金 | 经济金融总分 |
|---|---|---|---|---|---|---|
| 得分 | 1.84 | 6.00 | 0.07 | 0.85 | 10.00 | |
| 指标 | 城镇居民人均可支配收入 | 人均城乡居民储蓄存款 | 商业保险深度 | 商业保险密度 | 城镇单位在岗职工平均工资 | |
| 得分 | 0.90 | 2.07 | 1.41 | 6.48 | 1.58 | 31.20 |

中国大中城市老年人经济金融发展报告

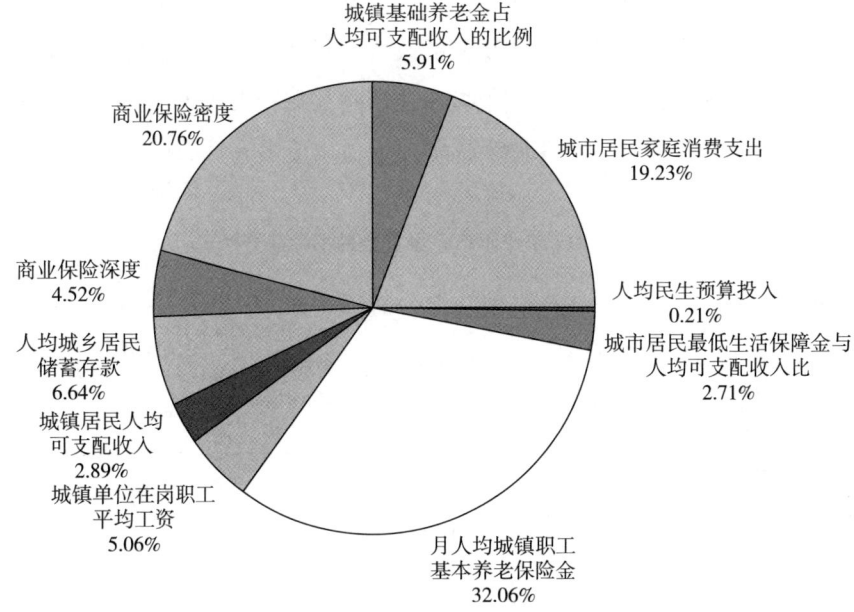

图 24 2019 年哈尔滨市经济金融得分构成

## （四）贵阳

贵阳位于中国西南区域几何中心，处于长江经济带和国际陆海贸易新通道重要节点上，近年来，随着"一带一路"建设的推进，互联互通格局基本形成，连通欧亚和连通中国与东盟的铁路体系日趋完善，给贵阳实施高水平对外开放、推动经济高质量发展带来了前所未有的机遇。贵阳市在 2019 年经济金融维度的得分 29.67 分，排名第 22 位，相较 2015 年第 37 位的名次有了较大的提升。贵阳市作为西南地区的后起之秀，近年来城区建设和经济发展较快，从数据来看，贵阳在城镇基础养老金占人均可支配收入的比例、月人均城镇职工基本养老保险金、城市居民家庭消费支出等项指标上表现较好，具体得分为 4.02 分、6.83 分、5.88 分（见表 28）。结合 2018 年贵阳市国民经济和社会发展统计公报，可以发现政府在一般公共预算支出中重视医疗卫生与计划生育、社会保障和就业以及城乡社区发展，财政倾斜力

325

度较大。这一政策带来的成效是贵阳市民的基础养老金标准不断提高,家庭消费水平提升,民众生活得到了切实的改善(见图25)。不过我们也需要看到,在经济金融维度贵阳市与其他城市比依然存在较大差距,未来还需在增加城乡居民收入、鼓励商业保险发展等方面做出更多有益的探索。

表28 2019年贵阳市各经济金融指标得分情况

单位:分

| 指标 | 城镇基础养老金占人均可支配收入的比例 | 城市居民家庭消费支出 | 人均民生预算投入 | 城市居民最低生活保障金与人均可支配收入比 | 月人均城镇职工基本养老保险金 | 经济金融总分 |
|---|---|---|---|---|---|---|
| 得分 | 4.02 | 5.88 | 1.01 | 1.73 | 6.83 | |
| 指标 | 城镇居民人均可支配收入 | 人均城乡居民储蓄存款 | 商业保险深度 | 商业保险密度 | 城镇单位在岗职工平均工资 | |
| 得分 | 1.82 | 0.72 | 0.48 | 4.87 | 2.31 | 29.67 |

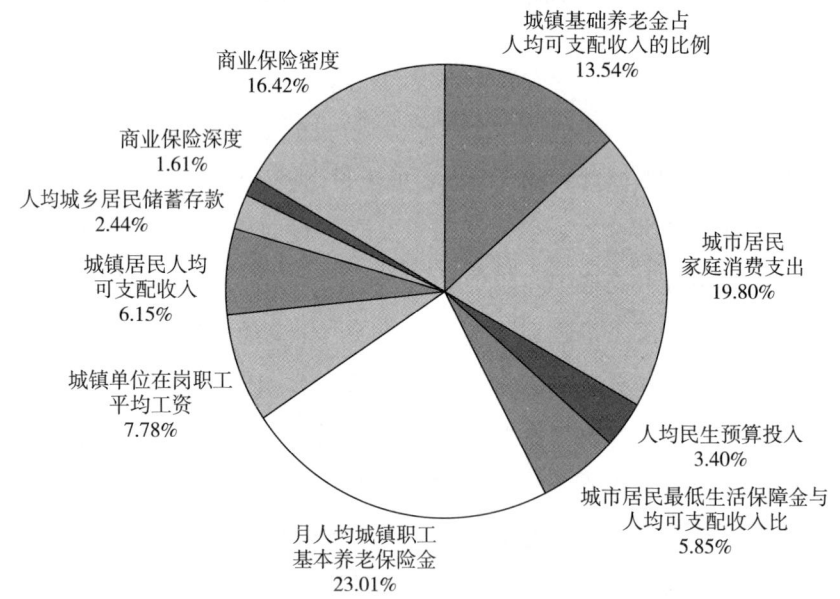

图25 2019年贵阳市经济金融得分构成

## （五）西宁

西宁市位于青海省东部，是青藏高原的东方门户。受经济发展和地理位置影响，西宁市虽是省会但城市发展水平一直不高，在全国38个城市的健康老龄化指数排名中较为靠后，但结合西宁市近年来的发展，可以发现西宁市正在不断完善城乡社会救助体系，统筹做好诸如城乡低保、医疗救助、临时救助、五保户供养、优抚安置和残疾人工作等各项社会保障工作。发展适度普惠型社会福利事业，打造"1+7+N"三级养老服务体系，建设养老示范基地和儿童福利院，得益于此，在城市经济金融发展维度的几个单项指标中，城镇单位在岗职工平均工资、城市居民家庭消费支出，以及代表基本养老金发展水平的月人均城镇职工基本养老保险金和城镇基础养老金占人均可支配收入的比例等指标得分都有了较大的增长。不过作为省会城市，西宁市与其他经济发展较好城市之间还存在着一定的差距，受城市经济发展水平的影响，其居民收入和储蓄情况都得分较差，未来政府应着力于本地经济发展，投入更多公共财政预算支持民生发展，合理利用民族特色，扩大居民收入渠道（见表29、图26）。

表29  2019年西宁市各经济金融指标得分情况

单位：分

| 指标 | 城镇基础养老金占人均可支配收入的比例 | 城市居民家庭消费支出 | 人均民生预算投入 | 城市居民最低生活保障金与人均可支配收入比 | 月人均城镇职工基本养老保险金 | 经济金融总分 |
|---|---|---|---|---|---|---|
| 得分 | 4.53 | 5.18 | 0.38 | 2.20 | 3.13 | |
| 指标 | 城镇居民人均可支配收入 | 人均城乡居民储蓄存款 | 商业保险深度 | 商业保险密度 | 城镇单位在岗职工平均工资 | |
| 得分 | 0.85 | 0 | 0 | 4.87 | 4.89 | 25.65 |

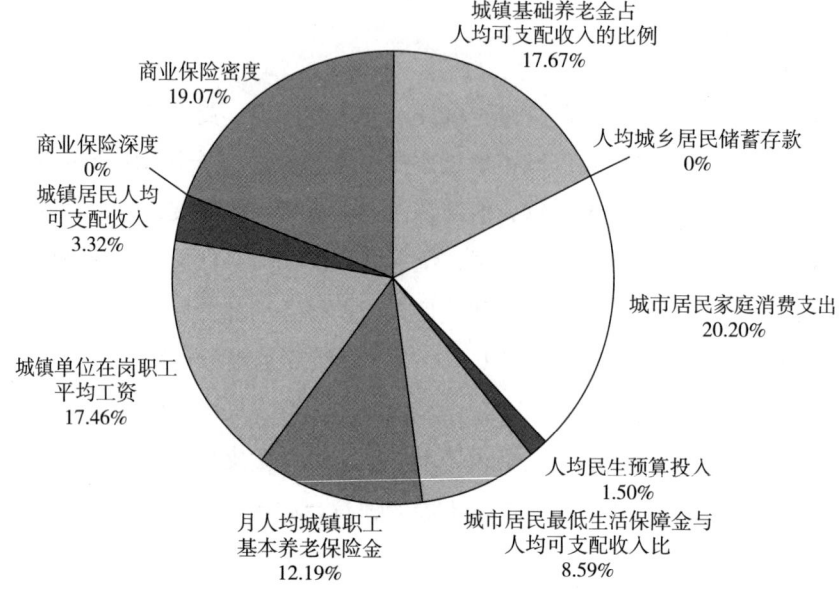

图 26　2019 年西宁市经济金融得分构成

## 六　提高老年人经济金融保障水平的政策建议

### （一）积极发展养老金融，多方推动养老经济金融协调发展

1. 善用金融手段，发挥金融市场在养老保障中的作用

随着中国居民金融素养的不断提高，越来越多居民可以通过金融市场合理配置自己的资产，获取更多的财产收入，因此，为了鼓励居民更多地参与金融市场，在这一阶段，政府应当进一步完善金融市场，引导居民进行有效投资，提高居民金融市场的参与度和资产配置效率；金融机构可为老年人设计更加丰富多样的金融产品，开发更多风险低、保值功能优异的金融产品，为居民参与金融市场提供更多选择。与此同时，我们要意识到，在发展养老金融中不可避免地会出现个体在生命周期前期资产配置效率较低、个体的投资风险偏好会受到自身金融素养的影响等问题，因此各级政府应积极发展经

济,不断提高居民收入水平,同时通过有效引导,使其在资产配置有效性最高的年龄为今后的养老投入更多资金。在提高居民金融素养方面,政府需增加宣传,加大金融普惠教育的力度,全面提高居民的金融素养。

商业养老保险制度是养老金融的重要载体之一,政府可通过税收优惠等形式鼓励居民利用保险、基金等金融手段为退休生活提前做准备,促进完善商业保险制度。另外,各级金融机构要适当降低投资门槛,让更多的个体和家庭有机会参与金融市场,分散配置资产以提升配置效率,发挥金融的普惠性,从而让每个个体都能享受到金融创新和经济发展带来的好处。

2. 正确认知,配合经济协同发展养老金融

多方推动养老经济金融协调发展首先需要对养老金融有正确的理解认识。养老金融并不是专门服务和定位于老年人的金融,而是服务于整个社会、全龄人口的金融,围绕老年人的金融服务是养老金融发展中的重点,但不是全部,养老金、老龄产业的发展均需要全社会共同参与。在健康老龄化的背景下,社会和个体尤其需要意识到年轻人在尚未进入老年阶段时,就需要进行养老规划和投资储备,提早计划以保障自己的老年生活质量,这也就意味着未来的养老金融是需要全部社会人口积极参与到养老金融发展中来。因此,在积极推进发展养老金融时,不能将其局限于针对老年人、养老金、老龄产业的金融,而应将其科学地定位为针对整个社会、所有人口的金融。

养老金融的发展也需要与经济发展水平相适应,从多个方面推动养老金融协调发展。金融发展与实体经济发展是共生互促的关系,良好的实体经济是金融发展的有益土壤,而金融水平的不断提高又能够反过来促进实体经济发展。养老金融作为整体金融业的一部分,其发展也应遵循这种规律。具体而言,各地在发展养老金融时要结合老龄社会现状、养老产业发展现状,配合当地经济发展水平,协同发展养老金融;同时需要调动政府、企业、个人多方力量共同参与发展养老金融,在基本的养老保障方面,需要财政在量力而行的情况下,调动个人参与的积极性。

## （二）打通二、三支柱，着力发展多层次养老保障体系

1. 调整基本养老保险制度，打通二、三支柱养老金储蓄账户

我国强制性基本养老保险的缴费率已经很高，因此不能采用强制型养老金发展模式，直接增加一个附加的年金计划的改革操作空间较小。因此，我国的养老金改革在发展第二、第三支柱时，可借鉴英国和日本在进行私人养老金改革时的做法，采取类似于"协议退出"方式，逐步降低基本养老保险的缴费比例，同时利用置换出来的这一部分缴费资源，为企业年金和个人养老金的发展提供空间。这样的改革模式实现了基本养老保险和私人养老计划之间的替代关系，即在总的养老金缴费率不变或略有下降的情况下，缩小基本养老保险的比例，增加私人养老金计划的比例。

从本质上讲，第二支柱和第三支柱都是建立在个人账户养老金基础之上，采取完全市场化的运营模式的养老金。因此，在两者的政策设计上，理应考虑打通二者，尽量实现衔接。第二支柱的企业年金和职业年金主要面向企业和机关事业单位职工，第三支柱则更多关注没有固定雇主和稳定单位的个体人员。两类政策在税收优惠政策、基金管理、基金转移接续等方面都应该有所衔接。

2. 突出重点，加强立法和税收优惠的政策支持

在多层次养老保障体系的发展中，第二、第三支柱养老金发展成功的一个关键在于实现覆盖率的突破，具体而言就是要实现覆盖人数最大化，尽量普及各类就业人员。回顾目前我国企业年金的发展现状，不难发现其覆盖人数和资产规模有限，因此在第三支柱的建设过程中，需解决覆盖面小及发展速度缓慢的问题，确保其覆盖的目标群体超出第二支柱的人员范围。通过简化投资管理体制，充分合理利用互联网技术和现代金融投资工具，为参保者个体及家庭提供方便、高效的金融服务，从而达到鼓励居民参与第二、第三支柱的目标。

在推动第二、第三支柱养老金制度普及的过程中，加强立法和税收优惠的政策支持。养老金融发展的关键是普惠性，这一点在第二支柱和第三支柱

的发展中也尤为重要，因此在立法和制定税收优惠政策时也要打破行业分割和政策壁垒，做到面向全民。合理确定补充保险税收优惠水平，提高企业和个人供款比例。上调企业年金缴费阶段税收优惠的比例，确保在目前投资收益率下，缴费水平能够实现更高的退休收入替代水平。同时，建立税收延递养老保险税收优惠调整长效机制，根据城乡居民收入情况和保险成本变动及时调整税收优惠额度，避免长期固定的税收减免水平降低政策激励效果。

**参考文献**

房连泉：《全面建成多层次养老保障体系的路径探讨——基于公共、私人养老金混合发展的国际经验借鉴》，《经济纵横》2018年第3期。

# Abstract

*Report on the Index of Healthy Ageing in Urban China* (2018 – 2019) is the third fructification of the *Blue Book of Healthy Aging*. In response to the change and adjustment of the work system concerning the aging population in the 19th CPC National Congress, and further highlighting the State's action in positively responding to an aging population and the macro orientation of the Healthy China 2030 Strategy, the National Interdisciplinary Institute on Aging of Southwest Jiaotong University, starting from its international perspective and tracking the frontier of global governance, integrates the concept of "healthy aging" into urban governance, and attempts to profoundly elucidate the relationship between an aging population and health – oriented local urban governance.

The report stresses that healthy aging is an important strategic measure for the globe in dealing with an aging society. It is also a realistic basis for China to actively, rationally and comprehensively cope with the long – term challenges brought by an aging population, and the main driving force for China to develop the new gray – hair economy compatible with its economic and social development level. This report proposes the concept of healthy aging with Chinese characteristics, which not only upholds the international consensus on basic human rights but also further develops a positive attitude on aging. Only by implementing proactive "healthy aging" can China seize "opportunities brought about by the aging population" and realize the "Two Centenary Goals". It is predictable that China's healthy aging society will surely be an ideal social form characterized by co-construction, co – governance, and sharing in the context of socialism with Chinese characteristics in the new era and will become a paradigm for the sustainable development of human society without fail.

Using the healthy aging concept advocated by the UN as the main thread, and taking thirty – eight large and medium – sized cities in China as research objects, this report constructs an index system for healthy aging with Chinese characteristics based on the Analytic Hierarchy Process (AHP). The report probes into five dimensions, i.e., "health care", "living environment", "transportation", "social development and social justice", and, a systematic analysis of the development level of healthy aging in these thirty – eight cities using the available data. By comparing the ranking changes in 2015, 2017 and 2019, the report makes an objective and fair assessment of typical cities in China, and puts forward some targeted policy suggestions after making a comprehensive analysis of the prominent issues or phenomena involved in healthy aging so as to depict a general picture of the aging population development and urbanization process in China's large and medium – sized cities, actively examines the current and future opportunities and challenges, deeply analyzes the significance and requirements of healthy aging, and proposes strategies and measures to realize the goal of healthy aging in such cities.

**Keywords:** Healthy Ageing; Urban Governance; Sustainable Development

# Contents

## I  General Report

B. 1  Report on Index of Healthy Ageing in Urban China
(2019)
*Yang Yifan, Chen Jie and Qian Lei* / 001

    1. Population Ageing & Urbanization Background      / 002

    2. Evaluation System & Construction Principles      / 008

    3. Score Ranking & Comprehensive Analysis      / 029

    4. Policy Recommendations      / 046

**Abstract:** This report is based on the new era, taking healthy aging as the main line, based on the analytic hierarchy process, taking 38 large and medium – sized cities in China as the research object, building a healthy aging index evaluation system with Chinese characteristics, and further analyzing the five dimensions of: "health care", "living environment", "transportation", "social development and social justice", "economy and finance", And use open data to systematically analyze the development level of urban healthy aging. By comparing the ranking changes in 2015, 2017 and 2019, the report makes an objective and fair evaluation of typical cities, and makes a comprehensive analysis of the outstanding problems or phenomena. And on the new era of socialist healthy aging work with Chinese characteristics, put forward "building a healthy aging policy system and governance system with Chinese characteristics", "providing health and health services throughout the life cycle", "providing a safe, convenient and comfortable living environment for the elderly", "broadening and supporting a multi-pension model" and other targeted policy recommendations, in order to comprehensively grasp the development of population aging in large and medium-sized cities in China. Take the initiative to study and judge the current and future opportunities and challenges.

**Keywords:** Healthy Ageing; Urban Governance; Sustainable Development

## Ⅱ  Sub Reports

B. 2  Report on the Development of Health Care for the
Elderly in Urban China          *Liu Xinjuan, Xie Fei* / 052

**Abstract:** Under the background of population aging, health care, as the core element of realizing healthy aging, should be placed in the strategic position of priority development. From the perspective of health care, this report combs and analyses the literature, and on the basis of using and modifying the observation indicators over the years. The health care status of each city is analyzed by eight first-level indicators and comprehensive ranking indicators, which are per capita medical and health expenditure, the proportion of medical and health expenditure to GDP, the proportion of per capita medical and health expenditure to household consumption expenditure, the number of hospitals per 10000 people, the number of doctors per 1000 people, the number of beds per 1000 people, the number of beds per 1000 people in old-age institutions and the average life expectancy of population. Through the analysis of single index and horizontal analysis among 38 large and medium-sized cities in China, and further analysis of the changes of health care dimensions in these cities in 2015, 2017 and 2019, this paper explores the important factors affecting the development of health care in different regions, and finally puts forward that guiding the elderly to establish correct health concepts to achieve active response to aging, and through improving the utilization rate of medical resources. We should improve the medical service support system to achieve coordinated and balanced development among different regions and groups.

**Keywords**: Health Care; Health Care Expenditure; Coordinated Development

B. 3 Report on the Development of Living Environment for the Elderly in Urban China

*Wang Yiyu, Xie Qinyan and Pan Junhao* / 105

**Abstract**: Urban Human Settlements Environment is an important carrier of social aging, as a space for the elderly to live, work, rest, entertainment and social interaction, the quality of human settlements environment is related to healthy aging, active aging and the realization of ecological civilization construction goals. This report refers to a large number of Chinese and foreign literature and related data reports, selects 38 large and medium–sized cities in China as the research object, ranks the comprehensive indicators and 9 first–level indicators (air quality rate, green space area per 10000 people, per capita park green space area, per capita park number, green coverage rate of built–up areas, equivalent sound level of environmental noise monitoring in urban areas, equivalent sound level of road traffic, harmless treatment rate of domestic waste, centralized treatment rate of sewage treatment plants). Taking two years as a span, this paper deeply analyses the development context and current situation of urban human settlements environment in China by comparing the data of 2015, 2017 and 2019, and then puts forward the idea of cultivating the development ability of urban human settlements environment, improving ecology–oriented healthy urban planning, innovating technology and taking the old as the core. Thus, the healthy aging of urban human settlements can be realized.

**Keywords**: Healthy Ageing; Living Environment; Sustainable Development

B.4　Report on the Development of Transportation for the

　　　Elderly in Urban China

*Chen Xin, Ye Caixu and Zhang Tianfeng / 163*

**Abstract**: The Livability of the urban elderly is an important module of active aging and healthy aging, and the urban traffic conditions and travel conditions of residents have a profound impact on the development opportunities of the urban elderly groups. By analyzing the data of average travel speed, the number of taxis per capita at the end of the year, the area of urban roads per capita, the density of urban road network, the number of buses per capita, the time of congestion per hour and the cost of congestion per capita, this paper discusses the level of urban traffic development in the process of healthy aging and the direction of future practice. Through the horizontal analysis of 38 cities and the vertical comparison of the data in 2015, 2017 and 2019, the development of traffic travel in typical cities is deeply analyzed, and four suggestions are put forward to coordinate urban planning, develop aging urban traffic, improve urban public transport and build a smart city, so as to make inclusive pension services more accessible by protecting the rights and interests of the elderly. On the other hand, the opportunities and rights of self - development and self - realization of the elderly will not be hindered and abused, and then the realization of healthy aging will be promoted from the level of urban transportation.

**Keywords**: Elderly; Transportation; Public Transportation

B.5　Report on the Development of Social Equity and Social

　　　Participation for the Elderly in Urban China

*Chen Lu, Zeng Jiayi, Luo Zhong and Wu Hao / 210*

**Abstract**: Ensuring social equity and promoting social participation are of great significance for the construction of a friendly society for the elderly. This

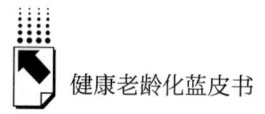

report selects 11 indicators, such as the proportion of the tertiary industry population and the number of lawyers per 10000 people, to rank the comprehensive score of social equity and social participation index and the single index score of 38 cities, and makes a comparative analysis of the five cities with the top comprehensive score and the five cities with the bottom comprehensive score, and summarizes the development characteristics of social equity and social participation in major cities in 2017 and the influencing factors behind them. Through the analysis of the changes of social equity and social participation index in cities from 2015 to 2017, the changing trend characteristics of social equity and social participation in large and medium-sized cities in China are clarified. From the point of view of building an aging friendly society, this paper puts forward three countermeasures and suggestions for further promoting social equity and expanding social participation, namely, improving the quality of economic development, paying attention to the pension service market, promoting equity and improving efficiency, paying attention to the combination of equity and efficiency, and realizing social participation and social equity with Chinese characteristics.

**Keywords**: City; Social Equity; Social Participation; Old-age Friendly Society

B.6 Report on the Development of Economy and Finance for the Elderly in Urban China　　　　*Dong Rui, Chen Yidan* / 270

**Abstract**: Security dimension is an important dimension of active aging and healthy aging, the essence of aging problem is economic and financial issues in a sense, this report starts with the economic and financial dimension of urban development. By analyzing the proportion of urban basic pension to per capita disposable income, urban household consumption expenditure, per capita people's livelihood budget input, the ratio of urban residents'minimum living security to per capita disposable income, the monthly per capita basic old-age insurance for urban workers, the average wage of urban workers, the per capita disposable income of urban residents, the per capita savings deposits of urban and rural residents, the depth of commercial insurance and the density of commercial insurance. This paper discusses the current situation and future practice direction of urban development in the process of healthy aging from the economic and financial dimension. Through the horizontal analysis of 38 cities and the vertical comparison of the data in 2015, 2017 and 2019, this paper deeply analyzes the economic and financial development of typical cities, puts forward countermeasures and suggestions such as actively developing pension finance and focusing on developing multi-pillar pension security, in order to promote the realization of healthy aging from the urban perspective through the coordinated development of economy and finance.

**Keywords**: Pension Finance; Economic Development; Multi-pillar Pension Security; Financial Services

社会科学文献出版社

# 皮 书

## 智库报告的主要形式
## 同一主题智库报告的聚合

### ❖ 皮书定义 ❖

皮书是对中国与世界发展状况和热点问题进行年度监测，以专业的角度、专家的视野和实证研究方法，针对某一领域或区域现状与发展态势展开分析和预测，具备前沿性、原创性、实证性、连续性、时效性等特点的公开出版物，由一系列权威研究报告组成。

### ❖ 皮书作者 ❖

皮书系列报告作者以国内外一流研究机构、知名高校等重点智库的研究人员为主，多为相关领域一流专家学者，他们的观点代表了当下学界对中国与世界的现实和未来最高水平的解读与分析。截至2020年，皮书研创机构有近千家，报告作者累计超过7万人。

### ❖ 皮书荣誉 ❖

皮书系列已成为社会科学文献出版社的著名图书品牌和中国社会科学院的知名学术品牌。2016年皮书系列正式列入"十三五"国家重点出版规划项目；2013~2020年，重点皮书列入中国社会科学院承担的国家哲学社会科学创新工程项目。

# 中国皮书网

（网址：www.pishu.cn）

发布皮书研创资讯，传播皮书精彩内容
引领皮书出版潮流，打造皮书服务平台

## 栏目设置

◆ **关于皮书**
何谓皮书、皮书分类、皮书大事记、
皮书荣誉、皮书出版第一人、皮书编辑部

◆ **最新资讯**
通知公告、新闻动态、媒体聚焦、
网站专题、视频直播、下载专区

◆ **皮书研创**
皮书规范、皮书选题、皮书出版、
皮书研究、研创团队

◆ **皮书评奖评价**
指标体系、皮书评价、皮书评奖

◆ **互动专区**
皮书说、社科数托邦、皮书微博、留言板

## 所获荣誉

◆ 2008年、2011年、2014年，中国皮书网均在全国新闻出版业网站荣誉评选中获得"最具商业价值网站"称号；
◆ 2012年，获得"出版业网站百强"称号。

## 网库合一

2014年，中国皮书网与皮书数据库端口合一，实现资源共享。

**权威报告·一手数据·特色资源**

# 皮书数据库
## ANNUAL REPORT(YEARBOOK) DATABASE

### 分析解读当下中国发展变迁的高端智库平台

**所获荣誉**

- 2019年，入围国家新闻出版署数字出版精品遴选推荐计划项目
- 2016年，入选"'十三五'国家重点电子出版物出版规划骨干工程"
- 2015年，荣获"搜索中国正能量 点赞2015""创新中国科技创新奖"
- 2013年，荣获"中国出版政府奖·网络出版物奖"提名奖
- 连续多年荣获中国数字出版博览会"数字出版·优秀品牌"奖

**成为会员**

通过网址www.pishu.com.cn访问皮书数据库网站或下载皮书数据库APP，进行手机号码验证或邮箱验证即可成为皮书数据库会员。

**会员福利**

- 已注册用户购书后可免费获赠100元皮书数据库充值卡。刮开充值卡涂层获取充值密码，登录并进入"会员中心"—"在线充值"—"充值卡充值"，充值成功即可购买和查看数据库内容。
- 会员福利最终解释权归社会科学文献出版社所有。

卡号：877968121544
密码：

数据库服务热线：400-008-6695
数据库服务QQ：2475522410
数据库服务邮箱：database@ssap.cn
图书销售热线：010-59367070/7028
图书服务QQ：1265056568
图书服务邮箱：duzhe@ssap.cn

## 中国社会发展数据库（下设12个子库）

整合国内外中国社会发展研究成果，汇聚独家统计数据、深度分析报告，涉及社会、人口、政治、教育、法律等12个领域，为了解中国社会发展动态、跟踪社会核心热点、分析社会发展趋势提供一站式资源搜索和数据服务。

## 中国经济发展数据库（下设12个子库）

围绕国内外中国经济发展主题研究报告、学术资讯、基础数据等资料构建，内容涵盖宏观经济、农业经济、工业经济、产业经济等12个重点经济领域，为实时掌控经济运行态势、把握经济发展规律、洞察经济形势、进行经济决策提供参考和依据。

## 中国行业发展数据库（下设17个子库）

以中国国民经济行业分类为依据，覆盖金融业、旅游、医疗卫生、交通运输、能源矿产等100多个行业，跟踪分析国民经济相关行业市场运行状况和政策导向，汇集行业发展前沿资讯，为投资、从业及各种经济决策提供理论基础和实践指导。

## 中国区域发展数据库（下设6个子库）

对中国特定区域内的经济、社会、文化等领域现状与发展情况进行深度分析和预测，研究层级至县及县以下行政区，涉及地区、区域经济体、城市、农村等不同维度，为地方经济社会宏观态势研究、发展经验研究、案例分析提供数据服务。

## 中国文化传媒数据库（下设18个子库）

汇聚文化传媒领域专家观点、热点资讯，梳理国内外中国文化发展相关学术研究成果、一手统计数据，涵盖文化产业、新闻传播、电影娱乐、文学艺术、群众文化等18个重点研究领域。为文化传媒研究提供相关数据、研究报告和综合分析服务。

## 世界经济与国际关系数据库（下设6个子库）

立足"皮书系列"世界经济、国际关系相关学术资源，整合世界经济、国际政治、世界文化与科技、全球性问题、国际组织与国际法、区域研究6大领域研究成果，为世界经济与国际关系研究提供全方位数据分析，为决策和形势研判提供参考。

# 法律声明

"皮书系列"（含蓝皮书、绿皮书、黄皮书）之品牌由社会科学文献出版社最早使用并持续至今，现已被中国图书市场所熟知。"皮书系列"的相关商标已在中华人民共和国国家工商行政管理总局商标局注册，如LOGO（ ）、皮书、Pishu、经济蓝皮书、社会蓝皮书等。"皮书系列"图书的注册商标专用权及封面设计、版式设计的著作权均为社会科学文献出版社所有。未经社会科学文献出版社书面授权许可，任何使用与"皮书系列"图书注册商标、封面设计、版式设计相同或者近似的文字、图形或其组合的行为均系侵权行为。

经作者授权，本书的专有出版权及信息网络传播权等为社会科学文献出版社享有。未经社会科学文献出版社书面授权许可，任何就本书内容的复制、发行或以数字形式进行网络传播的行为均系侵权行为。

社会科学文献出版社将通过法律途径追究上述侵权行为的法律责任，维护自身合法权益。

欢迎社会各界人士对侵犯社会科学文献出版社上述权利的侵权行为进行举报。电话：010-59367121，电子邮箱：fawubu@ssap.cn。

社会科学文献出版社